LES PYRÉNÉES FRANÇAISES

III

L'ADOUR, LA GARONNE

ET

LE PAYS DE FOIX

PAR

PAUL PERRET

ILLUSTRATIONS PAR E. SADOUX

LIBRAIRIE H. OUDIN, ÉDITEUR

PARIS | POITIERS
17, RUE BONAPARTE, 17 | 4, RUE DE L'ÉPERON, 4

MDCCCLXXXIV

LE BIGORRE ET LE COMMINGES

SAINT-GAUDENS

LA CHAINE

DE TOULOUSE A TARBES

La Garonne descend du val d'Aran. Demandez aux Gascons si elle n'eût pas aussi bien pu venir de partout ailleurs, pour peu qu'elle eût daigné le vouloir, et si elle en aurait moins été pour cela le plus beau fleuve de la terre? — La Garonne n'a pas besoin de ces gasconnades; c'est, tout de suite, une rivière de grande mine; elle n'est encore qu'un torrent, que déjà elle fait voir quelque chose, un je ne sais quoi prédisant ses grandes destinées. — Or nous le prenons, ce torrent, au point précisément où il se change en une eau navigable, à Boussens. Nous arrivons de Toulouse. Nous allons vers la haute chaîne.

Ces petites gares du pays toulousain offrent toujours le spectacle d'une animation extraordinaire. Aux abords du guichet où se prennent les billets, ils sont dix ou douze qui parlent, crient, se démènent comme cent. Un jeune homme survient, grand, efflanqué, mis à la dernière mode d'il y a quatre ou cinq ans : jaquette vert bouteille, large pantalon clair, flottant sur la botte, cravate blanche à semis de pois rouges, retenue par une épingle qui figure une poignée d'épée ; au bout d'un jonc à pomme d'argent, il porte tout son bagage enfermé dans un mouchoir à carreaux. Mais il y a de jolies filles dans la salle ; le garçon prestement se campe sur le banc le plus proche, fait passer son paquet derrière son dos, et se met à taquiner sa bottine du bout de sa canne avec des airs suprêmes de Gascon impertinent. Les belles filles le reluquent : ce doit être un fils de famille. Quand le jeune coq sera forcé de se lever pour passer au guichet, à son tour, elles déchanteront.

Nous sortons de la gare, nous avons devant les yeux une ligne de petites montagnes, les unes à la cime ronde, les autres au cône tronqué : c'est l'avant-garde de la chaine. De loin en loin, une ruine ; presque toutes ces basses crêtes ont porté des forteresses ou des fortins. Un bouquet d'arbres nous cache encore le plus important de ces débris. Tous ces monts sont de belle forme, bien plantés, de riche couleur.

Tout à coup l'énorme ruine de Roquefort se dessine devant nous, le chemin semble y courir tout droit à travers le bourg. D'un côté, des maisons neuves ; au-devant, de grandes cours, toutes blanches de plâtre : c'est l'industrie du lieu. De l'autre côté, le mur du cimetière. Là, derrière un rideau d'ifs, nous remarquons des morceaux d'un vieux cloître. Visiblement, ils y ont été apportés ; d'où viennent-ils ? Nous interrogeons, on nous renvoie au maire. Justement le maire vient à passer ; il a des sabots, bien que nous soyons en juillet, qu'il fasse une chaleur diabolique, et qu'une fine poussière aveuglante ait remplacé les boues de l'hiver sur le chemin. Ce seigneur municipal nous assure que le curé pourra nous instruire ; lui, ce n'est pas son affaire, il n'est pas savant : il est plâtrier. — D'ailleurs, le curé est en déplacement à Toulouse.

A droite, avant qu'on n'arrive au pont jeté sur la Garonne, s'ouvre une sorte de carrefour, dont un côté est formé par l'église; au delà s'enfonce une ruelle : c'est la vieille partie de Boussens. L'église, du XIV° siècle, n'a de remarquable que sa façade, dont le pignon, en campanile, est percé de trois étages d'arcades à jour, renfermant les cloches. Le monument projette, à cette heure du

jour, le plein midi, une ombre délicieuse. Je m'assieds sur un vieux banc de pierre, contre le mur de l'abside. La ligne d'ombre est étroite, mais suffit à me faire goûter, enfin, un peu de fraicheur. Dans le poudroiement de lumière qui remplit le reste du vieux carrefour, passe le vol des moustiques; toutes les maisons sont closes et muettes; on n'entend que le chant de la rivière, que cachent ces masures pittoresques, avec leurs galeries de bois vermoulu et leurs auvents branlants.

Roquefort est un nid d'aigle, qui fut pris par des loups; on a conservé un acte signé d'Amaury de Montfort et daté de l'armée du Seigneur et du camp de Roquefort, l'an 1213, » la veille de saint Luc l'Evangéliste ». Simon le Terrible assiégeait la forteresse, quand il fut averti que le roi d'Aragon, le comte de Toulouse, les comtes de Foix et de Comminges, s'avançaient vers Muret avec quarante mille hommes. Il décampa, laissant son fils Amaury devant le donjon. Amaury lui-même allait lever le siège, lorsque les assiégés, qui ne recevaient point les nouvelles du dehors, demandèrent à capituler, sous la seule condition de la vie sauve. Les croisés n'étaient guère accoutumés à octroyer des capitulations si douces; mais Amaury ne voulut point perdre l'occasion d'arracher aux hérétiques Albigeois ce formidable repaire, qui commandait toute la vallée et le cours du fleuve jusqu'à son confluent avec le Salat. Il accepta leur demande et mit dans Roquefort bonne garnison.

Un pont suspendu relie les deux rives de la Garonne. La rivière, à cet endroit, est large et très fraîche. Les berges ombreuses contrastent avec l'aridité des monts qui se dressent sur la rive gauche; l'eau est d'un beau vert translucide, que coupent des bancs de cailloux roulés qui ont des blancheurs d'ossements. Si l'on se retourne vers Boussens, on aperçoit un étrange petit chaos de masures, aux toits rouges, sur lesquels des figuiers étendent leurs bras noirs; généralement, elles sont flanquées d'une tourelle qui n'a rien de féodal, c'est le fournil. Des jardins descendent jusqu'à l'eau, en petites terrasses épaulées sur des murs en pierres sèches; dans l'eau claire, on voit des nasses, où viendront se prendre les anguilles de la Garonne. Ce sont les meilleures anguilles!

Au bout du pont, un chemin s'ouvre à gauche de la route; il est ombragé de chênes, mais la pente à gravir est déjà raide. A mi-côte, on traverse un village, puis on suit le pied de roches effritées et calcinées. A la pierre roussie sont encore scellés des restes de murs; ce sont les traces informes de la première en-

RUINES DE ROQUEFORT

ceinte de la place de guerre qui couronna le plateau. Nous montons par une fissure entre les roches; elle est tapissée de vignes à sa base; les raisins cuisent au fond de la combe, qui devient une fournaise quand le soleil y décoche ses flèches de midi. Les décombres roulent sous nos pieds; parfois nous perdons, en glissant, le terrain si laborieusement conquis. Enfin, nous touchons le plateau.

Roquefort est un grand débris; ce fut sûrement la forteresse la plus importante de la région. Partout des murs, la crête entière en est couverte; mais la ruine est si complète, qu'elle n'offre plus aucun caractère. Un seul morceau n'est point méconnaissable : c'est le donjon, où les voûtes de deux salles demeurent encore intactes. Plus loin, se dresse un fragment de grosse tour. La construction est mauvaise, faite de moellons et de pierres à peine équarries aux angles, et n'aurait pas tenu deux jours contre le canon. Le donjon paraît être du XIII siècle; peut-être fut-il l'œuvre des vainqueurs, après la grande guerre, dont l'histoire est ici inscrite de tous côtés. La Garonne roula par milliers les cadavres hérétiques, car presque toutes les sectes albigeoises recherchaient le bord des rivières. Les « bons hommes » ne mangeaient d'autre chair que le poisson; ils célébraient leurs agapes dans les ravines profondes qui se creusent au pied de ces monts si curieusement entre-croisés, et trois fois avant d'attaquer un mets, ils répétaient le mot : *Bon*. C'était la formule de bénédiction, l'affirmation de leur croyance au bon et au mauvais principe. Le mauvais, à leurs yeux, ce fut le chevalier du Nord, qui jamais ne faisait merci. Le pape Innocent III avait dit : Sus à ces Manichéens, fils de l'enfer! Et l'on tuait tout, même les orthodoxes, les légats ayant assuré que Dieu reconnaîtrait les siens.

De ce plateau de Roquefort, le regard, embrasse à gauche la vallée du Salat, à droite celle de la Garonne; le confluent est au pied du coteau. Au-dessus de la rive opposée, une autre grande ruine est assise : c'est Montpezat. Par-dessus le premier chaînon, un deuxième étage de monts se croise en une infinité de plans, où la vue bientôt se lasse et se perd. La haute chaîne, au contraire, court, en une superbe ligne droite, des cimes du mont Vallier et du Montcalm jusqu'au massif de Luchon, et enfin au pic du Midi.

Montpezat fut une forteresse redoutable qui, d'abord, releva du comte de Toulouse, puis des comtes de Comminges. Un seigneur de Montpezat, au xvie siècle, fut un des meilleurs officiers de François Ier, et, en 1542, conduisit au dauphin, qui marchait sur le Roussillon, six mille soldats levés dans la province du Languedoc, outre six mille lansquenets et autant de Suisses. Le duc d'Albe, qui défendait la province pour Charles-Quint, était bien plus sage que les Français : ceux-ci se croyaient sûrs de gagner la bataille ; lui, voulut seulement être assuré de ne point la perdre, et mit tous ses soins à l'éviter. Par d'habiles mesures il fit échouer le siège de Perpignan; les Français se retirèrent. Armand de Montpezat n'en fut pas moins maréchal de France. Son fils devait être plus malheureux que lui. Vingt ans après, les Huguenots prirent son château ; il le reprit, mais à demi brûlé, déjà croulant. Froissart dit que Montpezat avait deux donjons ; on ne voit plus de trace que d'un seul.

La légende a mis une sainte en ce château, Flandrine de Montpezat, qui aurait fondé le monastère de Bonnefond, une maison d'hommes, des Cisterciens. Cependant les vieux historiens attribuent la fondation de la célèbre abbaye à Bernard, quatrième comte de Comminges. Un de ses fils, Armand-Roger, y fut moine, et les comtes de Comminges y ont eu longtemps leur sépulture. Bonnefond était situé au-dessus d'un vallon très agreste, aux environs de Saint-Martory : on peut observer que les moines ont toujours su choisir les beaux lieux.

A Saint-Martory, nous reprenons le chemin de fer : la voie court à travers une riche et vaste plaine, qui fut un lac jadis, au temps où il y avait des lacs au pied de ces monts. Nous dépassons la station de Labarthe, nous sommes à Saint-Gaudens. — Ici quelques heures d'arrêt dans l'ancienne capitale du Nébouzan. Ce n'est pas rien, pour une ville de six mille habitants, d'avoir été « capitale »!

Il y a quatre cents ans tout à l'heure, en 1496, Ferdinand, roi d'Espagne, un très vilain prince, et des plus ambitieux, ayant quelques raisons de croire son voisin, Charles VIII de France, très affaibli par sa romanesque campagne d'Italie, voulut prendre le Languedoc. Le Parlement de Toulouse manda les sénéchaux de Foix, de Bigorre et du Nébouzan, les sires de Montespan, de Mauléon et de Puyguilhem, pour se concerter avec eux sur les moyens de pourvoir à la défense commune. Le Nébouzan n'était donc plus, dès ce temps-là, qu'une province française, un des « pays gascons » dont on devait plus tard composer le département de la Haute-Garonne; mais un siècle et demi auparavant, c'était une grosse seigneurie, qui avait eu ses vicomtes et qui, malheureusement pour le repos de ses habitants, faisait enclave dans le Comminges, dont les comtes se l'approprièrent. En 1252, elle avait encore changé de maître. Gaston de Moncade, vicomte de Béarn, donnait le Nébouzan en dot à sa fille, qu'il mariait à Roger-Bernard de Foix. Enfin ce coin de pays tomba aux mains des rois de France, avec le Comminges lui-même, et il paraît qu'au milieu de tant de vicissitudes, les habitants de Saint-Gaudens avaient su conquérir pour leur ville une sorte d'indépendance municipale. Ils avaient des consuls et un sénat, qui sortaient de l'élection populaire. Saint-Gaudens s'organisa en petite république. C'est maintenant une des parties de la grande; et voilà ce qui est dommage. S'il était permis de conduire des rêves cornus, je ferais celui de rétablir la vicomté de Nébouzan et de m'en constituer le vicomte. Saint-Gaudens demeurerait ma « capitale », et j'y vivrais sur ma terrasse.

Ce lieu magnifique s'appelle, dans le langage moderne, le boulevard du Midi. Il est planté de grands arbres; on y prend place à l'ombre, sur de vieux bancs de pierre, dont il est indispensable de faire quelque peu la toilette, du bout de sa botte, avant de s'y asseoir, et l'on a sous les yeux un des plus beaux spectacles que les Pyrénées puissent offrir. C'est d'abord la vallée de la Garonne, cette riche plaine de Valentine, qui occupe l'emplacement du lac des temps préhistoriques, puis un chaînon de monticules boisés, au-dessus desquels s'élancent les grands pics ; l'immense défilé a pour point culminant et pour couronne éclatante le glacier de la Maladetta. Il est inutile de compter et de chercher à reconnaitre les pics ; l'armée des géants est là presque tout entière : c'est l'ensemble de la chaîne qu'on embrasse avec ses prodigieuses poussées aériennes, ses longues aiguilles perçant les nuées, ses dévalements et ses gouffres, ses taches noires au flanc des monts qui sont des forêts, ses crêtes blanches et ses lits de neige. La première pensée qui vient est celle-ci : Voilà qui est aussi pleinement admirable que le célèbre panorama que l'on découvre de la terrasse de Pau. — L'impression, vraiment, n'est pas moins saisissante.

Comment se fait-il donc que, lentement, elle s'atténue ? Après une contemplation d'une heure, notre enchantement n'a pas cessé, mais il est décidément moins fort. Non, ce n'est pas la même pleine beauté qu'à Pau. L'analogie est frappante ; les deux tableaux se présentent de même : ici comme là-bas, des montagnes vertes se profilent au-devant des grands monts. Même à Saint-Gaudens, il y a de plus qu'à Pau, l'éblouissement de la Maladetta. La lumière en haut est aveuglante ; c'est en bas que le tableau est moins parfait, surtout moins vivant ; au premier plan est le défaut.

A Pau, le ruban du Gave se déroule au milieu de la vallée ; la Garonne, ici, est trop loin de nos yeux, trop près du pied des monts, et coule derrière un rideau de peupliers qui la dérobe. L'eau brillante n'est point là pour animer la plaine. Là-bas, on peut promener son regard de la terre au ciel, il ne trouvera rien qui le lasse, rien qui déchire l'harmonie ; de la terrasse de Saint-Gaudens, on se fatigue bientôt de regarder au-dessous de soi ; l'attraction est au-dessus, dans les ondulations de ces énormes vagues de pierre, dans le jet furieux de ces pics et dans la douceur radieuse de ses neiges : la Maladetta peu à peu efface tout le reste, et l'on ne songe plus qu'à planter ses yeux au glacier.

En suivant ce boulevard du Midi, nous ne perdons de vue qu'un moment le groupe des Monts Maudits. Le chemin monte légèrement entre deux rangées de maisons ; celles de gauche ont des jardinets en terrasses et regardent la chaîne. L'un de ces logis, construit sous Louis XVI, somptueux autrefois, renferme à présent les bureaux de la poste; rien n'est trop beau pour la féodalité administrative des temps nouveaux. Toujours montant, nous atteignons le jardin public. Il est ombreux et frais, — assez mal entretenu, — et, ce qui n'est pas toujours un défaut, entièrement désert ; on y a déposé quelques épaves provenant de cette abbaye de Bonnefond, dernière demeure de ces comtes de Comminges, race contradictoire, qui produisit un grand saint et finit chargée de crimes. Ce sont des arcades ogivales, débris d'un cloître de marbre.

Le jardin est sans vue, ouvert de deux côtés sur deux rues de la ville, fermé du troisième par un haut mur, du quatrième par un établissement de bains ; et ce quatrième côté, le midi, c'est celui des monts. Les magistrats municipaux modernes ont souffert cette usurpation brutale d'un intérêt privé sur le plaisir public ; les anciens consuls auraient peut-être été moins complaisants. Au reste, il faut rendre justice à l'industriel qui exploite les bains; ce n'est pas un jaloux, il permet que l'on entre chez lui. Sur sa terrasse, car il en a une et la plus admirablement exposée de la ville, parmi les serviettes et les peignoirs qui sèchent sur des cordes, on voit un autre fragment des ruines de Bonnefond, une large porte en plein cintre ; on peut supposer que ce fut celle de la salle capitulaire.

De la maison du baigneur, on embrasse l'étendue du glacier. Deux monts boisés laissent entre eux une échancrure ; rien n'arrête plus le regard avide de retourner à l'éblouissement. Cette puissante lumière arrivant sur la promenade en ferait un des lieux les plus attrayants des Pyrénées; encore une fois, cette stupide masure des bains retient le rayonnement au passage, et les habitants de Saint-Gaudens, une ville libre autrefois, ne prennent point la liberté de la mettre par terre.

La ville a pourtant l'air remuant et vivant. Des habitations bourgeoises, entourées de beaux ombrages, bordent une voie régulière qui monte perpendiculairement au jardin public; le commerce et les métiers sont établis dans la rue transversale qui conduit à l'église. De lourdes charrettes passent, traînées par des chevaux dont le harnachement, très compliqué, est surmonté d'un haut ornement de cuivre, en forme de corne droite, flanqué de deux rangs d'énormes grelots. Le bruit est assourdissant, mais on ne le craint point en pays gascon.

L'église remonte au xie siècle, et fut alors construite sur l'emplacement d'une basilique antérieure érigée par saint Saturnin, l'apôtre du Toulousain et du Comminges ou pays des Convènes. L'édifice actuel est naturellement classé parmi les monuments historiques, « et a dû à cette opération un regain de notoriété qu'il expie en ce moment par une restauration complète ». Cette observation ironique n'est point de mon cru, je la puise dans une étude de M. Anthyme Saint-Paul, qu'a publiée le bulletin de la Société française d'archéologie. Les membres de cette savante Société ne sont point cousins des architectes restaurateurs.

En 1569, Montgommery conduisant les troupes calvinistes victorieuses dans le Midi, tandis qu'en Poitou elles sont battues à Jarnac et à Moncontour, entre dans Saint-Gaudens. Si l'on ignore le veritable édificateur de ce beau monument de l'époque romane, on en connaît le destructeur. L'église de Saint-Gaudens

ÉGLISE DE SAINT-GAUDENS

devait être fortifiée ; il suffit, pour s'en convaincre, d'examiner les jours étroits dont elle est percée ; ce ne sont pas des fenêtres, mais des meurtrières. La tour, que l'on a relevée en ces dernières années, était un donjon. Longtemps elle porta les traces des mutilations que lui firent subir les huguenots ; deux pans en avaient été reconstruits hâtivement en pierres, les deux autres seulement en bois. C'était donc un édifice militaire et religieux à la fois : un logis de chanoines, une collégiale, à l'ordinaire ; dans les jours de guerre et de carnage, un logis de soldats.

L'entrée principale, placée aujourd'hui au nord de la nef, a été reconstruite également après le terrible passage de Montgommery et de ses lansquenets, car les huguenots, tous nobles ou bourgeois, n'ayant point de peuple, et par conséquent point de milice, faisaient la guerre à l'aide des mercenaires. Ces loups d'Allemagne se plaisaient fort au saccagement des temples papistes. La porte romane, qu'ils avaient renversée, fut remplacée par celle-ci qui est de style ogival flamboyant, apparemment préféré par les chanoines aux modèles de la Renaissance. C'est le seul morceau gothique de l'église, d'ailleurs entièrement romane, avec les voûtes en berceau de ses trois nefs et ses trois absides, restaurées à cette heure.

A l'intérieur, tout est grand et simple. Tout est curieux aussi, par exemple les escaliers et les passages pratiqués dans la partie supérieure du chœur, et dont la disposition stratégique est évidente. Au reste, il n'est pas aisé de se figurer l'édifice, et particulièrement la tour, tels qu'on devait les voir avant le xvi° siècle ; l'imagination des architectes modernes a pu se donner carrière. Sous cette tour était une autre porte bien plus petite, qui vient d'être soumise au travail de « restauration », comme le chœur ; on l'a surchargée de sculptures, qu'on prétendait restituer. Pourtant, elle est étroite et basse, et ne dut être qu'une sorte d'entrée dérobée. Dans les débris de la plus grande, employés naguère à restaurer le cloître, situé au côté sud de la nef, on a découvert un magnifique fragment de sculpture représentant la Tentation du Christ ; on y a voulu voir, peut-être avec raison, le jambage de cette porte détruite.

Un autre morceau superbe, extérieur à l'église, et où le gothique et le roman se trouvent mélangés, c'est la salle capitulaire, avec ses arcades à colonnes de marbre et sa belle voûte à compartiments, soutenue par deux énormes piliers ; elle est postérieure au monument lui-même de plus de cent cinquante ans, et, longtemps enfouie à moitié, n'a été vraiment mise à jour que par les travaux récents. Le zèle des architectes a donc été, ici, très utile ; ce succès ne justifie pas d'autres erreurs. L'église était ruinée, sans doute, en quelques-unes de ses parties, mais ce délabrement n'exigeait point un rhabillement si complet et si souvent conduit à l'aventure.

Saint-Gaudens a des « édifices » modernes, son hôtel de ville, par exemple ; nous l'avons vu, point regardé. L'heure nous presse, nous regagnons la gare ; nous allons traverser cette belle plaine de Rivière, et d'abord laisser à notre droite Valentine, une bourgade qui fut une ville, fondée au IVe siècle par un des trois Valentiniens. Les traces des Romains sont ici partout, nombreuses et certaines. A Labarthe, nous descendons pour examiner un de ces monuments très rares en France, dont l'usage est réellement indéterminé, et qu'on est convenu d'appeler des « piles romaines » (je renvoie le lecteur au dessin). Le train suivant nous conduit à Martres de Rivière, dominé par une tour élevée sur une sorte de promontoire boisé ; au pied du coteau, dans les champs d'Ardrège, on a découvert les débris d'un temple et un autel de Diane.

A Montréjeau, nous débarquons. Sous les grands arbres d'une avenue qui conduit de la gare au pont sur la Garonne, il fait noir comme dans un four. Le fleuve gémit en se brisant contre les piles. Montréjeau est encore une villette haut juchée, *Mons regalis*, Mont Royal ; c'est un roi qui la fonda, Philippe le Hardi, représenté par Messire son sénéchal. D'ailleurs il partagea les frais de l'entreprise avec le seigneur de Montespan, Roger d'Espagne, qui en eut le profit, puisque la cité nouvelle releva de sa seigneurie, et que même il en fit sa capitale. Le roi de France était loin, ces puissants Montespan étaient près. La ruine de leur forteresse patrimoniale se voit sur la route de Saint-Gaudens à Saint-Girons. Le fier gentilhomme, qui au XVII° siècle osa ne

PILE ROMAINE DE LABARTHE

point souffrir en silence qu'un roi le déshonorât, ne descendait de ces premiers barons que par les femmes. Paule d'Espagne, dame de Montespan, héritière unique de son père, le dernier mâle de sa race, épousa, au XVI° siècle, Antoine de Pardaillan, sire de Gondrin, vicomte de Castillon, un grand catholique, qui fit la guerre aux côtés du seigneur de Terride contre Jeanne d'Albret et ses généraux, les comtes d'Arros et de Montgommery. Un jour, le vicomte Antoine, dans la rue de Montréjeau, rencontra le saint Viatique qu'un prêtre portait à un malade. Un huguenot passait, qui salua le seigneur terrestre et qui remit son bonnet devant le seigneur de là-haut. Le vieux Pardaillan — il était vieux alors — se jeta sur lui : « Comment oses-tu, lui dit-il, faire à la créature un honneur que tu refuses au Créateur? » — Et il le tua. Il est douteux que le « Créateur » en fût content; mais la « créature », c'est-à-dire Pardaillan, le crut, — et ce fut de bonne foi.

Je m'éveille le lendemain dans la haute ville, et de la fenêtre de l'hôtel, j'en aperçois d'abord le plan régulier. Montréjeau a toutes les apparences d'une ancienne bastide. Ce que c'est qu'une *bastide* en pays Toulousain, en Comminges et en Foix, où elles sont fréquentes, il faut bien le savoir. Presque toutes datent des XIIIe et XIVe siècles, du temps où, bien instruits par les terribles ravages de la guerre des Albigeois, les barons voulurent mettre les bourgeois de leurs villes à l'abri des coups demain; quelquefois les bourgeois surent bien s'y mettre eux-mêmes. Ces villes neuves furent toutes bâties sur un modèle uniforme : une enceinte carrée, avec des tours de guet aux angles; deux rues régulières se coupant à angle droit, avec quatre portes fortifiées ; au centre une place rectangulaire entourée d'arcades. A Montréjeau, des arcades sont encore debout sur deux côtés de la place du marché. Au milieu s'élèvent les halles, soutenues par des piliers de bois. Ce premier corps de bâtiment en supporte un second, en étage, une sorte de grande cage d'ardoises, dont les charpentes gondolées présentent des renflements et des vallonnements pittoresques et comiques : c'est la mairie.

Messieurs du Conseil entrent dans le lieu consacré de leurs délibérations par une avenue bordée de sacs de pommes de terre et de monceaux de choux; ils gravissent un escalier de bois tout branlant qui est une échelle ; ils sont alors chez eux. Au plus haut de ces vagues d'ardoises qui les recouvrent, ont été plantées une douzaine de girouettes de toutes les formes, représentant tous les animaux de l'arche de Noë. On voit peu de municipaux si agrestement logés que ceux de Montréjeau, on ne vit jamais tant de girouettes.

En redescendant vers la basse ville, on retrouve la Garonne. Le fleuve roule d'un train presque furieux, entre des rives plates et très fraiches, qui, avec leurs bordures de saules et de peupliers,

MONTRÉJEAU

rappellent les bords de la Loire. Au bout du pont, un avis est affiché : « Défense aux voituriers de trotter le lundi ». C'est que le lundi est jour de grand marché : Montréjeau est une villette commerçante.

Aux abords de la gare, s'élevait autrefois le couvent des Cordeliers; c'est à présent un petit séminaire. Le bâtiment est moderne. On nous y montre d'abord une curieuse porte du XVIe siècle; les vantaux présentent de précieuses sculptures; puis un rétable de la même époque, dont les bas-reliefs racontent la vie de la Vierge. Ce sont deux pièces intéressantes.

Gourdan, bourgade toute neuve, est l'annexe industrielle de Montréjeau. C'est ici, à la distance d'un kilomètre et demi environ, que la Garonne reçoit l'un de ses affluents montagnards, la Neste. Bientôt nous remonterons le cours de ce torrent, le plus puissant des Pyrénées centrales. Le confluent est situé précisément au-dessous d'un pittoresque mamelon, le mont du Bouchet, qui porte une grande ruine féodale. L'ascension n'est pas trop pénible, et la peine, d'ailleurs, est récompensée par la beauté du spectacle. C'est le même panorama que nous avons embrassé déjà du coteau de Roquefort, de la terrasse de Saint-Gaudens et de la haute ville de Montréjeau, — ce superbe et vaste amphithéâtre, qui s'étend de la pyramide tronquée du Cagire et des aiguilles du Gar, aux pics et aux massifs occidentaux des Pyrénées, ayant pour point central les hautes neiges étincelantes des monts Maudits.

Le soir venu, nous reprenons le chemin de Tarbes. C'est ici, vraiment, que va commencer notre troisième voyage.

ARMOIRIES DU NÉBOUZAN A L'HÔTEL DE VILLE DE SAINT-GAUDENS

L'ADOUR A TARBES

L'ADOUR

I

TARBES ET LA VALLÉE

« Tarbes est une belle ville et grande, étant en plein pays et en beaux vignobles. » C'est Froissart qui parle.

Ces vieux chroniqueurs ont le mot juste ; nous disons, nous autres : la plaine de Tarbes ; Froissart dit : le plein pays — c'est-à-dire la contrée grasse, la région cultivée par excellence. Ce n'est pas une plaine, en effet, c'est un bassin formé d'un entrecroisement de vallées qui se creusent au pied des derniers mamelons. De toutes parts on voit la chaîne, mais naturellement d'en bas ; ces grandes murailles coiffées de tours et de pyramides ont sûrement leur beauté ; pourtant on ne distingue point les plans ; ce ne sont que des masses.

Cette « plaine » de Tarbes a vraiment un grand air de richesse, que Froissart avait bien vue. L'Adour la traverse et des canaux la sillonnent. L'Adour — ou plutôt les Adours, — car c'est un nom générique, comme dans une autre partie des Pyrénées les « Gaves », et dans une autre encore, les « Nestes », — apportent partout la fertilité, comme le Nil, et, tout comme le fleuve d'Egypte, ils débordent, mais point régulièrement, seulement quand il leur plaît, sans avertissement préalable à leurs riverains. C'est même ici le côté pittoresque de ce pays de cocagne : des torrents en plaine. Les bords en sont parés d'une verdure puissante, tout est vert ; trop de vert ! Ces lignes de vigoureux peupliers coupant le paysage deviennent bientôt monotones ; la vigne grimpe aux arbres, les pampres forment berceau au bord des routes ; les maïs sont plus grands que des hommes.

En entrant dans la ville, je rencontre un jardin de plaisance. Il est bien planté, bien dessiné, mais ce qu'il offre surtout de particulier, c'est une riche poussée de végétation. Ce « jardin Massey » est l'œuvre d'un directeur des parterres à Versailles, qui en dota sa ville natale, et lui donna son nom ; il était né à Tarbes, comme Théophile Gautier et Barrère de Vieuzac, l'Anacréon de la guillotine. Le jardin Massey est abondamment arrosé. En avançant dans la ville, on ne voit, on n'entend partout que de l'eau.

Je prends logis sur une place, à l'angle d'une longue et large rue ; au milieu de la cour de l'hôtel de la Paix, jaillit une source énorme. Cette cour très vaste, entourée de bâtiments à galeries de bois, au-dessus desquelles flottent de grands stores de calicot blanc, serait un lieu des plus tranquilles sans cette eau endiablée, qui mugit sous les dalles. La place, c'est le Maubourguet : du premier regard, on reconnaît, ici, le point central, auquel se relient les deux parties de la ville. La soudure est relativement moderne. J'ai bien présente à l'esprit la description de Froissart, qui dit : — « Il y a ville, cité et chastel, le tout fermé de portes et de murs et séparés l'un de l'autre ». Cette mention très expresse, comme on le voit, m'a donné l'envie de consulter Grégoire de Tours. J'y trouve que dès 575 on voyait à Tarbes « la cité où était l'évêque », — et le bourg.

Tarbes fut romaine, visigothe, et toute cette histoire-là est bien loin. Les Sarrasins la dévastèrent ; j'ai déjà fait connaitre, dans le premier volume de cet ouvrage, la tradition qui place leur suprême défaite sur la lande de la Lanne-Mourine, au pays de Lourdes, où les débris de leur grande armée, vaincue à Poitiers, auraient été écrasés par les Bigorrans, que conduisait le prêtre Missoulin. Les cendres de ce pieux vainqueur furent déposées à Tarbes. La ville, après avoir suivi, au IXe siècle, les destinées du royaume d'Aquitaine, devint la capitale du comté de Bigorre, fut occupée par les troupes du roi Philippe le Bel, puis par les Anglais, reprise par les Français au XIVe siècle, et enfin entra dans le domaine de la maison de Foix au XVe. Les grandes épreuves qu'elle eut à subir lui vinrent de la Réforme.

Tarbes, alors, fait partie du royaume de Navarre, qui est échue à la maison de Foix. La reine Jeanne d'Albret, que tant d'historiens se sont ingéniés à représenter comme le modèle de la matrone rigide et de la reine sans reproche, et qui fut, en réalité, une virago fanatique et féroce, a défendu dans ses États, en 1566, la célébration de la messe ; ses sujets catholiques se cabrent, une partie des États se réunit à Tarbes, bien que le siège ordinaire en fût à Pau. Ces Etats de Bigorre se composaient de l'évêque et de six abbés, de douze barons de la comté, et de vingt-neuf députés des villes. Naturellement, aux États de 1567, à Tarbes, les abbés sont tous présents ; le plus riche après celui de Saint-Pé, sur le gave de Pau, c'est l'abbé de l'Escaladieu, sur l'Arros, auprès de Bagnères. Tandis qu'il siège parmi les députés insurgeants, un bandit de la vallée d'Aure, Jean Guilhem, se déclare l'ennemi personnel du Pape, lève une troupe de pillards, s'en vient saccager l'opulente abbaye, et s'y trouvant bien et grassement, en fait son quartier général. Quelques seigneurs catholiques accourent avec leurs hommes, Jean Guilhem est pendu.—Mais la guerre est allumée.

Le roi de France, avisé du danger qui menace les catholiques de Béarn, Foix et Bigorre, envoie des ordres à son Parlement de Toulouse, qui dépêche à Tarbes le seigneur de Sarlabous, afin de donner du cœur aux Etats; ceux-ci chargent Arnaud de Pardaillan, baron de Gondrin et d'Antin, sénéchal de Bigorre, et le baron de Bazilhac, de veiller à la tranquillité publique, tandis qu'ils donnent commission au seigneur de Terride d'arrêter les troupes huguenotes de la reine, que commande le baron d'Arros. La reine Jeanne a décrété que les catholiques seraient exclus de tous les emplois ; les États de Tarbes décident que ce seront au contraire les calvinistes. Jeanne d'Albret ne se trouve point assez sûre de la sévérité du baron d'Arros, et place le comte de Montgommery à la tête de ses soldats.

Montgommery renverse tout sur son passage, emporte et saccage les villes, et, enfin, éclairant sa marche par l'incendie des monastères, des églises et des villages, arrive devant Tarbes, qu'il prend et traite si bien, que la ville demeure abandonnée. L'année suivante, un officier catholique, le capitaine Bonasse, se jette dans ces ruines avec 800 soldats et y rappelle les habitants. Les huguenots le suivent de près, reprennent la ville et passent au fil de l'épée ce qu'il reste de ces huit cents hommes après l'assaut, et une partie du peuple. Les survivants n'osent donner la sépulture aux morts. La paix dite de Saint-Germain, en 1670, leur permet enfin de respirer, car la reine Jeanne y a été comprise, en même temps que les chefs protestants de tout le Midi ; les négociateurs du roi de France ont glissé quelques stipulations en faveur des malheureux catholiques de Béarn et de Bigorre. Jeanne d'Albret, aux reproches qu'on lui adresse sur la cruauté de ses capitaines, répond: « Je ne fay rien par force; il n'y eust n'y morts, n'y emprisonnements, n'y condamnations, qui sont les nerfs de la force ». Qui aurait on condamné, puisqu'au préalable, et sans jugement, on avait tué tout le monde ?

Cette place du Maubourguet est donc le point central entre les deux quartiers qu'on appela naguère le « bourg vieux » et le bourg neuf ; elle est très vaste, et une partie sablée, défendue par des chaines de l'invasion des véhicules et des cavaliers, sert de pro-

TARBES. — LA CATHÉDRALE

menade : il y a des bancs ; on peut s'y asseoir sous de vieux ormes rongés et mutilés. En face s'ouvre une large rue, l'artère principale du quartier neuf, qui aboutit à un terre-plein ombragé de plusieurs rangées de beaux arbres, au-devant des casernes de cavalerie. Le Maubourguet, duquel se détache, à droite et à gauche, deux autres rues, mais tortueuses celles-là, est fort animé ; au bruit intermittent des chariots et des voitures s'ajoute une clameur sourde, qui ne cesse point : c'est le chant de l'eau vive sous le pavé.

Les monuments ne sont pas nombreux : du château comtal, il ne reste qu'une tour coiffée d'une lourde poivrière, et qui est un des quartiers de la prison. La cathédrale, qui a été plantée sur l'emplacement du premier logis fortifié des comtes, au temps des Donat-Loup et des Raymond, est un édifice du xive siècle, laborieusement raccommodé sous Louis XIII ; les rudes caresses des huguenots de Montgommery avaient rendu ce raccommodement nécessaire. Les habitants de Tarbes n'en sont que médiocrement fiers et accordent que ses proportions ne sont point gracieuses. Ce qui est vrai, c'est qu'elle n'a point du tout de proportions.

Extérieurement, l'église semble d'un côté avoir été coupée en deux ; on n'a point rajusté la coupure. De l'autre elle est flanquée d'une sorte d'abside pataude et ventrue, ce qui n'est d'ailleurs qu'une apparence, car, intérieuremet, elle n'a qu'une nef et un chœur à deux chapelles latérales. Le maître-autel est surmonté d'un baldaquin, dont la chute écraserait lourdement le prêtre officiant et le tabernacle. Tout ce morceau est très somptueux ; l'autel est soutenu par des colonnes de marbre qui offrent plus de richesse que de goût. Les verrières sont modernes.

Une autre église, ancienne seulement dans une de ses parties, une tour carrée, très pesante, a été bâtie tout en marbre. Celle-ci, surchargée d'ornements et de dorures, a la disposition d'une salle de concert. L'aspect en est donc assez profane ; mais l'Esprit souffle où il veut : le sanctuaire est rempli, bien que ce ne soit point l'heure des offices. — A chacune des deux églises, s'appuyait un couvent. Du premier, un dôme subsiste, au-dessus d'un hôtel privé ; du second, la partie la plus considérable, qui était le palais épiscopal, sert à loger le préfet. Dans le jardin de la préfecture, on rencontre encore les ruines d'un cloitre, sous de superbes platanes.

En face des halles, dans la rue qui se détache à gauche du Maubourguet, est l'ancienne église des Carmes. Le clocher du xive siècle supporte une jolie aiguille de pierres à huit pans. L'intérieur est

ntièrement décoré de peintures copiées des maîtres anciens.
De beaux ombrages enveloppent le palais de justice, situé dans
la même rue. Les arbres prennent des dimensions énormes dans

TARBES — ÉGLISE DES CARMES

ce sol baigné. Un jardin délicieux enveloppe le musée, construction moderne, en briques, surmonté d'une tourelle qui a voulu être mauresque. Il ne suffit pas de vouloir. Ce musée est assez riche. Seulement, un pauvre touriste est bien excusable de songer à monter sur la terrasse de la tour, plutôt qu'à examiner des cartons et des toiles ; il peut avoir sous les yeux la collection du

Louvre toute l'année, il sera forcé de se séparer des Pyrénées dans quelques semaines. Du haut de cet appendice prétendu mauresque, la vue est exquise : le grand rempart des monts, là-bas, ne montrait le matin, sous un ciel chargé, que des lignes grises et maussades; les nuées se sont dissipées, la chaîne se détache maintenant en bleu sombre qui va se dégradant, avec des teintes plus tendres vers les cimes; la plaine verdoyante se déroule avec ses rideaux de peupliers, ses vignes touffues, et le sourire, partout répandu, de ses eaux claires. Je redescends dans les salles du musée; j'y vois plusieurs ouvrages anciens, mais surtout un immense tableau de Louis Boulanger, représentant l'Agriculture, l'Abondance et la Paix. Voilà, parbleu, trois bonnes déesses !

Tarbes, en résumé, est une ville ombreuse et fraiche; gaie aussi, très vivante. La promenade y a de l'amusement ; on s'en va, cherchant d'instinct cette eau qui gronde et qu'on ne voit pas; subitement, au coin d'une rue, on la rencontre roulant son flot alerte. Deux grands canaux la distribuent dans tous les quartiers. La ville est énorme pour une population restreinte; ses vingt mille habitants respirent à l'aise ; beaucoup de maisons n'ont qu'un locataire et sont entourées de jardins. La voie qui monte aux allées nationales et à la caserne de cavalerie en est bordée sur un côté ; de l'autre il y a des cafés à l'instar de Paris : la dorure banale, le gaz aveuglant, qui a enlevé à ces petites cités demi rustiques le charme des crépuscules d'été. A Tarbes, le soldat n'est pas moins grandement logé que l'habitant; cette caserne de cavalerie est monumentale. Au-devant, dans les Allées Nationales, s'élève la statue de Larrey, œuvre d'un artiste pyrénéen, Badiou de la Tronchère; elle est de bonne allure. Le socle, en marbre de Sarrancolin, porte en inscription une parole célèbre de Napoléon : « Larrey est l'homme le plus vertueux que j'aie connu ».

Au delà des Allées Nationales, doublez la caserne, montez à travers un quartier industriel et rustique à la fois. Ici des usines là des parcs. Vous arriverez ainsi à l'hippodrome. Il est nature que Tarbes, où l'on a établi un grand haras, ait aussi un beau champ de courses. C'est le premier du Midi, l'un des premiers de France, et sûrement le mieux encadré : les monts forment la toile de fond. Tout près, vous rencontrerez le village de Laloubère. Montez encore, vous atteindrez le dernier coteau du chainon qui s'avance au-dessus de la plaine ; là est *Odos*. En 1549, Marguerite de Navarre y mourut.

En 1547, elle avait perdu son frère et « son dieu », François Ier, ce pauvre roi de si grande allure et de cœur si médiocre, qui, après des heures si brillantes, s'était si vitement éteint dans la ruine de sa fortune et de son corps, trahi par ses ministres, trahi par ses maitresses. Marguerite avait dû céder à la force en mariant sa fille unique, cette Jeanne d'Albret si rude, si pédante, qui avait des manières viriles et une âme de sectaire, et qui lui ressemblait si peu. Le mari, c'était Antoine de Bourbon, un grand prince, qui n'avait pas reçu son lot de cervelle humaine. Privée désormais et désabusée de tout, l'aimable reine quitta son château de Pau, qu'elle avait si fort embelli, et vint s'enfermer à Odos. De ce promontoire qui portait le château, la vue sur les monts est bien plus saisissante qu'elle ne l'est d'en bas ; les plans se détachent et la masse s'anime. La pauvre reine, malade, avait donc le plaisir des yeux ; elle essayait d'étudier, de penser et d'écrire ; mais il lui fallait un double aliment, et la moitié seulement de cette âme curieuse et tendre était encore satisfaite ; l'autre moitié se consumait de langueur et de regrets : elle n'avait plus personne à aimer. Rapidement elle s'éteignit.

Nous arrivons à Odos en suivant une route départementale qui coupe en deux parties l'ancien domaine de la reine de Navarre. Elle traverse le village, qui, jadis, dut être groupé au pied du château, laisse à gauche l'église, qui fut la chapelle, et les restes des jardins. Cette église est vieille, entourée d'un cimetière pauvre et négligé, où presque toutes les tombes sont en ruine. Dans les jardins, rien ne rappelle plus Marguerite ; ils ont été refaits au xviie siècle, et disposés « à la française ». Une longue charmille en subsiste encore. Odos fut habité longtemps par ses nouveaux seigneurs, de la maison de Lassalle, à qui Henri IV avait donné en fief ce morceau de l'héritage de son aïeule, en leur imposant une redevance bien légère, celle d'un épervier à chaque mutation de vassal ou de seigneur.

De l'autre côté de la route, à droite, s'élève, sur de vieilles assises, une sorte de castel moderne, en style de la Renaissance, car on a voulu faire du vieux neuf; je passe la tête par l'entre-bâillement d'une porte, je vois cette pâtisserie montée et je recule. Je fais le tour de l'enceinte en suivant un petit chemin rocheux qui passe sous un abri noir de figuiers; j'arrive à un lavoir, et j'y vois une ménagère agenouillée, savonnant du linge, tandis qu'un garçonnet de deux ou trois ans est grimpé sur son dos, au risque de choir dans l'eau, la tête en avant par-dessus celle de sa mère. J'interroge la lavandière : — Dites-moi, il n'y a plus rien d'ancien dans le château? — Elle lève la tête, me regarde curieusement : — Eh là, si ! me dit-elle, il y a le monsieur et sa cuisinière.

Odos appartient aujourd'hui à un vieil Américain établi dans le pays depuis cinquante ans. C'est lui qui tient la place de la « Marguerite des Marguerites » et de Jean Lassalle, le vieux capitaine bigorrais, le seigneur à l'épervier.

LA VALLÉE DE BAGNÈRES-DE-BIGORRE

II

BAGNÈRES-DE-BIGORRE

Les Anglais sont un grand peuple, composé de drôles de gens. Pourquoi font-ils une chose? On n'en sait rien, ils le savent mal eux-mêmes; mais ils la font avec une régularité d'habitude à rendre jalouses les horloges. C'est ainsi qu'on les voit arriver à Bagnères en mars; — pas en avril! — Au reste, la ville les accueille alors comme des hôtes envoyés par la Providence; ils la peuplent quand elle était déserte. En juillet, ils délogent. On les voit partir sans trop de regret, on n'a plus besoin d'eux, la foule des baigneurs arrive.

Après tout, ce n'est point si mal fait; ils ont joui du printemps dans un pays vert. Dans cette belle vallée de l'Adour, que l'on suit pour arriver de Tarbes à Bagnères, l'été est d'une merveilleuse opulence; le printemps a sûrement un charme unique de fraicheur. Nous quittons Tarbes à une heure encore assez matinale. Le torrent, qui va bientôt se mêler de devenir fleuve, coule profondément encaissé, bordé sur sa rive gauche de jolies montagnes. Les vignes grimpent à leurs flancs, la vallée est étroite, mais chaque mètre de terre y vaut de l'or C'est une fertilité qui rappelle les tableaux qu'on nous a retracés de la vallée du Jourdain ; rappelez-vous ces grappes monstrueuses qui figurent dans les toiles du Poussin ; on doit revoir ici ce prodige, quand arrivent les vendanges. Mais l'attrait principal de la vallée féconde, c'est la couleur du paysage : les tons les plus chauds et les plus tendres, cette parure verte de la terre, ces roches brunes ou d'un gris bleu, se fondent en une harmonie délicieuse. Je n'ai guère vu de pays plus doux à habiter que ces bords de l'Adour.

Les débris des vieux âges n'y manquent point; il y avait plaisir à y être seigneur ; on avait la puissance et la richesse. Là-bas, sur la rive droite, une tour se dresse : c'est celle de Barbazan-dessus. Arnaud-Guillaume de Barbazan fut le premier « chevalier sans reproche » ; il devança Bayard, et fut plus heureux : on ne l'a point mis dans les romances. Il eut son combat des Sept, comme Beaumanoir avait eu son combat des Trente. Barbazan et six chevaliers français, le chevalier de l'Escale et six Anglais; l'Angleterre fut battue. Barbazan gagna bien d'autres batailles et finit par se faire tuer. Le roi Charles VII lui avait octroyé trois fleurs de lis pour les mettre dans ses armes, et il fut enterré à Saint-Denis. Il est vrai qu'il était derrière Tanneguy-Duchatel, sur le pont de Montereau, le 10 septembre 1419, quand celui-ci, en présence du dauphin, frappa Jean sans Peur, le duc de Bourgogne; il paraît même que sa bonne épée ne demeura pas tout à fait inactive en cette vilaine affaire ; mais chut !... Ne ternissons pas la gloire de Barbazan.

Ces rives de l'Adour sont extrêmement peuplées, et tous les riverains vous diront qu'elles ne le sont pas trop ; il n'y a pas de pauvres. Les villages se succèdent, de gros villages. Arcizan est planté sur les deux bords. Vielle-Adour et Hiis couronné d'un châtelet se présentent en avant de Montgaillard, assis sur la rive gauche, au pied d'un mamelon artificiel, comme s'il n'y avait point assez de hauteurs naturelles en ce pays-là. Ce sont les retranchements d'un oppidum ; les antiquaires le voient encore par les yeux de la pensée, qui ne sont jamais myopes. Montgaillard offre quelque chose de plus intéressant, dont on jouit avec ravissement par les yeux du corps : c'est une échappée subite sur les monts de Cauterets à l'ouest.

MONTGAILLARD

Désormais de petits bois tapissent des escarpements. Le mont s'entr'ouvre ; voici Ordizan, où nous rencontrons pour la première fois les traces de l'un des savants hommes qui ont doté la France de l'observatoire du pic du Midi. L'ingénieur Vaussenat a fait à Ordizan des fouilles intéressantes, et mis à jour des poteries de l'âge de la pierre. Ces vénérables pots dépassent mon sujet.

Nous traversons Pouzac, dont l'église est entourée d'une enceinte fortifiée. Elle est pourtant du XVe siècle ; les Anglais alors ne bataillaient plus dans le pays avec la complicité et l'alliance de beaucoup de seigneurs.

> Là, veissez guerre mortelle
> Et en plusours lieux moult cruele
> Le frère fut contre le frère
> Et le fils fut contre le pière.

Bagnères, où nous entrons, fut ville anglaise, et subit d'autres aventures. Une nuit de l'an 1365, le bâtard de Castille, Henri de Transtamare, réfugié en France et bientôt y ayant recruté des troupes que Duguesclin allait commander, trouva légitime de dévaster un peu les domaines du Prince Noir, allié de Pédro le Cruel, son frère; il surprit Bagnères, dont la garde bourgeoise dormait. La ville fut traitée abominablement; on en gémit encore. Elle est si jolie, cette petite cité bigorraise, elle a si peu l'aspect banal des villes d'eaux !

Si l'on y arrive par le chemin de fer, on gravit d'abord une avenue bordée de villas; les yeux de tous côtés sont arrêtés par de hautes murailles vertes; le fond en est très resserré; mais ce premier étage des monts s'enlève d'une poussée légère ; on n'éprouve aucune impression de malaise, on se sent libre comme en plaine. On monte, on traverse un coin de parc, dans lequel jouent des troupes d'enfants; leurs cris ne causent pas de tumulte incommode; le jardin est rempli de promeneurs qui vont riant et causant, et cela ne fait point de bruit. On joint le pavé ; des calèches passent, emportant des baigneurs en humeur d'excursions ; les fers et les grelots des chevaux ne dérangent qu'un moment ce calme extraordinaire ; on dirait que les ondes sonores se referment derrière ces voitures joyeuses. Nous passons devant l'église. Retenons que cette façade aux larges ogives est du XVe siècle, et que les arcatures qui en décorent la partie supérieure, lui donnent une physionomie particulière; nous y reviendrons. Une nouvelle promenade, une large allée ombragée de grands arbres, s'ouvre devant nous; deux rues la longent, bordées de cafés, de boutiques et d'hôtels. C'est bien ici le centre de la vie thermale, cette promenade des Coustous connue de toute l'Europe. Sur les terrasses de ces cafés, il y a beaucoup de monde et des gens de tout pays, des Egyptiens même coiffés du fez; parmi les Français force baigneurs de Gascogne et, par exemple, une compagnie de très élégantes personnes, très brunes, très babillardes, que leur accent trahit : ces jolies bouches rendent des sons de castagnettes. Eh bien, l'oreille n'en est point déchirée, cette discordance se perd dans ce concert étonnant de tranquillité harmonieuse qui nous environne. Un murmure s'échappe de toutes les rues, et semble courir sous nos pieds; c'est une cadence égale et caressante, une note en sourdine qui ne cesse

BAGNÈRES-DE-BIGORRE — PLACE DES COUSTOUS

jamais, la chanson des sources, la musique de l'eau, bien plus abondante encore qu'à Tarbes. Si maintenant l'on veut songer que Bagnères, à cette époque de l'année, contient des milliers d'étrangers, et que la ville elle-même compte dix mille âmes, on ne peut s'expliquer cette paix que par la nature des lieux, plus forte que tout ce qui la dérange. Vingt mille baigneurs à la fois dans Bagnères n'enlèveraient pas à la petite ville ce charme discret qui nous berce.

La nuit est venue, le gaz s'allume sous les grands arbres, les habitués des Coustous arrivent. Ce n'est pas seulement le beau monde, c'est un peu tout le monde, et si l'on aime le pittoresque, il ne faut pas s'en plaindre. Les Parisiennes sont en nombre, nous reconnaissons des visages ; leurs toilettes sont ordinairement bien moins voyantes que celles des élégantes de Toulouse ou de Bordeaux. Parmi celles-ci, quelques-unes, bien différentes du lys de l'Écriture « vêtu de sa simplicité », se sont fait tailler des parures en plein arc-en-ciel. Près de ces chatoyantes, viennent de riches Basquaises, au pas ferme, aux fins contours, alertes, coiffées de ce petit foulard coquin, posé au sommet de la tête, qui nous a tant charmés à Bayonne. Mais il ne faut pas oublier le côté des hommes : la fleur masculine des Gascognes ; les pétulants de Toulouse, dont les cravates sont des pavillons de guerre ; les graves Béarnais, raides comme leur bâton de montagne ; puis le suprême et les « combles » du boulevard des Italiens, une troupe de tout petits bonshommes, au pantalon trop court et aux souliers trop longs, coiffés du casque indien. Imaginez, quand ils marchent, les deux branches d'un compas portant un énorme couvre-chef. Les Basquaises en rient ; et comme elles ont raison de s'égayer, ces filles de la nature !

Mais peu à peu la foule s'éclaircit. Il est neuf heures. Les plus brillants promeneurs ont donné le signal de la retraite. Ils s'en vont par troupes, d'abord traversant une grande place ; nous les suivons et descendons, dans la nuit, sous la seule clarté des lanternes, la plus étrange de toutes les rues. Elle est bordée d'arbres bien plus petits que ceux des Coustous et longe des hôtels et d'autres maisons qui portent des enseignes : ce sont des établissements thermaux. Nous savons déjà qu'il y en a une vingtaine à Bagnères, exploités par des particuliers, sans compter les Thermes de la ville. De chaque côté, au-dessus des toits, deux hautes lignes noires nous apparaissent : ce sont les monts, la double muraille nous suit. Tout à coup, à gauche, un torrent se précipite ; il se fait jour entre deux rangées de maisons, dont les fenêtres latérales le regardent : c'est une rue de Venise. Seulement là-bas l'eau est dormante, ici elle est furieuse ; le torrent s'engouffre sous le sol de l'avenue qu'il fait trembler. A droite, une allée transversale couverte de platanes s'enfonce dans la nuit noire. Un vaste bâtiment se dresse sur le même côté ; — l'hospice civil nous paraît encastré dans le mont. Le dôme à campanile qui le

BAGNÈRES-DE-BIGORRE — PLACE DES THERMES

surmonte se confond avec les arbres qui tapissent le haut rempart. L'ombre devient plus épaisse alors, se trouvant repoussée par une vive lumière arrivant d'une place irrégulière où nous venons de déboucher soudainement. Nous entendons les sons d'un orchestre.

C'est ici l'endroit de promenade entre neuf et onze heures, la place des Thermes. Les masses noires qui se profilent au-dessus de nous, par un ciel très pur semé d'étoile, nous avertissent suffisamment que ce lieu doit avoir aussi sa beauté du plein midi, quand ces hauteurs boisées y jettent le souffle de leurs feuillages et les jeux de leurs ombres. Mais, à cette heure, l'amusement y est sans doute plus vif. D'un côté des cafés, avec des tables dressées en plein air, sous des acacias taillés en boule ; de l'autre les Thermes, grande bâtisse blanche, entourée de bruit, car un autre torrent en caresse le pied ; au fond, le Casino, édifice du genre macaronique moderne, qui s'affuble de tous les styles, pour arriver à les contrarier et à les déshonorer tous. On y voit des colonnes d'ordre corinthien, on y voit des figures ailées qui doivent être des génies, des galeries, des balcons, des guirlandes, tous les ornements imaginables, tous les faux luxes et tous les faux décors. Et dans toute cette redondance, rien ne s'arrange, rien n'est harmonieux que ce qui a été formé par la nature : une terrasse conquise sur le mont et dominant le jardin.

J'ai dit qu'en entrant dans Bagnères, on se prenait tout de suite à aimer ce bijou de villette pour son calme, pour sa fraîcheur, pour sa physionomie riante et douce. Eh bien ! l'ennemi de tous ces avantages si rares dans les stations thermales, le voilà : c'est ce bâtiment illuminé, d'où s'échappent des flonflons, où se donnent des concerts, des représentations dramatiques et des bals, ce qui peut avoir de l'attrait ; — où se nouent aussi des parties de jeux, ce qui est un danger. Bagnères la jolie avait-elle besoin d'un Casino ? La ville a un théâtre.

Il faut bien prendre garde que ces observations ne s'appliquent point au Casino de Bagnères, en particulier, qui peut être très honorablement conduit, — ce que je ne sais point et ce que je crois — mais à tous les établissements de même genre. Leur premier inconvénient est d'attirer dans les villes d'eaux une population dont la Babel est la pure image. Et quand je dis pure !... Ultra et extra-mondaines, joueurs aventureux, « ponteurs » naïfs, et le reste. Or, il paraît évident que Bagnères, avec sa vieille réputation établie par toute l'Europe, l'efficacité de ses eaux, le charme de son séjour et les ressources de plaisir qu'elle offre aux étrangers bien portants, pouvait se passer de cette nouvelle « attraction ». Il est assez connu que ces sortes d'entreprises ne sauraient se nourrir du prix des entrées et des abonnements ; les fêtes qu'elles donnent sans cesse leur coûtent plus d'argent qu'elles n'en rapportent. Si l'on supprimait les jeux, elles seraient menacées de ruine. Cette condition de leur existence peut faire mesurer le danger. Mais quoi ! les habitants de Bagnères ont vivement souhaité ce Casino.

À Bagnères, le premier matin est délicieux. Mon compagnon de voyage, diligent comme l'aurore, est parti pour la montagne. Je m'habille ; j'ai précisément en face de moi, dans ma chambre d'hôtel, le Casino et ce grand mont boisé qui le domine : c'est le Montaliouet ou Mont Olivet. J'ouvre mes croisées ; l'odeur vive des feuillages, le souffle et le murmure des eaux m'arrivent de toutes parts ; une source abondante roule son flot bavard dans un petit canal creusé au pied de l'hôtel. Je sors et parcours la ville : ces rues, ces places propres et coquettes, ces grands ombrages s'employant partout m'enchantent. L'idée me vient de retourner vers cette rue que je n'ai pu, la veille, qu'entrevoir dans l'obscurité, et que bordent les établissements particuliers et les grands Thermes. Je dois trouver là des physionomies de baigneurs et de buveurs à observer. L'eau malheureusement assourdit un peu. On assure que les Romains connurent les sources de Bagnères ; il n'est même pas permis d'en douter, car ils ont laissé partout leurs vestiges. Mais eurent-ils tant de mérite à les découvrir ? La découverte n'était point difficile ; plusieurs sont de véritables rivières.

Il y en a qui sont qualifiées « d'excitantes fortes », et d'autres « d'excitantes moyennes », d'autres encore appelées « sédatives ». Elles guérissent une infinité de maux, dont quelques-uns sont fort intéressants. Je rencontre un groupe de femmes très simplement et gracieusement habillées, deux mères et cinq filles, qui suivent la rue et qui s'arrêtent au tout petit établissement de Versailles, tapissé de glycine. Ce sont ici des eaux sédatives. Il paraît que ces charmantes personnes ont besoin d'être apaisées.

Je retrouve l'avenue sombre de platanes qui monte vers le Bédat; là, beaucoup de malades — qui ont l'air de se porter assez bien, — s'acheminent vers l'établissement du Salut. Sédative encore, la source du Salut. Qu'il y a donc d'excités et d'agités en ce monde ! Enfin, j'atteins les Thermes, les vrais Thermes, bâtis sur l'emplacement de ceux des Romains (saluons)! C'est une foule, tout simplement, qui entre. Là, on ne compte pas moins de six sources : quatre excitantes, deux sédatives; il y en a pour tous les tempéraments. Mais la source de la Reine a mérité son nom : d'abord elle est la plus abondante; c'est elle qui roule au pied de l'édifice, avec un fracas et des colères que ne se permettraient point des sources plébéiennes ; et puis, elle guerit les écrouelles. C'est donc bien « la Reine ».

Elle jaillit du flanc du Montaliouet. Pourquoi n'irais-je point la surprendre au saut du rocher, cette grande « excitante » ? car voilà sa qualité. Une autre raison me conseille de m'élever au-dessus de la ville : je voudrais mieux connaître la véritable situation des monts, au milieu desquels se creuse le bassin dont Bagnères et l'Adour occupent le fond ; puis il me tarde d'apercevoir la seconde chaîne, qui enserre celle-ci dans ses plis. Je demande mon chemin. Il ne s'agit que d'atteindre la cime du Montaliouet, qui ne dépasse guère 800 mètres. Le Montaliouet n'est que le contrefort du Bédat, que je viens d'entrevoir et qui porte à son faîte une statue de la Vierge.

On m'a prescrit de suivre les lacets qui montent derrière l'hospice. L'ascension est par trop aisée, sous de grands ombrages, par des sentiers entretenus comme ceux d'un parc. Je chemine à couvert, ne distinguant que les lignes bleues du haut horizon à travers les feuillages. Une première halte s'offre à ma paresse ; c'est la fontaine ferrugineuse. La vieille gardienne offre un verre de sa panacée; c'est deux sous. Je me garde bien de boire ; je n'avais d'autre objet que de m'asseoir dans la buvette. La paix et la fraîcheur y sont exquises.

Continuant de monter, je joins un banc, fort heureusement disposé au bord de l'escarpement ; là, je me trouve placé directement au-dessus des Thermes, trop bas encore pour bien voir les monts, mais plongeant sur la ville, groupée au bord de sa rivière brillante. L'Adour décrit de jolis méandres à travers la vallée. Sur les hauteurs de l'autre rive, s'élèvent, parmi les vergers et les cultures, de fort belles villas, qui prennent leur vue sur ces coteaux boisés, où je me prélasse à l'ombre — et sur la croupe nue du Bédat.

Au-dessus de moi, sur la gauche, descendent de belles pentes vertes. Au faîte, une petite ferme. Un vieillard et deux superbes viragos sont en train de faucher ce pré, qui est une glissoire. De l'autre côté, d'énormes châtaigniers s'élèvent des bords de la ravine. Je marche en rasant ces vieilles têtes encore si drues. Cinq minutes désormais vont me suffire pour atteindre le sommet du Montaliouet.

Ici, la vue n'est pas entièrement celle que je cherchais, mais elle est fort belle. Je n'embrasse point les hauts monts qui se dressent à l'ouest et au sud, je ne vois ni le Monné, ni le Mont-Aigu, ni le pic de Labassère, ni surtout la haute crête qui sépare la vallée de l'Adour de celle de la Garonne ; je devine à peine les derniers contreforts du pic du Midi s'avançant sur la vallée de Campan ; mais à l'est, voici le Pène de Lhéris, avec la forme guerrière de son sommet en casque antique. C'est un mont d'avant-garde qui s'élance directement au-dessus de la plaine ; sa hauteur paraît donc considérable, bien qu'elle n'atteigne pas tout à fait seize cents mètres. A sa base serpente un vallon étroit, dont je distingue les plis estompés par l'ombre d'un bois. Là est le village d'Asté, enfoui sous ce grand couvert. Ce côté du paysage est rude et mélancolique ; mais au Nord, se déploie la riante ceinture de collines qui me charmait tout à l'heure, à mi-côte, quand je n'avais joint encore que le banc placé au-dessus de la fontaine ferrugineuse. Je me reprends à suivre, en rêvant, le cours de l'Adour. Je ne connais guère dans toutes les Pyrénées de site plus gracieux que Bagnères, vue de ce tranquille et frais Montaliouet.

Du milieu des toits de la ville, des clochers s'élèvent; une tour octogonale arrête les yeux. Elle est bizarrement coiffée d'un

TOUR DES JACOBINS

appareil de fer forgé, abritant un carillon. Cette tour est tout ce qui reste du couvent des Jacobins, qui fut pourtant rebâti au XVe siècle, car c'est contre le mur des Jacobins, au XIVe, que les malandrins de Henri de Transtamare avaient planté leurs échelles; ils commencèrent le saccagement de la ville par la maison des moines. Ce couvent était donc fortifié, et ses remparts se confondaient, sur ce point, avec ceux de la ville, ce qui prouve qu'elle était alors bien moins étendue qu'à présent vers le midi.

Cette évidence me frappe et je m'évertue à refaire l'ancien dessin de Bagnères, tout en redescendant du mont. Comment se fait-il que je me retrouve sur la promenade des Coustous, à cette heure du jour, presque déserte ? on y voit seulement quelques personnes assises sous les arbres. Celles-ci sont de l'espèce indolente, je la connais, elle a ses représentants dans toutes les stations thermales. Regardant passer les troupes de baigneurs qui s'en vont en excursion, ils lèvent les épaules, et se disent : « Pour avoir un peu de plaisir, faut-il se donner tant de peine ? » — On est si bien sous ces ombrages, se berçant au bruit d'une fontaine située au bord de la promenade, et dont le bassin mouvant, bouillonnant sans cesse, se couronne d'un jet d'eau en panache tordu qui produit le plus singulier effet du monde ! Le danger, à Bagnères, c'est même de prendre des habitudes entre les Coustous et la place des Thermes.

Cependant la ville compte un troisième lieu plein de charme et de curiosité : c'est le vieux quartier industriel et le chemin de l'Adour. Il faut venir aux Pyrénées pour trouver l'industrie aimable! Ajoutons que cette industrie est celle du marbre, lequel, au moins, est une matière d'art. Pour rencontrer les marbreries, on remonte vers le faubourg qui joint la route de Campan, et la rivière. L'Adour s'annonce de loin par le bruit qu'il fait ; il accourt par un canal ; la prise d'eau est au-dessus de la ville, les marbreries sont naturellement disposées sur ses bords. La longue rue est toute pleine de cette double rumeur du travail et du flot grondant. Un peu plus loin s'ouvre une petite place triangulaire, très pittoresque : de vieilles maisons à galeries de bois, un gros ruisseau qui passe sous le pavé, qui sort à l'angle de la place, et vient se mêler au canal ; au fond de ce petit décor si simple, presque rustique, la pointe du Bédat. Le chemin incline vers la gauche, et passe entre le Pouey, un monticule qui porte une promenade entièrement solitaire, les Allées Maintenon, et l'une des branches du canal bordant un vaste terre-plein couvert de six rangées de grands arbres. On rencontre l'Adour à

BAGNÈRES-DE-BIGORRE — L'ÉGLISE

un nouveau coude de la route. Ici, des villas, des moulins, des blanchisseries. L'un de ces derniers établissements est précédé d'une sorte d'estacade, dont l'usage est un mystère. Mon compagnon, qui me rejoint, s'y aventure pour prendre un croquis du fond de la vallée. Une des blanchisseuses vient au-devant de lui c'est une jolie fille : elle offre des chaises ; on est hospitalier à Bagnères.

Nous voilà donc assis au niveau de la plaine. Des oseraies bordent l'Adour. Les eaux sont basses, et de grands lits de cailloux roulés coupent le flot. Sur la rive droite, des prairies ; après les nappes vertes, des champs de maïs et des vignes, des villages assis au pied des coteaux. Asté, que je n'avais pu voir du Montaliouet, m'apparait à l'entrée de la gorge qui s'entr'ouvre, à la base du Pène de Lhéris. Le premier contrefort du mont présente un grand bois à sa crête, des ruines à son flanc. Ici fut un donjon, un nid d'amour ; la belle Corisande l'habita.

Au retour, remontant la route sur la rive gauche de l'Adour, nous longeons de belles villas, presque toutes nouvellement bâties, dont les jardins courent au pied du monticule qui porte les Allées Maintenon. La veuve du poète Scarron, Françoise d'Aubigné, vint à Bagnères plusieurs fois, n'étant encore que la gouvernante des enfants de Madame de Montespan, qu'elle devait bientôt supplanter dans la faveur du maitre ; elle conduisait le jeune duc du Maine, un enfant mal né, mal venu, qu'on eut bien de la peine à faire vivre, et dont la vie qu'on sauva ne devait jamais être utile à rien. Bagnères avait compté, auparavant, d'autres hôtes célèbres, et, par exemple, Montaigne. Je crois avoir, dans le précédent volume de cet ouvrage, dans le chapitre consacré aux Eaux-Bonnes, rappelé le passage des *Essais* où le philosophe raconte ses divers voyages aux bains des Pyrénées.

Nous n'avons plus à explorer qu'un seul point de la ville. La journée est avancée ; elle a été rude. D'ailleurs, le matin est plus favorable pour une visite aux bains du Salut, nous la remettons donc au lendemain. Un soleil déjà cuisant fait glisser des flèches lumineuses à travers les grands feuillages de l'allée que nous joignons à l'angle d'une bâtisse superbe, décorée d'un péristyle à colonnes. Ceci est l'établissement thermal de la Santé. Sources

« sédatives ». Le Salut aussi est sédatif; nous entrons dans le quartier de l'apaisement. Êtes-vous en proie au mal consacré par la mode nouvelle, à cette fameuse névrose qui a servi de thème à tant de romans « physiologiques » ? Avez-vous éprouvé quelque grand ébranlement intellectuel ou moral? Êtes-vous touchés au cerveau, blessés au cœur? Le contre-coup se fait-il sentir dans vos estomacs? Digérez-vous mal? Ne digérez-vous point? C'est la Santé ou le Salut qui vous guériront. Et, là, confessez que ces deux noms sont bien faits pour donner confiance !

Il est délicieux ce petit vallon du Salut, ouvert sous ses grands arbres, au bord du ruisseau qui lui a donné son nom, bordé d'habitations de plaisance, où l'on voudrait terminer sa vie, souhaitant, d'ailleurs, que cette heureuse terminaison dure cent ans. On traverse un petit pont, devant l'établissement du Grand-Pré; le chemin ombreux monte : à gauche, une longue pente gazonnée, une autre maison de campagne, et les bâtiments d'une ferme; à droite, de basses prairies au pied du Montaliouet. En arrivant à un dernier coude du chemin, on aperçoit l'établissement du Salut. La maison des bains, un vieux logis, autrefois habité par des religieux, est niché dans un repli du mont; une haute crête de roches ferme ce joli coin vert.

Le Salut est un des établissements le plus suivis de Bagnères. Ses trois sources sont très sérieusement curatives ; elles le seraient moins, que le plaisir de cette promenade sans fatigue et sans soleil y amènerait encore beaucoup de monde. Un jardin court entre la maison et la base du mont ; les enfants y jouent, tandis que les mères les surveillent le verre en main. Au-devant de l'établissement s'allonge la bande de pré, agrémentée d'un joli bassin; au-dessus de la prairie, au niveau de la route, on a pratiqué un berceau, en ployant de vive force des branches de tilleuls et de platanes, dont l'entrelacement donne une ombre épaisse. Cet abri est désert; nous n'y rencontrons qu'un person-

BAGNÈRES DE BIGORRE

nage à mine farouche, qui se lève et nous cède la place; c'est évidemment un hypochondre. Il se dirige vers les bains pour y recevoir son traitement sédatif; il en a besoin. Qu'on l'apaise !

ÉTABLISSEMENT DU SALUT

Le chemin continue de monter; d'un côté vient y expirer le versant des Allées de Maintenon. Tout n'est que vastes ombrages autour de nous, sauf cette crête aride et festonnée qui nous fait face. Un sentier à lacets y monte, et a reçu le nom d'Allées *Dramatiques*. Il y a quelque quarante ans, des comédiens amateurs, ayant organisé des représentations à Bagnères, recueillirent de beaux profits; ils les appliquèrent à la charité, et firent tracer ce chemin pour procurer du travail aux ouvriers de la ville qui en manquaient. Les Allées Dramatiques vont serpentant sur les hauteurs qui dominent l'établissement du Salut, et montent au col qui sépare le Montaliouet du mont Bédat. Nous nous y engageons, et tout de suite, nous reconnaissons que, pour avoir été pratiqués par des comédiens, ces rudes lacets ne sont pas du tout de comédie.

La vue, en montant, est d'abord consolante et fraîche, si l'as-

4

cension est parfois décourageante. Nos yeux plongent dans les deux vallées du Salut et du Cot-de-Ger ; ce dernier est aussi appelé l'Élysée-Cottin, en souvenir du plus sentimental de tous les bas-bleus d'autrefois, qui l'habita et y plaça même la scène d'un de ses romans.

Ces Allées Dramatiques ne sont qu'une promenade assez pénible, mais qui paie largement la peine, si l'on s'arrête en leur milieu ; c'est une excursion, si l'on pousse plus loin. Une branche du chemin vient tomber à l'est, sur le plateau du Pouey. Je conseille fort aux personnes qui redoutent la fatigue, de s'en tenir là ; le spectacle y est assez beau. On ne découvre pas le Monné dans la direction du sud, mais seulement le castel Mouly, roc isolé, s'enlevant à une hauteur de près de 1,200 mètres, et qui a la forme d'un donjon, flanqué de tours. C'est une surprise que la rencontre subite de cette forteresse aérienne ; à l'ouest, ondulent les coteaux de Pouzac et de Labassère, que domine un pic s'estompant dans une nuée. Le tableau inférieur n'a pas moins d'attrait : le double vallon du Cot-de-Ger et du Salut fuit sous des hêtres ; on voit se dérouler les vagues d'un océan de verdure à ses pieds. — Quant à nous, montons au sommet du Bédat.

Le Bédat est une pyramide creuse ; ce mont est percé de grottes qui s'ouvrent à peu près à la moitié de sa hauteur. On prête un développement de plus de trois mille mètres à ces galeries qui, disposées en trois étages, communiquent entre elles par des fissures assez larges pour livrer passage au visiteur. Seulement le visiteur est récalcitrant, et se contente d'explorer les premières salles. Un récit qui se fait dans Bagnères attiédit les enthousiasmes. Il paraît que la municipalité eut autrefois l'idée originale d'organiser des bals et des concerts dans ces grottes illuminées ; le lendemain de l'une de ces fêtes, on constata un éboulement, et dès lors adieu sauteries et flonflons ; on ne trouva plus ni danseurs ni musiciens.

Quant aux promeneurs, c'est différent : cette petite ascension au Bédat est très courue. Nous rencontrons des cavalcades, une composée d'Anglais. Ce n'est pas leur saison, à Bagnères, je l'ai déjà dit; mais il y a tant de ces insulaires hors de chez eux, que toujours on en rencontre partout; même quand ils n'y sont plus, il y en a encore. La britannique chevauchée met

LE CASQUE DE LHÉRIS, ROUTE DE LABASSÈRE

pied à terre et entre avec nous dans la grotte supérieure, la seule qu'il faille voir; celle-ci a son entrée au contour oriental du chemin; sa sortie est au midi. Là est une terrasse ombragée, d'où les yeux descendent dans la plaine et courent aux arêtes des monts : au sud-est, le pic d'Asté, que dépasse le casque de Lhéris; au sud, le Monné, les hauts pâturages d'Esquiou, puis le pic du Midi, que nous saluons comme une vieille connaissance; plus loin encore, un autre pic, dont la forme à peine distincte nous frappe surtout, parce qu'elle nous parait la même que celle de notre beau mont de Bigorre. Le guide nous assure que c'est l'Arbizon.

Ainsi, de ce point du Bédat, la vue porte jusqu'à l'entrée de la vallée d'Aure.

La descente du petit mont se fait par un sentier qui glisse toujours en serpentant, sur le versant méridional. C'est le chemin de la Poudrière, schisteux et rapide, quelquefois dangereux ; mais bientôt on a joint la base de la montagne, on se retrouve sous les ombrages, dans le vallon de Salut.

La fin de l'après-midi est proche ; quant à moi, je la passe à errer dans la ville. Encore une fois, elle est si gaie et si propre, avec ses maisons de marbre, à galeries et à balcons, et l'on y rencontre si naturellement l'imprévu à chaque pas ! Ici, un coin d'ombrage qu'on ne connaissait pas encore, là une source nouvelle qui gronde. Le hasard me ramène sur la place des Thermes, par la voie que bordent les établissements particuliers ; j'ai dit qu'ils étaient innombrables. Et tous libres, — du moins autrefois. La liberté à Bagnères n'était pas un mot ; les sources de la ville ne sont pas syndiquées, et dans les Pyrénées cela est rare. Mais quoi ! on assure que les municipalités nouvelles sont usurpatrices ; on raconte l'histoire de la source de Labassère, qui aurait été confisquée ; justement, je viens de passer devant l'établissement où elle se débitait autrefois, il est désert. Il y a des pouvoirs publics qui aiment tant la liberté des citoyens qu'ils la violent. Mais trouver ces injustices-là même à Bagnères ! — Je continue ma promenade errante ; je suis au cœur de la vieille ville. Dans une rue assez étroite, je rencontre un porche roman à colonnes de marbre ; c'est, à présent, la porte du théâtre. Ce fut celle de l'église des Templiers. Un peu plus loin, je rase le pied de la tour des Jacobins, je traverse une place octogonale, très marchande, puis une rue ; me voici revenu aux Coustous. Des groupes se succèdent et se pressent devant un des arbres de l'allée. C'est là, sur ce vieux tronc, que l'on affiche chaque jour le bulletin de l'observatoire du pic du Midi, qui donne le pronostic du temps pour le lendemain.

Il pleuvra.

ÉGLISE D'ASQUE

LES BARONNIES

Eh bien, non, il ne pleut pas.

N'allez pas croire que les observateurs du pic soient en défaut; les nuées ont ouvert leurs cataractes pendant la nuit. Des rayons encore bien pâles percent la buée au flanc des monts, mais enfin c'est déjà le soleil. Nous partons en voiture, remis en belle humeur par l'espoir d'une journée supportable et la perspective d'une excursion à travers l'un des coins vraiment inexplorés des Pyrénées. Nous traversons la ville et l'Adour pour atteindre rapidement le charmant plateau des Palomières, magnifiquement ombragé. Les vapeurs s'enlèvent, un long chaînon d'un gris bleuâtre se profile à l'ouest; au midi, le Monné se décoiffe et montre un joli champ de neige tout près de sa cime. Il est tout à fait rare que ce petit mont, qui, d'ailleurs, a très grand air, conserve ce panache blanc en juillet. L'année n'est pas clémente; il neige en haut, il pleut en bas. Combien de fois, déjà, avons-nous maudit la brume, notre ennemie personnelle! Combien de fois nous forcera-t-elle de perdre des heures et même des journées, attendant, dans une mauvaise auberge, qu'il plaise à ce voile maussade de se déchirer! En ce moment encore, elle enveloppe au sud-ouest le pic du Midi. Les « observateurs », au faite, ont le soleil et le ciel bleu. A la vérité, il se peut qu'ils gèlent.

Le chemin commence à descendre, le chainon bleu passe à notre droite; à gauche s'ouvrent des ravines profondes, de petits vals formant des coulées vertes entre leurs rampes verticales tapissées de courts taillis; puis ce sont des mamelons isolés qui se dressent, couronnés de grands hêtres. Entre deux de ces hauteurs, nous apercevons pour la première fois la rude silhouette de Mauvezin, un château comtal, puis royal, — comme Lourdes, là-bas, à l'entrée des vallées d'Argelès, de Luz et de Cauterets; la maison forte du seigneur souverain, commandant toute une contrée, tenant les petits seigneurs vassaux en respect salutaire dans leurs fortins, et le peuple en terreur sainte dans ses chaumières. Mauvezin, mauvais voisin. Ce qui plait dans la féodalité, c'est la simplicité de son principe : un contrat entre le sire et ses hommes; il devait les défendre, ils devaient le servir. La protection pouvait aisément se changer en tyrannie, l'obéissance n'avait guère de moyens et de bonnes chances de se tourner en trahison. Extérieurement, comme physionomie du régime, c'était plus simple encore : le maitre en haut, dans son donjon, les sujets en bas, dans le village. Ne déclamons point contre cette féodalité qui eut ses avantages; l'homme réfléch examine seulement la situation des lieux et des gens, et pense que, tout bien pesé et considéré, il valait mieux loger en haut

Dans ce pays étroit et perdu, la féodalité put être rude, quanc il lui plut de n'être point douce; elle y était bien maîtresse che elle, aucun regard n'y arrivait du dehors et ne pouvait l'incom

...oder, que de cette forteresse indiscrète de Mauvezin plongeant dans les vallées. Située sur les confins du Nébouzan et du Bigorre, elle appartint successivement aux comtes de Comminges, puis aux Anglais, au roi de France, aux comtes de Foix, devenus maitres du Bigorre au xv° siècle. Les seigneurs étaient nombreux, mais relevaient eux-mêmes de trois barons, les sires d'Asque et d'Esparros, le vicomte d'Asté.

Nous atteindrons bientôt le village d'Asque. La route court par des lacets rapides à travers le défilé boisé, toujours rasant le bord des ravines, formant des coudes si brusques que d'autres chevaux que ceux du pays ne manqueraient point de choir tout droit au fond, entrainant le char et son très intéressant contenu ; mais la cavalerie de ce rude pays-là, chevaux et ânes, ne connait ni la peur ni le vertige. Une bonne femme va devant nous sur son baudet gris, et pour nous faire place, se campe sur la margelle même du précipice ; elle aurait aussi bien pu se ranger sur l'autre côté du chemin, au long du talus.

Les montées sont naturellement aussi raides que les descentes paraissent aventureuses; le chemin glisse en bas jusqu'au niveau des prairies, puis grimpe à nouveau; les feuillages nous suivent, descendant avec nous au fond de la combe, remontant au faîte. Sur les hauteurs, de vieux châtaigniers, des chênes, de gigantesques bouleaux ; en bas, une broussaille verdoyante, dont la fraicheur est entretenue par l'ombre des roches et l'abondance des sources. Les prairies, formant le lit de ces cavernes à ciel ouvert, n'ont jamais vu le soleil, mais elles sont égayées par le bruit des eaux; c'est un murmure qui ne cesse point, et domine le bruit de nos roues. Parfois, en haut, le rideau s'entr'ouvre encore : la déchirure qui nous a montré tout à l'heure Mauvezin, nous laisse voir à présent des villages, joliment campés au-dessus de la plaine.

Tout à coup, au moment où nous passons au-dessus d'un sombre couloir à quatre branches, qui s'enfoncent entre les monts grandissants, nous revoyons ce sempiternel et farouche Mauve-

zin. Le chainon que nous laissions à l'ouest, en quittant Bagnères, revient sur nous brusquement. Un monticule qui s'en détache
porte des traces d'ouvrages fortifiés. Ici, on nous a indiqué un
camp romain ; pourquoi ne serait-ce pas plutôt le campement
d'une de ces bandes de routiers ou de religionnaires qui dévastèrent ce pays reculé au temps de la guerre des Anglais ou de la
Réforme? — Les monts, désormais, s'élèvent devant nous en étages, couverts de bandes de prairies, de morceaux de champ ou de
bouquets de bois, que coupent des ravines ; puis arides et pelés.
Sur la dernière hauteur cultivée (nos cartes nous indiquent
1,100 mètres), un clocher pointe.

Le torrent roule à une profondeur de plus de cinq cents pieds
au-dessous de la route ; on ne distingue que les franges d'écume
dont se couronne le flot battant les roches. A droite, un haut monticule gazonné, d'un vert jaunâtre, où croissent quelques arbres
maigres, semble vouloir nous barrer le passage ; la vallée, en
effet, se resserre, ce n'est plus qu'une gorge. De longues files de
sapins commencent à descendre au flanc des monts, dont le
sommet se dénude de plus en plus ; le brouillard revient e
met de lourds chapeaux à ces têtes chauves. Puis le défilé s'ou
vre, un bassin s'arrondit sous nos pieds, et nous y voyons assi
un grand village.

Il n'y en a point d'autre dans cette partie des Pyrénées qui offr
ce caractère. Asque n'est pas une agglomération de maisons ; le
logis noirs sont dispersés, entourés de vergers, enveloppés d
cette verdure intense et grasse, particulière aux lieux bas ; le Lu
est l'unique sourire de cette mélancolie ; le torrent fait tourne
la roue d'un moulin. Pas d'autre bruit, et cependant on voit,
travers les feuillages des jardins, se dessiner des figures humai
nes. A gauche, voici même une troupe de faneurs dans un pr
ménagé sur une pente. Nous descendons par un sentier à pein
tracé, hérissé de pierres énormes. Asque n'a point de chemin, c
l'hiver, par la neige qui sème des fondrières entre les roches, i

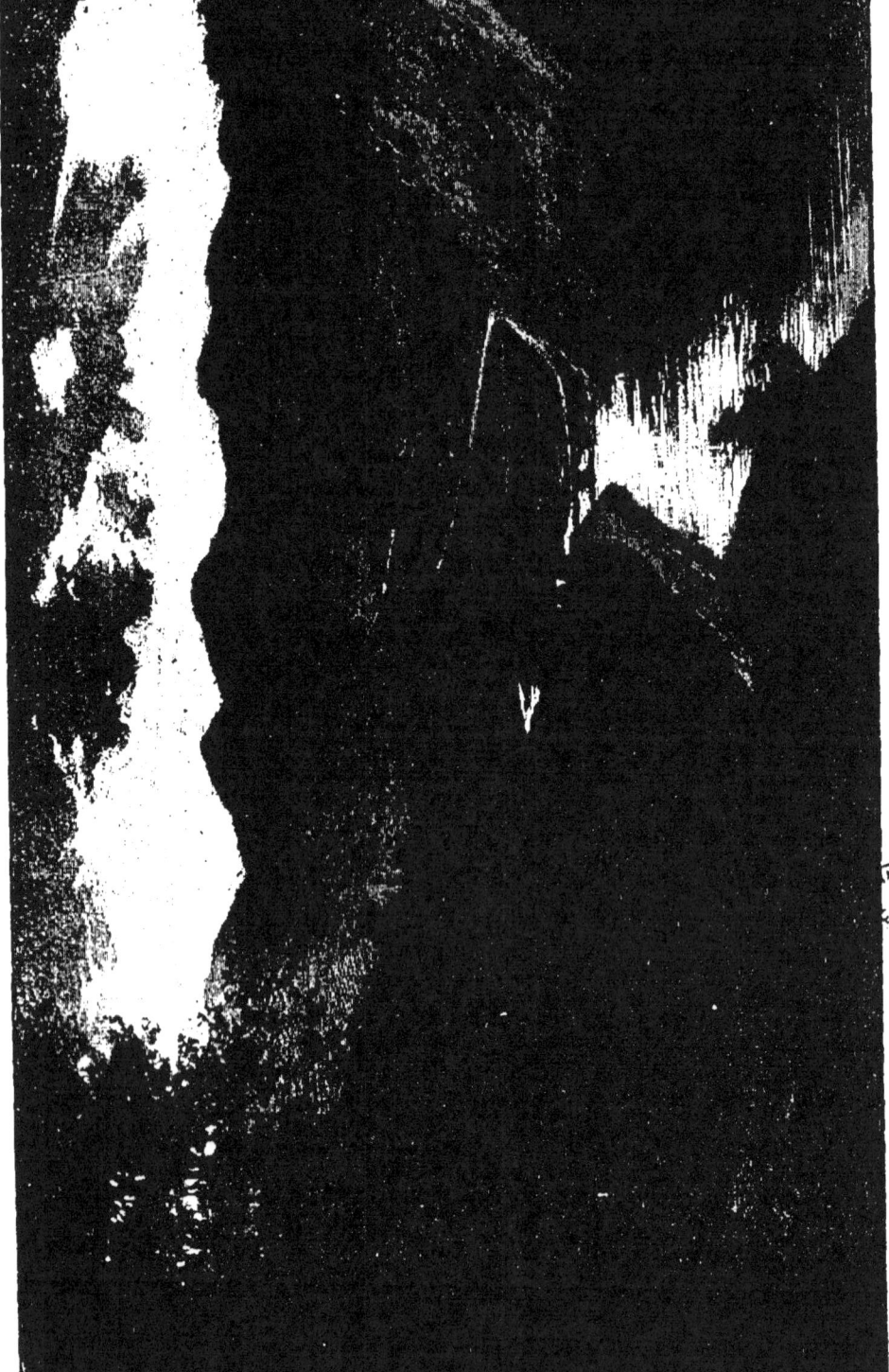

LA VALLÉE DE L'ARROS

devient impossible de sortir du fond de la combe. Dans le village, nous rencontrons de grands gaillards, avec de larges bérets ; il doit y avoir des années entières pendant lesquelles ils ne voient pas un seul voyageur ; notre présence ne les étonne pourtant point : ce sont des impassibles. Des femmes arrivent, grandes aussi, aux longs traits, au teint cuivré, vêtues de noir, coiffées de mouchoirs noirs ; nous les croyons d'abord émues d'un peu de curiosité ; point du tout, elles tendent la main. Nous avançons : pas un cri dans la rue tortueuse, pas un gazouillement dans les vergers ; il n'y a donc point d'oiseaux dans les jardins d'Asque ? En revanche, dans le village, il y a beaucoup d'enfants.

Sur les roches supérieures, on cherche un vestige de ces puissants barons d'Asque, qui furent les pasteurs armés et cuirassés de ce peuple inerte. Aucun reste de donjon sur ces deux étages des monts, que séparent des gorges embrumées. Un seul débris, c'est l'église, très vieille, entourée du cimetière. Les herbes jaillissent des tombes — si drues qu'elles atteignent la taille de l'homme ; et dans ce lieu de mort, on entend un bruit vivant, le chant des cigales. On a raccommodé comme on a pu cette pauvre vieille église branlante ; la façade, sans doute écroulée, a été remplacée par une armature biscornue, faite de planches grossières, revêtues d'ardoises, qui s'avance au-dessus de la porte en manière d'énorme capuchon. Là se voit le cadran d'une horloge, en bois gris ; les lettres qui marquent les heures sont noires ; tout ici porte la livrée du deuil. Nous entrons ; l'intérieur n'est pas moins délabré. A droite, voici le banc des pauvres ; il paraît qu'on reconnaît à Asque des nuances et des degrés dans la misère. Un peu plus loin, voilà une rangée de prie-Dieu, au siège rembourré de drap ; c'est ici que les bourgeois s'agenouillent. Il y a donc des bourgeois à Asque ?

Quant à nous, qui n'y voudrions pas même être seigneurs, nous regagnons assez péniblement la route, où notre voiture nous attend. Un moment encore il faut monter, jusqu'au col d'Asque qui sépare les deux vallées du Luz et de l'Arros. Ce dernier cours d'eau est un seigneur puissant et turbulent comme les anciens barons, ses riverains.

Le col est situé à une altitude de 750 mètres environ. La descente est d'une rapidité folle. Les monts se croisent et s'emmêlent à notre droite. Les croupes sont nues, les dévalements presque verticaux, les gorges étroites et sombres. Bien que les points les plus élevés de la chaîne ne dépassent guère 1,200 mètres, on y découvre deci delà des paquets de neige.

Un moment nous courons au bord du torrent, sous des peupliers, des aulnes, et sous la poussière humide d'une cascade ; nous admirons dans le bassin inférieur une superbe nappe d'écume. La route se relève pour nous amener sur une crête dominant un cirque. Le village de Bulan se blottit au fond de l'entonnoir, dont les parois sont formées de grands cônes verdoyants ; point d'arbres en haut, mais un bocage épais dans la combe, des chaumières assez propres, avec leurs vergers ; la vigne y grimpe aux branches des pommiers, et l'on nous assure que le raisin y mûrit. Une moiteur constante règne dans ce bas-fond, et parfois le soleil y envoie ses rayons verticaux, qui sont brûlants. Une pauvre vieille masure d'église montre son toit béant, une partie de la charpente a cédé sous les dernières pluies. Le cimetière, comme toujours, sert de cadre. Assis sur les marches usées qui montent au portail, et dominant le village, je vois passer le facteur de la poste ; il paraît que ce désert est en communication avec le reste du monde. Le clocher à jour porte un petit carillon à trois cloches. Trois notes discordantes me déchirent l'oreille. L'heure sonne. Midi.

On nous a indiqué l'auberge qui n'a point d'enseigne ; nous entrons dans la cour, et frappons au logis. Visage de bois, porte close. Une jolie fille de 15 à 16 ans vient à passer sur le chemin ; nous l'appelons, la fillette n'entend pas un mot de français, et il faut lui faire comprendre par signes expressifs le désir de la réfection qui nous tourmente. Elle répond de même, et va quérir l'aubergiste, qui travaille à son champ. Il arrive, flanqué de sa moitié montagnarde, sinistre sous le mouchoir de deuil, la marmotte noire aux deux bouts noués sous les plis maigres du menton. Lui, au contraire, vient d'un pas allègre et cadencé, son béret à la main, proposant le menu : une omelette au lard, un poulet sauté. La pauvre bête picore dans la cour et ne se doute guère de la fin précipitée qui l'attend. Une demi-heure après, la table est mise : pain bis, joli clairet des bords de l'Adour. Nous faisons honneur au repas ; la carte à payer n'est pas grosse ; mais, au moment où nous tirons les porte-monnaie, la ménagère, assise, immobile, sous le manteau de la cheminée, bondit, allongeant sa main osseuse ; l'homme l'écarte et empoche. Ce n'est que son dû : il a tout fait, cassé les œufs, tué, plumé la bête et confectionné le ragoût. Il va nous chercher une bouteille de vieille eau-de-vie de marc, remplit les verres, et levant le sien, nous raconte qu'il était à l'Alma, et nous propose de boire à *la santé de la France*. — De grand cœur, brave homme !

Ce robuste gaillard grisonnant, si vivement planté, si alerte, c'est un ancien zouave. Il a vu du pays, puis il est revenu au village natal ; c'est le plus avisé de la commune, à cette heure. Un rude montagnard, malgré ses soixante ans, l'ancien « zouzou » ! c'est lui qui va nous conduire là-haut, à la gourgue de l'Arros.

Une « gourgue », c'est une gorge, mais avec une nuance qui renchérit sur le mot : — ce qu'il y a de plus sauvage, de plus affreux dans le genre, un couloir conduisant à un gouffre. On peut, à la rigueur, monter à cheval ou à mulet jusqu'à la gourgue de l'Arros ; mais nous préférons y aller de pied, et, bravement, après ce déjeuner pittoresque, en dépit de la brume stupide qui ne veut point se dissiper, nous gravissons, à droite, le flanc du mont. Le couloir s'ouvre tapissé d'une broussaille de sapins, d'où s'élancent quelques beaux arbres ; une heure et demie de marche paraît longue sur ces roches glissantes; le spectacle qui nous surprend tout à coup, nous fait tout oublier. Entre deux monts croulants, parmi des blocs qui s'en sont séparés, le torrent descend avec un tumulte infernal et roule dans un bassin, qui le reçoit et referme sur lui son eau profonde. Ce flot enragé vient expirer dans cette nappe immobile qui n'a pas une ride.

A l'autre extrémité du lac, — car c'est vraiment un lac — l'Arros s'échappe et se précipite à travers d'autres bassins disposés en étages : autant de lacs inférieurs, jadis, qui sont des pâturages à présent. Le cadre en est formé par d'énormes roches sillonnées de larges crevasses, où les troupeaux se réfugient pendant les orages. Pour nous, il faut monter encore. Nous voulons atteindre la source de l'Arros, *l'oueil* — l'œil, le point où l'on voit jaillir la clarté de l'eau. C'est encore une ascension de près d'une heure. Une tradition rapporte que les trois barons d'Asté, d'Asque et d'Esparros se réunissaient ici, chaque année, en conseil, car la source était la limite de leurs trois seigneuries ; ils pouvaient conférer ensemble, chacun des trois, les pieds posés sur son domaine, sans empiéter d'une semelle sur celui de son voisin.

Nous redescendons à Bulan, et recommençons à suivre la route, au-dessus de la vallée de l'Arros, profonde et encaissée. Le fond est vert à plaisir, les montagnes sont brunes. Une heureuse révolution s'est faite dans l'atmosphère, pendant que nous étions enfermés sous les grandes roches de la gourgue. Le brouillard est décidément en fuite, et ne couvre plus que de l'extrémité de ses derniers plis trainants les cimes fumantes. La fin de la journée sera belle. Le chemin file sous les feuillages ; au-devant de nous se lève une rampe toute droite ; de chaque côté de la crête grise, un cône sourcilleux ; on dirait un immense rempart flanqué de deux tours montant aux nues. Il nous faut traverser un nouveau défilé ; les parois du mont se couvrent de sapins. A l'issue, un spectacle nouveau : là-bas, vers l'est, un gigantesque promontoire au-devant de la grande chaîne; une croupe blanche, des aiguilles à la pointe desquelles la brume s'enroule encore : c'est le Mont-Aigu.

La vallée semble déserte; pourtant, dans les prés au bord de l'Arros, on voit errer de grands troupeaux de vaches; d'en haut, on

LE CIRQUE D'ESPARROS

distingue le bruit de leurs clochettes. Un moment après, un village paraît dans le bas-fond; le torrent le traverse. Sur le chemin même, un peu plus loin, adossé à la montagne, voici Esparros. Ici, comme à Asque, nous cherchons les restes de la châtellenie. Plus rien. En revanche, un peu plus loin, sur une éminence qui domine le bourg de Lomné, voici une ruine.

Ce fut une construction élevée au XVIIe siècle; le château a été brûlé. Nous gravissons le mamelon qui le porte, en suivant une sorte d'avenue fermée à gauche par un haut mur, mais, à droite, bien ombragée et ouverte au-dessus de l'Arros. Une cour très vaste, où sont des bâtiments d'exploitation, précède le logis. La situation en était admirable, la vue s'étendait, à l'est et au midi, sur la vallée de l'Arros et les vals voisins, s'attachant, de ce côté, au mamelon de Mauvezin; à l'ouest, sur une gorge courant entre de petites montagnes à la croupe ronde et gazonnée. Le château était élevé sans doute sur les assises d'une ancienne maison forte. D'ailleurs, aucune légende à recueillir. Regagnons donc encore une fois notre voiture ; plus de halte jusqu'à l'Escaladieu.

J'ai déjà dit que l'Escaladieu était une abbaye, et l'une des plus qualifiées et des plus riches du Bigorre; l'abbé siégeait aux Etats. Les moines de Citeaux avaient fondé, au XIIe siècle, un petit monastère dans la haute vallée de Gripp ; assurés de la protection des comtes, ils cherchèrent un lieu moins perdu dans les montagnes et vinrent se fixer au confluent du Luz et de l'Arros. Ces moines étaient de vaillants hommes, capables de porter la chemise de mailles aussi légèrement que le froc. L'un d'eux, étant passé en Espagne, eut la fantaisie de combattre les Maures ; ce fut un nouveau Cid. Il défendit si bien la ville de Calatrava, que le roi Sanche III lui en fit don. Le jeune moine Raymond se trouva un peu empêtré dans sa ville ; ayant prononcé le vœu de chasteté, il n'y pouvait faire souche de barons ; il imagina donc d'y fonder, avec l'agrément du Pape, un Ordre militaire, et porta son hommage à l'abbé de l'Escaladieu. Les chevaliers de Calatrava furent vassaux de l'abbaye. Quant au moine guerrier Raymond, on le canonisa.

C'est à l'Escaladieu que fut ensevelie la comtesse Pétronille, veuve de cinq maris ; elle avait eu des enfants de ces différents seigneurs amoureux, ce qui rendit la liquidation de sa succession fort difficile. Les successeurs de cette comtesse Pétronille comblèrent l'abbaye de dons et de richesses. Aussi le poste d'abbé crossé et mitré de l'Escaladieu fut toujours convoité et occupé par les cadets des grandes maisons du comté et des seigneuries voisines. On rencontre parmi ces abbés, des Mauléon, des Asque, des Castelbajac, des Benac, des Lordat, des Montussan, des Montpezat, des Basilhac, des princes de la maison de Foix. La maison ne comptait que vingt-huit hôtes en tout : l'abbé, le prieur, les différents dignitaires de la communauté et douze simples moines. Elle avait des biens immenses. Il n'est donc pas étonnant que Jean-Guilhem et la bande du religionnaire aient été empressés à la piller, en 1566. J'ai conté la moitié de cette histoire-là. Ce compère Guilhem avait réussi à s'emparer de Mauvezin, placé tout droit en face

ABBAYE DE L'ESCALADIEU

de l'abbaye ; il était le maitre de toute la contrée. Enrichi par le butin fait à l'Escaladieu, il devenait son seigneur par la possession de Mauvezin. Par malheur, les sires de Tilhouse et d'Ourout arrivèrent et le firent pendre. Il avait brûlé la maison avant de la rendre, et c'est ce qui mécontenta fort la reine Jeanne d'Albret, laquelle n'eût pas été bien mécontente du mal fait aux moines. Seulement, l'incendie dévora, en même temps que le couvent, toute la réserve d'avoine appartenant à la reine. Il y en avait une quantité respectable : quarante-huit charrettes.

L'abbaye, entièrement ruinée, a donc été rebâtie après les guerres de religion. L'édifice présente une ligne interminable de bâtiments, flanquée d'une pesante tour octogonale qui sert de clocher. L'église ancienne avait été détruite, avec la sépulture de la comtesse aux cinq maris; l'église postérieure sert maintenant de grenier à foin. C'est une vaste construction à haute voûte, divisée en quatre travées, entourée d'une double rangée de chapelles. L'ensemble des bâtiments formait au xviie siècle une enceinte carrée, au milieu de laquelle était le cloître. Un des côtés de ce cloître a été rasé. — Ainsi, du deuxième monastère, une partie seulement subsiste, et est encore immense; de l'ancien, on ne rencontre qu'un reste unique : c'est la salle capitulaire, avec sa voûte et ses arcades en briques, soutenues par des piliers en marbre blanc. Elle est du xive siècle; on y remarque la dalle brisée d'une tombe, portant une inscription inachevée et illisible.

Les mésaventures de l'abbaye ne se terminèrent point, d'ailleurs, par le sac que dirigea Guilhem d'Aure. En 1675, l'abbé était le très révérend Bernard de Sariac, évêque d'Aire, qui, retenu à son siège épiscopal, laissait au prieur le gouvernement de la maison. Ce prieur crut y discerner des brebis galeuses et fit donner à quelques-uns des moines des lettres d'obédience pour d'autres maisons de Bénédictins. Ceux-ci refusèrent de quitter la place, on les chassa : ils revinrent nuitamment et s'emparèrent de l'abbaye. Les noms de ces insurgeants en froc sont connus ; les deux meneurs étaient dom Pène et dom Verdelun. Ce dernier, qui portait un nom de comédie, n'en alluma pas moins un grand drame. Il fallut que l'abbé requit des troupes pour réduire les rebelles, qui prirent la fuite; les soldats prétendirent qu'ils avaient emporté tout le vin des caves : c'était sans doute pour se justifier de l'avoir bu.

A cette heure, l'Escaladieu est une propriété privée. Le maître n'habite qu'une petite partie de l'énorme bâtiment, le reste se dégrade et croule. La maison de l'abbé et celle du prieur, séparées du principal corps de logis par d'anciens jardins, sont, l'une abandonnée, l'autre affectée au logement de l'un des fermiers. Le domaine est riche ; on y récolte une abondance de foin excellent mais la situation surtout en est charmante. Le Luz arrive par un couloir entre de grandes roches et des bois très sombres. L'Arros le reçoit, et son flot grossi roule doucement sur un plan à peine incliné au bas des jardins. La vue embrasse les monts de tous côtés ; une ceinture de forêts enserre l'autre façade de l'abbaye. L'Escaladieu, même mutilé, est encore une demeure attachante et superbe.

Le soleil baisse ; la soirée est très calme, l'air assez pur. En retournant seul vers Bagnères, je retrouve le panorama dont nous n'avions pu jouir qu'imparfaitement le matin : les basses montagnes, les crêtes qui vont s'élevant jusqu'à la vallée d'Aure, l'Arbizon, la pointe du Mont-Aigu, le Lhéris, le pic du Midi.

Petite halte à Cieutat ; une chapelle borde la route. Elle est vieille et n'offre qu'une seule curiosité, mais qui lui attire des visiteurs : c'est une ouverture dans la muraille extérieure, que ferment d'épais barreaux de fer. Voici un « guichet des cagots ». Les malheureux, ne pouvant entrer dans l'église, venaient entendre la messe, agenouillés derrière cette grille, car ils partageaient la foi de leurs persécuteurs.

LE PLATEAU DE CIEUTAT

LA VALLÉE D'AURE

I

LE PLATEAU DE LANNEMEZAN. — LES NESTES.

Bagnères est demeurée jusqu'à présent notre centre d'excursion. Nous partons encore, de la promenade des Coustous nous élevant sur le plateau qui s'étend entre les vallées de l'Adour et de l'Arros. Le chemin s'embranche à gauche ; on revoit la chapelle romaine de Cieutat, on repasse au pied de la lourde tour octogonale de l'Escaladieu. La route se relève brusquement au-dessus de la rive droite de l'Arros et gravit un rude mamelon, en décrivant des zigzags singulièrement cahoteux. Arrivés au faîte, nos yeux se noient dans d'énormes flots de vapeurs argentées qui roulent au-dessus des monts de Bagnères ; seul le Mont-Aigu et ses deux tours à pointes émergent des brumes.

Nous redescendons et remontons encore. Le deuxième coteau

présente à sa face antérieure une large saillie, une sorte de plate-forme, hérissée de débris formidables : c'est la ruine de Mauvezin. Voilà bien le nid d'aigle; pas une brebis ne paîtra dans le vallon ou les ravines sans être aperçue du seigneur dévorant de là-haut qui apprête ses serres. C'est le haut poste de garde et de proie, aux confins de deux territoires, le Nébouzan et le Bigorre. Il y eut là une forteresse de tout temps, en celui des Romains, même avant les Romains. Mauvezin est à deux pas de Capvern, où se trouvait le point de rencontre des deux voies, dont l'une courait de Toulouse à Dax par Saint-Bertrand de Comminges, la cité des Convènes, et dont l'autre suivait la croupe des monts, entre les deux bassins de la Garonne et de l'Adour, et remontait jusqu'à Bordeaux.

Mauvezin, d'abord aux comtes de Comminges, était le chef-lieu d'une viguerie dont relevaient vingt-sept villages. On sait mal comment un si vaste domaine passa aux comtes de Bigorre. Le château devient, vers le milieu du XIIIe siècle, l'objet d'un grand débat entre Gaston, vicomte de Béarn, qui a épousé la fille du cinquième mari de la célèbre comtesse Pétronille, et Esquivat, petit-fils du troisième. Or ce troisième époux était Guy de Montfort, petit-fils lui-même de Simon, le vainqueur des Albigeois. Esquivat porte l'affaire en arbitrage devant le comte Roger de Foix, et comme il offre en même temps à celui-ci d'épouser sa fille, l'arbitre lui adjuge le château. Esquivat meurt, les prétendants arrivent de tous côtés, et parmi eux les rois d'Angleterre et de France. Ce dernier, c'est Philippe le Bel. Mauvezin lui plaît; le lieu est à son image. Ce fort logis, qui rançonne deux territoires, convient à ce maître avide. J'ai dit par quels artifices et quelles extorsions procédurières Philippe le Bel réussit à mettre le Bigorre sous séquestre, c'est-à-dire sous sa main crochue. Ce roi au beau visage, au cœur dur et à l'âme vile, prenait tout, gardait ce qu'il pouvait ; quand le profit ne lui suffisait point, il faisait de la fausse monnaie, là-bas, dans son Louvre.

Ainsi, Mauvezin est château royal, le roi de France y entretient un « capitaine ». Mais ces souverains du Nord étaient férus d'une idée chimérique : ils visaient le royaume de Navarre et se ménageaient des alliances aux Pyrénées. C'est pourquoi Philippe VI crut devoir faire don, en 1341, de la châtellenie de Mauvezin à un prince de la maison de Foix, Roger-Bernard, vicomte de Castelbon, lequel accepta la condition imposée « par ce très chier et redoubté seigneur » qu'il ne causerait aucun dommage à son voisin le comte d'Armagnac. Puis la guerre de cent ans arriva; le château, tomba aux mains des Anglais.

Ceux-ci n'étant pas en nombre pour occuper toutes les places, choisirent une ligne de forts et de fortins, avec deux points de ralliement, deux repaires formidables : Lourdes et Mauvezin. De là ils fondaient sur les vallées, saccageaient les villes ouvertes, rançonnaient les villages. Ces bandes de partisans féroces couraient d'un côté jusqu'au cœur du comté de Foix, de l'autre jusqu'aux portes de Toulouse, et ramenaient « si grand foison de bétail et de prisonniers qu'ils ne savoient où les loger ». Les barons de Bigorre se mirent en campagne, assistés des milices des communes; Barbazan et d'Antin jurèrent d'expulser l'envahisseur. Ces Anglais, pourtant, étaient bien trois cents encore dans Mauvezin. Un jour, le sire de Bénac et ceux du Bourg d'Espagne, que le sire conduisait, les surprirent dans une embuscade. Froissart a raconté le combat, qui fut acharné : « Et se battirent et navrèrent si bien que merveille ».

En 1373, le duc d'Anjou, l'un des frères de cet heureux roi Charles V de France, qui ne s'armait jamais lui-même « et qui gaignoit tousiours », s'achemina vers le Bigorre, après avoir chassé les Anglais de la Gascogne, et ne leur avoir laissé dans tout le Midi d'autres places importantes que Bayonne et Bordeaux. Le duc d'Anjou marche par la vallée de la Garonne, puis de la Neste; il détache le sire Garsin de Chastel, « maréchal de

l'Ost », vers les landes de Lannemezan ; nous verrons plus loin l'étrange besogne qu'y fit ce sire maréchal. Quant à lui, le duc s'en alla camper sous les remparts de Mauvezin ; il ne menait pas moins d'une dizaine de mille hommes ; les communes avaient encore fourni quantité de gens de pied ; on allait à Mauvezin comme en croisade. La description du château donnée par Froissart n'a peut-être pas une exactitude *moderne;* mais elle a la couleur que les modernes n'ont point : « Ce chastel de Mauvoi-
« sin, dit-il, sied sur une montagne, et dessous queurt la rivière...
« Du chastel étoit capitaine pour lors un écuyer gascon qui s'ap-
« peloit Raimonnet de l'Espée, appert homme d'armes durement.
« Tous les jours y avoit aux barrières escarmouches et faits
« d'armes, et appertises grandes et beaux lancis de lances et
« poussis, et faites courses et envahies des compagnons qui se
« désiroient à avancer ; et étoient le duc et ses gens logés en ces
« beaux prés entre Tournay et le chastel et sur la rivière de
« Lesse...

« Environ six semaines se tint le siége devant le chastel de
« Mauvoisin et presque tous les jours aux barrières y avoit faits
« d'armes et escarmouches de ceux de dedans à ceux de dehors.
« Et vous dis que ceux de Mauvoisin se fussent assez tenus, car
« le chastel n'est pas prenable si ce n'est par long siége ; mais il
« leur avint que on leur tollit d'une part l'eau d'un puits qui sied
« au dehors du chastel et les citernes que ils avoient là dedans
« séchèrent : car oncques goutte d'eau du ciel durant six semaines
« n'y chéy tant fit chaud et sec. Et ceux de l'ost avoient bien leur
« aise de la belle rivière de Lèse, qui leur couroit claire et roide,
« dont ils étoient servis eux et leurs chevaux.

« Quand les compagnons de la garnison de Mauvoisin se trou-
« vèrent en ce parti, si se commencèrent à esbahir, car ils ne
« pouvoient longuement durer ; des vins avoient-ils assez, mais
« la douce eau leur manquoit. Si eurent conseil ensemble
« entr'eux que ils traiteroient devers le duc ainsi que ils firent : et

« impétra Raimonnet de l'Espée, leur capitaine, un sauf conduit
« pour venir en l'ost parler au duc. Il l'ot assez légèrement et vint
« parler au duc et dit: Monseigneur, si vous nous voulez faire
« bonne compagnie à mes compagnons et à moi, je vous rendrai
« le chastel de Mauvoisin. — Quel compagnie, répondit le duc,
« voulez-vous que je vous fasse ? Partez-vous en et allez votre
« chemin chacun en son pays, sans vous bouter en fort qui nous
« soit contraire; car si vous vous y boutez et je vous tienne, je
« vous délivrerai à Jausselin qui vous fera vos barbes sans ra-
« souer.— Monseigneur, dit Raimonnet, si il est ainsi que nous
« nous partions et retraions en nos lieux, il nous en faut porter
« ce qui est nôtre, car nous l'avons gagné par armes en peine et
« en grand'aventure. Le duc pensa un petit et puis répondit et
« dit : — Je veuil bien que vous emportez que porter en pouvez
« devant vous en malles et en sommiers et non autrement; et si
« vous tenez nuls prisonniers, ils nous seront rendus.— Je le
« veuil bien, dit Raimonnet. »

Ainsi se faisaient les traités en ce temps-là, entre généraux et bandits. Les gens de Mauvezin « se départirent » paisiblement. Froissart nous apprend encore que Raimonnet de l'Espée « se tourna françois » et servit depuis le duc d'Anjou. Celui-ci tenait le repaire de Mauvezin; c'était ce qu'il voulait; il le fit garder par un chevalier de Bigorre qui s'appelait « Messire Chiquart de la Perrière » ; puis s'en alla purger l'entrée de la vallée de la Neste des trainards anglais, et finalement vint mettre le siège devant Lourdes.

Or, étant devant Lourdes, Monseigneur d'Anjou, qui était un prince au cœur assez droit, eut une envie de justice; il eut même une double envie : récompenser les services du comte d'Arma-gnac, qui l'avait fort aidé en cette guerre, et dédommager Roger-Bernard de Castelbon, à qui les Anglais avaient pris Mauvezin, qu'on ne voulait pas lui rendre. Le vicomte reçut une belle châtellenie dans le Nébouzan, « en la jugerie de Rivière » ; le

LE PIC DU MIDI, VU DU COTEAU DES PALOMIÈRES

comte d'Armagnac eut Mauvezin, qu'il ne garda guère. Gaston Phœbus, le comte-soleil, le serrait de près. Il y eut un accord entre Foix et Armagnac. Phœbus donnait son fils — celui que plus tard il tua de sa main ; Jean II d'Armagnac donnait sa fille : le gage de l'alliance, c'était Mauvezin, qu'Armagnac cédait à

RUINES DE MAUVEZIN

Foix. Le château avait souffert du siège de 1373; Phœbus, le grand bâtisseur, le remit debout. La forteresse demeura dans la maison de Foix, bientôt après maîtresse du Béarn par des alliances, et du Bigorre par une rétrocession du roi de France, Charles VII. Mauvezin fut donc à Jeanne d'Albret, qui naturellement y entretint une garnison. Les huguenots de Mauvezin ont laissé dans les traditions du pays d'aussi méchantes traces que les Anglais.

La ruine de Mauvezin est encore menaçante (1); le donjon est debout, haut de près de 35 mètres, avec des murailles épaisses de dix pieds, mauvaise maçonnerie d'ailleurs, faite de cailloux roulés et de quartiers de roches. L'enceinte croulante montre également une épaisseur énorme ; les murs ne devaient pas avoir une élévation de moins de quatorze ou quinze mètres, et le poids en reposait sur de puissants contreforts, prenant leur pied dans le roc au fond du fossé. La figure de l'édifice est celle d'un rectangle, qui, de trois côtés, surplombe une ravine profonde ; du quatrième côté, vers l'est, une sorte de petit col relie le village au promontoire qui porte le château ; mais, là aussi, est le donjon en forte saillie sur l'enceinte, dominant, écrasant ce nid d'opprimés, et le surveillant par une des ouvertures ; une autre de ces fenêtres voûtées regarde au couchant, et plonge dans la vallée.

De ce côté du village était la porte, unique issue établissant les communications au dehors, et défendue par un pont-levis jeté au-dessus d'une tranchée. On voit dans la courtine, à droite, le jeu de la gigantesque barre qui la fermait. Le fronton sculpté en a été conservé et présente deux figures d'hommes et deux guirlandes de laurier qui se joignent sous une tête de hibou. L'écu des comtes est en bannière, portant accolées les armes de Foix et de Béarn. Par une disposition commune à beaucoup d'autres châteaux, le donjon de Mauvezin n'avait point de porte intérieure ouvrant sur la cour. L'ouverture la plus proche du sol en est encore à plus de vingt pieds. Il y fallait monter par des échelles, précaution prise sans doute bien moins contre l'ennemi qui, déjà, aurait envahi l'enceinte, que contre les révoltes de la garnison. Tout chef de bandits craint ses soldats.

Dans cette cour, on distingue encore fort bien les traces de cellules où s'abritaient avec leurs chevaux les hommes de ces

---

(1) Un magistrat pyrénéen, M. Curée-Seimbre, a écrit une excellente monographie de Mauvezin.

terribles bandes de pillards. Trois cheminées. Ils s'y chauffaient : le climat est rude à cette hauteur ; ils y faisaient rôtir d'énormes quartiers de viande ; ces cheminées sont larges, la victuaille était abondante et gratuite, puisqu'ils l'avaient enlevée dans les vallées et le plus ordinairement tué le pâtre. Le remords ne dérangeait point leur appétit. Quant aux officiers, ils n'étaient pas précisément logés en princes ; on ne voit guère de vestiges d'appartement, ils nichaient dans des trous ; le hibou qui décore le dessus de la porte est bien leur image. Le chef de la bande habitait apparemment le donjon. On y trouvait, à partir du deuxième étage, des chambres voûtées, et un escalier montant au faîte. De cet escalier, qui dut être en bois, plus de restes.

Mais je songe que j'ai omis de mentionner la devise qui se lit sur l'écu en bannière. Quand je dis qu'il se lit !... Un érudit de Tarbes, que j'ai déjà nommé, M. Curée-Seimbre, armé d'une loupe, a pu la déchiffrer. C'est celle du fils de Gaston, celui-là même qui, dénoncé par le bâtard Yvain comme ayant voulu empoisonner leur père, reçut dans son cachot, à Orthez, le célèbre coup de « coutel » (1) : — « J'ay belle dame. » — La mort fut sa maîtresse.

De Mauvezin à Capvern, la route est affreuse. De loin en loin des villages ; nous prenons un embranchement à gauche pour suivre une sorte de promontoire séparé par une gorge du plateau de Lannemezan. C'est au fond de cette déchirure du sol, aux parois tapissées d'un taillis en broussailles, qu'est assis l'établissement du Bouridé. Le chemin y glisse rapidement, et traverse un ruisseau ; sur chacune des deux rives s'élève un bâtiment. C'est tout ; ce n'est pas beau, ce n'est pas gai. On ne saurait imaginer une nature plus mesquine et plus morne. L'eau du

(1) Des deux bâtards de Phœbus, l'un devait périr à la Cour de France, brûlé dans ce fameux *ballet des sauvages*, donné à l'hôtel Saint-Paul pour amuser la démence de Charles VI : c'était Yvain. L'autre, Gratian, devint la tige des ducs de Mœdina-Cœli.

Bouridé est employée très efficacement contre les névralgies et les rhumatismes, deux hôtes cruels qu'il faut déloger à tout prix ; cette pensée est nécessaire pour faire supporter un pareil séjour. Le Bouridé n'est point, d'ailleurs, l'établissement principal de Capvern. On recommence à suivre le vallon sur une longueur de deux kilomètres, un peu moins, peut-être. La route est, d'abord, sans vue, mais ombreuse et fraîche ; le taillis a grandi sur les versants, les arbres ont pris quelque développement, le site un petit commencement de grâce. Bientôt on escalade le contrefort, qui domine la véritable station ; une belle route alors redescend, en contournant la pente, jusqu'aux maisons de Hount-Caoudo.

Les eaux de Capvern ont été anciennement connues ; on a trouvé aux environs des débris de l'époque romaine ; donc les Romains venaient ici en traitement. Les sources avaient été un peu oubliées ; un ingénieur de la contrée les signala, pendant la Révolution, au Comité de salut public, qui prit l'avis en considération. On peut expliquer par des malaises au foie les fureurs qui dirigèrent sans cesse les résolutions de ce fameux Comité ; or ces sources refont aux malades des foies tout neufs. Si le loisir n'eût point manqué à M. de Robespierre pour se rendre à Capvern, il aurait peut-être constitué un gouvernement pastoral au retour. Le Comité de salut public ordonna donc la construction d'un premier établissement. Capvern, depuis lors, fut assez fréquenté, et l'est chaque année davantage.

Les bâtiments de Hount-Caoudo sont placés au fond de cette deuxième ravine, au-dessous du village. Des maisons sordides s'étagent sur le versant de gauche, regardant des éboulis de pierres noires et des gazons jaunis. De rares arbres à la chevelure grêle ne donnent pas même l'idée d'un ombrage. Une ruelle grimpe à l'assaut de ce versant maussade, bordant d'un côté le ravin, de l'autre rasant le pied d'une grande muraille qui épaule la terrasse du Casino. Capvern, en effet, a son Casino, vaste bâtisse pompeuse, insipide comme toutes les autres du même genre.

En revanche, on construit, auprès des sources, des Thermes qui remplaceront les vieux bâtiments, et qui paraissent devoir être aménagés avec beaucoup de soin. Au moins voilà une *bâtisse* utile.

Si j'étais un des malades de cette station, je ne voudrais loger que dans le haut village, qui monte au faîte du plateau. Là, du moins, si le sol est encore bien mélancolique, on voit le ciel ouvert, le soleil rit. Quelques maisons sont entourées de jardins ; il y a des hôtelleries et des cafés. Ce n'est plus la tristesse noire du fond de la gorge.

Nous passerons la nuit dans une de ces hôtelleries ; demain nous remonterons au village de Lannemezan, et rejoindrons la route qui conduit de Tarbes à Arreau, à la porte de la vallée d'Aure.

Ce plateau de Lannemezan jouit d'une réputation considérable auprès des géologues et des géographes. Le sol renferme des fossiles ; mais le vilain sol, grand Dieu ! Nu, semé de quelques ilots de misérable verdure, en d'autres endroits tapissé de bruyères chétives et de fougères naines, en d'autres encore se creusant en ravines marécageuses, d'où la fièvre s'élève sur l'haleine des eaux croupies. — Ce qui est curieux, c'est que du ravin d'à côté sort de l'eau vive. Des rivières s'échappent de ces coupures profondes et courent vers la Garonne, au nord et à l'est, à l'ouest vers l'Adour. C'est donc ici qu'est placé le point de partage entre les deux fleuves, et voilà ce qui fait l'admiration des géographes. Ils voient en ces tristes landes le seuil des Pyrénées centrales, et le moyeu où viennent s'embrancher toutes les basses vallées, comme les rayons d'une grande roue.

Quant à moi, je ne vois que de mornes espaces : au loin, dans la brume, au nord, les sommets du chaînon dont nous venons de descendre les pentes pour arriver au plateau ; à l'ouest, une autre chaîne aux cimes arrondies, aux flancs grisâtres ; au sud, une large dépression, avec un horizon vague de grands monts : c'est la vallée de la Neste. Nous avançons lentement, le dos courbé, les épaules ramassées, faisant tête à un vent endiablé accourant du fond de cette vallée, qui, cependant, est pour nous la terre promise. Les rafales apportent des nuées d'insectes qui nous fouettent le visage et y laissent des morsures. Si nous relevons les yeux, nous revoyons les bruyères grises, les rideaux d'arbres maigres, les flaques d'eau luisant comme de l'étain ; — un peu plus loin, sur ces pâturages dérisoires, d'immenses troupeaux de moutons. Les bergers se tiennent au bord de la route, appuyés sur de longs bâtons, couverts d'une guenille noire, en forme de cape, dont ils ont relevé un pan sur leur tête, sans doute pour se garantir de ces mouches cruelles. Le ciel est orageux, coupé de larges bandes d'un rouge noirâtre ; la chaleur est cuisante, et je m'assieds au pied d'une vieille croix de fer, élevée sur un socle de marbre brut. J'aime mieux les ascensions, j'aime mieux la neige! Ce pays est lugubre et d'une âpreté qui dévore ; la fatigue de l'esprit et le dégoût des yeux font les membres inertes. Deux bergers passent devant moi sur le chemin, suivis de quatre chiens énormes, tous deux à l'envi tors et noueux, faces abruties, teint verdâtre. Quel peuple ! Quel horrible coin d'un beau pays !

Jadis il y eut, de ce côté, une grande forteresse, un autre Mauvezin. Elle appartenait aux vicomtes de la Barthe, seigneurs de la vallée d'Aure. Ce fut celle précisément que vint assiéger « le maréchal de l'Ost » du duc d'Anjou, le sire du Chastel, tandis que le duc se portait sur Mauvezin. Ce repaire ne contenait guère qu'une soixantaine de bandits, mais des loups et des vautours de choix, que commandait le bâtard de Mauléon. Or il se trouvait que ce bâtard était cousin de Chastel. Aussi l'on s'entendit. Les assiégés se rendirent, sous la condition qu'il leur serait permis d'emporter « le meilleur et le plus bel, car du pillage, ils avoient assez. » Ils avaient surtout fait leur butin sur les pèlerins qui se rendaient par cette voie à Saint-Jacques de Compostelle. Donc le bâtard et les siens délogèrent, bien chargés, et du Chastel ayant épargné les fauves, se dédommagea sur la tanière ; il rasa le château. Monseigneur d'Anjou le loua fort ; il croyait que les brigands étaient demeurés sous les pierres.

De cette forteresse de Trigalet dont parle Froissart, plus de traces ; nous n'en chercherons pas l'emplacement, il nous tarde trop de sortir de cette région désolée. Tout à coup, au point où le versant commence, nous rencontrons un large flot bruyant et clair : c'est le canal qui porte les eaux de la Neste dans le Gers, qui nait, là-bas, au faite du plateau. Ici, un changement à vue : le versant glisse par un chemin couvert de beaux arbres ; on revoit enfin de la verdure fraiche et robuste. Le charme en est doublé par le contraste de cette aridité navrante qu'on vient de traverser. Au sortir de ces feuillages, les monts se présentent, rangés sur quatre lignes ; la plus haute se perd dans des nuées. Le large seuil de la vallée s'entr'ouvre, et laisse voir sur un monticule à croupe ronde, sans doute dominant la Neste, un donjon carré, flanqué d'un corps de murailles : c'est la ruine de Montoussé.

A droite, sur la pente, s'ouvrent deux belles avenues dans la chênaie. Cela parait délicieux de marcher sous des chênes. Ces allées conduisent à l'établissement des bains de la Barthe ; dans la langue administrative, on écrit *Labarthe*. J'ai consulté les vieux auteurs, mon orthographe est la bonne ; l'étymologie du nom me donne raison : *Bartha* veut dire forêt. Ce pays était couvert de bois ; la belle Neste, que nous découvrons enfin, en traversant le village de Cazalères, courait sous d'antiques ramures ; ici, la chênaie est encore superbe ; on la quitte au bout de quelques minutes, et l'on découvre la vallée.

Le gros village de la Barthe est assis à gauche, en tournant, vers le midi. Il s'appelle la Barthe-Mour. Les Maures y reçurent une terrible saignée. Le roi Sanche d'Aragon menait les monta-

6

gnards des quatre vallées contre les infidèles ; le pays en fut purgé. Les quatre vallées : Aure, Magnoac, Neste et Barousse acclamèrent le roi d'outre-monts ; ce fut leur premier seigneur. Il bâtit un château sur le lieu de la bataille.

LA BARTHE — LE DONJON DE MONTOUSSÉ

Le village de la Barthe est riant et propre. J'y vois une belle fontaine, qui lui fut donnée par un percepteur. Voilà une action rare et louable chez un fonctionnaire uniquement préposé pour *recevoir*. Des maisons à galeries de bois très anciennes bordent le village, que précède, à gauche de la route, une esplanade décorée de quatre rangées d'arbres magnifiques. Le pays est fertile, les riches cultures reparaissent. Les quadrupèdes n'aiment pas à tirer la charrue, si les bipèdes laborieux sont ardents à la pousser. On entend dans la cour d'une de ces maisons rustiques un tapage épouvantable : c'est la lutte d'un homme et de son bœuf qui ne veut pas se laisser atteler.

L'église de la Barthe est séparée du village ; on la rencontre, à deux ou trois cents mètres, dans « le quartier du château ». Elle est nouvellement construite ; mais on s'est servi, dans la reconstruction, de quelques restes précieux de l'ancien sanctuaire. Les chapiteaux anciens ont été montés sur les piliers neufs. Plu sieurs sont très curieux, un surtout figurant la luxure sous les traits d'une femme que caressent deux vilains lézards. Un autre présente l'aigle aux ailes éployées, portant les tables de la Loi. L'église est bien située, entourée d'arbres ; tout ce coin est d'un charme saisissant. Les ossements des Maures remplissent le sol ; à droite, fut le château du roi Sanche. Au-devant de soi, on a deux étages de monts au-dessus de la rive gauche de la Neste : le premier formé de mamelons isolés ; sur l'une de ces cimes rondes, Montoussé, et son donjon carré. Ce qui frappe dans ce paysage, très pittoresque sans rudesse, c'est la chaude harmonie de sa couleur ; le ton dominant est un gris rougeâtre, qui revêt les murailles de Montoussé, les versants de ces petits monts arrondis, et jusqu'au sol des champs cultivés, jusqu'aux chaumes que nous traversons pour joindre la Neste. Nous le voyons enfin de près, ce beau torrent, le cousin du Gave de Pau, qui s'enrichit, comme lui, de cent torrents secondaires, et par la Garonne, comme lui par l'Adour, va se perdre dans l'Océan.

A la Barthe, nous trouvons une voiture. Nous repassons par Cazalères, et courons vers Lortet. La route, parfois, domine la Neste, et, parfois, s'en éloigne. A Lortet, nous mettons pied à terre, et par les méandres d'un sentier, à travers des champs et des vignes, puis en nous laissant dévaler le long des roches, nous joignons le torrent. Sur l'autre rive, il y a des grottes. Des savants y ont recueilli des vestiges de l'âge de pierre ; la tradition y place le refuge des catholiques de la vallée opprimés par la bande fameuse de Jean-Guilhem d'Aure.

Ce lieu est d'une rudesse désolée, bien qu'un village soit blotti sur le bord même du torrent, au-dessous d'un mont, dont l'escarpement est d'une raideur effrayante jusqu'à moitié de sa hauteur ; là, se creuse un vallonnement qui se revêt de gazon, et où croissent quelques arbres. Un peu plus loin, monte une rampe verticale, que percent deux fissures assez larges ; ce sont les deux entrées principales de la grotte : au-devant, une saillie forme terrasse, et de là les réfugiés pouvaient longtemps défier les assaillants, pour peu qu'ils eussent des projectiles ou des armes. L'assaut ne pouvait être tenté que par un couloir étroit, grimpant entre les roches; encore devait-on rencontrer un contrefort barrant tout à coup ce chemin périlleux, où deux hommes n'auraient pu s'enga-

HÉCHES

ger de front. De plus, l'une des deux ouvertures, la plus large, avait été murée.

Nous regagnons notre carrosse rustique. La route se poursuit. Deux files de monts boisés à gauche, dénudés à droite. Parfois, de hautes rampes vertes, mais d'un vert aride et jaune, que coupe une muraille grise. A Héches, nous remettons pied à terre pour explorer la basse vallée. La Neste roule son flot nuancé, tantôt clair, tantôt sombre, suivant la profondeur de l'eau ou l'épaisseur du couvert de feuillages. Dans un val étroit, une sorte de basse gorge, elle rencontre un pont de bois qui a succédé à un vieux pont de pierre. Là une roche à pic, à quarante ou cinquante mètres en aval porte, les débris d'un donjon carré. Le village, perdu dans ce fond de désert, qui ne reçoit le soleil que pendant quatre mois, n'est point du tout pauvre ; les habitants vivent de la pêche ; les truites sont abondantes, les anguilles des Héches sont renommées. Point d'autre industrie ; le moulin du seigneur, un superbe moulin, ne marche plus et s'écroule.

Héches n'est qu'à six kilomètres de Sarrancolin. C'est ici une ville qualifiée. Sarrancolin fut un moment la capitale du pays d'Aure.

J'ai lu dans un auteur pyrénéen que cette curieuse villette était « mal bâtie ». Sarrancolin est certainement un des lieux les plus biscornus mais les plus intéressants que j'aie vus dans les Pyrénées, et ailleurs. Et d'abord, vous trottez sur la route ; vous savez que tout à l'heure vous rencontrerez un grand bourg, qui est le centre d'une industrie importante, et vous vous demandez où il peut bien se nicher entre les deux hautes et inflexibles parois de montagne qui se dressent devant vous, et semblent se joindre. Il y tient pourtant, et tout en y entrant, vous pouvez trouver même qu'il n'y est point trop resserré. Des maisons neuves, très propres et presque cossues, bordent la route, à gauche ; le champ de foire, ombragé de grands arbres, s'étend à droite.

Tout à coup, la grande muraille noire reparait, tapissée de ses sapins rabougris ; vous la revoyez des deux côtés : à gauche, un peu reculée, et vous devinez aisément qu'elle surplombe l'autre rive de la Neste ; à droite, s'avançant sur vous ; la tour carrée de l'église semble s'y incruster ; c'est un beau spécimen de clocher roman. L'église, inachevée, qui n'a que des bas-côtés et une abside, se présente plaquée, collée à la roche, précédée et flanquée de ruines. Là, était l'ancien prieuré de Sarrancolin, l'un des postes ecclésiastiques les plus recherchés de tout le pays, au moyen âge. Un beau jour, au XIIIe siècle, le prieur et ses moines se révoltèrent contre la tyrannie de l'évêque de Comminges, qui fut obligé d'emprunter au comte ses hommes d'armes pour les réduire. Le bras séculier et le bras régulier se gourmèrent.

En face de l'église, s'ouvrait l'une des portes de l'ancienne ville assise sur le torrent ; le bourg moderne longeant la route n'est qu'une façade trompeuse. Sarrancolin est là, derrière, encore entouré de sa ceinture de murailles qui crève de toutes parts, et dont les assises portent des masures du côté de la Neste. Si vous avancez dans la rue principale, que croisent des ruelles, vous rencontrerez d'anciens logis, qui furent riches en leur temps : l'un qui montre de belles fenêtres du XVIe siècle, avec une date inscrite, en effet, au-dessus de sa porte : 1582. D'autres maisons, dont l'étage s'avance en encorbellement sous le pignon d'ardoises, sont d'une époque plus récente, bien que de construction presque analogue ; rien ne va bien vite en ce bout du monde, on y aime longtemps les vieux modèles. Plusieurs portent aussi leur date ; les chiffres en sont disposés en carré autour d'un cœur qui forme le centre.

D'autres sont des maisons de bois, entièrement revêtues de ce même manteau d'ardoises effritées. La rue va tout droit à l'une des portes ; il y en avait quatre. Celle-ci est percée dans le pied d'une tour carrée, et présente un écusson, mi-partie aux armes de France, mi-partie aux armes de la ville, qui sont des clefs ; une couronne de marquis le surmonte. Que fait là cette couronne ? Les quatre vallées n'eurent plus d'autre seigneur que le roi de France, depuis Louis XI, à qui elles s'étaient données.

Sur la face qui regarde la Neste, la curiosité est différente. Là, il n'y eut jamais que des masures, plantées, comme je l'ai dit, sur rempart éventré. De l'autre côté du torrent est un deuxième village enfermé dans les plis des monts, sous l'ombre de la sapinière. Là, vous trouverez des industries : une fabrique de papier à cigarettes, une scierie de marbre. Le marbre rouge de Sarrancolin est le plus beau des Pyrénées. Sur la rive gauche, les masures sont élevées de plus de vingt pieds au-dessus de l'eau bondissante et tapageuse ; mais parfois le torrent se gonfle, la

SARRANCOLIN

nappe d'eau se lève toute droite, comme une autre muraille. A quelle hauteur ? on en peut juger par la construction du pont qui joint les deux rives ; je le franchis pour gagner l'autre bord ; arrivé au faîte. Je me trouve suspendu au sommet d'un triangle. Un âne vient dans l'autre sens, poussé par une vieille femme, qui le charge à grands coups de bâton ; il refuse de se prêter à l'escalade.

Mon compagnon erre comme moi par ces ruelles étonnantes ; nous nous retrouvons dans l'église, qu'un cimetière curieux environne. L'édifice est roman et sûrement avait été conçu pour être vaste ; une moitié seulement a été construite, et maintenant émerge des ruines du prieuré ; sa lourde tour flanquée de quatre clochetons l'écrase. L'intérieur renferme un rétable du XVIe siècle, drôlement peinturluré, et un buste doré d'évêque. Est-ce l'image de ce prélat tyrannique et vigoureux qui mena des soldats contre ses moines ?

De Sarrancolin nous devons gagner Arreau, où nous attendent le gîte et le souper. La vallée se rétrécit, les montagnes s'élèvent: çà et là, dans les ravines, sur les coins abrités du versant, quelques cultures ; aux étages supérieurs, des sapins.

Puis les monts toujours grandissants affectent des formes pyramidales ; leurs flancs sont formés de blocs rougeâtres ; nous courons entre deux remparts de marbre. Parfois, les hauts versants se creusent, et dans le vallonnement, d'autres cultures se sont réfugiées; des villages, des clochers se dessinent dans la pâleur transparente d'un beau soir. Une curiosité nous arrête encore un moment: c'est la prise d'eau qui verse dans le canal de Lannemezan le flot divisé de la Neste; le lieu est sauvage, et la nappe liquide jette sa lueur brillante dans l'ombre qui descend partout des cimes.

UNE PORTE DE SARRANCOLIN

HÔTEL-DE-VILLE D'ARREAU

II

ARREAU. — LA HAUTE VALLÉE. — LES LACS.

A Arreau comme à Montréjeau, la maison commune est assise en étage supérieur au-dessus de la halle. Entre deux des fenêtres, celles de la grande salle de la mairie, on a peint les armes de la ville : un héron d'argent sur champ de gueules; deux lions pour supports; pour devise : *Melior vigilantia somno*. Le précepte est bon, point difficile à observer ici, car derrière la mairie les deux Nestes, d'Aure et de Louron, se joignent avec un furieux tapage; on veille malgré soi, on ne dort pas quand on veut.

Si vous descendez vers le pont jeté au confluent des deux torrents hurleurs, vous rencontrerez, avant d'y arriver, sur la place, la maison de la poste. Elle porte une date : 1603; et une inscription édifiante, qui commande, au nom de Dieu, d'aller chercher sa bourse, quand le pauvre « vient à la porte hurter ». La sagesse et la charité sont donc en honneur à Arreau. C'est le pays des belles sentences.

Un pays noir, hérissé de pics, enveloppé de forêts. Le Sarrasin y tint longtemps. Quand le fauve s'est glissé dans ces repaires profonds, on ne l'en déloge plus ; les grandes sapinières d'Arragnouet, là-bas, vers la haute Neste et l'une de ses maîtresses branches, le Moudang, sont le principal quartier des ours dans les Pyrénées. Contre les Sarrasins, le roi Sanche fit construire partout des forts ; les montagnards Aurois furent bien obligés de se jeter dans les bras de l'Aragonais, puis des seigneurs ; il leur fallait des chefs pour les mener contre l'infidèle.

Les vicomtes d'Aure étaient de la maison de la Barthe. L'an 1400, Armand-Guillaume de la Barthe, seigneur et *souverain* des quatre vallées, vint à mourir comme un simple vilain. Sa fille Véronique, mariée au comte Funel, s'empara de l'héritage ; mais il se trouva que le seigneur Jean avait fait un testament en faveur du comte Bernard VII d'Armagnac, qui arriva, assembla les représentants des vallées, se fit agréer comme leur maître et, retournant à son château de Valcabrère, bâti jadis dans le Comminges, par Sanche de la Barthe, y reconnut leurs privilèges par un acte solennel. Ce Bernard VII est le même qui joua en France et à Paris un si grand rôle, dans nos guerres étrangères et civiles, pendant la folie de Charles VI, qui fut le connétable de la reine Isabeau, égorgé à Paris en 1418, avec ses partisans : ils étaient nombreux, le massacre dura dix-huit heures.

Jean V d'Armagnac perdit la vicomté. Un hardi seigneur, celui-là. Il a publiquement épousé sa propre sœur. Il se mêle à la ligue dite du *Bien public* contre le roi Louis XI, et voit confisquer ses domaines. Alors les quatre vallées, jugeant qu'à combattre les soldats de Louis XI, qui s'avancent dans toutes les seigneuries d'Armagnac, ils ne gagneront que des coups et de la misère, préfèrent s'accommoder.

ARREAU

L'accommodement fut fait avec le cardinal de Sainte-Sabine, évêque de Lombez. Les quatre vallées stipulèrent que d'abord elles conserveraient leurs prérogatives et coutumes, qu'ensuite elles ne pourraient jamais être détachées du domaine de la couronne; elles entendaient ne point sortir de la main du Roi, fût-ce même pour tomber dans l'apanage d'un prince qui serait son frère ou son cousin. Les quatre vallées furent représentées aux États qui se tenaient à Toulouse; elles firent partie de l'élection de Nébouzan, dépendant de la généralité de Montauban, la plus vaste de toute la France; elles avaient quatre villes principales : Castelnau de Magnoac, Mauléon de Barousse, Sarrancolin, Arreau. On leur donna un sénéchal, qui résidait à Mauléon, un juge royal qui se fixa à Castelnau. Arreau se trouva déshérité en ce partage.

Arreau méritait mieux, ne fût-ce que par la beauté singulière de son pont jeté sur le confluent des Nestes. Je m'accoude au parapet, regardant d'abord les jeux brillants de l'écume sur l'eau verte. J'ai devant les yeux, entre les monts qui l'enserrent, coupés de rideaux de sapins et de cultures en écharpes, d'abord un haut barrage de roches, qui fut la digue d'un grand lac; plus loin, la basse vallée verdoyante et touffue qui en était le fond; puis de formidables étages qui montent et s'entassent; enfin, pour terminer le tableau, une énorme crête dentelée entre deux pics. Chaque dentelure est, ici, festonnée de neige; les deux pointes blanches se perdent dans une couronne flottante de vapeurs argentées. C'est le Lustous et le Batoua, et la muraille de Guerreys, qui relie les deux cimes.

A gauche, par-dessus une rampe boisée à laquelle sont adossées quelques-unes des maisons du bourg, voici une première cime nue, la Hourquette d'Ancizan, mesurant déjà seize cents mètres, puis une sombre ligne d'aiguilles, enfin une tour aérienne : c'est l'Arbizon. Celui-ci est le gardien sourcilleux de cette entrée de la haute vallée. Le matin, de l'excellente hôtellerie où nous sommes descendus (chère très fine), on le voit à loisir. Au-dessus de la cour ombragée de vieux tilleuls, règne une galerie de bois où l'on s'assied pour considérer le géant; c'est une première loge. Imaginez une longue crête déchiquetée, puis au nord deux pointes menaçantes; ce n'est donc pas le même aspect que l'on découvre du pont.

Sous l'air vif de ce matin — Arreau est à sept cents mètres d'altitude et les neiges l'enveloppent — on descend une longue rue, car l'hôtellerie est située tout en haut du bourg. On arrive à la place, sans avoir rencontré rien de particulier, si ce n'est une curiosité vivante et navrante, une demi-douzaine d'idiots, qui vont glapissant et sautillant. Le plus hideux de tous, un garçonnet agité de la danse de Saint-Guy, a reçu de la générosité publique une casquette galonnée. Il en est fier; les crétins adorent le galon. Arreau et la vallée d'Aure, région de froidure épaisse et humide, sont remplis de ces êtres misérables. Chose cruelle, et qui montre bien le fond de notre bassesse humaine, ils savent à peine se conduire, à peine manger, point du tout se tenir propres et se vêtir seuls, ils ne connaissent presque pas ceux qui les soignent, et ils savent demander l'aumône, ils connaissent l'argent!

A droite de la place, s'ouvre une rue qui se prolonge au-dessus de la Neste de Louron. Je voudrais dire un mot, en passant, de toutes ces *Nestes* qui se croisent. La Neste d'Aure est aussi bien née que le Gave de Pau, son cousin, à qui je l'ai déjà comparée. Comme il s'échappe des glaciers de Gavarnie, elle sort des neiges du Néouvielle, le sommet le plus élevé du vaste massif dont la vallée d'Aure contourne les bases, et là, ne s'appelle encore que la Neste de Couplan; elle traverse successivement les quatre grands lacs d'Aubert et d'Aumar, de Cap-de-Long et d'Orédom, se grossit à droite d'une infinité de ruisseaux ou de torrents, surtout de la Neste de Moudang, que nous remonterons dans quelques jours; enfin, dans le village d'Arreau, de cette Neste de Louron qui descend des glaciers de Clarabide et des Gourg-Blancs jetés comme des remparts infranchissables entre la France et l'Espagne, et qui a reçu la Neste de la Pez au passage. Je demande pardon pour cette digression géographique.

Cette rue que je suis me montre, sur l'autre rive du torrent, la façade postérieure des maisons qui bordent la rue principale d'Arreau. Presque toutes sont précédées de terrasses élevées au-dessus de la Neste ; il y en a deux superbes, décorées de galeries portées par des colonnes de marbre. Je sais bien qu'ici cette

PORTE DE LA CHAPELLE DE SAINT-EXUPÈRE

matière est commune et bourgeoise ; mais l'emploi nous en étonne toujours un peu, nous autres gens du Nord. Ce qui paraît d'abord singulier, c'est que ces beaux logis sont habités par de pauvres gens, et que ces galeries marmoréennes servent de séchoir à de vieilles nippes. Ils ont eu d'autres maîtres : ces hautes villes et villages des Pyrénées ne sont pas en prospérité ; on y voit souvent des maisons abandonnées qui tombent en ruine ; on y rencontrait naguère une bourgeoisie assez nombreuse ; elle a disparu.

Toujours marchant au-dessus du torrent de Louron, je trouve

à ma droite un petit édifice qu'il faut voir de près pour en reconnaître la valeur. C'est une chapelle au clocher de briques, souvent raccommodé et toujours fort mal; mais cette vilaine pièce montée est placée au-dessus d'un portail roman du premier âge, une rareté même en ce pays d'églises romanes. Les fûts des colonnes qui portent le cintre sont de marbre rouge; les chapiteaux présentent des monstres et des entrelacs délicieux. C'est la chapelle d'un prieuré; la maison du prieur est voisine, un logis de la Renaissance, avec une date : 1554. — Joliment logé, ce prieur.

Je reviens sur mes pas, je descends la rue principale; partout on y retrouve les traces de cette bourgeoisie florissante d'autrefois : de belles maisons, l'une montrant une porte de style Louis XIV, une autre gardant ses fenêtres du seizième siècle, à meneaux de pierre, toutes portant des dates : celle-ci a été construite en 1569. Je redescends vers le pont, laissant derrière moi le cercle étroit des montagnes vertes qui enveloppent le bourg, n'ayant de regards que pour la crête radieuse de Guerreys et les deux pics.

Il n'est pas aisé de remonter la rive gauche de la Neste, en suivant le bord même du torrent; on a tracé des jardins et pratiqué des cultures au-dessus de ce flot d'émeraude courant entre des quartiers de roches noires; heureusement, il y a la route. A gauche une tour, l'un des postes de guet, sans doute, que construisit le roi Sanche. Plus loin, en travers de cette route, un édifice bizarre, une chapelle qui se prolonge et forme un porche, et cela s'appelle la Pène-Taillade (porte coupée). Le tout dut être flanqué d'une autre tour, car, dès les plus vieux jours, il y eut ici un chemin; c'est le seul point d'accès de la haute à la basse vallée. La chapelle paraît être du douzième siècle, ou plutôt en avoir été; la nef a été reconstruite, la voûte est en bois; un mur, une grille de fer, le porche, voilà ce qui reste de l'édifice primitif. Seulement, ce mur est une curiosité. Et d'abord, est-ce ici une grille de cagots? Ce jour paraît avoir été pratiqué plutôt pour permettre aux voyageurs de s'agenouiller en passant sous l'abri fortifié, et de remercier les puissances célestes, s'ils n'avaient rencontré en chemin ni une bande de routiers, ni une famille d'ours? Le dessus de la porte grillée est décoré de peintures grossières représentant la mise au tombeau de la Mère de Dieu.

CHAPELLE DE PÈNE-TAILLADE

Au delà de la Pène-Taillade, au-devant de la chapelle, on a ménagé un joli terre-plein; on y a planté des arbres. Ce petit promenoir est un lieu d'observation, ouvert sur les monts et sur la vallée; on y reconnait très bien les traces de l'ancien lac, le haut barrage de roches qui retenait suspendue cette nappe immense faisant suite aux larges bassins qui descendent par étages depuis le Néouvielle. Celui-ci occupait l'étage inférieur. Il est aisé de distinguer la fracture entre les roches, par où se précipita la terrible avalanche liquide.

A Cadéac, il y a des bains, et même deux établissements thermaux, situés sur chacune des deux rives. Entre les deux, pas de pont, il faut joindre celui du village. D'un établissement à l'autre, c'est une promenade de deux kilomètres. Pas de casino. On va prendre les eaux sulfureuses de Cadéac pour se guérir, sans jouer ni danser. Marguerite de Navarre y vint accompagnée de Clément Marot, qui ne rima point sur le pays d'Aure. Un beau sujet, pourtant; mais le poète de cour n'était pas très amoureux de la simple nature. Et puis, il avait peur du bûcher, dans ce temps-là; c'est une peur qui n'échauffe point, bien que l'occasion soit chaude.

Pour le touriste qui prend à Arreau son centre d'excursion, Cadéac n'est qu'une promenade, bonne à faire le matin; puis on déjeune, il faut partir. Le chemin est à peu près carrossable jusqu'à Aragnoüet, au pied des grands lacs. Nous montons en voiture devant l'hôtellerie et repassons bientôt sous la Pène-Taillade; à Ancizan, nous retrouvons la vue de l'Arbizon; à Guchen, une tentation nous vient. — Tout est curieux ici. — On continue de suivre le bord supérieur du grand lac et, du fond, on voit surgir des blocs isolés, au faîte verdoyant. Demandez à un enfant qui passe: Quels sont ces petits monts-là, mon garçon? — Il répondra en patois: Ce sont les Pouys. — Et qu'est-ce que les Pouys? — *Ce sont les îles d'autrefois.*

A gauche de la route, un torrent accourt. Il a traversé un vallon étroit qui s'appelle le Lavedan. — Lavedan, *pays de sapins*, le sens du mot est bien connu. C'est qu'en effet ce val qui monte est un couloir au milieu de la sapinière de Calamu, couvrant de ses aiguilles noires le chemin de l'Arbizon. N'avons-nous pas pris trop tôt notre voiture? Le cocher qui nous observe, tandis que nous délibérons, pressent une bonne aubaine. Le gaillard n'a point l'air surpris, quand nous lui disons: L'ami, retournez à Arreau; vous avez gagné votre argent.

Le torrent s'amuse à couper le sentier; il faut le traverser et le retraverser trois ou quatre fois avant d'atteindre le hameau d'Aulon, assis sur la rive gauche. Ce premier trajet ne demande

LA NESTE A ARREAU

pas moins de deux heures et demie. Aulon est un des villages les plus haut perchés de ce pays d'Aure; les habitants y vivent sept mois dans la neige. Quelle peut bien être la formidable épaisseur de ce toit blanc suspendu pendant les longs hivers au-dessus de cette ramure noire, immobile et rigide? Aujourd'hui, pas un souffle de vent. Les avenues de l'Arbizon paraissent plus que sévères. Nous montons encore. Plus d'arbres; des prairies. Il est toujours agréable, dans ces ascensions quelquefois si rudes, de trouver tout à coup ce tapis vert sous ses pieds; et puis rien ne donne mieux la sensation de l'espace aérien que ces grands pâturages silencieux. Partout des troupeaux. Les montagnards d'Aulon sont pasteurs et chasseurs; l'isard abonde en ce quartier perdu.

Une halte à des granges désertes. Puis la prairie encore, la prairie toujours; ce grand lit verdoyant vient expirer à la base d'un escarpement rocheux, de mauvaise mine menaçante: c'est le pied du *noir* Arbizon. Nous n'irons pas plus loin, n'ayant pas de guide, nous sommes arrivés à dix-sept cents mètres.

La haute muraille s'élève au nord, fléchissant légèrement vers l'ouest; elle a deux pointes de faîte très distinctes, au milieu desquelles un col se dessine; par là doit être le chemin, montant à travers une longue gorge aride. L'aspect général est sinistre, mais sans caractère; l'Arbizon gagne à être vu d'en bas. Ici, d'ailleurs, il ne règne point seul; ce col le sépare du pic d'Aulon, qui le dépasse. Examiné de si près, l'Arbizon ne peut cacher sa misère; le mont orgueilleux n'est plus qu'une ruine colossale. Ses flancs se déchirent de toutes parts, ses arêtes se disloquent, ses aiguilles rongées sont déjà branlantes, et le bord supérieur des prairies où nous sommes, s'ensevelira quelque jour sous ces énormes débris.

On quitte sans regret ce lieu désolé qui n'a point de grandeur. Pourtant le spectacle est encore très beau; le soleil glissant à l'ouest illumine le massif d'Aulon; l'Arbizon même et son contrefort, le petit Arbizon, qui se prolonge vers le nord, sont déjà rentrés dans l'ombre ; ces silhouettes aiguës se dessinent en noir intense. — Quant à nous, descendant à travers les pâturages, nous regagnons bientôt la forêt.

Il s'agit d'être vigilant le lendemain et de quitter Arreau dès le grand matin. Les chevaux sont frais, nous glissons rapidement au fond de l'ancien lac. Une plaine bénie, une terre promise : des cultures grasses, des prairies admirables, des arbres énormes, la Neste et son eau bruyante donnant la vie à tout ce tableau. La vallée est extrêmement peuplée, partout des villages. Nous traversons Vielle-Aure ; à l'entrée d'un val latéral, voici Bourisp. Ici un temps d'arrêt. Bourisp possède une église dont la décoration serait un objet de gros scandale pour les piétés du Nord; celles du Midi sont plus indulgentes, étant plus robustes.

On entre dans l'église de Bourisp par un porche à portail roman, pratiqué sous une tour du XIe siècle, recoiffée aux âges suivants. Ce porche est peint à fresques ; six belles dames — il devrait y en avoir sept, autant que de péchés capitaux dont elles sont la figure — chevauchent, montées sur des animaux féroces ou immondes, portant des démons en croupe. Elles sont en grand habit du temps, chapeaux empanachés ; la reproduction des costumes de la Cour de Henri III est même très fidèle. Ces démons sont affreux; ils ont deux visages inférieurs, l'un sur la poitrine, l'autre au ventre. L'Orgueil est monté sur un lion, la Gourmandise sur un cochon, la Luxure sur un bouc, l'Avarice sur un loup, la Colère sur un cheval, la Paresse sur un âne. Certains détails sont d'une licence « naïve » ; c'est le mot plaisamment consacré pour excuser l'obscénité de nos pères. Ces tableaux hardis sont l'œuvre de deux artistes locaux, dont les noms ont été inscrits en patois à côté de la chaire, dans l'église, où se trouvent d'autres peintures, mais dégradées, à demi effacées ; celles du porche sont les seules qui demeurent en un état de conservation relative. L'inscription fixe leur âge à trois siècles — elles ont été achevées en 1592.

Cette église, très postérieure à sa tour, paraît être de la fin du
IVe siècle. Elle est séparée du porche par une sorte de jubé, formé
d'un claire-voie dont les montants sont des colonnes en fuseaux ;
au-dessus se voient des médaillons, d'où sortent des figures sculptées. Tout cet appareil est d'une imagination biscornue ; placée
au-devant de cette grille enjolivée, sous le porche, on voit s'agiter
quelques ombres, de l'autre côté, dans la nef. Je ne voudrais point
manquer de respect envers le lieu saint, mais je peux bien dire que
j'ai songé au théâtre de Guignol. D'autant qu'un groupe fantastique, deux mendiantes, une vieille et une jeune, agitées par une
chorée opiniâtre, arrivent du fond de l'église, et nous tendent les
mains avec des contorsions épouvantables. Une porte a été pratiquée dans ce « jubé », si c'en est un. Nous entrons. L'édifice n'a
qu'une abside, une nef, un seul bas-côté soutenu par un énorme
pilier à pans. Ici, tout a été peinturluré, surtout la voûte à nervures, dont les arêtes étaient enluminées de rouge et d'or ; dans
les intervalles, on distingue des anges sonnant de la trompette ;
puis d'autres sujets plus importants : le Sauveur montrant ses
plaies, saint Sébastien percé de flèches, des figures d'évêques, de
docteurs, celle de Dieu le Père au-dessus de l'autel. Il faut croire
que je suis en humeur de rapprochements bizarres, car je crois voir
les traits sempiternels et la fameuse barbe blanche en broussailles du député Madier de Montjeau.

L'église de Bourisp nous attarderait ; il est déjà dix heures. Le
chemin que nous rejoignons enfin court sur la rive droite de la
Neste, sous d'énormes peupliers ; la montagne est très proche, mais
disparaît sous les plis de ce rideau de feuillages. Par une percée
soudaine, on aperçoit une ruine. Est-ce encore un des châteaux du
roi Sanche ? A Saint-Lary, nous atteignons le bord méridional du
bassin. Le sol se relève brusquement, on sort de l'ancien lac. Au
lieu des grâces du tableau, voici les aspérités du cadre. La route
est étroitement enserrée au fond d'une gorge : à gauche, une nouvelle sapinière, à droite les montagnes de la Conque.

Les monts se pressent ; nous suivons le pied du pic Saint-Lary, nous allons joindre les bases du pic de Tramezaigues. Par moment, une dépression subite, une trouée dans la muraille ; alors on découvre quelques hauts sommets par-dessus l'entassement : là-bas, au nord, l'Arbizon. Point de neige encore, des cimes d'un violet sombre, des sapins aux versants. A l'orée

TRAMEZAIGUES

d'une nouvelle gorge, nous rencontrons le premier poste de douaniers aux approches de la frontière. On perd la vue de la Neste en entrant dans ce couloir maussade ; on la retrouve à l'issue du défilé, et l'âpre beauté du site devient plus saisissante. Sur les deux amoncellements de roches qui dominent le torrent, il y a des habitations humaines. Sur la rive droite, un village, une église, avec sa tour massive et son campanile, et les ruines d'une tour carrée ; trois plans de monts, les deux premiers recouverts entièrement des plis noirs de la sapinière ; le troisième ferme le tableau ; il est plaqué de neiges, et sa crête dentelée se termine par une belle pyramide blanche, enveloppée de légères vapeurs. C'est le pic de Tramezaigues (2,600) ; nous rasons les derniers contreforts qu'il pousse sur les vallées.

Un peu plus loin, on aperçoit au pied des roches un petit établissement de bains. Celui-là est bien perdu dans le désert ; son nom seul ne le rendrait pas engageant pour les citadins malades. Le Pas-Rude, le *Ruadet,* n'est fréquenté que par des montagnards rhumatisants.

La vallée n'est plus qu'une gorge. La Neste coule à cent mètres au-dessous d'un pont que couvre une porte fortifiée, la Garetvieille. Cet ouvrage de défense remonte à la guerre de la succession d'Espagne. La Neste, à cet endroit, reçoit à sa droite le Rioumajou, arrivant furieux des monts de la frontière, après avoir traversé de petits lacs luisants sous les sapinières immenses qui tapissent les contreforts de la haute chaine de faite. Aure est le pays des sapins et des eaux.

Les roches qui dominent le Ruadet nous apparaissent plus voisines ; c'est une rampe grise, verticale, menaçante. Sur la crête, un village ; un peu plus haut, sur un bloc détaché en avant du mont, est perchée une vieille église ; le mont s'appelle la Fourquette d'Arrouyes. Il n'est pas entièrement aride ; cà et là, entre deux quartiers de roches, les pauvres habitants d'Eget ont su profiter du maigre lit de terre végétale ; une chétive moisson blonde est suspendue entre ces parois sombres. Nous n'entrons point dans le hameau, nous suivons le chemin tracé à la base de la montagne et rencontrons deux ponts, l'un jeté au-dessus d'un ruisseau écumeux, l'autre au-dessus de la Neste, celui-ci vieux et branlant. Devant nous, un cirque se dessine entre deux rangées de cônes aigus couverts de sapins ; ce sont les contreforts du pic d'Aret, et de la montagne de Bert. Aret, directement au sud, a près de 3,000 mètres. Bert a le vol moins haut : 2,520.

Le cirque d'Eget est le royaume de la bise ; elle vous prend à la gorge et vous met la main à la poche. Ces longues files de sapins vous oppressent ; elles descendent comme les rangs pressés d'une armée de fantômes noirs. Le lieu est grand ; c'est vraiment une solitude. Dans les coins où, sur les pentes, l'ouragan ou l'avalanche ont entraîné les sapins, le montagnard s'est avisé de penser qu'ils avaient laissé derrière eux un peu de terre, et il est arrivé, ses graines à la main. Le blé y mûrit ; les paysans de la Bretagne lointaine ont bien raison de dire que c'est la semence de Dieu qui la fait lever où il veut pour nourrir la créature. Ces morceaux de culture miraculeuse dérangent un peu l'harmonie sauvage du tableau. Mais de toutes parts, sur le flanc des monts, à travers l'ombre massive des sapins, des sources filent en longues veines brillantes ; la Neste occupe le fond du bassin et le remplit de la lumière de ses eaux. Une partie de son lit est obstruée par des quartiers de roches brisées et par des troncs morts ; les sources y descendent en cascades naturelles, et rebondissent sur ces obstacles qui brisent leur flot clair. Le cirque se remplit de cette musique sonore et vivante.

Une basse gorge y succède ; on chemine sur la rive gauche de la Neste, à fleur d'eau. Nous dépassons une chapelle, que nous examinerons au retour. Un torrent arrive par une autre gorge : c'est le Moudang, qui passe bouillonnant, avec des ressauts furieux et un fracas épouvantable, sous une voûte naturelle creusée dans les roches. Nous traversons un des plus misérables villages que j'aie jamais vus : des maisons basses, construites en torchis, ensevelies sous des toits de chaume, aux bords retombant presque jusqu'au niveau de l'unique ouverture, qui ne peut s'appeler une croisée ; point d'air, point de lumière, la froide haleine du torrent, la menace éternelle du linceul de neige qui peut entraîner le toit, et du flot qui peut se soulever et raser le pied de la masure. Et cela s'appelle vivre !

La Neste de Couplan vient encore s'embrancher à la rive gauche de notre Neste d'Aure ; les géographes vous diront même que c'est celle-ci qui est la branche ; la vraie, la grande Neste, à leurs yeux, c'est le torrent de Couplan, qui en impose par son

LE CIRQUE D'EGET

origine ; il descend en droiture des énormes névés de Néouvielle, et porte sur ses eaux l'haleine de ces neiges aussi vieilles que les monts. Une brume glacée nous enveloppe au moment où, connaissant sa fréquence dans ces hautes régions, nous nous félicitions de n'avoir point rencontré cette méchante compagne de voyage. L'assaut est aussi soudain qu'imprévu ; l'ennemi nous le donne partout à la fois. Les vapeurs descendent en colonnes serrées au front des sapins, et montent du lit de la rivière ; elles se choquent dans l'air, se condensent et se bercent en grandes vagues, comme la houle marine. Cet immense drap mortuaire aux plis flottants donne un aspect plus sinistre aux bords du chemin, qui tourne en anneaux au-dessus de crevasses profondes. Le torrent roule sous des voûtes noires de rochers, nous ne l'apercevons plus que de moments en moments, par les déchirures, comme une lueur soudaine ; puis ce chaos cesse, nous redescendons, enserrés par deux hauts monts verticaux, portant la forêt la plus épaisse que nous ayons encore rencontrée en ce pays d'Aure. Les sapinières d'Aougas encadrent le village d'Aragnoüet. Par-dessus se dresse une ligne d'aiguilles dépouillées, que nous distinguons à peine dans le brouillard : c'est le pic d'Aougas.

Aragnoüet est un chétif village, assis à près de 1,300 mètres, muré d'un côté par ce double Aougas, de l'autre par la montagne rocheuse d'Arribarette ; on y voit le soleil quelques heures à peine, pendant les longs jours. De la fin de septembre au milieu de mai, on y est perdu dans les neiges. Cette année n'a pas été chaude, et les rayons du midi ne les ont point bues ; dans la sapinière traînent encore de longs tapis blancs ; un chasseur d'isards, que nous trouvons devant l'hôtellerie, nous assure que la cime du mont en est entièrement couverte. Cette hôtellerie n'est qu'une ferme, où les rares touristes qui poussent jusqu'à cette région inconnue trouvent le couvert et le vivre ; nous entrons, tout trempés, cruellement déconfits par l'invasion subite de cette brume qui menace nos projets pour le lendemain. Un grand feu brille dans une vaste cheminée rustique, et nous ne songeons d'abord qu'à nous y sécher un peu, et à prélasser sur un siège fixe nos membres passablement rompus par les derniers cahots du chemin. Dans un des angles de cette grande salle, où l'on marche

ARAGNOUET — LE VAL DE LA GÉLA

sur de la terre battue recouverte de paille, s'ouvre le four; on y cuit le pain, l'odeur est agréable. Un robuste garçon retire les « miches » du trou brûlant, sur une pelle de bois à long manche; une jolie fille les reçoit dans son tablier et va les ranger dans la huche. Sans faire tort à la besogne, ils se dévorent des yeux; l'amour se niche au fond des bois.

Le fermier-aubergiste est aussi l'instituteur du village; il enseigne filles et garçons; son aïeul et son père enseignaient avant lui; il forme son fils aîné, qui lui succédera : c'est une dynastie, de maîtres d'école. On peut croire que le poste d'Aragnoüet n'est pas fort envié; et puis, comment y vivrait un maître qui ne cumulerait point la bêche et l'alphabet? Ici, il faut avoir fait sortir de terre ce qu'on mange; toute la famille de nos hôtes y travaille. Le père se tient là-bas, confiné dans la majesté de son école, assise au-dessus du torrent; les enfants bourdonnent, le flot mugit; il n'est pas bien sûr que l'on s'entende. Dans la ferme, c'est la mère qui règne, assistée de sa fille et d'un serviteur. Il est même joliment planté, ce grand gars; il tua un ours, l'an passé. Au logis, il y a aussi une servante, avec une horrible « tignasse », couleur de paille, qui n'aime point le gars parce qu'il n'a d'yeux que pour la jolie fille du logis. Elle ne veut pas croire à l'ours. Elle vient des villes, elle a échoué, on ne sait comment, dans ce désert, et parle le français. Je lui dis : Enfin, vous ne croyez pas qu'il y ait ici des ours; vous n'en avez jamais vu? — Oh! que si! dit la maligne; j'en ai vu un à la foire de Tarbes.

La nuit descend vite entre ces murailles noires de sapins. Tandis qu'on prépare notre repas, nous errons sur la berge déchirée de la Neste. Devant nous, une énorme clairière s'ouvre au cœur de la forêt; elle date d'un demi-siècle. Une avalanche, alors, dépouilla toute cette paroi du mont, entraînant les arbres par centaines. Le torrent, arrêté dans sa course par ce barrage formidable, déborda en amont, et emporta les basses maisons du village. Depuis, on a été corrigé, à Aragnoüet, de bâtir trop près de la Neste. Notre ferme-auberge est élevée de plus de cent pieds au-dessus du flot; elle a son jardin pratiqué entre deux blocs rocheux. Nous y trouvons des fraises, et de ces roses brillantes et légères, d'ailleurs sans parfum, qui ont l'humeur si accommodante, et que l'on rencontre sur les côtes déchiquetées de l'Océan, sous l'âpre souffle de la vague, aussi bien que dans ces creux de roche, en pleine montagne, sous l'haleine des neiges. La soirée s'avance et la froidure est particulièrement pénétrante, en dépit du plein été. La brume, l'affreuse brume, qui s'était enlevée pour un moment au-dessus des sapins, enveloppant de sa fumée grise les cheminées de l'Aougas, retombe pesamment; c'est un manteau de plomb et de glace. Il faut se réfugier dans la maison, demander un grand feu dans la salle où l'on dresse le couvert, et faire allumer les chandelles. L'hôtelière nous fait l'honneur de nous servir elle-même, et tandis qu'un petit vin de la plaine de Tarbes, arrosant les œufs et le jambon frais, nous réchauffe, elle babille. Dans cette tribu d'instituteurs, tout le monde connait le français, sauf le beau gars que nous avons vu retirer le pain du four; aussi n'est-il pas de la famille. La bonne femme nous apprend qu'elle a vingt-deux vaches qui paissent là-haut dans les pâturages aériens, sous la conduite d'un pâtre et de son plus jeune fils. Nous l'interrogeons, quand elle a fini l'énumération des profits qu'elle compte réaliser cette année sur les fromages : Que pense-t-elle de ce brouillard? Quel pronostic porte-t-elle sur le temps qu'il fera demain? — Eh! dit-elle, voilà six jours que ces vapeurs-là menacent; cela finira par beaucoup de neige et d'eau.

Cependant, le matin venu, nous sommes prêts à tenter l'aventure. Le guide qu'on nous a fourni proteste que les vapeurs se disperseront; à la vérité, ce n'est pas un guide de profession, c'est un chasseur d'isards. La route que nous allons entreprendre est longue ; nous rejoindrons Castets en remontant la vallée de la Neste de Couplan; nous n'atteindrons pas avant cinq heures de marche les bords du lac d'Orédom. Il est six heures.

Un jour fauve descend sur le chemin ; la lumière est encore si faible que les détails des sapins nous échappent; on ne voit qu'une masse d'ombre plaquée au flanc de la montagne. Nous entrons dans cette vallée de Couplan que l'on dit si belle ; ce n'est pas à nous d'en juger, puisque nous marchons sous les plis d'un voile. Nous suivons la rive droite du torrent ; un pont se présente, nous voilà sur la rive gauche, montant bientôt à travers une forêt. Les ténèbres que répandent ces feuillages sont moins épaisses ; aussi, ce n'est pas une sapinière, c'est une hêtrée qui nous parait gigantesque ; nous ne distinguons que les troncs, la tête des arbres se perd dans la brume. Le guide parait déconfit ; timidement, il insinue qu'il serait peut-être plus sage de remettre cette excursion au lendemain. Nous n'avons point l'air de l'entendre. Ajourner, à quoi bon ? Et si demain était pire ?

Nous nous engageons donc bravement dans un défilé. Ici, quelques filets de lumière. Elle ne vient point du ciel. La Neste descend en cascade ; l'écume blanche éclaire le sentier. Nous traversons de nouveau le torrent ; la hêtrée, cette fois, fait place aux sapins ; il fait noir comme dans un four.... Entre nous et le ciel, flotte d'abord un premier lit de brouillard, puis le dôme de cette sapinière, une double nuit.

Tout à coup, un bruit bien reconnaissable perce cette muraille d'aiguilles sombres qui nous enveloppe : c'est celui d'une chute d'eau ; une écharpe radieuse passe devant nos yeux. Point de doute ; ceci est la cascade de Couplan, qui roule de l'autre côté de la vallée. Cette rencontre est la première bonne fortune d'une journée si morose. La superbe nappe brillante vient du mont d'Estourdau, dont nous devons franchir tout à l'heure un contrefort. Il n'est pas possible que ce jet puissant ait moins de 3 ou 4 cents pieds ; — encore ne s'agit-il que de la chute principale, qui se divise en plusieurs branches, roulant avec des ressauts bruyants dans la Neste. La cascade de Couplan est célèbre, bien qu'il n'y ait pas eu, depuis vingt ans, dix touristes en tout qui l'aient vue. Quant à nous, ce que nous en découvrons sous ce linceul maussade peut-il bien s'appeler voir ? Le chemin monte par des pentes raides. Quelle expédition lamentable ! Voici un pauvre hameau planté à 1,700 mètres ; nous entrons dans le bassin d'Artigusse. Encore des cascades, puis une nouvelle sapinière, profonde et serrée. Une halte de quelques minutes ne sera point superflue ; nous marchons lourdement depuis près de quatre heures.

En route ! Quand nous sortons enfin de cette forêt de Couplan, sous la noire nuit, le brouillard s'est encore épaissi. Devant nous, un escarpement à franchir; nous suivons le guide avec une résignation passive. Il marche naturellement en tête de la courte file ; je la ferme et songe à la chanson : « Quand trois canes vont aux champs »... Que faisons-nous, vraiment ? nous allons devant nous. Rien de plus. Après l'ascension, vient la descente ; il nous semble que nous entrons dans un vallon très aride. Il nous semble !... Puis nous commençons une nouvelle escalade. Nous aimerions assez à soupçonner au moins dans ces flots de vapeur la crête de l'Estradou, qui nous domine. Le guide nous assure qu'elle est noire et tout à fait sinistre; ce n'est pas impossible. Nous frottons une allumette pour examiner nos cartes et déterminer l'altitude où nous arrivons ; elle refuse net de prendre feu. Nous savons que le lac est à près de dix-neuf cents mètres; or nous y touchons. — Et voilà bien ce qui prouve que toucher et voir sont deux.

Le lac, où est-il ? En haut ou en bas? dans ces vagues jaunâtres qui se bercent au-dessus de nos têtes, ou là, immobile, à nos pieds, sous le linceul mouvant? La plaine humide de l'air et ce *miroir* des monts ne font qu'un. Du bord où nous sommes placés, nous découvrons à peine quelques mètres d'eau. Du cadre de sapins qui enveloppe la nappe *bleue*, pas même la silhouette. Quant au pic Méchant qui se dresse au sud, et s'élance à 3,000 mètres nous savons qu'il est là ; et si nous n'étions pas contents de le savoir, nous n'aurions pas de philosophie ! Ce bord du lac est peuplé ; des ouvriers, sous la conduite d'un ingénieur achèvent des travaux d'endiguement qui ont pour objet de faire de cette grande masse d'eau d'Orédom la force régulatrice du cours des Nestes. Les travailleurs passent assez près de nous, et nous ne distinguons que des formes noires dans le brouillard plus loin, des points lumineux ; ce sont les lumières allumées dans la cantine.

Or, il ne faut pas croire que cette cantine soit hospitalière; on n'y trouve point le repas et le gîte, et tristement nous tirons du sac que porte le guide, du pain et du jambon; nous avons de l'eau-de-vie dans nos gourdes. Repas frugal, assaisonné de réflexions désobligeantes.

Nous ne verrons donc point, du moins pour cette fois, ces lacs superbes qui éclairent de leurs eaux étincelantes — quand le soleil luit — tout ce sombre noyau des Pyrénées centrales, le Cap de Long surtout, et la muraille colossale qui le ferme, au-dessous des nevès de Néouvielle, au cœur de la région terrible.

Le déjeuner est achevé, nous commençons à redescendre.

Nous atteignons Aragnoüet, haletants, moulus et surtout trempés. Cependant nous donnons à l'instant l'ordre qu'on attelle nos chevaux. Beaucoup d'humeur, il faut bien l'avouer, se mêle à cette résolution précipitée de départ. Surtout nous regrettons que l'intempérie nous interdise de remonter la petite vallée de Gela, qui descend des crêtes de Troumouse.

Nous repassons encore une fois à Castets; mais c'est pour redescendre vers la basse vallée, presque sans halte. Pourtant il ne faut pas oublier que nous n'avons point visité la chapelle de Médiabat, qui s'élève sur la rive gauche de la Neste, en face de cette gorge sinistre d'où s'échappe le torrent de Moudang....

C'est un édicule sans caractère, qui sans doute a succédé à une construction antérieure, et qui porte la date de 1660. Notre-Dame en est la patronne et demande l'aumône, en passant, pour les misérables de ce quartier déshérité des monts. Un trou a été pratiqué dans le mur extérieur, du côté du chemin. Mettez là votre argent, âmes charitables! Notre-Dame le fera passer aux pâtres indigents qu'elle protège, ainsi qu'une inscription le fait savoir : « Elle veille sur vous et sur vos bestiaux ».

Quant à nous, voyageurs profanes, nous sentons vivement tout à coup que nous ne sommes point protégés. Le linceul de brume s'est déchiré, les cataractes s'ouvrent là-haut, la pluie commence drue et glaciale. Inutile de dire que notre équipage est un cabriolet et n'a point de capote.

Il pleut ; les grands peupliers de Saint-Lary, que nous rejoignons bientôt, secouent leurs branches chargées d'eau sur nos têtes ; moins que jamais, on aperçoit la montagne, au-devant de laquelle cette pluie enragée étend ses filets ruisselants. Au delà de l'embranchement que forme avec la vallée d'Aure le petit val à l'orée duquel se voit Bourisp, la route se bifurque. A l'aller, nous avions suivi la branche qui court au long de la rive droite ; nous prenons celle qui borde la rive gauche, et nous allons atteindre Vielle-Aure. Un long troupeau de moutons barre toute la largeur du chemin ; on ne peut passer sur ce flot de laine vivant, il faudra le suivre. Nous sommes au cœur d'un riche bassin, le fond de l'ancien lac encore. C'est là même végétation puissante qu'en Touraine, dans la vallée de la Loire ; mais il pleut autant et plus qu'en Touraine. La patience est une belle chose, nous l'apprenons en nous mettant à la file de ce troupeau ; enfin nous entrons dans le bourg, derrière les moutons bêlants.

A Vielle-Aure, les Templiers étaient seigneurs. L'église est leur ouvrage : un porche au pied d'une tour recoiffée au XVIIe siècle ; trois nefs reposant sur des piliers trapus et carrés. L'abside est du XIIe siècle ; le tout a été restauré et gâté ; ce n'était pas la peine, pour visiter cette église, de recevoir ce supplément de déluge. Un peu plus loin, dans le hameau d'Agos, on nous signale un autre édifice de même origine. Il faut remonter en voiture, puis en redescendre, gravir les bases d'un mont sur des pentes glissantes, car, ici, le bord du bassin se redresse brusquement. A Agos, du moins, nous sommes payés de notre zèle. On peut croire que là était la commanderie ; ce petit sanctuaire en était la chapelle. Signalé à la commission des monuments historiques, il vient d'être restauré. La chapelle, construite en pierres de taille, est élevée sur un socle de marbre, au milieu d'un ancien cimetière. Elle est romane ; l'abside surtout en est d'une grande pureté de style ; quant à la façade, il n'y en a point, ou plutôt elle est plaquée contre le flanc du mont ; un couloir seulement la sépare du lit de roches. Là aussi s'élève un campanile enfermant la cloche, et surmonté de la croix de l'Ordre. Ces symboles du Temple remettent devant les yeux tout un

LA CHAPELLE D'AGOS

vieux passé d'héroïsme et de gloire, l'histoire mystérieuse de la corruption des moines-chevaliers, l'iniquité sanglante de leur chute, et font toujours un peu rêver.

Plus rien désormais ne nous arrête, et ne nous condamne à essuyer cette pluie brutale ; nous regagnons Arreau, à grand train, sous la nuit qui tombe. Rentrés dans l'hôtellerie, dépouillés de nos habits ruisselants, vêtus de sec, et d'ailleurs affamés, car le repas du matin, au bord du lac, sous la brume, a été moins qu'une ombre de déjeuner, nous nous mettrions gaîment à table sans la pensée de la pluie, l'abominable pluie, qui nous retiendra prisonniers peut-être plus d'un jour.

J'ai marqué d'un trait noir ce 26 juillet sur le calendrier placé en tête de mon carnet de voyage. Le 27, le déluge n'a point cessé. La rue du bourg, sur laquelle s'ouvrent de ce côté les fenêtres du logis, n'est plus qu'une large ornière. Parfois le réseau qui enveloppe le ciel et la terre entr'ouvre ses mailles serrées, les monts reparaissent pour un moment, encapuchonnés de vapeurs vaguement éclairées qui ont des teintes de plomb.

Le 28, enfin, le lever du jour amène une embellie.

Mon compagnon se dirige vers le col d'Aspin ; quant à moi, je voudrais suivre la Neste de Louron. On la dit pour le moins aussi belle que sa grande sœur, notre Neste d'Aragnoüet.

Le seuil de la vallée de Louron est un défilé assez maussade : — à droite des hauteurs rocheuses — parfois boisées, sans caractère. Je remonte le torrent par la rive gauche, laissant derrière moi le Couret, un établissement de bains qui n'offre point de curiosité ; un peu plus loin, un village ; sur l'autre bord, un bois de hêtres. Le chemin est facile, je n'ai qu'un vingtaine de kilomètres à parcourir ; autant au retour : la journée est à moi, mon cheval est frais.

Bordères se montre au pied d'un escarpement; au flanc du mont, de belles ruines. Ici fut la maison du Temple, la plus puissante du Bigorre, Comminges et Armagnac. De la commanderie de Bordères, dépendaient quantité d'églises dans les trois comtés, entre autres celle de Saint-André-de-Luz, si curieusement fortifiée. C'est à Bordères que fut saisi, le 12 octobre 1307, le commandeur Bernard de Montagu, qu'on jeta dans la prison du sénéchal d'Auch, sur l'ordre du roi de France et avec l'agrément du Pape, et qui périt ensuite sur un bûcher.

S'il est vrai que l'Ordre du Temple ait poursuivi des œuvres impies, le manoir du commandeur devait, un siècle et demi après, servir à la consommation d'une impiété bien pire. Le comte d'Armagnac, Jean V, en 1450, a séduit sa sœur Isabelle. Il a fabriqué une fausse bulle pontificale qui permet le mariage, appelé un prêtre qui n'y voulait pas croire, et l'a forcé, sous menace de mort, de bénir l'inceste. L'orage éclate bientôt contre le hardi criminel. Le roi Charles VII envoie au comte Jean sommation de comparaitre devant le Parlement de Paris, et pour appuyer ce royal papier timbré, fait marcher vingt mille hommes contre l'Armagnac. Toutes les places du comte sont prises; l'incestueux se réfugie avec sa complice, déjà mère d'un fils et d'une fille, dans ce petit château de Bordères, et bientôt abandonné de tous, s'enfuit dans la montagne et descend en Aragon.

La suite du drame est plus sanglante : Jean V, rentré en grâce auprès de Louis XI, le trahit, s'associe à la ligue des seigneurs. Les confédérés faillirent prendre au roi sa capitale. Louis se fit l'ami des bourgeois, il allait diner chez eux et leur disait au dessert: Ma bonne ville de Paris, je l'aime fort ! — Il dissimula sa haine contre les seigneurs, traitant avec eux, espérant bien avoir sa revanche, contre ce Jean V surtout ; il « lui en vouloit plus qu'à tous les autres ». Longtemps après, en 1472, le tyran eut enfin la joie de pouvoir écraser le bandit. L'armée qu'il envoya contre Armagnac, sous le commandement du cardinal Joffredy, se grossit des milices de toutes les villes du comté; ces princes d'Armagnac prétendaient descendre de Clovis et s'étaient souillés de tant de crimes qu'aux yeux des peuples ils étaient plutôt issus du diable. Ce fut une multitude qui marcha sur Lectoure, où l'incestueux, le faussaire, le faux monnayeur s'était jeté avec quelques soldats. Il fit une sortie, son fils ainé y fut tué. Il capitula, on ne tint compte de la capitulation: Jean V fut égorgé dans sa chambre. On saisit Isabelle encore enceinte, on la força de prendre un breuvage qui la ferait avorter, elle en mourut. Les habitants de Lectoure avaient pris parti pour le comte, on les extermina, la ville fut brûlée; si l'on en croit l'historien Comines, trois hommes et quatre femmes seulement purent s'échapper ; pas un enfant !

Je continue de remonter la Neste, je laisse derrière moi de nombreux villages; à cheval sur le torrent, voici Genost, avec la ruine d'un grand manoir; au-dessus de Soudervielle, la tour de Moulor. Je suis désormais la petite Neste de Bayet, j'entre dans une gorge très sombre, dont les parois sont recouvertes de prairies; puis le sentier monte à travers une sapinière et débouche, enfin, au port de Peyresourde.

Le col s'ouvre entre deux croupes gazonnées, à une altitude de près de seize cents mètres, et la curiosité, ici, c'est précisément qu'il n'y en a point. De tous côtés, de plus hauts monts bornent la vue; à peine découvre-t-on en écharpe un coin de la vallée de l'Arboust; un chemin descend en décrivant de grands lacets dans les pâturages; il conduit à Bagnères-de-Luchon.

La vallée de Louron est trop belle pour que nous n'y fassions pas une deuxième excursion plus complète, nous reviendrons à ce col de Peyresourde.

ROUTE DU COL D'ASPIN

LE PIC DU MIDI

I

LE COL D'ASPIN. — GRIPP ET CAMPAN.

De lourdes nuées d'un noir rougeâtre, un soleil cuisant; l'orage a bien l'air de nous attendre au faîte de la route. On n'en voit guère de plus sinueuse : une succession de 8. Les lacets qui conduisent au col d'Aspin montrent bien que l'on a raison d'employer ce mot qui fait quelquefois sourire : l'art de l'ingénieur. On peut les suivre à pied, à cheval, en voiture. Ce dernier mode de locomotion est naturellement le plus commode ; c'est aussi le plus favorable pour jouir du tableau.

Tranquillement assis, on voit se dérouler ces aspects d'une variété infinie. Il y a de plus grandes vues dans les Pyrénées, il n'y en a pas où se rencontrent à ce point, avec la grandeur, l'amusement et la grâce. La route avec ses mille replis est charmante. On quitte le bourg d'Arreau en aval du pont, au pied duquel se joignent les deux Nestes, et l'on monte. Les yeux se prennent d'abord aux détails du chemin, à ces monts entassés qui s'élèvent comme les parois d'un immense entonnoir, aux dentelures des roches, aux bordures d'arbres festonnant les pentes, aux misérables hameaux blottis au creux de la vallée ; puis on découvre un première crête blanche ; c'est encore la grande muraille de Guerreys, avec ses deux pyramides, le Lustous et le Batoua.

Le Tramezaigues pointe vers le sud ; à gauche, bien plus près de nous, la Hourquette d'Arreau, un contrefort de l'Arbizon ; à droite, sur nos têtes, un rempart de marbre rouge, dont le couronnement porte une chevelure noire de sapins. Nous faisons halte pour reconnaitre une nouvelle ligne de cimes blanches, qui s'enlèvent au-dessus de l'entre-croisement des monts. Rien encore n'est distinct ; il y a là des neiges et des glaciers dont les vapeurs montent en nuées colorées de teintes délicates : du violet tendre, du rose qui pâlit en un moment, — les fumées brillantes de la neige.

A nos pieds se déploie la vallée de Louron, avec ses riches cultures et ses nombreux villages ; nous ne découvrons que le seuil de la vallée d'Aure ; le fond du bassin disparait sous les escarpements qui l'enserrent. Nous montons ; ce premier chainon que nous avons à gravir présente un curieux dessin : des crêtes déchirées, flanquées de tours ; dans les brisures des roches, d'épais bouquets d'arbres. Les sapins ont reparu à droite, et grimpent au flanc de l'Arbizon ; l'orage, qui menace de plus en plus, s'amasse au-dessus du pic ; la nuée rouge laisse passer un rayon de soleil qui tout à coup inonde la sapinière et s'évanouit presque aussitôt. Ces coups soudains de lumière se répètent plusieurs fois, et nous en cherchons les effets derrière nous. Au-dessus du bassin étroit de Louron, le pic du midi de Genos

LE PIC DU MIDI — COL D'ASPIN

apparait nettement; mais la haute crête, là-bas, au sud-est, n'offre toujours que les mêmes blancheurs confuses. Il n'y a pourtant plus à en douter : ces glaciers sont ceux de la Pez de Clarabide. C'est bien le massif de Luchon que l'on découvre à travers les vapeurs. Un sommet vertigineux le domine; celui-ci, c'est le colosse de cette région supérieure, et dans la famille des géants pyrénéens, le premier après le roi Nethou, c'est le Posets.

Les lacets de notre route courent au bord d'un énorme escarpement : c'est ici qu'on peut vraiment voir un village au fond d'un abime. Aspin, qui a donné son nom au col vers lequel nous marchons, est là enseveli au fond de l'entonnoir : quelques maisons, une église, qui, de la hauteur où nous sommes, paraissent avoir les dimensions de ces jouets suisses, de ces villages en bois peinturluré, enfermés dans des boites faites de lamelles de sapins qui ont amusé notre enfance. Le hameau est blotti entre de hauts talus gazonnés, sur lesquels s'agitent des points jaunes et blancs qui doivent être des vaches ; au-dessus de ces prairies en glissoire, des roches, des sapins ; par l'ouverture du trou, la vue d'un coin de ciel.

Le col dessine sa courbure entre deux monts : à gauche des sapins, à droite une crête ébréchée, toute rouge. Nous sommes ici à 1,500 mètres ; ce bloc déchiré s'élève à plus de dix-huit cents ; il faudra le gravir tout à l'heure. Pour le moment, l'aspect vraiment sublime que nous avons sous les yeux, au sud, peut bien nous suffire. La ligne immense de glaces et de neiges se déploie, du Lustous aux Monts maudits ; à droite la vallée d'Aure se découvre ; l'orage, dispersé par une rafale, chasse, au-dessus du profond et riche bassin, les nuées qui coiffaient la Hourquette d'Arreau ; le massif de l'Arbizon, que nous touchons presque, nous présente ses reliefs rigides.

Nous commençons l'ascension du bloc rouge ; il n'y faut pas moins d'une demi-heure, elle est rude ; mais, quand nous prenons un temps de repos, quelles haltes superbes ! Au midi, le panorama des monts demeure immobile dans son éblouissement; mais, à l'ouest, il s'étend, il marche. Le Tramezaigues s'élance au-dessus de la haute vallée d'Aure.

Enfin, nous atteignons le faîte. Ici, le tableau n'a plus de limites. Les vallées se croisent à nos pieds, la plaine de la Garonne court vers l'orient; les Adours et les Nestes déroulent leurs rubans brillants, qui arrêtent les yeux dans cette immensité qui fuit; quelques plus petits monts, s'avançant en vedettes, y servent aussi de point de repaire. Au nord-est, par exemple, voici le haut mamelon que domine Saint-Bertrand de Comminges, la cité des Convènes, *Lugdunum Convenarum*.

Cette rafale qui a mis l'orage en fuite, souffle durement sur le col où nous redescendons. Le vent secoue quelques arbres maigres qui croissent au creux des roches. Deux petits bergers se tiennent là tout le temps que va la belle saison. Leurs moutons sont imaginaires; leur industrie, c'est de recueillir la piécette blanche du touriste qui les interroge : — Qu'est-ce que cette corne de glace, là-bas, entre deux croupes de neige ? C'est la passion du touriste que de connaitre les noms des pics. Les petits drôles répondent en vrais *ciceroni*. Seulement ils donnent les *noms de pays* ; ce ne sont point les mêmes qu'on trouve inscrits sur les cartes de l'état-major et dans les guides ; on s'y embrouille. Moi, je paie mon tribut, j'interroge à mon tour : — On ne voit point votre troupeau ? Où, diable, sont vos moutons ?

Les petits compères descendent du village d'Ardingost, que nous voyons collé à la paroi supérieure du cap d'Arrouyo, la montagne verte et boisée que nous avons en ce moment à notre gauche; le mont de droite, que nous venons de gravir, c'est le Monné. Il y a quinze ou vingt Monné dans la chaîne; celui de Cauterets est le plus élevé; celui de Bigorre, que nous avons vu à Bagnères, a de la réputation ; le Monné d'Aspin est plus obscur. Ces deux villages, Ardingost, perché en l'air, au-dessus de nos têtes, Aspin, enseveli à nos pieds dans la combe noire, à six cents mètres au-dessous du col, nous donnent les deux aspects de la vie montagnarde. J'aime mieux le premier. Plutôt recevoir les morsures de la bise, si rudes qu'elles puissent être, que de végéter en bas sans soleil.

Ne quittons point le col si vite et avançons-nous du côté de l'ouest; le spectacle ici est encore différent: il n'a point la même grandeur, mais on le saisit de bien plus près. Le pic du Midi, avec ses formes puissantes et sévères, s'élance au-dessus des plus belles forêts de sapins qui soient au monde. Il y en a de plus épaisses, de plus sauvages peut-être, mais il n'y en a point de si magnifiquement ordonnées, et c'est une chose curieuse, que tout ce qui se rattache à ce beau pic de Bigorre, ait ce caractère d'harmonie et de grâce superbe. Les sapinières, ici, descendent par grandes lignes; ces files de géants noirs ont une allure extraordinaire; il faut ajouter que, dans cette région, les arbres atteignent des dimensions très rares. Les forêts vont ainsi couvrant au midi les bases de l'Arbizon, à l'ouest, trois contreforts du pic du Midi. Cette mer sombre s'agite en vagues profondes; on est bientôt perdu dans un désert aux longues ténèbres.

La route glisse à travers les sapins. Il y en a d'énormes; il y en a de morts, étendant de sinistres bras de fantômes; il y en a de chenus et de décapités, d'autres entièrement recouverts de longues mousses limoneuses qui pendent à toutes les branches, faisant à l'arbre entier un vêtement gris jaunâtre ou gris d'argent, sous lequel on ne reconnaît plus la tournure ordinairement rigide de ce bel arbre des froidures et des cimes. Le noir rideau par moments s'entr'ouvre et laisse voir un massif de roches nues; d'autres fois, une lueur jaillit dans la nuit: c'est un étang qui se berce sous les branches. La forêt déroule ses vastes plis, et l'on y marche, enseveli, sans désirer que le jour se refasse. Si l'on suit, comme nous, en voiture, les pentes obscures et embaumées de cette odeur pénétrante des sapinières, la sensation est délicieuse. La fin en est subite, et ce contraste même a son charme. La grande ramure s'arrête tout court. En ce moment, nous nous trouvons au fond d'un cirque de pâturage aux bords désolés, au milieu duquel une auberge s'élève; seulement elle est déserte. C'est le bassin de Paillole; on l'appelle aussi de Saint-Jean; on le

SAINT-JEAN DE PAILLOLE

nomme encore le « camp Bataillé ». Il y eut ici au moins une bataille, peut-être deux; — les traditions ne sont pas d'accord.

Un lieu étrange, d'une tristesse morne, mais point dépourvu de quelque beauté très âpre. Si nous nous plaçons devant l'hôtellerie, nous avons à droite le cadre superbe de la sapinière; à gauche, des crêtes dépouillées; en face, la prairie d'un vert doré, couchée entre des escarpements hérissés d'aiguilles, sillonnés de dépressions profondes, semés de grands paquets de neige; puis un deuxième étage de roches entassées, d'où s'élancent d'autres pointes aiguës. Il est aisé de reconnaître les flancs déchirés de l'Arbizon. Au milieu du cirque court un grand ruisseau ; il fit la richesse de cette hôtellerie; ses eaux glacées renferment d'excellentes truites, qu'on y venait manger de Bagnères. Qu'est-il arrivé? La truite est-elle devenue récalcitrante? L'hôtellerie est close. Pourtant le cirque de Paillole est encore à la mode ; on parle d'y établir un champ de courses. Ce sera pour le mieux, si l'on y vient en plein juillet, sous des fourrures; cet hippodrome, à onze cents mètres d'altitude, exposé aux coups de bise qui sortent de la gorge de l'Arbizon, sera certainement l'un des plus « frais » de toute la France.

On y mènerait la course sur le sol qu'ont foulé les vieux héros, et qui renferme encore la poussière de leurs ossements. C'est ici que les montagnards ont soutenu le dernier combat contre les Romains, que menait le proconsul Messala. Ils furent défaits, cela va sans dire ; mais longtemps après, dans le même lieu, ces rudes Bigorrais, victorieux à leur tour, auraient infligé une terrible leçon aux Sarrasins, qui ne se lassaient point de piller leurs villages. La victoire du pré Saint-Jean serait le pendant de celle de Lanne-Mourin, auprès de Lourdes, remportée sur les infidèles par le prêtre Missolin.

Le camp Bataillé, en nos temps modernes, nourrit des bêtes à cornes et des moutons ; la vie pastorale y est côtoyée par l'exploitation d'une riche industrie. Qui ne connait les marbres verts de Campan? Il y en a chez l'empereur d'Allemagne, en son palais de Berlin. On en voit à Paris qui ornent la façade de l'Opéra. Jadis, les Romains les employaient à la décoration de leurs villas de Lugdunum. L'industrie est vieille et nationale, bien qu'elle ait travaillé pour le roi de Prusse.

Nous quittons Paillole pour entrer dans un vallon étouffé entre deux rampes nues: au fond, coule l'Adour de Séoube; nous allons rencontrer désormais autant d'*Adours* que nous avons côtoyé de *Nestes* dans le pays d'Aure. Le val de Séoube n'est qu'un prolongement de la vallée célèbre de Campan, que nous traverserons en regagnant Bagnères et qu'arrose l'Adour du Tourmalet. Ici les escarpements se nomment des Sarres ou Sarrats. Ce nom implique des crêtes dentelées et de brusques arêtes; on le donne aux contreforts des grands monts. A notre droite s'élève une muraille verticale au faîte déchiqueté, le Sarrat de Pradile, d'une belle couleur de gris d'argent; plus loin, le Sarrat de Bon; dans tous ces hauts murs, il y a des grottes. Enfin nous atteignons Sainte-Marie, que domine un autre Sarrat. Le village est assis sur la rive gauche de l'Adour, déjà grossi par la jonction de plusieurs torrents. L'hôtellerie nous y paraît propre et riante; elle est entourée d'un jardin, où les groseilliers poussent en arbres.

A Sainte-Marie, nous devons attendre la matinée du lendemain pour prendre la haute route qui doit nous conduire aux sources de l'Adour, puis au col de Tourmalet, enfin au sommet du pic du Midi, bien que nous l'ayons déjà gravi dans notre premier voyage (1). Cette route est devant nos yeux, en face de l'auberge, partant d'une petite place ouverte devant l'église. C'est ici que s'embranchent les deux vallées, l'une, celle de l'Adour supérieur, montant vers Gripp. Tandis qu'on prépare une compensation à nos estomacs cruellement déçus devant l'auberge close de Paillole, où ils avaient bien espéré se refaire à l'aide des truites excellentes du torrent glacé, nous allons en reconnaissance. Un amusant tableau rustique nous arrête devant la dernière maison du village : c'est un combat de coqs.

Un combat, point du tout réglé à la manière anglaise : deux petits coqs, obéissant à la seule méchanceté de la nature. L'un des deux a le plumage tout noir, l'autre est superbement bariolé; j'ai bien envie de croire que celui-ci a été trouvé le plus beau par une poule frivole : de là ce duel furieux, sans témoins, car nous cherchons des yeux le reste de la basse-cour; la coupable elle-même s'est dérobée; les deux champions sont seuls sur le chemin

---

(1) Voir tome Ier des *Pyrénées Françaises*, de la page 319 à la page 334.

désert. Ce jour est un dimanche ; on chante les vêpres dans l'église, la cloche sonne le *Magnificat* ; le tintement trouble un moment les deux emplumés frénétiques ; mais ils se rassurent, et de nouveau les voilà aux prises. Nous avons beau leur jeter des cailloux pour les contraindre à se séparer ; sous une pluie de grê-

LE PIC DU MIDI — ROUTE DU TOURMALET

lons, ils ne se feraient point grâce. Tout à coup, d'une maison qui borde la route à gauche sortent des sons de piano ; les deux coqs à l'instant s'enfuient chacun de leur côté, et voilà la guerre terminée. C'est ce dénouement imprévu qui nous égaye. Nous examinons cette maison, elle est propre, tapissée de rosiers fleuris, presque un logis bourgeois. Or, tout bourgeois, même au fond des Pyrénées, a une fille pianotante. — Je retiens cette bonne note en faveur des volatiles : les coqs ont peur du piano. Je connais d'autres bipèdes qui ne sont point exempts du même effroi salutaire.....

Au lever du jour suivant, nous montons à Gripp. La première partie du chemin est une agréable surprise. Rien de plus verdoyant et de plus frais que le seuil de la vallée. Le chemin court à droite au-dessous d'une hêtrée; l'Adour, très encaissé, roule entre de charmantes prairies, sous un couvert d'arbres; on ne s'attendait point à rencontrer ici un bocage.

A gauche, au contraire, des pâturages coupés de sapins, une verdure âpre et noire. Ce caractère tranché des deux parois du vallon fait le charme de la route. En moins d'une heure, marchant d'un pas assez nonchalant, nous atteignons les cabanes de Capadur. Tête de l'Adour, *Cap*. Une des sources du fleuve est voisine. Quelques restes de murs; ce sont les dernières traces de ce monastère de Capadur que vint fonder, au XIIe siècle, un moine de Citeaux, et d'où les religieux, bientôt, émigrèrent vers l'Escaladieu, au bord de l'Arros.

Tout près de Gripp, que nous traversons, est une source sulfureuse froide qui a eu les honneurs d'une mention à notre dernière Exposition universelle. Elle a les vertus des eaux de Barèges et guérit les plus vilains maux. Ce ne sera jamais une station recherchée par la mode. Tout y est d'une beauté rude, que cette divinité myope ne favorise point. Le petit établissement est assis sur la rive droite de l'Adour; l'attrait en est le voisinage du plateau d'Artigues, d'où se précipite une première cascade. On y vient de Bagnères en promenade. Les chutes d'eau se succèdent dans le val étroit de Jéret; là roule un Adour qui descend des hautes crêtes, à travers une région semée de petits lacs très peu connus.

Le torrent traverse le plateau; le ruban d'écume se détache en vive lumière sur l'immense tapis des pâturages peuplés de grands troupeaux. Il paraît que les prairies d'Artigues ne souffrent point d'un climat trop rude, puisque les vaches de la vallée de Gripp y demeurent d'avril en octobre, quelquefois même en novembre.

On remonte la rive droite de l'Adour, attiré par une deuxième cascade, puis on le franchit sur un pont volant, et l'on gravit des pentes vertes qui conduisent à la crête nue d'un rocher. La troisième cascade tombe d'un train furieux au fond d'un entonnoir. Une large couronne de sapins se déploie au-dessus des pelouses; à droite, le pic du Midi paraît.

L'après-midi commence à peine; si ce n'est plus l'heure pour monter au pic, il ne serait point trop tard pour suivre la route de Tourmalet jusqu'au col de ce nom. Seulement avons-nous quelque chance de trouver à Gripp une voiture ?

Nous revenons assez lestement au village; la Providence favorise les honnêtes désirs. Devant l'hôtellerie justement voici une calèche. Le conducteur dételle ses chevaux. Un moment :—L'ami, d'où venez-vous ? — Le gaillard nous reluque sous l'ombre de son berret. D'où il vient? De Bagnères donc, où il a conduit des voyageurs depuis Barèges ; il compte retourner à Barèges, le lendemain. Cette route de Tourmalet relie les deux stations thermales; tous les Pyrénéens vous diront que c'est la plus haute d'Europe. C'est la plus élevée seulement des Pyrénées, ce qui est bien quelque chose; le col, qui s'ouvre entre le pic de Tourmalet (2,469 mètres) et la muraille ébréchée de l'Espade (2,453), est lui-même situé à près de 2,200 mètres. — Notre dialogue continue avec le grand diable au berret : — L'ami, ne dételez point, donnez seulement l'avoine et mesurez-la comme pour des chevaux de prince. — L'homme se récrie. Nous badinons ! (C'est lui qui le dit.) Ses chevaux ont fait déjà 40 kilomètres ! — Eh bien ! ils en feront onze de plus pour aller au col, onze pour en revenir; total : 22.—Il se démène, il refuse net. Nous les connaisons, ces refus; c'est la comédie montagnarde, une des faces de la grande comédie humaine. Aussi faisons-nous mine de tourner les talons. — Messieurs ?... —Qu'est-ce ? — Parbleu ! c'est un retour offensif du bon gascon de Bigorre : — Là, dit-il, si je vous conduisais, ce ne serait pas pour rien! — L'ami, si vous nous conduisiez pour rien, vous ne seriez pas de votre pays! — Tous ses grands traits remuent, le berret danse sur son front: Là, dit-il d'une voix caressante, cinquante francs. — Quarante. — Deux louis alors? — Deux louis, si vous trouvez cela plus noble, et dix francs de pourboire, en considération de votre grand style, mon camarade. Il soupire : — Eh bien, montez! — Le drôle est ravi de l'aubaine.

Nous partons. L'Adour descend à gauche de la route. De ce côté, une sapinière ; à droite, d'énormes rampes ; au fond, les deux sommets du pic, l'un se dégageant du massif, presque depuis sa base, et tout strié de neiges, l'autre s'enlevant d'un élan superbe au-dessus des hautes franges du rideau de sapins. Nous longeons le bord du bassin de Tramezaigues, et n'apercevons plus que des escarpements redoutables, et seulement une des pointes du mont qui les dépasse; l'autre pointe ne forme qu'une saillie légère, à peine visible, sur la grande muraille. Plus loin, l'aspect change encore : une seule pointe toujours, mais qui paraît entièrement blanche; au premier plan, une autre paroi presque verticale, tapissée de hêtres et de sapins. Nous sommes à dix-huit cents mètres.

Une heure encore, — on ne gravit ces rudes lacets qu'au pas des chevaux, — et nous joignons le col. Là, une déception nous attend; le pic du Midi était l'unique objet de notre voyage improvisé; nous ne le voyons plus ; nos yeux se heurtent à un gigantesque écran qui le cache : c'est le pic de Tourmalet. Au diable, cette noire sentinelle d'avant-garde! Pourtant, à gauche, le rempart s'écarte; des cimes lointaines, très neigeuses, montent en étage; un glacier ferme le tableau. Le cocher nous assure que c'est celui du Balaïtous, qui domine là-bas, à l'ouest, la sombre et pittoresque vallée d'Azun.

A droite, au contraire, vers l'est, s'étend une haute région désolée : un plateau semé de quelques pâturages mornes, mais couvert surtout d'éboulis et de ruines. Des filets d'eau écumeuse y jettent un peu de vie ; ici, naît l'Adour du Tourmalet, l'une des branches importantes du grand Adour. Au midi, les ébrèchements menaçants de l'Espade achèvent la couleur sinistre de ce vilain mauvais lieu du Tourmalet, ainsi nommé à cause des tourmentes de neige qu'y soulève le vent d'ouest, quelquefois en pleine saison d'été. Aussi a-t-on pris soin de placer au bord de la route, avant qu'elle n'arrive au col, un refuge pour les voyageurs.

Si nous descendions au delà du col, nous longerions sur sa rive droite un torrent que nous connaissons déjà : c'est le Bastan. Nous retrouverions le chemin qui nous a conduits au pic, il y a deux ans, venant de Barèges. Notre projet est d'aborder le grand mont par le chemin que suivent les ascensionnistes venant de Bagnères. Nous retournons vers Gripp.

Le matin, à sept heures, nous sommes au fond du vallon de Tramezaigues, et nous descendons dans le ravin d'Arizes. Le torrent se précipite à gauche, un vrai torrent des crêtes, bouillonnant, mugissant ; une passerelle se balance au-dessus de ce petit flot diabolique. Rien n'est rassurant dans ce trajet laborieux : la montagne se fend, des blocs se détachent du pic de Sencours (pic, cap, hourquette de Sencours, de Cinq-Cours ou de Cinq-Ours ; l'état-major écrit Sencours) ; nous sommes au pied même du pic du Midi ; cette gorge sépare les deux monts.

L'ascension devient de plus en plus difficile au milieu des débris qui encombrent le ravin. On n'avance que bien lentement, on ne souhaite pas d'aller plus vite. Le spectacle est sévère et grand au delà de tout ce qui se peut exprimer. La beauté des formes, la rigide pureté des profils de tout ce groupe de montagnes s'accusent plus frappantes, à mesure qu'on s'élève. La hourque de Sencours est couverte de champs de neige ; de petits laquets glacés brillent à ses flancs, une brise furieuse souffle sur le col, que nous atteignons enfin.

Là, nous rencontrons le chemin qui de Barèges monte au pic.

— Là est l'hôtellerie, sur un mamelon qui s'avance en promontoire au-dessus du lac d'Oncet (1).

Ici mourut le géomètre Plantade. Par le temps qui court, il n'est guère de savants mourant avant quatre-vingts ans dont on ne dise : C'est un martyr de la science. Un martyr qui ne le

L'OBSERVATOIRE DU PIC DU MIDI

fut pas pour rire, c'est ce glorieux bonhomme Plantade, de Montpellier. Il avait alors 70 ans ; il gravit le pic du Midi pour y faire des observations astronomiques ; le lieu était trop rude pour

(1) Le lecteur trouvera dans le tome Ier des *Pyrénées Françaises* la description du pic du Midi ; il est prié de se reporter au tableau que nous avons alors retracé de cette vue merveilleuse que l'on découvre du sommet. Nous étions partis de Barèges le 25 juin 1880.

son grand âge, l'apoplexie le foudroya. Il respirait encore, et ses lèvres s'agitaient; on crut entendre : Ah! que cela est beau! — Ces dernières paroles du vieil astronome ont été consignées avec le récit de ses guides dans les archives de la commune de Campan.

J'ai raconté naguère les difficultés qui ont longtemps traversé l'établissement définitif d'un observatoire au sommet du mont. Je rappelle en deux mots que l'hôtellerie a été fondée en 1852 par le docteur Costallat, dont le dessein très généreux avait été de ménager un asile aux nombreux savants qui déjà montaient au pic. Cent cinquante ans durant, ils n'avaient eu aucun abri ; le célèbre Ramond, le premier des grands explorateurs des Pyrénées, y a souvent couché sur la neige : son buste figure dans l'hôtellerie.

Le bâtiment du docteur Costallat a une tragique histoire ; en 1854, une avalanche l'emporte ; on le reconstruit. C'est là que viennent s'installer en 1873 les deux fondateurs de l'observatoire, le général de Nansouty et l'ingénieur Vaussenat; le général y veut même hiverner l'année suivante. Le 13 décembre 1874, un ouragan de neige emporte la toiture et les croisées, le thermomètre est descendu à plus de 30 degrés ; il faut, aussitôt la tourmente apaisée, redescendre vers Bagnères. M. de Nansouty a deux compagnons avec lui. Ces trois braves se mettent en chemin, sachant bien que l'avalanche est à tous les moments suspendue sur leurs têtes. Ce fut une terrible retraite. L'instant critique entre tous avait été la traversée de ce col de Sencours « défilé de tous les vents et de toutes les nuées ». Nous venons bien de voir par nous-mêmes que ce jugement sur ce superbe et méchant passage n'a rien de trop sévère.

Les derniers travaux du pic sont à présent terminés. Le savant édifice est solidement assis, et a été prudemment encastré dans la roche. Il est entièrement voûté, à l'abri des secousses de l'ouragan qui se déchaîne autour de lui, et qui, s'il est accompagné d'orage, épuise ses fureurs sur les paratonnerres. Alors il arrive que les observateurs et les ouvriers, en pleines nuées électriques, se sentent tout à coup cloués au sol ; leurs poignets se contractent, l'outil ou l'instrument s'échappe de leurs doigts ; leurs cheveux crépitent, une forte odeur semblable à celle du chloroforme remplit le logis. Des bruits étranges viennent ajouter à l'émotion qui saisit alors les plus intrépides ; les nombreux paratonnerres se mettent à siffler.

> Pour qui sont ces serpents qui sifflent sur ma tête ?

Il y aurait de longues pages à écrire sur cette vie héroïque et singulière que mènent là-haut nos savants et leurs aides. Ils acceptent avec une simplicité tout à fait inconnue de tant d'apôtres de la fausse science, ces conditions si rudes : l'ingénieur Vaussenat, le plus actif comme le plus affable des hommes, va, vient du pic à Bagnères. On l'y accueille avec de chauds témoignages d'estime bien méritée ; tout le monde dans la ville salue le général de Nansouty, que l'âge désormais empêche quelquefois de « monter ». — C'est le mot courant. On rencontre un des ingénieurs ; on lui dit : « Montez-vous demain ? » Cela veut dire : — Est-ce le moment de votre service ? allez-vous au pic ? — La société Ramond, qui a pour objet l'exploration scientifique et archéologique de toute la chaine, est intimement associée aux travaux de l'observatoire.

M. Vaussenat, dans plusieurs écrits très éloquents, a surabondamment prouvé que cet observatoire « constitue une vigie incomparable ». Le plus souvent, le sommet du mont demeure au-dessus des nuages qui couvrent les grandes vallées du Gave, de l'Adour, de l'Arros, de la Neste, de la Garonne, et les rameaux innombrables qui s'y rattachent. Les lignes visuelles de la vigie s'étendent au niveau de la mer, sur un horizon de 185 kilomètres de rayon, et presque à l'infini sur les régions montagneuses, par exemple jusqu'au pic Carlitte, dans les Pyrénées orientales. « Cinq grandes échancrures permettent à l'œil de fouiller la terre espagnole » ; enfin, dans les belles journées d'août, lorsque le ciel est sans orage et sans voile, on distingue l'embouchure de l'Adour et « la ligne bleue de l'Océan ».

Rien n'est si émouvant que la simple histoire d'un nuage noir que vit un jour M. Vaussenat. C'était le 5 juin 1873, à 4 heures et demie du matin. L'infatigable savant était à son poste ; ce méchant petit nuage sortit d'une échancrure de la frontière, dans la direction de Pau, puis il monta, et tout à coup l'horizon, à l'ouest, s'illumina d'éclairs. Les nuées peu à peu se formaient en demi-cercle ; l'orage, à six heures, mitraillait la vallée d'Ossau, à sept heures les montagnes d'Azun et de Cauterets, à sept heures et demie le pays d'Aure et le massif de Luchon ; à 9 heures seulement il atteignait le pic du Midi, qui forme un ilot séparé de la chaine.

La tourmente était à deux heures à Toulouse, à Montpellier dans la nuit suivante, et ravageait les vignobles de l'Aude et de l'Hérault ; elle remontait vers Lyon dans la journée du 10, traversait la Suisse et allait s'éteindre en Autriche, après avoir causé pour plusieurs millions de pertes sur son passage.

On n'avait pas alors au pic du Midi les moyens de transmettre des renseignements rapides aux régions que le fléau allait traverser ; ces moyens manquaient encore en 1875, lorsque les rivières du sud-ouest de la France débordèrent toutes à la fois. A l'aide du télégraphe, on eût pu avertir les villes situées sur les gaves, l'Adour et la Garonne, de l'immense crue qui les menaçait.

Le télégraphe fonctionne à cette heure, et, comme je crois l'avoir déjà dit, relie le pic à Bagnères-de-Bigorre ; le fil est protégé par un câble souterrain dans les vallées, qu'aux Pyrénées on appelle « des couloirs d'avalanches ». — Au reste, pour toute cette curieuse histoire de la station du pic du Midi, je renvoie le lecteur à une notice puissamment intéressante de M. Vaussenat.

L'ÉGLISE DE BAUDÉAN

II

LA VALLÉE DE LESPONNE. — LE LAC BLEU.

On a vu que nous prenions à revers les vallées qui montent de l'Adour de Bagnères aux régions supérieures. — De Gripp, nous redescendons à Sainte-Marie; — de là vers Campan. Nous connaissons déjà l'une des branches qui se rattachent à la grande vallée de ce nom, le val de Séoube. Notre route se poursuit entre des escarpements à gauche, dont l'Adour baigne les pieds, et de longues rampes gazonnées à droite. Ces pentes et ces hauts talus verdoyants sont le signe caractéristique de ce coin jadis si célèbre de Bigorre, et que tant de bons et de mauvais poètes ont chanté.

Ce qu'on appelait alors un voyage aux Pyrénées, c'était se rendre à Bagnères, à Luchon ou à Cauterets, et, prenant une de ces stations très connues pour point central, faire tout doucement, d'un bon petit train sans efforts, des promenades, des *excursions* même à l'entour; — point d'*ascensions*. Bagnères-de-Bigorre fut particulièrement à la mode aux XVIIe et XVIIIe siècles; la tentation ne vint à aucun visiteur d'essayer l'escalade du pic du Midi. On la croyait impossible. De vagues traditions racontaient bien qu'un certain Bernard de Palissy l'avait tentée dès le XVIe siècle, pendant un séjour forcé à Tarbes, dans les États d'un prince huguenot, son coreligionnaire. On disait encore que plusieurs savants l'avaient imité; ils se hissaient là-haut pour regarder de plus près les astres : le pic a longtemps passé pour le plus haut sommet des Pyrénées. Enfin, au commencement de ce siècle, des physiciens et des naturalistes, quelques-uns comme Elie de Beaumont, très répandus dans la société parisienne, firent l'ascension avec succès. L'illustre Ramond, qui parcourait toute la chaine, rapportait de ses courageuses explorations des récits merveilleux. Les touristes commencèrent à soupçonner que les montagnes étaient faites pour être escaladées.

Un premier personnage de haute marque mondaine s'avisa de monter au pic en 1839: ce fut le duc de Nemours. La vallée de Barèges voulut élever un monument commémoratif de sa « reconnaissance ». Les villes thermales ont, en effet, un intérêt direct à la mode des ascensions, qui crée une industrie, celle des guides. Cette mode est venue, elle est dans toute sa force et point trop meurtrière. — Les accidents devraient être fréquents, ils sont rares. — Que les divinités des monts en soient louées !

A Campan, il y en avait une particulière, jadis, — un petit dieu de paroisse païenne. Il s'appelait Agheion; son autel, qu'on a découvert, a été transporté au musée de Toulouse. Nos pères encore ne la connurent point ; ils n'étaient pas plus archéologues qu'ascensionnistes ; c'étaient de bons promeneurs, qui avaient le vers facile. Que de rimes, en l'honneur de cette « riante » vallée ! Le sujet était bon, si les rimes étaient médiocres. On ne peut rien imaginer de plus délicieusement frais que Campan ; c'est une corbeille de verdure. A l'ouest, la vallée pousse de petit rameaux, des vals charmants qui montent vers des forêts et viennent expirer aux contreforts du pic du Midi. Les touristes d'autrefois les gravissaient sous l'ombrage ; ils se reposaient longuement dans les pâturages supérieurs, ayant devant les yeux le panorama des monts, touchant leurs premières assises, et s'en revenaient satisfaits par le même chemin. Nos pères n'étaient pas exigeants.

Quant au village de Campan lui-même, il n'a point d'attraits, et il vaut mieux le lui dire tout de suite. L'église est curieuse ; on y entre par une cour dont la porte en plein cintre, de belle allure, est datée de 1562. Dans la cour, deux côtés subsistent encore d'une sorte de cloître, de style Renaissance, soutenu par des colonnes de marbre, mais coiffé d'un toit en ardoises, comme une halle. L'église supporte un énorme clocher du xve siècle, une tour carrée, flanquée d'une grande tourelle et d'une autre plus petite, et tout cela vous a des airs de gros donjon. L'intérieur du sanctuaire présente de jolies boiseries du temps de Louis XV.

Un peu plus loin, sur la place, se voit une fontaine du genre rococo ; à gauche, une vaste halle construite en bois, très curieuse. On peut l'attribuer au xvie siècle. Il dut y avoir alors un personnage qui fit beaucoup de choses pour Campan, et d'abord ce commencement de cloître, que nous venons de voir, et une partie de l'église. Il serait plus aisé qu'intéressant de retrouver son nom ; la commune a de belles archives, elle en est fière, et a raison ; elle ne l'est pas moins de sa grotte, où nous conduit un jeune garçon ; elle a tort.

Mais elle peut s'enorgueillir de ses promenades qui firent sa gloire d'autrefois ; elle a son vallon de Rimoula, les cirques de prairies et les forêts qui environnent le village, son pic de Montagnette, sa belle crête de Hount-Blanquo ; tout ce coin de montagne est à la paroisse de Campan, comme la France jadis était au Roi.

Il faut revenir en deçà du village, et remonter la rive droite d'un ruisseau qui traverse la route de Bagnères, pour atteindre d'abord les pâturages de Rimoula. De grandes hêtrées coupent les pelouses ; tout un peuple de pasteurs habite des cabanes échelonnées, montant jusque sous l'ombrage du bois. Pour terminer cette région verdoyante, la *Montagnette*, qui masque la Pêne-Longue, et qui n'est point du tout un diminutif de montagne, quoique son nom ait l'air de le dire (2,300 mètres). Elle regarde le pic du Midi, son maître, qui la dépasse de deux mille pieds.

Le val se divise en deux branches ; l'une va se heurter à un escarpement en franchissant la Pena Pich, paroi verticale d'une grande urne naturelle d'où s'échappent de toutes parts des filets d'eau ; l'autre branche monte à l'ouest, s'infléchit au midi, s'arrondit en un nouveau cirque, au fond duquel se couche un étang marécageux ; l'eau en est rougeâtre comme si elle contenait de la sanguine. La crête de Hount-Blanquo, qu'il faut bientôt gravir, vous réserve une surprise. Vous vous seriez bien attendu à voir de là le pic du Midi surgir presque de toute sa hauteur, mais point à découvrir, à l'est, le haut rempart neigeux qui domine la vallée de Luchon.

Au-dessous de Hount-Blanquo, un petit lac miroite, et la forêt étend ses plis. On descend de la crête au laquet ; on joint, à travers de superbes roches qui sont évidemment des blocs erratiques, les cabanes de Hount-Blanquo. Il faut alors franchir une nouvelle arête, puis un petit torrent, et glisser par un sentier très encaissé et fort rude. On traverse un autre bois d'une fraîcheur délicieuse ; on marche sur des mousses épaisses ; la ramure est percée d'avenues naturelles et en arcades ; on songe aux charmilles peintes par Watteau. Ce n'est plus du tout un paysage de montagnes; c'est de l'agreste, du joli, et voilà que justement on aboutit au parc d'une maison qui appartint à un prédicateur de Louis XV, ce roi des temps mignards. Celui-ci était un abbé philosophe; il s'enrichit, et vint se reposer en ce lieu tout à fait charmant; mais l'ambition le mordit; son nom — Torné — figure sur la liste des membres de l'Assemblée législative. Torné devint évêque constitutionnel de Bourges, mais, du moins, ne poursuivit pas de sa haine le clergé orthodoxe. Le 27 octobre 1791, dans un discours très énergique, il soutint la cause des prêtres persécutés contre un autre évêque, Claude Faucher, qui demandait des proscriptions; il est même miraculeux que ce courage et le souvenir de ce dangereux mouvement d'éloquence ne lui aient pas plus tard coûté la tête. Il ne perdit que son siège, ne fut point compris parmi les évêques concordataires, revint au pays et acheta un moulin. Au lieu d'une mitre, il porta le grand chapeau enfariné; l'évêque était devenu meunier et mourut pauvrement dans la farine.

Avant d'en finir avec cette agreste excursion, un conseil : mettez-vous en route pour Hount-Blanquo dans la matinée. Si vous ne le faites que l'après-midi, vous coucherez comme nous à l'auberge de Campan.

Dans la journée qui suit, nous joignons la rive droite de l'Adour; à Baudéan, première station. Baudéan eut son donjon; la tour féodale est enveloppée de constructions modernes. Le village a aussi son église, dont la voûte est en bois, et la coiffure des plus bizarres : un lourd clocher en encorbellement sur une charpente, et que flanquent quatre petits tourillons à pointes. Baudéan vit naître le grand chirurgien Larrey. Ses fils ont comblé la paroisse de bienfaits, fondé un asile et des écoles; Napoléon reconnaissait toutes les vertus dans son « ami »; la charité est demeurée héréditaire dans sa race.

Asté nous retient plus longtemps. De Bagnères, il y a quelques jours, avant de nous enfoncer dans le massif central, nous regardions ce joli village, adossé à sa montagne verte. La mémoire de la belle Corisande de Gramont ne suffirait peut-être pas à nous y conduire ; pourtant cet amoureux souvenir n'est pas du domaine de la fable. A la fin du xiv° siècle, un seigneur d'Aure épousa Anne, vicomtesse d'Asté, la vicomté étant alors tombée en quenouille ; et vers le commencement du xvi° siècle, leur arrière-

ASTÉ ET LE PIC DU MIDI

petit-fils, Antoine d'Aure, vicomte d'Asté, dit Antoine de Gramont, prit le premier ce nom qui allait devenir fameux. Il était gentilhomme de la chambre du roi Henri III, et abjura, entre les mains du Valois catholique, le protestantisme qu'il avait embrassé jadis pour plaire à Jeanne d'Albret. Son fils, Philibert de Gramont, épousa Corisande d'Andouins, et n'eut point à se louer de cette union, grâce aux libertés que prit bientôt Henri de Navarre avec l'épousée. Le château qu'habita la dame de Gramont n'est plus qu'une ruine ensevelie sous un royal manteau de lierre.

L'église d'Asté est affublée d'un clocher presque semblable à celui de Baudéan : une flèche centrale, flanquée de quatre petites flèches pointues, qui ressemblent aux gobelets d'un escamoteur. Le sanctuaire s'est enrichi de deux objets intéressants provenant du couvent des Capucins de Medous, dépouillé pendant la Révolution : d'abord une statue miraculeuse de la Vierge, puis un *ex-voto* très précieux, un tableau représentant Bernard d'Aspe, intendant de Bretagne, avec sa famille, agenouillé devant Notre-Dame. Les critiques d'art du pays attribuent cette peinture tout simplement à Philippe de Champaigne.

Asté, un lieu assez noir, mais très romantique, reçoit l'ombre de la gorge de Lhéris qu'il commande et d'une forêt qui couvre le flanc du mont. Les crétins n'y sont malheureusement point rares, et même les goîtreux ; l'eau d'un ruisseau qui forme cascade à l'entrée du village engendre les goitres ; ce joli torrentelet n'en est pas moins consacré à l'amour ; Corisande et Henri se sont promenés sur ses bords ; et son nom, en patois, rappelle ce souvenir : *laco d'et Bourbon*. Dans le village se voient quelques vieilles maisons des xve et xvie siècles ; l'une porte une inscription amusante :

> Piton de Tournefort, en cet humble réduit,
> Des fatigues du jour se reposait la nuit,
> Lorsqu'explorant nos monts qu'on ignorait encore,
> Ce grand homme tressait la couronne de Flore.

Disposer un herbier, cela s'appelait : « Tresser la couronne de Flore ». L'inscription, gravée sur une plaque de marbre, porte la date : 1732. C'est du même style qu'on a célébré trop souvent les grâces de ce pays de Campan et ses environs ; ces fadeurs-là dégoûteraient du paradis terrestre.

Médous est encore à voir après Asté ; il faut traverser l'Adour. Médous a son couvent de Capucins et ses magnifiques bocages. Les arbres y atteignent des dimensions très rares ; on y montre, dans un parc, le roi des châtaigniers ; et de fait, entre tous les châtaigniers légendaires qui peuplent les villages de France, celui-ci, outre sa grosseur et sa hauteur, se distingue par ses belles formes. Médous possède aussi une source mystérieuse, d'une abondance extraordinaire, qu'on croit être un bras souterrain de l'Adour. Quant au couvent, il a été restauré. La construction paraît être du XVe siècle ; mais un érudit de Bagnères, M. Albert Peré, membre de la Société Ramond, qui n'aime point la fausse science, a démontré que le monastère avait été fondé par Susanne de Gramont, marquise de Montpezat, la sœur apparemment d'Antoine de Gramont, le gentilhomme de Henri III, la tante par alliance de Corisande, l'arrière-grand'tante enfin d'Antoine, duc de Gramont, souverain de Bidache, le brillant ambassadeur de Louis XIV à la cour du roi d'Espagne, Philippe III.

Nous reprenons le chemin de Bagnères. Après cette aimable journée, si peu laborieuse, une soirée passée sur la promenade des Coustous nous refait entièrement et nous redonne du cœur. La course de demain sera longue et difficile, bien que nous devions la faire en voiture jusqu'aux cabanes de Chiroulet, au pied de l'escarpement qui monte au lac Bleu.

C'est l'Adour de Lesponne dont il faut remonter le cours. Si vous consultez les géographes, ils vous diront que ce torrent de Lesponne est la branche principale du fleuve ; sans lui, il n'y aurait point de grand Adour. Il est vrai qu'il tire du lac la plus forte partie de son volume, par un tunnel qui permet de puiser au bassin de « saphir » (réminiscence des poètes locaux) deux mètres cubes d'eau par seconde, pendant les chaleurs de juillet et d'août, quand les neiges ont cessé d'alimenter le torrent. Le « bassin de saphir » est haut situé : 1,960 mètres. Le chemin s'engage entre de petits monts couverts de hêtres et de sapins. Au départ, le ciel est de plomb, — ou pour parler plus exactement, le coin de ciel que l'on peut voir, — car la vallée, décrivant des lacets naturels entre les hauts mamelons boisés, est étroite et profonde.

Défilé noir et vallée de misère. Comme nous dépassons le

premier village, une idiote se met à courir, pieds nus, derrière nous, tendant ses deux mains et poussant des cris rauques. C'est une forte créature de vingt ans, blonde, blanche, bien construite; la nature humide et glacée de ce coin de terre n'a fait que la moitié de l'ouvrage : elle a bien tourné ce pauvre corps et n'y a pu allumer l'esprit. La fille est à peine vêtue de loques crasseuses ; je lui jette quelques sous ; en ce moment, une vieille, juchée sur un baudet, vient à passer près de notre voiture, et, sans me regarder, elle me dit : Il vaudrait mieux me donner à moi, je suis aussi pauvre.

Pourtant des pâturages bordent le torrent; le tapis vert monte à gauche entre les bouquets de bois ; les troupeaux sont nombreux. Ce tableau pastoral en pays sombre rappelle celui de la vallée d'Azun, avec quelque chose de déprimé et d'attristé que je ne saurais bien définir. Aux sapinières et aux hêtrées, succède bientôt, du côté du nord, une grande muraille nue : c'est la Coste d'Arrou ; mais, en face, les pelouses continuent à se dérouler par étages. Le torrent est superbe, toujours bouillonnant et mugissant ; cet Adour de Lesponne se forme en réalité de deux bras furieux : l'un descend bien du lac Bleu, l'autre est sorti du lac Vert ou Peyralade. Nous courons entre les contreforts du pic du Midi et la montagne de la Peyre. Courir est une expression purement métaphorique, car nous montons au pas des chevaux, les roues grinçant et sautant sur les roches qui sillonnent le chemin ; ces calèches de Bagnères ont des grâces d'Etat. Je communique cette pensée au cocher, qui me répond : Il y en a de disloquées, allez!
— Je le crois.

La vallée va se resserrant toujours. Le torrent, qui roule à cent pieds au-dessous de la route, n'a point perdu sa ceinture de prés et son couvert d'arbres ; les étages de la forêt sont plus marqués : au premier des hêtres, au deuxième les sapins, grimpant aux cimes. Par-dessus, de moment en moment, une crête apparaît avec son bandeau de neige. Une gorge s'ouvre à droite, et livre passage au ruisseau encoléré de Lardezen, qui accourt des hauts

LA VALLÉE DE LESPONNE

pâturages d'Esquiou. Nous traversons un premier village : c'est Vialette. La Peyre se prolonge à droite, la forêt s'épaissit à gauche. Voici un deuxième village : c'est Lesponne. De vieilles masures, précédées d'étroites terrasses épaulées sur des murs en pierre sèche et portant des jardinets. Dans l'un de ces petits coins conquis sur les roches, où croissent quelques arbres fruitiers, une femme, montée dans un cerisier, en descend avec une agilité de fauve, court à la maison et en ouvre la porte à une troupe d'enfants. Toute la nichée entoure notre voiture, piaillant et tendant la main.

Une halte dans le village. Le spectacle sur la rive droite de l'Adour y prend une beauté saisissante : au premier plan, deux longues pentes descendent, chargées symétriquement, l'une de hêtres, l'autre de sapins ; entre les deux, une gorge. Au deuxième plan, une crête ébréchée à droite ; à gauche une vaste courbure rocheuse, semée de laquets de glace ; par-dessus, au fond, un haut mont raviné, présentant un double champ de neige ; la crête se couronne de pointes aiguës. Nous allons marcher vers ce rempart hérissé ; mais les teintes sombres de l'orage le repoussent en avant ; il se détache en noir sur ce fond gris et rougeâtre ; c'est lui qui paraît s'ébranler et venir contre nous.

Au delà de Lesponne, plus de culture ; des bruyères et des ajoncs sur les pentes ; des sapins ou des roches arides dans le voisinage des cimes. Les deux champs de neige ont disparu derrière un autre quartier des monts ; une nouvelle gorge se dessine ; un pic se dresse au fond, divisé en deux blocs très distincts par une longue crevasse ; la neige a rempli la fissure ; la pointe est nue.

La rive gauche, que nous suivons, est enserrée par l'escarpement, d'où les sources s'échappent en abondance. De l'eau roulant au-dessus de nos têtes, mugissant à nos pieds dans le ravin, de l'eau inondant la route, de l'eau partout. A droite, une chute. Au-dessus de cette cascade d'Aspé, un pont. Il est bon, très bon de ne perdre jamais aucune occasion de rappeler nos gloires ; cependant qui se serait attendu à trouver « le pont de *Magenta* » dans ce désert ? Le couloir dans lequel se précipite la cascade d'Aspé est le sentier qui conduit au Mont-Aigu. Ce haut promontoire, à peu près isolé comme le pic du Midi, nous présente sa face accessible, qui n'est pas encore bien engageante ; le Mont-Aigu ne souffre point sur ses arêtes le pas de l'âne ou du mulet, — encore moins celui du cheval. Ses roches ne veulent être foulées que par l'homme, le piéton courageux, — ou par l'isard. Les ascensionnistes sont rares, disent les guides ; si rares, en effet, que trois ascensions seulement ont été tentées depuis dix ans. Cette répugnance est fort simple : la vue dont on jouit de la cime du Mont-Aigu est en partie la même que celle qu'on embrasse de l'observatoire du pic du Midi ; mais elle est moins étendue, et l'abord est bien plus difficile.

Nous avons laissé au bord de la route le troisième, le dernier village ; la vallée est désormais si étroite, qu'aucune habitation humaine ne s'asseoira peut-être jamais dans ce couloir de neige. Mais, à mesure que la solitude se fait plus profonde et plus sauvage, le tableau est plus admirable. Nous touchons au fond de la vallée, que terminent les monts de Bizourtère. Une dernière gorge s'entr'ouvre devant nos yeux : c'est celle d'Ardelos. Le pic du Midi nous découvre sa masse, et l'un après l'autre ses deux sommets. Jamais, peut-être, nous ne l'avons vu si imposant et si menaçant dans sa forme sévère. Dans toutes ses crevasses de longs plis de neige ; la cime nue est enveloppée d'une fine lumière aux tons violets : l'orage a fui.

Il ne nous reste plus qu'à glisser vers les cabanes de Chiroulet, près desquelles nous trouverons le sentier qui monte au lac Bleu. La glissade est tout près de devenir tragique. Notre malheureuse calèche s'en va bondissant de plus en plus durement sur le roc, l'essieu gémissant, le fer des roues rendant des étincelles. Une charrette chargée de sapins arrive dans l'autre sens

Notre cocher crie à l'homme qui la conduit de bien prendre ses mesures, l'espace est étroit. La brute ne regarde point, pousse de l'avant; la lourde machine et les sapins nous rejettent, nous resserrent contre le roc, enlèvent un coin de la portière, les chevaux se cabrent. Si nous avions occupé le côté du torrent, notre voyage était terminé. La brute aux sapins s'en va chantant; ces sauvages des hautes forêts n'aiment pas les touristes.

Les cabanes de Chiroulet sont placées au centre d'un cirque de pâturages; deux cents vaches y paissent tout l'été; des ruisseaux sillonnent la pelouse; des hêtres l'encadrent à gauche, des sapins à droite; plus de sommets nus; partout la ramure. A cent pas de l'auberge — si c'est une auberge — un escarpement presque vertical, le chemin du lac — si c'est un chemin. La main de l'homme n'y a rien fait, et l'on a donné ce nom à une ravine creusée par l'éboulement des neiges et par les eaux. Mais comment regarderait-on d'un mauvais œil cette terrible montée? elle est si superbement tapissée de sapins énormes, si magnifiquement bordée d'une triple cascade formée par le torrent qui descend de la crête !

L'auberge est primitive. — Deux chambres. L'une sert à la fois de cuisine et d'infirmerie pour deux personnes de la famille qui sont malades, un vieillard et un enfant; l'autre est le dortoir des bien portants — ils sont quatre! — et le réfectoire des voyageurs. On dresse un couvert sur une table boiteuse. Je veux ouvrir la petite croisée pour regarder le torrent qui coule derrière la maison, les vitres volent. J'ai causé un tort grave à ces pauvres gens; les vitriers de Bagnères ne descendent pas aisément aux cabanes de Chiroulet; on sera réduit aux carreaux de papier jusqu'à l'automne; car on n'hiverne point. La masure, pendant six mois, est ensevelie jusqu'au toit dans la neige.

Nous mangeons du pain bis, des œufs, et le sempiternel, l'inévitable, le fatal jambon, puis nous allons prendre le dessert des yeux au bord du torrent, après le repas; on le traverse sur des roches pour joindre le pied de la triple cascade ; il n'y faut point marcher sans précaution, ces pierres sont recouvertes d'une mousse glissante. La traversée faite, on est dans un ilot, qu'environne le flot brillant, divisé en deux branches ; si l'on est deux, un bruit assourdissant empêche de s'entendre ; mais l'adorable coin et le merveilleux parterre de Montagne ! L'ilot est entièrement tapissé de rhododendrons à la fleur écarlate ou d'un violet pourpre ; on s'avance vers la cascade, toute une flore éclatante vous enveloppe. J'ai remarqué des variétés d'œillets sauvages ; plus loin, ce sont des plantes vigoureuses que j'avoue ne pas connaître — n'étant point du tout botaniste — qui portent au bout d'une longue tige de grandes corolles d'or. Le large ruban éblouissant de la cascade, le vert tendre de la hêtrée, tranchant sur le fond des sapins, achèvent cette gamme de couleur.

On passerait des heures sous le souffle humide de cette cascade ; on oublierait le lac même au milieu de ce jardin de la nature sauvage, de ces œillets et de ces roses des monts ; mais les chevaux sont reposés, l'heure nous presse.

Nous le connaissions déjà, ce beau lac Bleu(1) ; nous n'en avons pas moins voulu l'aborder, cette fois, par cette vallée de Lesponne dont il est le couronnement quasi céleste. Nous montons une heure et demie, au bruit incessant du torrent et de ses chutes — ou plutôt de sa chute, car il ne forme vraiment qu'une seule cascade, une longue écharpe d'écume, dont les plis ne retombent un moment que pour se gonfler de nouveau l'instant d'après. Le chemin est plus aisé que nous ne l'avions cru, en regardant le ravinement d'en bas. Un rempart se présente, une sorte de terrasse qu'il faut gravir ; le déversoir du lac roule alors à nos pieds. Un dernier effort, et nous franchissons le pas de Bouc, sorte de cap rocheux sur lequel on a bâti, sans respect de la

---

(1) *Pyrénées Françaises*, tome Ier, page 317.

pure beauté de ce lieu grandiose, sans souci de déranger le cadre, une cantine pour les ouvriers qui ont exécuté les travaux du tunnel d'écoulement, puisque enfin on a pratiqué dans le lac Bleu un réservoir au moyen duquel on peut remplir en quelques heures l'Adour desséché et verser des masses d'eau dans la plaine. La science ose tout et justifie tout. O divinité obscure, que de crimes utiles, ou inutiles, on a commis en ton nom ! .

Désormais nous plongeons les yeux dans l'immense nappe d'eau, bien plus bleue que le ciel — quand il daigne être bleu. Un cercle de montagnes l'environne ; la plus proche est la Pène-Taillade, un cône tronqué d'un aspect sinistre ; à l'ouest, le massif du pic du Midi ; au sud, le Labas blanc, qui domine Barèges.

Il est tout près de sept heures quand nous redescendons au cirque, et ce serait folie de songer à regagner Bagnères sous la nuit par de tels chemins. Nous retournons au jambon et aux œufs ; puis, faisant relever la capote de notre calèche, nous nous y installons sous nos couvertures pour y passer une très courte nuit.

Demain nous aurons quitté ce beau quartier des Pyrénées et nous cheminerons, le soir, vers Bagnères-de-Luchon.

LUCHON — LA BUVETTE DU PRÉ

BAGNÈRES-DE-LUCHON

I

LA VILLE.

De Bagnères-de-Bigorre à Montréjeau, de là à Bagnères-de-Luchon. Première halte à Labroquère. Ici se rencontraient deux voies romaines, toutes deux partant de Lugdunum Convenarum. Devant nous, la Garonne; Loure à droite; à gauche Barbazan, ce dernier village encadré de riches prairies et de longues files de peupliers. A la base du coteau qui le domine, un petit lac; à l'abri d'un bouquet de bois, l'établissement des bains, car Barbazan est station thermale. Le coteau projette en avant une sorte de promontoire rocheux qui porta le château. On l'a converti en maison de plaisance au XVIIe siècle, accommodé et raccommodé à la moderne au XIXe. Ce lieu de paix et d'oubli fut très cher à un homme d'esprit, un pur Parisien : l'ancien manoir de Barbazan appartint au duc de Rovigo.

Le caractère de la vallée se dessine : c'est une verdure opulente, une fraîcheur profonde. Des prairies toujours ; beaucoup de vignes, dont l'aspect déroute absolument les gens du Nord ou de l'Ouest, accoutumés à voir les pampres s'élever maigrement sur échalas, ou traîner à terre en broussailles. La vigne, ici, croît en arbre.

Une double chaîne enserre le chemin ; par moments le mur s'entr'ouvre ; l'échappée sur les grands monts ne dure qu'un moment. Voici Luscan à gauche, Bertren à droite, de jolis villages ; puis Galié, à l'ombre d'une montagne de mille mètres environ qui lui a donné son nom ; plus loin, apparaissent, au sud, le Pales de Burat et le Bacanère, à l'est le Gar, avec ses sept pointes. Ce pic fut un dieu ; on lui avait élevé des autels : *Deo Garo*. Il est devenu le parrain de la Garonne, et la filleule à son tour est fêtée. C'est ici la rivière par excellence ; dans le patois du pays, tous les cours d'eau s'appellent des Garonnes ; les enfants qui font couler l'eau de la pluie en ruisseau dans le sable disent qu'ils font des « Garounes ».

Au delà de Bagiry, à droite du chemin de fer, voici Sainte-Marie, autre établissement de bains, et Siradan, encore une station thermale. La vallée se resserre, bordée de deux remparts, puis débouche dans une plaine où reparaissent les cultures grasses et les vignes. Brusquement les contreforts du Gar se rejettent en avant : sur l'un des derniers mamelons, les ruines du donjon du Fronsac et d'une église. Entre deux monts, les yeux courent tout droit au sud, vers un éblouissement : c'est la couronne blanche de la Glère, le premier glacier.

A deux pas de Chaum, le confluent de la Garonne et de la Pique. A gauche, le chemin de Saint-Béat. La Garonne remonte vers le pays d'Aran, à travers un large ruban de prairies couchées entre les escarpements du Gar et le mont Arrie. Ici tout est de marbre ; le Gar même est presque entièrement de marbre blanc ; si on le fit dieu lui-même, en voici peut-être la raison : il est de la matière dont on fait les dieux.

Désormais, nous remontons la vallée de la Pique descendant des glaciers, que nous ne cessons plus d'apercevoir au midi; elle reçoit les eaux de l'One et les conduit au fleuve que nous venons de quitter. *Gar* et *One* ont fait Garonne.

Le chemin de fer s'écarte de la Pique pour se rapprocher d'un chainon dont les contreforts paraissent relier le mont Arrie au Pales de Burat. Ici le village de Marignac : une église du xiiᵉ siècle, un donjon. En face Cierp, du côté opposé de la vallée. Une autre longue courbe remonte la voie au bord de la Pique ; nous entrons dans le val de Luchon. A gauche, Burgalays, Baren, Artigue ; à droite, Guran, Cazaux, Montmajou et sa tour, Cier-de-Luchon, dominés par le pic d'Antenac. La vallée s'élargit ; c'est à présent un magnifique bassin, d'une fertilité prodigieuse ; seulement la vigne a disparu, la froidure des grands monts est prochaine. La crête blanche se déploie au sud. On ne laisse point passer un tel spectacle. Une halte à Antignac.

Le village est situé sur la rive gauche de la Pique, entre Sode et Artigues, suspendus de l'autre côté de la vallée, sur les escarpements de Cigalère, qui s'élèvent à 1,900 mètres. Sur la rive gauche, le cap (mont) de Bassias, et le cap de Laragouère (1,900 et 1,800 mètres). Au sud, par-dessus la tour de Castel-Blancat, la haute chaine radieuse.

Les géants, coiffés de glace, se présentent en demi-cercle ; de droite à gauche, voici l'ordre du sublime défilé : le pic du Port d'Oô, le Seil de la Baque, le Perdighero, le pic Quairat, le Crabioules, le Maupas, le pic Boum, le Mail Barrat, cinq glaciers ; le Mail Plané, un mont nu ; au sommet de l'Aramouno, un nouveau glacier ; puis le pic d'Estaous, le pic Sacroux, les crêtes glacées de la Glère ; le pic de Sauvegarde, sentinelle avancée des Monts-Maudits, le pic de la Mine, le pic du Corbeau, la Dent du chat.

Entre Estaous et Aramouno, le col du Port-Vieux ; entre la crête de la Glère et le mont Sacroux, le port de la Glère (2,321); entre Sauvegarde et le pic de la Mine, le *pas* de Vénasque (2,400). Quel pas!

LA VALLÉE A ANTIGNAC

Voilà ce qui se voit d'Antignac, avant d'entrer dans Luchon. Même le Luchon mondain commence tout près de ce joli village. Le champ de courses s'ouvre entre le chemin de fer et la grande route de Toulouse. Du 15 juillet au 31 août, chaque année, il y a ici deux ou trois fêtes hippiques, données par la ville au profit de son hôpital : courses de haies, courses d'ânes, qui sont la partie comique de la journée. Le touriste peut y suivre la foule élégante ou s'en aller à Moustajou,

TOUR ET CASCADE DE MOUSTAJOU

sur le même bord de la Pique. Là il verra une antique église, et déchiffrera au-dessus de la porte du sanctuaire deux inscriptions latines, dont une seule est romaine. Moustajou a aussi son vieux fortin et sa cascade.

A Antignac, nous reprenons le train montant; c'est celui qui a dû quitter Paris, la veille, vers 8 heures du soir; il est trois heures de l'après-midi environ. Les voitures sont presque toutes remplies de voyageurs : cependant, un employé nous conduit vers un compartiment loué pour une famille qui vient de descendre à Barbazan; un Monsieur nous suit, et nous le voyons monter derrière nous sans méfiance. Nous partons. Le Monsieur met son chapeau à la main, des caresses dans sa voix, — caresses un peu saccadées; c'est un Gascon : — Messieurs, vous allez à Luchon. J'espère de tout mon cœur que vous n'avez point fait choix d'un hôtel. — Peste! quelle bouche d'or! Il espère de *tout son cœur*. — Messieurs, c'est que je suis hôtelier! — Venez chez moi, je vous traiterai comme des fils.

Je crois bien que, de nous trois, ce drôle de compagnon était le plus jeune; mais bast! il n'y a point d'impossibilité pour un Gascon qui veut être père. Cet industriel s'était promis qu'il nous cueillerait au passage. Nous arrivons. Dans la gare, une cohue; des monceaux de caisses et de malles qui roulent et vous écrasent les pieds; des Anglaises qui courent, chargées de valises aux coins de cuivre, qu'elles vous enfoncent au défaut des côtes; des enfants effrayés criant; des facteurs qui passent bousculant tout; des employés sourds, quand on les appelle, mais pas muets, puisqu'ils jurent et sacrent comme des pandours; au-devant de la gare, un charivari infernal; des calèches, des omnibus rangés au bord du quai; de grands pendards, gascons, comme notre hôtelier coiffés de chapeaux ornés de rubans tricolores, agitant frénétiquement de longs bâtons, au bout desquels une sorte d'appareil e forme de tambour de basque porte, inscrit en lettres rouges, l nom de l'hôtel qu'ils servent; il faut les entendre hurlant leu boniment : Monsieur, venez par ici, à l'hôtel d'Angleterre. — Mor sieur, par ici, à l'hôtel de France. — Monsieur, il n'y a que l'hôt Saccaron, tenu par lui-même! — Ils vous empoignent, vous enle vent, vous portent à leur omnibus. — Quant à nous, déjà nou avions cessé de nous appartenir; nous étions *cueillis*.

Les calèches et les omnibus s'ébranlent. Tout ce bruit et tou cette ferraille s'engouffrent sous les magnifiques platanes, on brageant l'unique rue du faubourg de Barcugnas qui, de la gar conduit à la ville.

Les maisons basses du faubourg sont enveloppées de l'hum dité que dégagent ces arbres énormes. Nous franchissons l pont jeté sur l'One, torrent des hauts monts, qui descend du lac d'Oô, et qui a la mine sauvage; nous traversons le vieux Luchon, et nous voici dans ces fameuses allées d'Etigny, connues de l'Europe entière. L'intendant Maigret d'Etigny les traça, et les fit planter de quatre rangées de tilleuls; elles sont d'une réelle

LES ALLÉES D'ÉTIGNY

beauté. La première impression que je reçois en entrant dans Luchon n'en est pas moins un peu mélancolique. Je la dirai, dussé-je me faire des ennemis : Ici, il y a trop d'arbres.

Il faut bien observer la situation de la ville, nichée dans un angle de la vallée, abritée par une haute ceinture de monts cultivés à leur base, presque tous boisés à leur sommet, abritée, par conséquent, des souffles glacés qui lui arriveraient des crêtes du sud et des bises enragées qui sortent à l'ouest d'une gorge conduisant aux vallées supérieures de l'Arboust et de l'Oueil. La brillante station balnéaire jouit donc d'un climat assez doux — si on s'en réfère au thermomètre. — Aujourd'hui un soleil clair rit à travers ces feuillages serrés. Je remonte ces belles allées d'Etigny, régulièrement bâties de maisons de marbre, bordées d'hôtels, de cafés, de boutiques toutes parisiennes, médiocrement animées encore à cette heure du jour, où tout le monde est en excursions ou en promenades; j'arrive à l'établissement thermal construit au pied de la montagne de Superbagnères, toute semée de paquets blancs; bien que nous soyons au 2 août, deux jours auparavant, il y a eu tempête de neige. Je m'arrête un moment sous un quinconce de vieux ormeaux, et je reprends mon chemin par une nouvelle avenue : à droite, de belles maisons propres, d'allure cossue; à gauche, des boutiques foraines. J'arrive à la grille du vaste jardin qui enveloppe le casino; je me trouve au centre du quadrilatère que forment les allées d'Etigny, la double allée de la Pique, et au nord de la ville, l'avenue du Piqué; bientôt je suis au bord du torrent, devant une chute.

L'endroit est délicieux. La Pique arrive sous un couvert d'arbres, on ne la voit qu'au moment où elle s'épand en cette large chute, formant, au premier étage, une belle nappe d'eau qui glisse, se déchire et bondit sur des roches. Au-dessus des arbres, deux monts entre-croisés; par-dessus, encore une crête neigeuse; une dépression entre deux pics : c'est le col de Vénasque. Le torrent descend entre des parcs entourant des chalets, et cette belle allée bordant des maisons de plaisance et versant une ombre tranquille. Ce couvert est admirable; mais qu'il est déjà sombre, à six heures, au commencement d'août, quand le soleil brille encore! Et que cette pleine fraîcheur doit aisément devenir maussade, quand il pleut!

Je suis la deuxième allée de la Pique — ou allée des Veuves — jusqu'au point — marqué par une croix de fer, qu'ombragent des saules pleureurs, — où elle se croise avec l'avenue du Piqué, qui rejoint le cours d'Etigny. — On dit indifféremment : le *cours* ou les *allées*.

C'est l'heure précisément où il faut aborder la célèbre promenade. Il paraît que ce Maigret d'Etigny se proposait, lorsqu'il travaillait à l'embellissement de Bagnères-de-Luchon, d'y attirer

LES ALLÉES DE LA PIQUE

Paris et Versailles, la cour et la ville. La cour y vint, la ville y vient de plus belle. Ce qu'il y a, dans cette station de Luchon de singulier, d'amusant et d'insupportable à la fois, c'est d'y rencontrer le « tout Paris ». — Tiens, c'est vous ! Oh ! cela ne m'étonne pas ; tout le monde est ici.

Ceux qu'on ne connaît point, on les connaît encore; on a vu cette moustache et ce binocle à quelque première représentation, et cette jolie femme sur les planches. On a dîné quelque part auprès de cette autre belle personne. On va donnant des coups de chapeau, saluant de la main; c'est le boulevard. Seulement les côtés de l'allée qui représentent les trottoirs sont abrités sous ces arbres superbes; on a pour tableau de fond le Superbagnères, au lieu du nuage de poussière rougeâtre qui monte, l'été, à Paris, du boulevard de la Madeleine, et le spectacle de la chaussée est autrement pittoresque. Au lieu des fiacres et des coupés de remise, des calèches à quatre chevaux munis de harnais à sonnettes, et, dans ces véhicules, des gens hilares rapportant des excursions à la montagne, la provision d'air pur qui fait couler le sang plus vite, et l'animation que donne l'exercice; des gens, enfin, qui s'amusent.

Les voitures se succèdent, ramenant les excursionnistes de la vallée du Lys ou de la vallée d'Oô; puis viennent les cavalcades. Chevaux, mulets, ânes : il y a huit cents de ces quadrupèdes à Luchon; la foule des baigneurs et le goût des promenades n'exigent pas moins; toute cette prodigieuse cavalerie n'a pas un instant de repos pendant deux mois, et ce tumulte est le plus vif attrait de Luchon, pour la plupart des visiteurs. On a passé le printemps à Paris, on vient à Luchon en été; pour peu qu'on aille en septembre et octobre à Biarritz, et, l'hiver arrivé, qu'on se rende à Nice ou à Monaco, on ne sortira pas du tourbillon d'un bout à l'autre de l'année.

Six heures et demie. Le cours d'Etigny a retrouvé quelque paix; on dîne. Huit heures. Les hôtels, les maisons meublées, ou « maisons de famille », rendent le flot qu'ils avaient engouffré. Les cafés en un moment sont remplis; au café Arnative, la moitié des consommateurs reste debout, attendant que l'autre moitié veuille bien faire place; il faudrait prendre des cachets. Les allées sont noires de promeneurs. Neuf heures arrivent, changement à vue. Le cours est désert, tout le monde s'est porté vers l'allée de la Pique et monte au Casino.

L'édifice est somptueux : du grec, du roman, de l'égyptien, de l'assyrien, de l'*Haussmanien*, un mariage extraordinaire. L'énorme bâtisse est illuminée très brillamment; de superbes jardins l'encadrent, illuminés aussi. Au milieu, un kiosque, et un orchestre. On se promène par groupes, on se coudoie à plaisir, ou bien l'on s'assied sur les bancs et les chaises. Le gaz répand sur toute cette foule très parée sa lumière violente; l'illusion est complète : c'est le concert des Champs-Elysées. Il est vrai que de ce jardin, on voit les monts et le col de Vénasque ; cette admirable vue en est même le charme principal. Seulement, il fait nuit. A l'intérieur du Casino, il n'y a pas de représentation dramatique, ce soir. L'heure s'avance, une fraîcheur perfide descend dans les jardins. La foule va se mettre à couvert, et le flot, en entrant sous le large vestibule, se divise en deux branches, l'une s'engouffrant à droite dans les salons de jeux, l'autre se dirigeant à gauche, vers les salons de lecture, de conversation et de danse. Il faut rendre justice au Casino de Luchon, le mieux aménagé peut-être de tant de casinos qui s'élèvent maintenant dans les Pyrénées : on y trouve toutes les distractions et toutes les aises, et les différents amusements n'y sont point mêlés. Le jeu y est entièrement séparé des plaisirs plus innocents : deux salles, le *grand* cercle et le *petit* cercle ; dans la première, six tables de baccarat; dans la seconde, deux tables seulement. Le petit cercle admet les dames. A quelle heure finit la partie ? J'ai peur que le soleil, là-bas, ne teigne déjà en rose les neiges espagnoles. Le bal est terminé depuis des heures ; on ne danse pas jusqu'au jour à Luchon. Les médecins ont établi que le moment le plus favorable pour prendre le bain est le matin, après le repos de la nuit. Donc, il faut s'aller coucher.

La matinée, à Luchon, est l'heure charmante. Tout un peuple de jolies filles, de jeunes mères et de babys remonte vers l'établissement des bains ; le soleil, tamisé par les feuillages, argente le chemin que suivent ces troupes gazouillantes. Les enfants s'arrêtent avec les servantes sous les ormeaux du quinconce, les jolies mamans sous le péristyle à colonnes de marbre blanc qui conduit aux mystères du bain. Une inscription placée dans une niche au-dessus de la porte d'entrée les avertit qu'elles ont été précédées aux sources thermales par des dames romaines: « *Deo Lixoni Flavia Rufi Fr. Paulina V. S. L. M.* Au dieu Lixon, Flavia, fille de Rufus et de Pauline, acquitta son vœu,

AUTEL VOTIF TROUVÉ DANS LES THERMES DE LUCHON, COLLECTION SACAZE.

délivrée du mal. » Ainsi, elle fut guérie, cette antique Flavia, qui n'avait peut-être que vingt ans ; la puissance de ces sources était déjà si incontestée qu'on les avait divinisées sous le nom et la figure d'un génie présidant à leur cours salutaire. Partout on a trouvé des autels votifs dédiés à ce dieu Lixon.

L'histoire de Luchon se confond avec celle de ses thermes ; il est certain qu'on y venait de toutes les cités de la Gaule romanisée, surtout en cette période de paix profonde qui remplit tout le second siècle ; on arrivait par une voie impériale qui suivait, depuis Toulouse, la vallée de la Garonne. Les traces en subsistent à Labarthe de Rivière, où se voit la *pile* romaine que nous avons décrite ; on les a retrouvées dans le faubourg de Barcugnas. La grande voie reliait Luchon à la cité principale de toute cette contrée pyrénéenne : *Lugdunum Convenarum* (Saint-Bertrand de Comminges). Il est également certain qu'en ce deuxième siècle Luchon était pourvu d'un établissement thermal. Cinq des anciens bassins ont été découverts ; quatre étaient dallés de

BAGNÈRES DE LUCHON, VU DE CASTEL-VIEIL

marbre blanc, le cinquième de granit, tous entourés de gradins où s'asseyaient les baigneurs ; on a mis aussi à jour, au commencement de ce siècle, beaucoup d'anciennes constructions, et l'on peut croire que la station avait une importance unique (sauf peut-être celle d'Ax, dans l'Ariège), puisque les anciens thermes, qui occupaient à peu près l'emplacement de ceux d'aujourd'hui, avaient presque la même étendue. La fortune de Luchon ne survécut pas à celle de l'Empire. Je passe l'époque barbare, je n'y vois plus, au lieu des duumvirs des villes voisines et de leurs femmes et de leurs filles, drapées du peplum, que des pâtres farouches assis sur les ruines des gradins de marbre. *Super flumina Babylonis.*

Au moyen âge, Luchon fait déjà partie du Comminges. Gilberge, fille du comte Roger Ier, le porte dans la maison d'Aragon. En 1446, Mathieu, le dernier comte, lui donne une charte, jurée en présence de Manauld d'Aure et de plusieurs autres seigneurs. Charles VII, en prenant possession du Comminges, concède à la commune thermale de nouveaux privilèges, le droit de haute justice, par exemple. Luchon sera gouverné par ses consuls, qui auront le pouvoir de décoller et de brancher les gens. Puis les siècles courent. En 1711 et en 1719, les Espagnols pillent et brûlent la petite ville. Enfin, en 1751, Maigret d'Etigny vint et se prit de belle passion pour ce lieu rare. Il planta, il bâtit, traça des routes, il organisa un service médical, et, résolu de remettre ces bains en honneur, eut en 1762 le talent d'y attirer le duc de Richelieu. La foule élégante suivait partout ce roi de la mode.

D'Etigny se désolait de ne pouvoir offrir à un si beau monde qu'un établissement de bois ; il rêvait du marbre, mais il mourut. Ce fut seulement une quarantaine d'années après lui, qu'un préfet, maigre image des Intendants d'autrefois, fit reprendre les travaux. Un premier établissement thermal fut installé ; il n'était que « convenable », il a fait place à des splendeurs que d'Etigny n'aurait pas osé souhaiter. Le *palais* actuel des bains a été achevé en 1856. Je préfère beaucoup à son péristyle somptueux la ceinture de verdure fraîche dont on a su l'entourer ; je m'enfonce dans ces bosquets de tulipiers et de catalpas ; j'arrive à un petit lac tout enveloppé de feuillage, où tombe une cascade, et par de nombreux lacets, je joins un sentier pour monter à *la Chaumière*. Les pentes qui le bordent sont gazonnées ; il paraît que, jadis, couvertes seulement des effritements des roches supérieures, elles servaient de lit ensoleillé à un fourmillement de serpentaux qui faisaient reculer les personnes nerveuses.

Arrivé à cette chaumière, j'ai mérité le bol de lait fumeux que m'offre une jolie servante. Luchon est à mes pieds avec le quadrilatère d'ombrages qui l'enveloppe et la route d'Espagne, à laquelle un chemin s'embranche ; sur l'autre bord de la Pique, un village pittoresque dont je demande le nom : c'est Saint-Mamet. Un autre ruban de chemin glisse à travers des prairies plantées de peupliers : entre les flèches verdoyantes, voici la pointe grise du clocher de Montauban ; au-dessus de ce nouveau village, une montagne en ruine ; plus loin, dans les fonds vaporeux de la vallée, Juzet ; plus loin encore, Salles. Le ruban, ayant ainsi tracé un demi-cercle, se replie vers Barcugnas. On a d'un coup d'œil embrassé tout ce qui à Luchon s'appelle « les promenades », que l'on distingue des excursions dans le vocabulaire des guides. Les médecins brochent sur l'expression, et disent : « promenades hygiéniques ». Ils n'ont point tort, je le vois au libre jeu de mes poumons et aux sollicitations de mon appétit. On ne sert pas que du lait à la « Chaumière ». Pourquoi ne ferais-je point préparer mon déjeuner, tandis que je monterai à une roche que je vois là-haut, surplombant mon kiosque rustique ? Pourtant il paraît que cette ascension n'est pas toute simple. Il faut redescendre d'abord ; c'est quelquefois en pays de montagne, — mais là seulement, — le moyen de s'élever.

Après la descente, un chemin tout droit, tout uni ; au bout la Fontaine d'Amour. C'est aussi un amour de fontaine. Le chemin se relève, on grimpe sans beaucoup de peine à travers des pâturages parfois boisés; un petit pré tout encadré d'arbres couronne le Mail de Soulan; ce serait un endroit à souhait pour y vider une querelle, l'épée en main. Cette idée n'est-elle jamais venue à des matamores de Luchon ? Le beau duel romantique! Ce Mail de Soulan qui, vu d'en bas, présente un escarpement rocheux, porte à son sommet un tapis vert.

J'ai maintenant tout le panorama de Luchon sous les yeux; aucune topographie n'est si simple. Le cercle des monts est si nettement dessiné qu'on ne peut guère se tromper sur la situation de chacun d'eux. C'est bien le pic de Portillon, que je vois devant moi, au sud, derrière la crête de glaces qui va du pic d'Oô aux Monts-Maudits. Ces vapeurs violettes s'élèvent bien au-dessus du pays d'Aran; à gauche et à droite, cet entassement de roches, c'est bien le Céciré, s'élevant en étages jusqu'à 2,500 mètres au-dessus de Superbagnères, qui n'en a que 1,800. Tout cet amphithéâtre de pics, de crêtes noires, de dentelures blanches, de forêts, de glaciers, est un spectacle dont on se lasse d'autant moins qu'on le voit plus souvent. J'ai failli oublier mon déjeuner qui mijotait à la *Chaumière*.

L'établissement thermal est désert lorsque j'y arrive à plus de midi; j'entre dans une vaste galerie, qu'on a eu tort d'appeler la « Salle des Pas-Perdus ». Ce nom-là est bon dans les palais de justice où l'on n'est jamais sûr d'avoir cause gagnée ; mais puisqu'ici on est assuré de se guérir...

Les parois de cette galerie sont décorées de fresques. Ces peintures allégoriques, bien qu'on ne se soit pas servi de couleurs à base de plomb, à cause des émanations sulfureuses qui remplissent toutes les salles, n'en sont pas moins dans un état de dégradation menaçante. Allez-vous demander si cela est regrettable?... Je ne fais pas ici de critique d'art.

Ces fresques ont été exécutées de 1854 à 1858 par M. Romain Cazes; elles sont au nombre de dix-sept. J'y vois le Génie des sources, la figure de la Chimie et celle de la Médecine ; ces deux dernières redoutables personnes me causent toujours un peu de malaise. L'Architecture, plus loin, trace des plans ; l'Architecture moderne n'a jamais été ma cousine. Je vois aussi les Génies des arts et des sciences, et des nymphes enfin, troupe plus gracieuse. Celles-ci représentent les huit sources principales de Luchon (il y en a en tout cinquante-quatre) : la source du Pré, de Bordeu, des Romains, de la Reine, de la Grotte; la source Blanche ; la source de Richard, celle d'Etigny. L'artiste a également personnifié, dans des panneaux, sous des traits qui veulent être devinés, les montagnes voisines : la blonde déesse de la vallée du Lys marche sur un tapis de fleurs ; celle du port de Vénasque, d'aspect sévère, tient des clefs, et la nymphe de la vallée d'Oô, une urne d'où s'échappe le flot de son beau lac ; la déesse de la Maladetta, drapée dans les plis d'un manteau qui doit lui être bien nécessaire, contemple son glacier ; enfin, voici les divinités du Montné, d'Oueil, d'Esquierry et de Luchon. Celle-ci a détrôné le vieux Lixon et ne paraît pas incommodée par le sentiment d'une usurpation si noire.

Je quitte cette galerie, je vais de salle en salle dans les thermes. Dans l'une je retrouve encore des déités. Un autre autel votif y a été conservé ; j'y lis cette inscription : « *Nymphis. Augus. Sacrem.* Consacré aux nymphes Augustes ».

L'établissement thermal de Luchon est vaste et richement installé : 12 salles de bain, 120 baignoires, en marbre naturellement. La plus curieuse de ces 12 salles est la dixième, qui contient la grande piscine, dite « gymnastique et natatoire ». Ce qu'on y doit craindre, ce n'est ni les requins ni les caïmans. Deux autres piscines sont réservées à chacun des deux sexes, et dans chacune il y a place pour douze baigneurs ou baigneuses. Des étuves permettent de prendre des douches de vapeur humide ou sèche. Tout cela est d'un confort irréprochable. Je visite encore la salle d'inhalation, les 18 buvettes, les chauffoirs, les salles de consultation — ces dernières, je l'avoue, avec un sentiment superstitieux qui me fait bien vite revenir en arrière. On a le bonheur de n'avoir jamais été condamné à aucun traitement thermal; mais dans une de ces salles des consultations, on a vu un fort bel homme, de mine courtoise et souriante, qui salue. On rend le salut, comme on le doit. N'était-ce pas là un des médecins de la maison? C'en était un. Il a eu l'air de vous dire, avec toute la bonne grâce imaginable : Vous

LA PLACE DES THERMES

ne perdrez rien pour avoir attendu, vous nous viendrez quelque jour....

A Luchon, l'église est neuve. Maigret d'Etigny n'était point d'un temps où l'on bâtit volontiers des chapelles; il appartenait à l'École philosophique. Cet homme de goût et de bonne volonté laissa deux fils, dont les Luchonnais ignorent certainement la fâcheuse destinée. L'un se faisait appeler le comte de Sérilly; il fut trésorier de l'extraordinaire des guerres sous Louis XVI; l'autre avait gardé le nom d'Etigny; il était officier supérieur aux Gardes françaises. L'un et l'autre périrent sur l'échafaud, en 1794, et tous deux pour le même crime : ils avaient donné asile à des proscrits. M. de Sérilly avait reçu chez lui, dans un de ses châteaux, en Bourgogne, la femme et les filles du ministre Montmorin, dont l'une, Madame de Beaumont, échappée à la mort, est devenue si célèbre pour avoir aimé Châteaubriand.

A Luchon, tout rappelle le bienfaisant intendant; il est au commencement de tout. On ne peut l'oublier que si l'on sort du quadrilatère ombreux qui enveloppe la ville moderne, et que les habitants du pays appellent *Lane* — la plaine — pour se hasarder dans la vieille ville. Là, en partant des allées d'Etigny, on rencontre des rues tortueuses, et l'on arrive bientôt à de nouveaux ombrages. On ne connaîtrait guère cette allée des Soupirs, longue de six ou sept cents mètres, plantée d'énormes sycomores et de sorbiers, si elle ne se trouvait sur le chemin qui va par la montagne, de Luchon à Bagnères-de-Bigorre. — Cependant ces grands feuillages et ces belles eaux ont bien de l'attrait; car on est au bord de l'One, qui fait mouvoir la meule d'une marbrerie; ces arbres magnifiques, au sud de la ville, abritent un refuge toujours ouvert à ceux qui ont quelquefois la curiosité de la solitude. On est à deux pas de l'élégante mêlée; un petit temps de marche, et l'on se retrouvera sur le « cours », à l'angle précisément de l'hôtel de France, l'un des plus brillamment peuplés. On recommencera la lente promenade des quatre allées, toujours si pleine d'agrément, à moins que le ciel au-dessus du dôme vert ne vienne à se tendre de filets gris, quand la bruine descend des monts. — Mais peut-être voudra-t-on faire halte dans la première allée de la Pique et entrer aux jardins du Casino.

Si l'on aime les tableaux achevés, en voici un; le plus habile décorateur n'aurait pas imaginé cette toile de fond. La vue est la même à peu près qu'on découvre du banc placé un peu plus loin, dans l'avenue, au bord de la chute du torrent; mais ici, avec plus d'étendue, plus d'écartement du rideau des monts, et surtout un premier plan, un mamelon à la croupe ronde, portant une ruine, que cachent là-bas les feuillages. Derrière, deux montagnes boisées profilent à angle droit leur chevelure de pins; au-dessus, l'entassement des neiges, les Monts-Maudits, le port de Vénasque. Cette tour de Castel-Vieil, qui arrête si heureusement les yeux, se relie à un système de vigies dont nous avons déjà reconnu les traces à Castel-Blancat et à Moustajou

LA CHUTE DE LA PIQUE

L'envie de se rendre à Castel-Vieil est assez naturelle. On s'informe; la course (aller et retour) est de deux heures au pas montagnard; — trois heures et demie au pas de touriste. L'heure est déjà trop avancée; d'ailleurs, des nuées de mauvais air accourent du sud. Ce n'est pas tout encore : le Casino contient une curiosité qu'il faut voir. Celle-ci est de l'ordre scientifique.

Je veux parler d'un plan en relief des Pyrénées centrales, auquel l'ingénieur Lézat a travaillé tout près de dix ans, dans la montagne même, en face des modèles qu'il voulait reproduire. L'ouvrage comprend le pays d'Aran, et naturellement une partie du versant espagnol, puisque M. Lézat voulait y renfermer ce qui a de l'attrait surtout à Luchon : Vénasque et la Maladetta.

Ainsi, j'ai là sous les yeux toutes les montagnes que je viens de parcourir, et ce groupe formidable qui me reste à explorer. On comprend quel intérêt me retient penché au-dessus de cette reproduction ingénieuse; mais tout à coup l'obscurité m'enveloppe. Elle descend avec une rapidité qui ne laisse pas de doute: ce n'est pas la nuit encore lointaine, c'est la pluie.

Deux lourdes écharpes de vapeurs retombent au flanc des deux monts, qui dominent la croupe ronde de Castel-Vieil ; le sommet de la ruine est déjà caché, on ne voit plus que la base de la tour. Je redescends dans le jardin du Casino. Parbleu, oui ! c'est bien la pluie, serrée et froide. Je suis l'allée de la Pique, au bord du torrent, je chemine sous des ténèbres ruisselantes ; je rejoins l'avenue d'Etigny. Quel changement de tableau depuis le matin ! — Les plis du linceul gris écrasent le dôme vert ; les façades coquettes des maisons de marbre sont devenues moroses, la belle allée déserte n'est plus qu'un cloaque. Je l'avais bien deviné, lorsque le soleil riait sur ces tilleuls : Luchon, quand il pleut, est funèbre. Trop d'arbres ! trop d'arbres !

Le Casino, dans ces tristes soirées, est un refuge sans prix. On joue l'opérette dans la jolie salle rouge et or. La forme, en carré long, n'est peut-être pas parfaitement conforme aux lois de l'acoustique et du fond ; à l'extrémité du rectangle, on entend assez mal les chanteurs. Qu'importe ? Il y a ici de la lumière e des parures.

LA RUE D'ENFER

II

PROMENADES AUTOUR DE LUCHON. — LA VALLÉE DU LYS.

On suit l'allée de la Pique au bord du torrent, on traverse l'allée du Piqué, au point marqué par la croix de fer, où elle se soude à l'avenue de Montauban, et pour peu que l'on soit guidé par un habitant notable de Luchon qui passe en franchise, on pénètre alors dans un de ces bocages dont l'exquise fraîcheur ne se rencontre qu'en ce pays d'ombres profondes. L'île Soulerat, propriété privée, décrit une sorte de triangle très imparfait, formé par la division en deux branches du torrent de l'Oueil, ou rivière d'One.

Si l'on aime la vue des monts à travers les feuillages, le souffle et la rumeur des eaux claires, ce double confluent des deux rivières paraîtra délicieux. Ce coin de Luchon est entièrement inconnu des baigneurs; un Cerbère jardinier le garde avec un soin que l'attrait du lieu suffit à expliquer. Si l'on n'y veillait, on ne peut savoir ce qu'il y aurait ici de rendez-vous tendres; l'île Soulerat deviendrait une île de Cythère.

En quittant ce nid de verdure, il faut rejoindre la croix et remonter l'avenue de Montauban. C'est la suite de l'allée du Piqué. Montauban a une église neuve et une cascade. La politesse commande de visiter l'une avant de se faire conduire à l'autre, car cette cascade est dans le jardin de M. le curé. On a devant soi deux monts : d'un côté un bloc rocheux, à la cime carrée, de l'autre une longue pente couverte de hêtres et de sapins; entre les deux, une gorge très sombre.

On gravit la rue du village, et l'on arrive au jardin du curé, que défend une large porte abominablement peinte en vert. Il y a une redevance: cinquante centimes. C'est pour payer la construction de l'église, — dont les voûtes gothiques sont soutenues par des colonnes de marbre; rien n'est si cher que le gothique. Le droit du seigneur curé une fois acquitté, on gravit un labyrinthe à travers des bosquets; dans tout jardin presbytéral, il doit y avoir un labyrinthe. Mais au faite de celui-ci, on rencontre une « beauté naturelle » qui ne se voit dans aucun autre. La cascade est formée par un ruisseau qui bondit à travers des roches éboulées; une belle gerbe d'eau bouillonnante tombe dans un bassin, autour duquel on a disposé des sièges. On peut s'y asseoir sans qu'il en coûte rien, sauf les honoraires du médecin peut-être, car, au bord de cette eau glaciale, l'atmosphère est perfide. — Madame, croisez vos dentelles sur votre poitrine, si vous n'avez pas d'autre préservatif contre les froidures soudaines, quand vous vous asseoirez, à Montauban, devant la cascade de M. le curé.

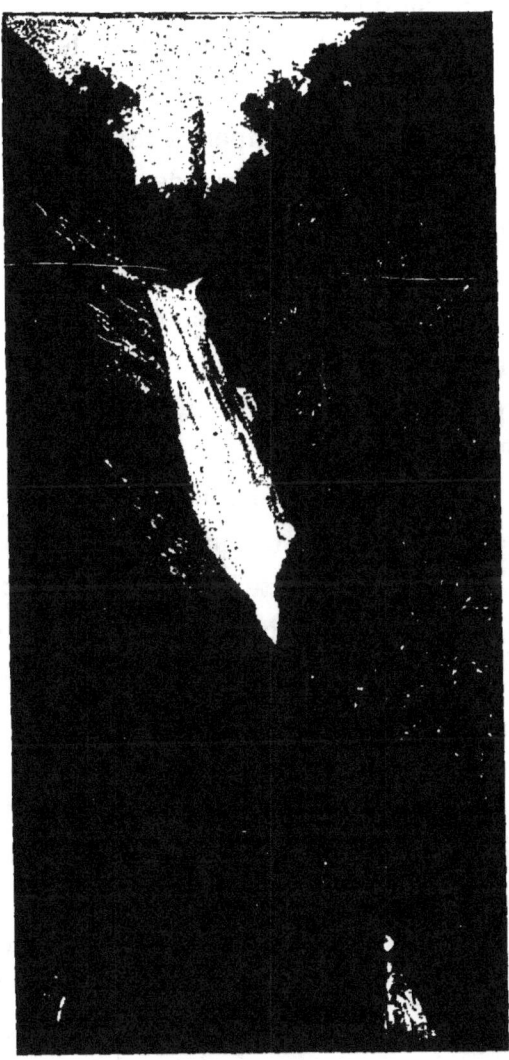

CASCADE DE JUZET

De Montauban, une route, dont le ruban se déroule à droite, conduit au pied du hameau de Juzet. Trois quarts d'heure de petite marche. Pour grimper à ce joli perchoir, un sentier rapide s'ouvre à l'angle d'un pont. On a sous les yeux le torrent qui, plus haut, a formé la cascade ; un moulin pittoresque est assis à cheval sur les deux rives. Bientôt après, une barrière. La cascade de Juzet est encore une propriété privée : nouveau droit de cinquante centimes, mais qui, cette fois, ne serviront pas à couvrir les dépenses d'une église ; c'est le propriétaire qui empoche.

Cette cascade de Juzet est bien supérieure à celle de Montauban ; le fond du tableau, tapissé de grands feuillages, a plus de grâce, le cadre est plus large ; la nappe d'eau, plus abondante, au lieu de retomber dans un bassin artificiel, vient expirer dans le torrent, dont le lit est hérissé de roches; enfin la hauteur est de plus de cent vingt pieds. Juzet est un des points les plus agréables de cette lente promenade circulaire autour de Luchon, qu'on appelle « le tour de la vallée ».

Chacun peut la prendre différemment, suivant son caprice. La marche ordinaire va d'une allée qui part des jardins de l'établissement thermal, près de la buvette du Pré, et joint Saint-Mamet; de là on se rend à Montauban par une route qui court au pied des monts, puis à Juzet, puis à Salles, Antignac, Moustajou, et l'on rentre à Luchon par l'avenue de Barcugnas.

Mais on peut aussi ne voir que Montauban et Juzet, et remettre au lendemain la visite à Saint-Mamet. L'église, de la fin du xve siècle, a été restaurée et décorée de peintures murales intéressantes, parmi lesquelles on rencontre pour la première fois l'image du grand saint Bertrand, l'apôtre du Comminges. Rien dans le village n'est d'ailleurs curieux que sa situation sur la rive droite de la Pique, et l'animation qu'y apportent les promeneurs. Les calèches passent, puis ce sont les troupes d'ânes chargés d'enfants, qui accourent sous la conduite des gouvernantes et de l'ânier. Partout on croise ces petites bandes joyeuses, les ânes trottinant, les enfants criant de plaisir, tant qu'ils travaillent à mettre leurs montures au galop, et, quand ils y ont réussi pour un moment, criant de peur.

Castel-Vieil fait partie du « tour de la vallée » ; c'est aussi une promenade à part et qui se présente d'elle-même ; on doit suivre la route d'Espagne, qui court derrière le quinconce des Thermes. Le chemin, d'abord plat, se relève ; on n'arrive point sans fatigue. Castel-Vieil n'était-il bien qu'un poste de vigie? Si la tour surveillait le défilé de Vénasque, elle commandait aussi la vallée de Burbe, au sud-ouest, — c'est-à-dire le chemin qui descend du col de Portillon. Pendant la guerre de la succession d'Espagne, Castel-Vieil avait été armé. On avait hérissé de canons ces vieilles pierres. Quant à la vue, elle s'étend sur la vallée entière de Luchon, sur la base des monts, sur la gorge de la Pique, sur le beau vallon de Burbe, recouvert d'un énorme manteau de verdure, dont les plis ondulent comme des vagues.

On a vu désormais Juzet, Montauban, Castel-Vieil, Antignac, et l'on n'a pas épuisé les promenades autour de Luchon. Celle qui conduira le visiteur à la cascade de Sourrouille, est en dehors du « tour » classique. On gagne l'allée des Soupirs, en remontant la rive droite de l'One jusqu'au pont de Mousquères ; un chemin s'ouvre à gauche du pont, et longe de belles prairies ; c'est celui des granges de Gouron qu'il faut suivre quand on veut faire à pied l'ascension du Superbagnères. Bientôt on rencontre un ruisseau dont le nom — Ricou-Caout — est moins harmonieux que sa chanson, puis la Source. On est alors dans le vallon de Gouron, pittoresque et souriant. La cascade est l'une des plus jolies de tout le pays luchonnais, fertile en chutes d'eau ; on ne la connaît presque point, elle ne figure pas même dans les guides.

Il est bien gracieux pourtant ce léger panache flottant à travers les hauts branchages d'une hêtrée. C'est d'abord une fumée d'eau sous les feuilles. La chute rencontre successivement deux ressauts creusés dans de belles roches de fer teintées d'un jaune de rouille ; sur ces deux gradins, le flot s'arrête un moment, se condense, glisse en écharpe brillante jusqu'à une plate-forme, et de là retombe furieux dans le lit hérissé du ruisseau. Accoudé sur le garde-fou d'une passerelle rustique, on peut examiner à loisir cette bataille inégale des roches et de l'eau.

Après cette visite à Sourrouille, c'en est bien fini des « promenades » ; l'heure des « excursions » a sonné, celle des ascensions est prochaine. Cependant il est inutile de ceindre ses reins et de se munir du bâton de montagne, s'il ne s'agit que de visiter la célèbre et romantique vallée du Lys ; car on la parcourt commodément en voiture, du moins jusqu'à la cascade d'Enfer, au pied des glaciers. La nature, ayant ici dépensé toutes ses harmonies, n'a point voulu que l'abord en pût décourager les dames.

La vallée du Lys est le bijou des Pyrénées : le joli dans le sublime ; des fleurs dans des gorges sauvages ; le beau lys des Pyrénées ouvrant sa corolle rose tachetée de sang dans l'horreur de la « rue d'Enfer », au-dessus d'un gouffre ; des bois sombres, des eaux éblouissantes ; des cirques de verdure couronnés de glaciers.

La route d'abord est la même qui conduit à Castel-Vieil ; on repasse au pied de la tour. Le vieux soldat qui la garde y a planté son drapeau. C'est sa coutume par le beau temps ; quand le soleil luit, le bonhomme se pavoise. On court au-dessus de la vallée profonde, d'où cette petite montagne de Castel-Vieil émerge comme un îlot escarpé ; le chemin couvert de feuillages rasant les pentes du Superbagnères, à droite, passe bientôt sur la rive gauche de la Pique par le pont Lapadié, puis, franchissant de nouveau le torrent par le pont Ravi, pénètre dans la vallée du Lys. On laisse le chemin de l'Hospice à gauche, on a devant soi, au sud, de hautes rampes inaccessibles : ce sont les escarpements du Mail Arroué, tapissés des plis serrés d'une sapinière. Le Mail Arroué n'est pas un petit mont : 2,065 mètres. Entre la route et la forêt se creuse une ravine qui paraît sans fond ; le Lys y roule sous une chevelure d'aulnes.

Au sud, une gorge verte entre deux murailles boisées : c'est le val Bouneou, qui sépare le Mail du pic de Bouneou et monte tout droit vers le mont Sacroux, à travers les bois et les pâturages. Une cascade s'épanche entre les branchages des sapins; le torrent mugit dans la combe profonde; le bruit remplit la hêtrée qui, maintenant, borde la route. Il faut mettre pied à terre pour visiter le gouffre de Bouneou. Les abords en sont glissants; mais on aperçoit tout de suite un objet parlant qui commande la prudence : c'est une croix funéraire de marbre blanc. Ici, un touriste a voulu voir de trop près le bouillonnement de l'eau ; — la roche effritée a manqué sous son pied, le tourbillon l'a saisi.

Le Lys arrive sous un couvert impénétrable, formé de toutes les essences d'arbre que l'on peut imaginer : des hêtres, des aliziers, des mérisiers, des érables, des tilleuls, des sorbiers, accolés aux sapins, si bien que leurs bouquets de graines pourpres ont l'air de pendre à ces rameaux noirs. Le torrent s'abîme dans ce trou de Bouneou, appelé aussi l'Estrangouillé, jette de grands remous d'écume, puis reprend son cours furieux, encaissé entre deux formidables rebords de roches. Une passerelle, reliant les deux rives, est le meilleur poste pour examiner le jet de l'eau sortant du gouffre. Malheureusement une demi-douzaine de polissons vous y enveloppera bientôt, pour vous proposer de vous conduire à l'endroit précisément où le malheureux touriste fut pris du vertige, et roula dans le flot tournoyant ; pour deux sous que vous leur donnerez, ils vous fourniront la chance d'être mis en morceaux.

Après le trou de l'Estrangouillé, la vallée se resserre encore ; on est en pleine forêt, au cœur de cette végétation luxuriante et folle ; un deuxième ressaut du torrent tombant dans un autre gouffre remplit le fourré d'un bruit assourdissant. Le bois, après cette cascade Richard, prend un aspect différent: plus de halliers, une hêtrée superbe. Sur l'autre rive du Lys, des pâturages. Tout à coup la gorge s'ouvre, et le cirque se déploie. C'est un prodige et un ravissement ; et toujours ce mélange extraordinaire de grâce et de grandeur, de sauvagerie et de mondanité, qui fait le caractère de cette vallée adorable, l'une des œuvres favorites du Créateur apparemment, et le promenoir quotidien des élégances de Luchon. Sur la route qui va serpentant en lacets, tantôt s'éloignant du Lys, tantôt à fleur du torrent, se croisent les voitures et les cavalcades. Cette foule bigarrée dérange un peu; on voudrait n'avoir d'yeux que pour le cadre sans rival de ce cirque merveilleux, pour ces cascades qui roulent des premiers étages boisés des monts, pour ces pics entassés, et pour l'éblouissement de ces plaines blanches couchées, là-haut, entre les crêtes.

On revient pourtant malgré soi aux choses de la terre, et l'on s'amuse de ce tumulte mondain de la route. La plupart de ces promeneurs et promeneuses paraissent un peu plus occupés d'examiner la correction de M. X. et la nouveauté du chapeau de Madame Z., que de déterminer la situation du glacier. Le grand miroir étincelle sous un soleil ardent ; les champs de neige, vus à la lorgnette, présentent de longs bourrelets qui ressemblent aux sillons des champs de blé, dans le monde d'en bas. Ces deux monts, qui les dominent, sont, au sud-est, le pic Crabioule, à l'ouest le pic Quairat. Ce dernier a deux pointes, deux tours aiguës de granit qui regardent le vrai désert aérien, les glaciers et les escarpements déchiquetés de son voisin, le Crabioule, pic des *crabes* (chèvres ou isards, tous animaux grimpants). Ces terribles passages sont en effet hantés par de grandes hardes d'isards qui vont franchissant les crevasses, glissant sur les moraines, se reposant et ruminant dans la neige, tandis que, sur l'aiguille d'un rocher, veille la sentinelle du troupeau. Toute cette région est remplie de ces grimpeurs intéressants ; la chasse y est difficile, même pour les plus intrépides montagnards.

Un chasseur, précisément, vient sur la route, en sens contraire de la foule qui arrive de Luchon ; il porte sur ses épaules un de ces « crabes », et celui-ci est énorme. Notre chasseur, apparemment, n'a point réussi à le vendre dans une des trois hôtelleries assises au pied de la cascade d'Enfer, que nous allons joindre dans un moment. Il y a pour cela une bonne raison : l'animal est coriace ; c'est un « seulet ». Les vieux mâles ne vivent point en harde, et se tiennent à l'écart. La vieillesse des quadrupèdes, comme celle des bipèdes, est solitaire. Mais les promeneurs n'ayant point les lumières des trois aubergistes de là-bas, le chasseur et la bête ont un vif succès. Les voitures s'arrêtent, on prend plaisir à regarder ces cornes noires. Une troupe de cavaliers arrive, et l'un d'eux fait marché : deux louis, une bagatelle ! Il en aurait donné dix sous le feu des regards féminins. Or l'un des aubergistes n'aurait pas payé plus de vingt francs un sujet tendre.

La route continue ses méandres, et va heurter le fond du cirque. Les trois auberges sont assises au bord du torrent ; l'aubergiste de droite a trouvé le moyen de retenir les eaux par un barrage, et de fabriquer un petit lac. Sur ce laquet on a mis une nacelle. J'ai vu cela, l'an passé ; le torrent pourrait bien avoir emporté le barrage pendant l'hiver. De novembre en avril, toute cette combe et, plus haut, la sapinière sont ensevelies sous des monceaux de neige ; quand l'énorme linceul se fond aux premiers soleils, le Lys, gonflé, emporte tout. C'est à la fin du printemps, en ce radieux mois de juin, où les nuits sont encore glaciales à la montagne, qu'il faudrait visiter le cirque, quand les hêtres portent leurs feuilles neuves, et les sapins, leurs aiguilles d'un vert tendre, que des sillons de neige couvrent encore les pentes, avant que l'été n'ait diminué le volume des cascades. Et puis, en ce moment-là, il n'y a point d'escadrons féminins en costume Watteau au bord du torrent.

En août, c'est différent. Ce n'est point que cette foule parée et très animée n'offre de l'amusement. Il se donne chaque après-midi une « première » dans les trois auberges ; le « tout Luchon » est là. A l'instar du « tout Paris », il est assez mélangé d'éléments cosmopolites : des Espagnols venant ici en voisins, des Anglais qui partout se croient chez eux. Je monte à l'hôtellerie, située au-dessus du petit lac artificiel ; c'est la plus proche aussi de la cascade. On y a construit une galerie couverte, où l'on vient s'asseoir pour prendre des rafraichissements. Dans l'auberge même, de joyeuses compagnies se font servir le « lunch »; la cour est remplie de voitures et de chevaux qu'on ne sait où loger ; les querelles des cochers achèvent le tapage. Il faut oublier tout cela pour regarder le tableau du mont, et se faire violence pour ne point rire en voyant près de soi un jeune touriste venu de la poétique Angleterre qui s'occupe gravement à se confectionner un grog, et pour cette besogne importante s'est assis tournant le dos à la chute du torrent.

Il est aussi bien difficile de ne pas se laisser distraire par le spectacle qu'on a sous les pieds. Le Lys se précipite en bouillonnant au fond du cirque et s'y divise en plusieurs branches, formant des ilots; l'amusement pour cette fourmilière humaine, qui s'y presse, c'est de sauter d'un bord à l'autre sur les cailloux roulés. Les jeunes femmes y excellent; si elles veulent passer dans une ile, elles sont bien sûres d'y trouver quelque Robinson arrivé avant elles et qui leur présente la main; le même secours les attend pour rejoindre la terre ferme. Le malheur, c'est que les enfants se mêlent au jeu; leurs pieds glissent au beau milieu du chemin, l'eau n'est guère profonde, mais elle est glacée; les babys piaillent, les mères courent affolées, n'ayant point d'habit de rechange; on apporte une jolie fillette toute blonde, toute rose, toute ruisselante, qu'il faudra mettre dans une couverture. Le jeune Anglais boit son grog et dit en levant les épaules : Ahoh! les enfants.

J'ai déjà dit qu'une grande muraille boisée ferme le cirque. A gauche, deux cascades roulent dans la forêt; mais l'une n'offre plus qu'une nappe assez maigre, l'autre, à peine un filet d'eau. La grande chute, la cascade d'Enfer, est située à gauche. De notre auberge, on ne la découvre point, mais on l'entend; c'est un grondement de tonnerre qui ébranle les planches sur

CASCADE D'ENFER

lesquelles nous sommes assis. Je m'achemine ; le jeune Anglais me suit, il a fini de boire son grog. Le sentier au-dessus du torrent devient bientôt assez glissant, le bruit est formidable. Encore un pas, au tournant d'une roche qui surplombe, et l'on a devant soi cette « rue d'Enfer ». Le Lys, dont le nom est si doux et l'action si brutale, s'est creusé un passage, une « rue » entre deux énormes blocs. La cascade tombe d'une hauteur de soixante mètres environ. La nappe est large et écumeuse, mais c'est la force diabolique et le caractère sinistre de ces roches, qui en font la beauté saisissante. Au-dessous s'enfonce un couloir obscur ; c'est bien l'accès d'un lieu infernal ; puis, la fissure s'élargit au sommet, et dans la lumière qui reparait brusquement se découpent des feuillages. Au point où le flot glisse, un débris subsiste encore de l'ancien barrage emporté ; c'est un quartier de roche effilé en aiguille ; les vieux du pays ont toujours vu ce piton vaciller sur sa base, et croient fermement que, lorsqu'une dernière convulsion du torrent l'arrachera enfin, ce sera un signe. Le Lys a de mauvaises colères ; ce jour-là, il fera des siennes dans la vallée !

Au pied de la gorge, en présence de ces roches toutes droites, et de la longue fente verticale qui les sépare, aveuglé, d'ailleurs, par l'éblouissement de l'eau, assourdi par sa chute, on se demande comment on gravira cette formidable rampe ; pourtant rien n'est si simple. Seulement, l'heure est trop avancée. Si l'on veut épargner sa peine, et ne faire qu'une ascension en s'élevant vers la rue d'Enfer, pour gagner le cirque du même nom, les étages de cascades, la région des lacs et le pied des glaciers, ce sera la tâche du lendemain.

A six heures, le fond de la vallée est encore plongé dans des demi-ténèbres ; il fait à peine jour sous les roches et les grands noisetiers qui recouvrent le chemin. Ce n'est d'abord qu'un sentier ; bientôt il s'élargit et monte à travers des bruyères. Vingt minutes de marche suffisent pour gagner le pont d'Enfer, jeté au-dessus de la chute. La poussière humide vous enveloppe, le souffle de l'eau glacée vous cingle le visage. Le spectacle, d'ailleurs, n'est pas encore celui qu'on a souhaité ; on cherche le gouffre. Il faut monter encore, vingt autres minutes environ. Désormais, on chemine à travers une pelouse ; un autre pont conduit sur la rive droite du torrent, et l'on atteint enfin une terrasse, à laquelle est suspendu l'escalier du vertige : quelques degrés dans le roc glissant, puis une saillie qui, heureusement, a été environnée d'un petit mur.

Ce semblant de promontoire a même reçu un double nom de femme très doux : *Hélène-Marie*. On se demande si l'invocation de deux si grandes saintes n'a pas été imaginée pour faire rentrer le diable, en bas, dans son trou ? Rassuré par ce mur salutaire qui n'est, bien entendu, qu'à hauteur d'appui, on n'a plus peur des œuvres du Malin ; on regarde, tout à son aise, le noir conduit qui mène à son royaume, le gouffre d'Enfer. C'est une magnifique horreur. L'eau furieuse, l'eau satanique, tombe d'un seul jet entre ces deux murailles lisses et tranchantes. On ne la voit presque plus au fond ; d'énormes roches la surplombent, couvertes de sinistres panaches de pins.

On quitte avec quelque soulagement le bord du gouffre. Ecoutez le guide : un nouveau trajet s'impose ; il faut monter au pont Nadée, en suivant toujours la rive droite du torrent, roulant dans la longue entaille qu'il s'est creusée. Ce couloir mérite son nom comme le gouffre ; c'est bien « la rue d'Enfer ». Dans les profondeurs « de la rue », l'eau a des bonds prodigieux. Les cascades, qui se précipitent des glaciers, la poussent, et des remous effrayants la refoulent. On n'approche point du bord sans péril, il faut bien s'assurer que la roche est solide, et il n'est pas prudent de s'arc bouter sur le bâton de montagne. A regarder les blancheurs de l'écume dans cette coulée noire, le vertige est prompt.

Une cascade en appelle une autre, et les chutes, ici, partout se suivent et ne se ressemblent presque jamais. Je rappelle que nous allons à pied; si nous avions fait la route à cheval, il nous faudrait redescendre à la cabane du Lys, vers le nord, pour y retrouver nos montures. Libres de toute entrave, nous nous laissons guider vers une passerelle jetée sur le torrent; un sentier, hérissé de débris de roches, où l'on va trébuchant, nous conduit à une forêt de sapins, bientôt mêlés de hêtres et de bouleaux; cette dernière essence est assez rare dans les Pyrénées. Des filets d'eau descendent de toutes parts pour le charme des yeux, point pour la commodité de la marche, car, à chaque pas, ils traversent le chemin. Plus haut, un grondement nous avertit que nous approchons d'une grande chute. Tout à coup, la cascade du Cœur apparait.

La chute est puissante, mais ce n'est point là son charme particulier; il est surtout dans le merveilleux ruissellement de l'eau à travers les aiguilles et les feuillages. Cette haute et large pluie s'irise de couleurs brillantes. On passerait des heures à contempler ces jeux de lumière; mais le tableau se prolonge, et il faut le suivre dans ses détails infinis. Le nom de cascade du Cœur n'est point approprié, il faudrait dire *les cascades*, car il y en a trois au moins qui roulent à des étages différents. La principale, que nous venons de voir, est formée de deux torrents : l'un bondit et tombe d'un jet, comme la cascade d'Enfer, mais dans un cadre bien différent. Celui-ci descend des glaciers du Port-Vieux et du mail Barrat; cette gerbe soudaine a la pureté de la neige, qui l'a formée. L'autre torrent glisse en longs replis bouillonnants entre des roches. Tous deux contournent un mamelon gazonné, auquel les poètes du pays ont trouvé la forme d'un cœur : de là le nom de la cascade; puis, réunis au pied de la roche verte, ils forment la deuxième chute, la première, si l'on veut, puisqu'on la rencontre d'abord en montant. Une deuxième halte est nécessaire devant le *Cœur*. On suit des yeux ces longs ondoiements de cristal et ces rebondissements d'écume; on se berce à l'harmonie pénétrante de cette solitude magnifique, et, comme toujours, on soupire un peu en se remettant sur ses pieds, déjà las, pour continuer le chemin.

CASCADE DU CŒUR

Marche! marche! Pourtant, que cette existence errante est belle! Quelle liberté! quel détachement surtout de la petite vie d'en bas ! On se souvient que pendant l'hiver on a quelquefois passé les six jours d'une semaine — le dimanche étant heureusement excepté — à écouter des pièces nouvelles ou du vieux neuf, et l'on se prend un peu soi-même en mépris.

Assez de philosophie. Nous continuons de gravir les chemins de la sapinière... Et quand je dis des chemins !... Voici maintenant des pelouses. A la cabane d'Artigue, une courte halte.

Nouvelles cascades. La première n'a de beauté vraie que sa hauteur... Le sentier, de nouveau, s'infléchit à droite vers le torrent. Une autre chute bondit du faîte d'un escarpement qui porte quelques sapins clairsemés : c'est le barrage du lac Vert.

Plus de chemin tracé. Des rochers couverts de lichens dorés, parfois un tapis de hautes herbes, de petits coins de savanes aériennes, puis des débris, un champ d'éboulis. On monte vers une crête ; l'escalade est aisée, la descente l'est moins. Il s'agit d'atteindre le fond d'un ancien lac, un cirque aujourd'hui, un lieu gris et désolé ; on marche sur l'ancien lit qui berçait le miroir de l'eau, parmi d'énormes graviers, — des « graouès » ; ils ont donné leur nom à cette combe creusée au milieu d'escarpements qui formaient les bords de la cuvette. Désormais, il reste à franchir ces rampes mornes. Le caractère du tableau n'a que trop changé devant nous : plus de forêts, plus de chutes. La montée de ces roches habillées d'une maigre végétation parasite est laborieuse ; enfin, nous atteignons le premier lac. Chaque étage des monts porte un de ces bassins flottants. Celui-ci, c'est le lac Vert. Approchant de l'altitude de 2,000 mètres, nous nous trouvons au milieu de pâturages déroulant leur nappe jaunâtre à perte de vue, du côté de l'ouest. A l'est, un haut chaînon de rochers ; au sud, une cascade. Elle tombe du bassin supérieur. Tout ce premier plan n'offre point de beauté saisissante ; mais là-bas, de l'est à l'ouest, voici la haute ceinture des glaciers.

Nous attaquons les épaulements rocheux de la terrasse qui porte le deuxième lac. Rude travail, qui ne prend guère moins d'une heure ; nous sommes au bord du lac Bleu. Pourquoi ce nom qu'il ne mérite guère ? Il a la couleur de l'étain, — gris avec des reflets métalliques. Au demeurant, ce n'est qu'une méchante nappe d'eau ; mais quel fond de décor! La longue arête blanche qui relie le Mail Barrat à la Tusse de Maupat.

Nous touchons la base de ce dernier mont. Par-dessus le Mail Barrat, un autre pic montre sa pointe aiguë : c'est l'Estaouès. A l'ouest, une double pyramide : c'est le Quairat.

LE CAILHEOU D'ARRIBA-PARDIN.

III

LA VALLÉE D'OUEIL. — SAINT-AVENTIN. — LES LACS D'OO.

On part de Luchon, en face de l'église, on remonte l'allée des Soupirs jusqu'au pont de Mousquère, et, avant de le franchir, on retrouve à gauche le sentier qui conduit à la source de Sourrouille. La route monte en lacets, à droite, sur un mamelon ; puis le coteau, qui s'élève à gauche, s'en rapproche brusquement : il n'y a plus entre tous les deux qu'une étroite fissure, au fond de laquelle le torrent mugit. On découvre au midi les hautes pentes de Superbagnères, toutes tapissées de sapins.

En face de la montagne d'Antenac, le cap de Bassios, le cap de Laragouère ; le plus haut de ces trois sommets n'a que deux mille mètres. Sur l'un des versants, le village de Cazaril, dont l'église romane renferme des antiquités intéressantes. Si l'on se tourne vers le sud, on reverra Luchon sous ses grands bocages, au fond de la vallée. Deux ponts ont été construits à peu de distance l'un de l'autre, sur la Neste d'Oô. Les lacets continuent, se dessinant à droite; la route est ombragée, la vue toujours belle. On arrive à la bifurcation de deux routes; c'est celle de droite qu'il faut prendre; elle s'enfonce dans la vallée d'Oueil.

Ouailles, brebis. — La vallée d'Oueil est riche en troupeaux de moutons. Pays perdu autrefois. Aussi, à cet embranchement que nous venons d'atteindre, les habitants de la vallée ont érigé une colonne en l'honneur de Napoléon III, qui leur fit présent d'une route. Ils étaient peut-être plus heureux quand ils n'en avaient point, mais depuis qu'ils en ont une, ils se croient plus riches; cette route, c'est l'instrument des temps nouveaux. A l'orée du val, on aperçoit l'image des temps anciens : au-dessus des deux petits villages de Saccourvielle et de Trébous, la tour carrée de Castel-Blancat sur sa haute roche.

D'un océan de grands blés mûrs, aux longues vagues dorées, émerge le clocher de Saint-Aventin. Mais nous quittons la route de ce village (la route nationale) pour gagner le chemin du Montné par le Bourg d'Oueil. Le torrent de l'Arboust coule à droite, dans une gorge très sombre; on voit plus distinctement la tour de Castel-Blancat, qui plonge dans la gorge. Une montagne sépare les deux vallées: c'est l'Espiaup, — quelque chose comme un Brocken gascon. Ici, on donna le Sabbat.

L'Espiaup contient un nombre extraordinaire de monuments mégalithiques : alignement de pierres, enceinte de pierres, pierres à écuelle, pierres à légende. A chacun de ces témoins obscurs du passé, se sont attachées des superstitions. Les gens d'Oueil pensent que, « certaines fois, la foudre est en pierre », et recherchent « ces pierres de tonnerre », qui sont des talismans. A des yeux plus éclairés, ce sont des pointes de flèches ou des haches des premiers âges.

Des blocs, plus ou moins grossièrement façonnés par la main de l'homme, ont la réputation de communiquer par l'attouchement la fécondité aux femmes et de rendre une certaine puissance aux vieillards. Le *Cailheou d'Arriba-Pardin,* près du village de Poubeau, dans la vallée de l'Arboust, a donné lieu, pendant des siècles, à des scandales que le curé, un jour, résolut d'empêcher ; il fit planter au sommet une croix de fer et défendit en chaire, à ses paroissiens, d'approcher de la pierre diabolique. Jusque-là, chaque année, la nuit du mardi gras, les jeunes gens menaient une procession, puis des danses autour du Cailheou. Il y avait des attitudes et même des paroles consacrées pour cette réjouissance païenne ; c'étaient vraiment les rites d'un ancien culte secret. Les populations de ces deux vallées de l'Arboust et d'Oueil sont longtemps demeurées primitives ; il paraît que c'est aussi le coin des Pyrénées où le patois s'est le moins corrompu par des mélanges ; il est encore tout plein de locutions latines ; et de tous les anciens idiomes romans, c'est peut-être le mieux conservé.

Le premier village de la vallée, c'est Benqué-dessous. Sur la place, on peut admirer l'un des plus beaux ormeaux qui soient au monde ; rien n'empêche de le croire plus vieux que les arbres dits de Sully, parce qu'ils furent plantés dans toutes les bourgades de France, devant les églises, sur l'ordre de grand ministre de Henri IV. La tradition vous dira que les seigneurs rendaient la justice à son ombre ; après quoi, ils pouvaient appliquer la sentence à l'instant même, en faisant brancher solidement le condamné.

De Benqué-dessous, on monte à Benqué-dessus. Ici, une église ogivale, avec des peintures murales qui peuvent être attribuées au XVe siècle.

Cette montagne d'Espiaup, résidence favorite des mauvais esprits, et que le souffle des feux d'enfer devrait avoir calcinée de sa base à son faîte, est presque entièrement gazonnée. En partant de Benqué, montant à travers des pâturages, on arrive, à une hauteur de 1,300 mètres environ, aux premières enceintes de pierres. Cette région intéressante a été longuement étudiée en 1875 par MM. Sacaze, de Craonne et Gourdon. Le monument le plus frappant de tout ce quartier a reçu le nom de Peyrelade ;

C'est un « alignement » rectiligne qui n'a pas moins de 277 mètres de longueur, et se compose de 93 blocs de granit, dont quelques-uns mesurent jusqu'à 58 mètres cubes. « Les enceintes circulaires, dit M. Julien Sacaze, sont pourtant les plus nombreuses ; elles sont formées de pierres brutes, presque toujours placées de champ et fichées dans le sol. Au centre de chaque cromlech, à une profondeur de 15 à 65 centimètres, se trouve ordinairement une *cella*, sorte de caisse rectangulaire faite de dalles schisteuses et renfermant des cendres et des ossements calcinés. » Vieilles sépultures, vieux morts. Quelques-uns de ces étuis informes renferment des vases cinéraires dont la forme fait supposer un âge relativement peu reculé ; dans un des vases, on a trouvé deux bracelets de bronze. Or le bronze est le signe de ce qu'on appelle « une civilisation primitive ».— Je crains fort qu'il n'y ait jamais de civilisation « définitive », en sorte que tout ceci n'est affaire que de degrés. La vallée de l'Oueil, en des temps encore plus obscurs, formait le bord du glacier de l'Arboust ; la vallée de Luchon était un lac.

Pour joindre Bourg d'Oueil, au pied du Montné, le mieux est de regagner la route de voitures, qui, bientôt après Maylin, franchit la Neste d'Oueil ; on traverse Saint-Paul, le plus gros village de la vallée ; on a déjà dépassé l'altitude de 1,000 mètres. On suit le torrent, qui, sur la rive opposée, baigne les bases de la montagne de Bilourtède. Entre une sapinière qui les couvre et la Neste, se voient de grandes roches éparses ; nous retrouverons dans la vallée de l'Arboust des blocs de même provenance vomis par le glacier.

Bourg d'Oueil, situé à plus de 1,350 mètres d'altitude, environné d'un cercle de monts qui n'en atteignent pas deux mille, est un village des sommets ; ce fut le chef-lieu de la vallée, jadis. Au moyen âge, les vicomtes de l'Arboust, de l'ancienne maison d'Aure, tenaient fortement le cours des deux Nestes. Bourg d'Oueil eut pourtant ses seigneurs, une vieille race du pays qui n'est pas éteinte. Le baron de Fiancette d'Agos, un des plus savants archéologues des Pyrénées, habite près Saint-Bertrand de Comminges, au village de Tibiran. Le château des Fiancette d'Agos, à Bourg d'Oueil, est maintenant une auberge. On y prend ses logis avant et après l'ascension du Montné.

Cette belle montagne, comme le Pène de Lhéris, comme le pic du Midi de Bigorre surtout, est placée en vedette au-devant de la chaîne; la vue qu'on découvre du sommet est donc très étendue et très nette. Aussi l'ascension du Montné est à la mode; on la fait de préférence pendant la nuit, ce qui montre bien qu'elle est aisée. On arrive au sommet quelques instants avant le jour, afin de contempler un lever de soleil sur les glaciers; et c'est grand dommage que cette fine partie manque si souvent: les brouillards sont des trouble-fête; qui le sait mieux que nous?

Deux chemins conduisent à cette cime courtoise: on peut suivre la route jusqu'au col de Pierrefitte, ouvert au flanc de la montagne, et d'où l'on glisse dans la vallée de Louron. Du col on y monte à cheval « en demi-heure » (style méridional); c'est le chemin de nuit. Le chemin de jour part de Bourg d'Oueil, et l'on doit gravir d'abord quelques escarpements, pour gagner ensuite des pâturages; on prend un temps de repos dans la cabane d'un berger; on atteint le faîte en moins de deux heures. La vue est presque sans limites. A l'est, on découvre les pics de l'Ariège; en inclinant vers le midi, tout le pays d'Aran, avec son point culminant au pic de Montarto, et l'on devine les divers étages de crêtes qui descendent vers l'Ebre; à l'ouest et au sud-ouest, le massif du Mont-Perdu et des monts d'Aure, le Néouvielle, l'Arbizon, le pic du Midi. Au plein sud, toute la couronne des glaciers, de Clarabide à la Fourcanade, et, en son milieu, le fleuron étincelant de la Maladetta.

Le retour du Montné peut se faire par le col de Pierrefitte; on suit en pleine montagne un chemin difficile qui longe le sommet du Lyon, puis la montagne de Pouglouby, et par un val étroit et pittoresque, on rentre dans la vallée de l'Arboust.

Quant à nous, redescendant à Bourg d'Oueil, nous allons rejoindre la route d'Arreau, et nous passons le lendemain à Castillon, dans la vallée de l'Arboust. Le nom de ce village

L'ÉGLISE DE SAINT-AVENTIN.

dérive clairement de *castellum* ; les comtes de Comminges y eurent un château, qu'un incendie a détruit. Quelques murs en subsistent encore, et dans une des parties les moins mutilées on remarque deux fenêtres à encadrement de marbre sculpté l'une porte la date de 1494. A cette époque, il n'y avait plus de comtes de Comminges; la maison forte avait de nouveaux seigneurs.

Avant d'entrer dans la vallée d'Oô, nous devons une visite à la célèbre église de Saint-Aventin ; ce n'est qu'un court trajet. Le village de Saint-Aventin où nous entrons déploie ses maisons de chaume sur les deux bords de la route. Un chemin conduit à l'église, située au-dessus du village et dont la porte est ombragée par un nouvel ormeau gigantesque. C'est ici que fut enseveli le bienheureux Aventin, pâtre de la vallée d'Oô, qui, de son vivant, avait fait de grands miracles. Toutes les créatures de Dieu éprouvèrent sa douceur et sa charité. Un jour qu'il gardait son troupeau dans les montagnes, au bord d'une forêt, un ours sortit en boitant du fourré, vint à lui et lui présenta sa patte, où l'animal maladroit avait laissé se loger une grosse épine. Aventin le soulagea tout comme si c'eût été un chrétien. Le bruit d'une action si généreuse se répandit parmi les ours du voisinage; ils en témoignèrent leur reconnaissance à leur manière, et c'était la bonne : ils quittèrent la contrée.

La façade de l'église de Saint-Aventin n'a rien de remarquable. En revanche, la partie latérale (à droite) présente une superbe porte romane. L'ensemble de la décoration est original; on ne rencontre pas souvent ces petits arcs placés ici à la naissance du toit. Trois autels votifs, avec des inscriptions romaines, ont été encastrés dans la muraille; deux sont dédiés au dieu Abellion, l'une des anciennes divinités les plus fêtées dans ces montagnes. Le maître-autel est consacré aux dieux mânes.

ABELLIONNI
CISONTEN.
CISSONBON
NIS.FIL
V. S. L. M.

Abellioni, Cisonten, Cissonbonnis fil(ius). — A Abellioni, Cisonten, fils de Cissonbonnis, etc.

Cette version, sur laquelle il n'y a pas, d'ailleurs, de doute possible, a été donnée par M. Julien Sacaze, dans son *Epigraphie de Luchon*. Ce fin érudit a décrit presque tous les autels votifs du pays luchonnais ; ces monuments sont nombreux (1).

« La plupart des villages modernes, écrit M. Sacaze, paraissent avoir été bâtis sur l'enplacement d'anciens *pagi*, s'il faut en juger par le grand nombre de monuments gallo-romains que l'on y a trouvés. Chaque lieu avait son génie protecteur, sa *divinité topique*. Ilixo (ou Lixo) était adoré à Luchon ; Abellion à Saint-Aventin, à Garin, à Billère et dans les régions voisines. Iscitt, à Garin ; Exprcenn, à Cathervielle ; Aherbelst, à Saint-Aventin ; Alardoss, à l'extrémité septentrionale de la vallée de Luchon ; Baicorrix, à Montmajou ; Tutèle, à Poubeau ; les Montagnes, à

---

(1) M. Julien Sacaze, qui a exploré toutes les Pyrénées françaises, de la Méditerranée à l'Océan, a recueilli un grand nombre d'objets très intéressants au point de vue de l'histoire et de l'art ancien. Ses collections occupent une partie du rez-de-chaussée et de l'entresol de sa maison, sur le boulevard du Midi, à Saint-Gaudens ; nous énumérerons les plus importantes :

1º Collection épigraphique, comprenant des autels votifs dédiés à plusieurs divinités, Abellion, Baicorrix, Ilixon, Arixon, Bios, Mars-Daho, Jupiter, Tutèle, etc. ; des inscriptions funéraires où se lisent des noms ibériens et des noms gaulois ; des colonnes milliaires, etc.

2º Collection de tous les objets trouvés par M. Sacaze dans les cromlechs celtiques de la Plaine de Rivière, près de Saint-Gaudens (plusieurs vases, bracelets et fibules en fer, torques et anneaux en bronze).

3º Collection de vases, d'armes et parures en fer et en bronze, recueillis par MM. Piette et Sacaze, dans les tumulus gaulois d'Avezac-Prat (Hautes-Pyrénées).

4º Collection de poteries, bracelets en bronze, etc., trouvés par MM. Sacaze et Piette dans les monuments mégalithiques du pays de Luchon.

5º Collection de plus de 80 vases, d'un grand nombre d'objets en bronze et en fer (armes et parures), d'amulettes et bijoux en pierres précieuses, provenant des antiques sépultures à incinération de Golasecca, dans la Haute-Italie. Les cromlechs de cette station préhistorique présentent des ressemblances frappantes avec ceux que M. Sacaze a découverts, en 1875, dans les environs de Bagnères-de-Luchon, au centre des Pyrénées.

Luchon et dans bien d'autres localités ; les Nymphes, à Luchon également, où plus d'un malade reconnaissant leur éleva des autels: *Votum solvit liberatus morbo*; enfin les dieux mânes, partout. »

Quels étaient ces dieux ? La deuxième inscription de Saint-Aventin est dédiée au dieu Aherbelst. Or, « Aherbelst signifierait *bouc*, dans son radical, et *noir*, dans sa terminaison ». *Dieu des boucs noirs*. Les vallées de l'Arboust et de l'Oueil ont toujours eu d'abondants troupeaux. Aherbelst, Abellion et tout l'escadron divin étaient donc des génies protecteurs du bétail, des prairies et des bois ; divinités primitives que l'habile politique des Romains accepta, bien loin de les bannir. Ces conquérants assimilèrent les nymphes des sources de Luchon aux nymphes de leur mythologie, d'ailleurs si peu nationale, et mélangée de tant d'éléments exotiques. Ils souffrirent qu'on adorât Mars à côté de *Baicorris*, et Cérès auprès de *Tutèle*. L'Olympe celtibérien et l'Olympe latin firent ménage ensemble.

L'église de Saint-Aventin est du XIIe siècle. Elle est assise sur une terrasse au-dessus du cours de la Neste d'Oô ; la façade postérieure des maisons du village regarde le torrent. Eglise et village sont dominés par un long chainon, le crête de Saspugne.

La porte du sanctuaire de Saint-Aventin a deux voussures reposant sur des colonnes à chapiteau unique ; le tympan représente le Christ dans un nimbe crucifère, soutenu par quatre anges portant les attributs des évangélistes. Sur le côté droit, un grand bas-relief portant la Vierge et l'Enfant Jésus. D'autres bas-reliefs racontent la vie et la mort du saint berger, patron de l'église. Les bases des colonnes sont formées de lions accouplés. L'intérieur du monument présente trois nefs à six travées, dont les voûtes portées, par des arcs doubleaux, sont en plein cintre, les piliers carrés et sans tailloirs, continuant la saillie des arcs. Les basses nefs ont été disposées de façon à laisser au-dessus de leurs voûtes la place d'une croisée qui éclaire la nef centrale. L'abside ronde est un bon modèle du XIIe siècle, avec une jolie décoration d'arcs reliant les contreforts. Le chœur, fermé par une grille en fer de la même époque, une rareté, une merveille presque unique, renferme le tombeau du saint, placé derrière le maitre-autel, qui porte un rétable de bois peint et doré ; là, des sculptures intéressantes donnent une nouvelle édition de la vie du bienheureux Aventin.

Deux vieux bénitiers demeurent à peu près intacts : l'un est décoré d'un écusson portant un lion et une rosace ; aux angles, des figures, les mains jointes ; à la face antérieure, deux colombes buvant dans un calice. Le deuxième bénitier, du plus pur style roman, est de marbre blanc et fait voir, au fond, dans un cercle lobé, l'Agneau pascal ; sur la tranche, des poissons ont été gravés au trait.

On dépense volontiers une grande heure dans le village de Saint-Aventin ; ce n'est pas du temps perdu. Laissant Castillon à notre gauche, nous cheminons vers Cazaux, où nous devons rencontrer les curiosités d'une autre antique église, devenue célèbre, grâce aux découvertes et aux travaux de M. Bernard, peintre luchonnais. Le modeste édifice est surmonté d'une tour qui porte une flèche habillée d'ardoises ; la tour est percée de baies divisées par des colonnettes soutenant de petits cintres ; c'est du joli roman. L'intérieur ne présente qu'une nef du XIIe siècle, divisée en trois travées, et une abside demi circulaire ; l'intérêt, ici, est tout entier dans les peintures murales qui recouvrent les voûtes, et qui ont été exécutées longtemps après la construction de l'église. On ne connaissait, en 1873, que celles de la nef ; M. Bernard a découvert celles de l'abside et les a restaurées avec une rare sûreté de main. M. Bernard, en même temps, a recherché les artistes obscurs à qui les fresques sont dues ; il en est arrivé à conclure, après une étude attentive, qu'il y eut aux XVe et XVIe siècles, dans le Comminges et les pays avoisinants, une ou plusieurs compagnies de peintres. Les noms de quelques-uns sont connus, celui de Guillaume de Laporte, par exemple, qui était d'Orthez et travaillait vers 1425, pour le compte de la dame Isabelle de Foix; celui de Jean de Mopoey, qui vivait encore en 1506; ceux enfin, reconnus par M. d'Agos, de Jean Bermeil et Jean

L'ÉGLISE DE CAZAUX.

Boë, qui peignirent les étranges fresques de l'église de Bourisp, toutes remplies de sentiment dévot et d'amusement profane.

Les recherches les plus actives n'ont pu révéler le nom du peintre de Cazaux. « L'artiste, dit M. Bernard, dans une notice intéressante, n'a point choisi un point général dont tous les sujets convergeraient vers un centre commun. » Ces sujets sont très divers : des scènes de la Passion ; la création de l'homme et de la femme ; Adam et Eve chassés du paradis terrestre ; saint Jean-

Baptiste prêchant au peuple et pris par Hérode ; la grande scène du jugement dernier, qui figure sur la voûte de la deuxième travée ; le Christ, assis sur l'arc-en-ciel, montre ses cinq plaies saignantes ; la Vierge Mère fait couler de son sein un jet de lait qui pénètre dans la plaie du cœur. A gauche du grand juge est assis saint Jean-Baptiste ; les anges sonnent de la trompette aux quatre vents du ciel ; le grand saint Michel, bardé de fer, tient la croix au lieu de l'épée, et s'en sert pour terrasser les démons. A la gauche du tableau apparait aussi la tête monstrueuse de Satan, dont la bouche vomit du sang et du feu. Un autre démon, bizarrement vêtu d'un costume mi-parti, orné de figures immondes et grimaçantes, harponne les damnés avec un croc, les empile dans une hotte et va les jeter dans l'antre infernal.

Les fresques de l'abside, qui représentent l'Annonciation, la Visitation, la Nativité, les Anges aux pasteurs, l'adoration des Mages, etc., sont celles que M. Bernard a surtout restaurées. C'est un important et curieux travail, qui a rendu l'artiste fort populaire dans le pays luchonnais ; et ce n'est que justice.

Tous les villages de cette vallée de l'Arboust offrent le double intérêt de leur situation pittoresque et de leurs richesses archéologiques. Nous quittons Cazaux, montant vers Garin ; le petit torrent du même nom, qui borde la route, s'épanche en cascatelles dans la vallée ; il va joindre la Neste d'Oô. Le village regarde les glaciers ; le torrent le traverse ; son clocher neuf s'élance au dessus des vieux toits de chaume. Garin a son *cimetière* préhistorique. On y a trouvé dix-neuf urnes, placées au centre de petits cercles de pierre ; et parmi les cendres qu'elles contenaient, de fibules et des bracelets en bronze. La montagne d'Estivère, dont les pentes viennent expirer au point même où l'on a rencontré ce champ funéraire, contient un grand nombre de cromlechs et de alignements de pierres, dont l'un n'a pas moins de 500 mètres de longueur. Quelques-uns des cromlechs renfermaient aussi des urnes cinéraires.

LA VALLÉE D'OU.

Au delà de Garin, sur un plateau très bien cultivé, nous touchons le hameau de Saint-Tritous. Voici deux chapelles, l'une dédiée à sainte Anne, vieille masure sans caractère, l'autre à saint Michel. Un sentier paraît glisser jusqu'aux puissantes roches qui surplombent le bourg d'Oô. Seulement, il est aisé de s'égarer dans ces moissons sur pied ; ces blés sont d'une hauteur peu commune. Un jeune garçon, qui vague aux environs du village, s'approche et s'offre à nous conduire. Nous le suivons à travers le fourré d'épis jusqu'au bord de la combe. Là, mon compagnon de voyage lui présente une pièce blanche. Il s'excuse, il n'en veut point. Ce qu'il en a fait n'est qu'une complaisance due à tout voyageur ; à Garin, ce n'est pas la coutume de se faire payer pour si peu. Le garçonnet est de Garin. Je note ce beau trait : nous ne l'avons rencontré qu'une fois dans toutes les Pyrénées que nous avons explorées désormais de Biarritz à Perpignan.

Ce jeune guide désintéressé est, de plus, fort intelligent. Il nous a conduits précisément au point où il faut se placer pour bien jouir du tableau qu'offre la vallée de l'Arboust dans son haut cadre de montagnes. A nos pieds le joli village d'Oô, dont les maisons, couvertes de chaume, se perdent dans des feuillages ; son clocher d'ardoises reluit au grand soleil. Au-dessus de nos têtes, les monts s'enchevêtrant, les longues pentes se croisant ; on dirait une série de V, ou d'angles aigus renversés, qui ne laissent passer à leur pointe que le torrent et le chemin qui le suit. L'ouverture s'élargit, à mesure que les plans s'éloignent ; le dernier écartement laisse voir le rideau des glaciers.

Ce chemin devient bientôt pierreux ; à peine quelques arbres maigres ; mais, en revanche, après quelques pas encore, de véritables forêts d'orties géantes, puis des ronces : quelques vipères se pâment au soleil. Le rude sentier, enfin, aboutit à l'église, entourée du cimetière et dominant le village. Un des plus gros arbres du pays l'ombrage presque tout entière. La vue, de cette terrasse, est belle : au nord les coteaux qui portent Cazaux, Saint-

Aventin, Castillon, et dont les pentes sont, comme nous le savons déjà, couvertes de cultures ; au premier plan le village, avec ses toits de chaume et les murs en escaliers, qui soutiennent les jardins au-dessus des maisons, tout cela noyé sous une végétation puissante; des vergers en forêts, et sortant des feuillages, une grande tour carrée en briques, coiffée d'un énorme capuchon d'ardoises. L'église d'Oô, où nous entrons, est un bon morceau d'architecture romane. Les fenêtres de son abside pourraient même passer pour un modèle achevé du XIIe siècle. Près du cimetière, une étrange croix colossale. Elle est faite d'un tronc de sapin, dont l'extrémité supérieure a été fendue. On y plante la croix de fer, on relie fortement la partie que cette opération a brisée ; puis aux deux tiers de la hauteur du sapin, on enfonce des coins qui font renfler l'arbre jusqu'à ce qu'il éclate encore. Ces coins restent fichés en couronne; c'est un ornement de plus. Ces croix primitives, dont l'usage est certainement très ancien, sont assez communes dans l'Arboust et l'Oueil ; il paraît que nous en avons manqué une que nous eussions dû voir à Saint-Aventin.

Une tradition se conserve parmi les habitants d'Oô : il y aurait eu jadis à Saint-Tritous, une ville qu'un tremblement de terre autrait détruite. En ce coin de pays, on peut supposer tous les cataclysmes ; le sol est couvert de traces redoutables. D'énormes blocs errants, pareils à ceux que nous avons déjà vus au pied de Bilourtède, encombrent la vallée ; les abords du village d'Oô sont hérissés de ces quartiers de monts arrachés par la marche des glaces. Si les yeux se reportent vers le nord, c'est-à-dire vers Garin, il est aisé de se rendre compte de la formation de ce plateau. Ce n'est qu'un entassement gigantesque de ces blocs, la moraine même du glacier, sur laquelle un sol végétal s'est fixé avec le cours et le secours des siècles. A Oô, nous touchons à une altitude de mille mètres. L'ancienne mer de glace remplissait la combe occupée par le village; le glacier est maintenant à 2,000 mètres plus haut.

On sort du village d'Oô, on franchit le torrent, le pont est à gauche du chemin. Directement devant soi, on a le glacier du Seil de la Baque (la Vache); et marchant tout droit vers le sud, on va bientôt passer dans le bassin supérieur. Ce n'est plus ici la vallée d'Oô, c'est la vallée d'Astos, profondément encaissée, très verte d'abord, ombragée de merisiers et de frênes. Le versant des

L'ÉGLISE D'OO.

montagnes est encore gazonné, et les prairies descendent jusqu'au bord du torrent; les pâturages montent jusqu'aux cimes; ce quartier est celui des pasteurs. Gouaux d'Arboust est le premier village, assis au pied du mont de Sérias. En moins d'une heure on atteint le plan d'Astos, immense pelouse qui n'est que le lit d'un ancien lac. Au nord, les hauteurs sont encore verdoyantes; de tous les autres côtés, ce cirque de prairies est encadré dans de hautes murailles grises, au-dessus desquelles s'élancent des pointes neigeuses. Les granges d'Astos forment un véritable hameau, où l'on trouve le repos et le gîte et des chevaux pour monter au lac.

Le val d'Esquierry s'ouvre à droite, à gauche le val de Médassoles ; celui-ci est le chemin du Céciré, cette étrange montagne de faîte, posée comme une tour sur le Superbagnères. Les fresques de la grande galerie des Thermes, à Luchon, représentent la *déesse Esquierry* sous les traits d'une fille blonde, qui met des fleurs sur son front. Esquierry est une des régions pyrénéennes les plus recherchées par les botanistes ; toutes les plantes alpestres y abondent. Mais la beauté du val, pour le touriste qui s'élève vers les lacs, c'est son poétique torrent, formant une cascade connue sous le nom de la Madeleine. On a trouvé que cette gerbe verdoyante rappelait la grande chevelure éparse de la pécheresse. Au delà du débouché d'Esquierry, le chemin, bordé de quartiers de roches brisées, décrit des lacets infinis au pied d'une montagne où la verdure a reparu : c'est la serra Crémat (2,131 m.). Tout à coup un barrage énorme se dresse en travers de la vallée ; il faut le gravir par un étroit sentier tournant ; parfois, aux coudes qu'il décrit, on revoit le torrent roulant en cascades, et toujours le glacier au fond du tableau. A gauche le Quairat, à droite le Montarqué. Comme on contourne la dernière pointe de ce rude promontoire qui semble fermer l'accès du lac, on entend le grondement sourd de la grande cascade. Un moment, on peut se reposer sous un bouquet de sapins. On redescend alors vers le torrent, on franchit un petit pont ; un deuxième petit promontoire rocheux reste encore à gravir ; mais le sentier est facile. On est arrivé, on a le lac sous les yeux.

Presque tous ces lacs de haute montagne causent la même impression de désenchantement au touriste qui a peiné pour les atteindre. Ce n'est point ce qu'on espérait ; on songe à ces magnifiques mers intérieures qui battent le pied des Alpes. Quelle différence ! Dans nos Pyrénées, où les lacs de plaine, celui, par exemple, qui occupait le riche bassin de Valentine sous la terrasse de Saint-Gaudens, celui qui remplissait la basse vallée actuelle de Luchon, sont écoulés depuis plus de quarante siècles peut-

LAC D'OO

être, on ne rencontre plus que ces hauts miroirs flottants, encastrés dans des murailles sombres. L'effet en est médiocre, il faut bien le dire. Le lac d'Oô a près de quarante hectares de superficie, et l'on est frappé d'abord de sa petitesse. Les regards désappointés se portent vers la cascade, qui offre, du moins, un dédommagement superbe. Elle s'élance d'une hauteur de 270 mètres, et rencontre, à moitié de sa chute, une saillie de roches où elle se brise. Une pluie lumineuse enveloppe la partie inférieure, qui retombe en écharpe ondoyante trois fois plus large que la partie supérieure. La cascade d'Oô, si célèbre, a perdu pourtant quelque chose de sa beauté primitive ; il parait qu'au commencement de ce siècle, elle roulait encore dans le lac. Elle tombe à présent sur des roches éboulées, que l'eau traverse en bouillonnant.

Quant à la beauté du lac même, on apprend lentement à la reconnaitre. Tandis que nous regardons la cascade, des lueurs bizarres, des reflets métalliques passent devant nos yeux. C'est la nappe d'eau qui nous envoie ces jeux de lumière. Tout à l'heure, elle était d'un blanc grisâtre ; des nuées qui pesaient sur la combe, se sont éloignées et coiffent maintenant à gauche un pic noir ; l'eau est devenue d'un bleu franc, traversé de petits frissons argentés. Ces miroitements de couleur commencent à nous réconcilier avec le lac ; nous lui pardonnons la petitesse apparente de ses proportions, en considérant mieux que la sublime rigidité de son cadre l'écrase. C'est d'abord une haute muraille de granit, lisse ou portant de maigres sapins clairsemés. À droite seulement, une ligne de sapins court à la cime des roches, par-dessus lesquels s'élance la pointe blanche de Quairat ; à droite, le formidable rempart s'élève en long triangle dentelé ; au centre, par-dessus la cascade, en ligne presque directe, on découvre la crête de la Spujoles, et la Tusse de Montarqué.

Une barque stationne sur le bord septentrional du lac, et en un quart d'heure porte les touristes au pied de la cascade. La traversée coûte un franc et vingt-cinq centimes, ce qui n'est pas cher; on peut se reposer, et l'on trouve des vivres dans le chalet où se tient le fermier du lac, car cette libre nappe d'eau aérienne est affermée, — à un prix même très élevé, 2,500 francs et quelques menues redevances, pour les trois mois d'été. L'administration des domaines de l'Etat est âpre au gain. Le fermier, embarrassé pour payer un tribut si rude, fait argent de tout, — et même de rien. Si vous n'entrez pas dans son auberge, vous n'en paierez pas moins la taxe. Si vous vous révoltez contre une tyrannie si extraordinaire et refusez de payer, je ne sais trop ce qu'il en arrivera. Il y a peut-être une geôle dans le chalet.

Le mont le plus rapproché du lac inférieur (notre lac d'Oô), c'est le pic Néré, à l'ouest; on ne le découvre point. La haute muraille ne s'entr'ouvre qu'au midi, sur les glaciers. Le chemin des lacs supérieurs devrait monter directement vers le sud, mais il décrit entre les roches de terribles méandres, et d'abord franchissant le déversoir du lac qui s'écoule entre des roches aiguës, contourne la rive à l'est. Il est assez nouvellement tracé; son nom suffit à dire les agréments qu'il offre aux marcheurs : l'*Escala* nous porte en quelques minutes à un mamelon recouvert d'affreux sapins chétifs et tors, qui ont des airs de gnomes étendant leurs bras velus. A trois cents mètres environ au-dessous du monticule, nous découvrons le lac creusé comme une cuve entre ses rudes parois. Un couloir s'ouvre devant nous, hérissé de débris; des paquets de neige durcie demeurent dans les anfractuosités des roches, et il est aisé de voir que les pluies doivent y rouler des torrents de pierres; la marche y devient encore plus difficile; on glisse, on se meurtrit les pieds sur ces graviers. Enfin, après une heure et demie, nous atteignons une horrible pelouse jaunie couvrant de son herbe rase la croupe de la digue qui sépare les deux bassins. C'est ici le lac d'Espingo, une cuvette à l'eau grise et morne. Sur la rive gauche, un champ de roches brisées. Des sapins essaient de pousser dans les fissures. Deux arbres ont réuss à grandir au bord même de la cuvette sinistre et agitent leurs misérables branches au-dessus de l'eau. L'autre rive est formée d'un grand escarpement vertical et nu. Au fond, trois pics; partout des champs de neige, partout des débris.

LE LAC D'ESPINGO.

Espingo est à 1,900 mètres. On traverse, en sautant sur les pierres, le torrent qui descend du troisième lac, celui de Saousat, qui est à près de 2,000; on franchit de nouveaux escarpements: un chemin court mais douloureux. Le lac, bien plus petit que celui d'Espingo, qui n'a pourtant que 600 mètres de longueur, est encore plus désolé; ce n'est qu'un entonnoir entre des parois verticales; le soleil n'y descend pas, les truites n'y peuvent vivre. Toute la beauté de ce paysage de monts, c'est au sud, entre des pyramides blanches, la double dépression du Portillon et du Port d'Oô, que sépare une pointe aiguë; nous la connaissons déjà: c'est la Tusse de Montarqué.

Le sentier n'est plus qu'une escalade, et il ne faut pas moins d'une heure de peines énormes pour atteindre un cirque semé d'éboulis, au fond duquel se creuse la troisième cuvette. Le laquet de l'Abesque de la Coume sera comblé dans quelques années. Plus de nappe d'eau, des trous ou des gouffres ouverts entre les énormes roches qui sont venues encombrer son lit. Ici roulent pendant six mois les avalanches de neige et de pierres.

Nous nous élevons sur des pentes d'une raideur effrayante. Parfois une herbe courte et glissante augmente le péril : le guide nous recommande de nous tenir toujours à droite : il s'agit d'éviter des quartiers de granit détachés du mont par les anciens glaciers ; les lames de glace les ont curieusement striés au passage. De grands lits de neige descendent obliquement du même côté. Nous rasons le pied d'une haute muraille qu'une crête glacée couronne : c'est le Spujoles (3,050 m.). Nous franchissons un dernier ressaut, et nous nous trouvons sur une sorte de plateau couvert de ruines. Il semble que l'écroulement des monts va continuer autour de nous, avec des bruits formidables qui troubleront enfin ce morne silence. Nous avons bien dépassé le monde vivant! A nos pieds, s'étend le lac supérieur. L'aspect en a été avec raison comparé à celui d'un cratère ; des blocs de glace flottent sur cette eau sombre. Enfermé entre le pic d'Oô et le Montarqué, le *lac glacé* d'Oô est à la limite des neiges perpétuelles (2,670 mètres).

Eh bien! ces pentes de neige sont plus douces et plus aisées que les gazons perfides qui recouvrent parfois les roches inférieures. Une demi-heure de marche sans effort à travers ces longues couches blanches nous conduit au Port d'Oô (3,002 m.)

Il faut déterminer exactement la situation du *port*, qui sépare le pic d'Oô, ou du Port d'Oô, du Seil de la Baque. Le Seil, à l'est, arrondit son énorme croupe blanche ; le pic, à l'ouest, élève à 3,114 mètres la pointe déchirée de sa pyramide. Le *Port* lui-même n'est qu'une crête si étroite que personne n'oserait s'y aventurer si elle était suspendue au-dessus d'un abîme ; d'autant que le spectacle qu'on embrasse du col cause quelque effroi instinctif en même temps que de l'admiration. De quelque côté qu'on porte les yeux, on ne découvre que des ruines colossales et des glaciers. A l'ouest, les Gourgs Blancs, par-dessus lesquels s'élance la flèche du Caillouas; au sud le Posets; au nord, du côté de la France, les Crabioules, à gauche; à droite le Spujoles. Dans cette même direction, la vue court sur la chaîne inférieure et le bas pays. Nous distinguons fort bien le Montné; nous voyons avec les yeux de la foi la terrasse de Saint-Gaudens, que le guide aperçoit clairement.

Le grandiose, ici, c'est la masse du Posets portant ses deux étages de glaciers; le terrible, c'est l'aspect des Gourgs Blancs, leurs neiges crevassées, leurs glaciers d'un bleu sinistre, coupés verticalement comme d'immenses lames.

CASTEL-VIEIL

IV

LE PORT DE VENASQUE. — LA MALADETTA.

A Castel-Vieil, le gardien du fort a planté son drapeau ; bon présage.

Nous retrouvons le chemin feuillu sillonné d'équipages et de cavalcades qui se rendent à la cascade d'Enfer. Voici le pont Lapadé, puis le pont Ravi ; la vallée du Lys s'enfonce au sud-ouest. De petits nuages se balancent au faîte des grandes rampes du mail Arroué. Le drapeau de Castel-Vieil aurait-il menti ? Nos guides répondent du temps. Nous remontons, vers le sud-est, la rive de la Pique, par la route d'Espagne, et laissons à droite les granges de Labach. De nouveau le chemin se bifurque, et si l'on a la curiosité de visiter la cascade des Demoiselles, il faut obliquer à droite, jusqu'à un petit pont de bois curieusement caché sous la chevelure luisante d'un bouquet d'aunes.

On traverse un coin de forêt et l'on gagne la pelouse de Jouéou ; les savants du pays font dériver ce nom de celui de Jupiter (Jovis). Quant à moi, je le veux bien ! Au milieu de la prairie est un monceau de ruines. Ici fut un hospice fondé par les Templiers, sur le bord du chemin qui conduit au port de la Glère, le seul passage fréquenté dans les vieux temps. Peut-être un comte de Comminges (on ne dit pas lequel) n'avait-il pas encore ouvert dans les flancs du mont, là-bas, la rude tranchée qui est devenue le port de Vénasque.

On peut remarquer en passant que ces Templiers, très nombreux dans les Pyrénées, n'y avaient fait que du bien, élevant partout des ladreries et des refuges, et qu'en protégeant les petits, ils avaient souvent encouru le ressentiment des grands. Cependant le peuple ne les défendit point. — Le lecteur peut être tranquille, je n'ai pas envie de m'étendre sur les sauvageries de l'ingratitude populaire. — La prairie de Jouéou voit à présent cheminer de mauvaises gens ; dans toute la contrée, on vous dira que ceux qui prennent, pour changer de frontière, le passage de la Glère au lieu de celui de Vénasque, ont des raisons pour ne point se hasarder sur la route la plus fréquentée.

A droite de la pelouse, un torrent descend de ce col mal famé de la Glère ; en le remontant, on arrive à une gorge très sombre, au fond de laquelle on voit rouler une cascade sur des roches verticales entièrement recouvertes de verdure. Une forêt enveloppait autrefois ce couloir. Une avalanche l'a emportée, effacé jusqu'à ses traces. On n'a point conservé la date de la terrible chute : c'est qu'elle n'avait pas enseveli des êtres vivants. Ces avalanches qu'on redoute dans toutes les vallées de la haute chaine, se multiplient autour du massif des Monts-Maudits, dont ce quartier est proche. Au pied du Néthou, le jour des Rois, il y a quinze ou vingt ans, un village entier disparut. Un seul de ses habitants était absent ; il revint au printemps : la neige avait fondu, les débris des morts avaient été mis en terre ; il trouva ce qui reste de l'hospice des Templiers dans la prairie de Jouéou, — un monceau de débris.

Nous rejoignons la route, qui monte rapidement à travers des hêtres et des sapins. Si l'on est à pied, on peut jouir de l'agréable surprise que cause un long tapis de fraisiers courant sur le talus. Qui n'a point savouré ces petites fraises des montagnes, ne soupçonne pas leur parfum délicieux. A travers cette superbe forêt de Charuga suivant les flancs de la Glère, qui plongent leur pied dans le torrent, on joint sans fatigue le plateau qui porte l'hospice. La situation en est exactement déterminée dans tous les guides : l'hospice s'élève à 1,360 mètres, à l'embranchement de trois rudes sentiers conduisant, le premier, au sud, tout droit vers le port de Vénasque ; le deuxième, à gauche, au port de la Picade ; le troisième, à droite, au port de la Glère.

Au sud également, l'aiguille de la Pique le domine d'une hauteur de plus de seize cents mètres ; dans la maison de l'hospice, nous trouvons un Anglais qui a résolu d'en faire l'ascension. On ne la fait pas ordinairement : c'est un motif anglais, ou je ne m'y connais pas. Il y a un passage dangereux, et le plaisir ne paie pas la peine, car la pointe de la Pique est dépassée de toute part, vers le sud, c'est-à-dire vers les glaciers, par des cimes plus hautes. On a dit tout cela à l'Anglais, il n'en tient compte ; d'ailleurs, il se flatte de pouvoir atteindre l'arête qui joint le mont de la Pique à celui de la Mine. Ce dernier pic a été gravi pour la première fois, il y a moins de vingt ans.

Si l'on aime la Montagne close, il n'est pas besoin de ce rude effort. Le plateau qui porte l'hospice, bien que l'altitude en soit assez faible, donne cette sensation si pénible à quelques voyageurs, et que d'autres recherchent comme un plaisir âpre et puissant. Le lieu est enveloppé de toute part de grandes murailles et des plis sombres et infinis de la forêt. L'hospitalier n'y passe

L'HOSPICE DE FRANCE — PORT DE VÉNASQUE

point l'hiver ; il y laisse des provisions pour ceux qui veulent alors tenter le passage et peuvent s'y trouver de longs jours prisonniers de la neige Au cœur même de la saison plus douce, quel séjour ! Point de soleil, pas d'autre lumière que celle des eaux ; c'est le désert morne ; ce n'est pourtant plus la solitude. La ville de Bagnères-de-Luchon a fondé une *fruitière* à l'hospice. Le modèle choisi est celui qu'on rencontre dans les vallées de la Suisse et sur les hautes pelouses du Jura. Il y a maintenant des troupeaux et des pâtres dans le voisinage.

A l'hospice, on déjeune ou l'on dîne. Si l'on veut remettre l'ascension du port au lendemain, on y dort tant bien que mal ; les touristes n'y demeurent jamais que par force. Une nombreuse caravane vient d'achever un joyeux repas et s'apprête, avant le retour à Luchon, à visiter les torrents et les cascades. Toutes les dames portent de grands voiles bleus ; c'est l'ordonnance. Ces flots de gaze accompagnent heureusement de jeunes visages. Les fringantes excursionnistes sont jeunes, ce qui est sûrement agréable pour elles et ne l'est pas moins pour nous.

Je vois une belle récalcitrante que rien n'a pu décider à suivre ses compagnons ; elle a quitté son lit à la pointe du jour pour monter à cheval devant l'hôtel Saccarère, à Luchon ; après ce déjeuner, la fatigue l'a vaincue. Elle s'endort sur une chaise. Elle est blonde, très blanche, et porte une robe de toile aux couleurs discrètes, du bleu pâle, du rose presque effacé ; le corsage sort des mains d'une faiseuse habile ; c'est un moulage exquis. Cette jolie dormeuse rend si bien l'image et le contraste des élégances parisiennes au milieu des rudesses de la montagne, qu'on ne détourne pas aisément les yeux. L'Anglais immobile, dans un coin de la chambre, n'a plus du tout la figure d'un insulaire qui n'aime à voir que des pics. Quant à elle, un petit sentiment d'être regardée l'agite encore dans l'assoupissement qui la gagne ; mais la lassitude est la plus forte. Un cercle bleuâtre se dessine au-dessous des yeux, dans la transparence délicate du visage, et ces fines paupières alertes sont cruellement gonflées. Dormez, madame!

Les deux torrents bondissent à grand bruit au-dessous de l'hospice. On descend, on prend à droite un chemin sauvage qui traverse un pont, et glisse bientôt sous une hêtrée — la forêt de Sajuste — et dévale brusquement dans un ravin. La *cascade du Parisien* a l'air d'un jeu d'eau de Versailles. Encore un contraste amusant avec l'âpreté du site. La chute d'eau forme cinq étages, le flot retombe sur des quartiers de roches brisées par les avalanches, mais avec une régularité tout artificielle. Est-ce par sa belle ordonnance que la cascade a mérité son nom ironique? car il est bon de remarquer que d'un bout à l'autre de la province française, de la pointe du Finistère aux cimes du Jura qui regardent l'Oberland de Berne, du fond des cuisines flamandes à la batterie reluisante, aux lits de neige et de glace des Monts-Maudits, ce mot de *Parisien* se prend en demi mauvaise part. Le Parisien, c'est d'abord celui qui ne connaît rien à rien, qui confond un hêtre avec un noisetier et le sud avec le nord ; le Parisien, c'est celui qui arrive, riant doucement au nez du montagnard, et pourtant celui qu'on exploite et qui ne sait point se défendre ; celui qui paie cher et s'en va content ; celui qui se croit plus « malin » que tout le monde et qui, finalement, est le seul berné.

De l'hospice du Port, nous avons onze cents mètres encore à gravir. Nous rencontrons d'abord un nouvel embranchement de deux chemins, l'un qui paraît se diriger vers l'orient ; et, en effet, il doit atteindre le col de la Frèche, une montagne, ou plutôt une fortification étrange, hérissée de tourelles aiguës. L'autre chemin contourne la base de la Pique. Nous traversons le Pesson, qui descend de la Frèche ; plusieurs sentiers grimpent à l'assaut d'une pente verte, puis se réunissent, et l'on franchit le torrent de Vénasque. Les parois de la montagne dessinent une conque renversée ; nous sommes au fond, entre des murs sombres, dont les rebords creusés sont remplis de neige. Deux cascades s'échappant des fissures de la muraille font onduler leur ruban lumineux, qui se perd dans d'autres crevasses neigeuses. La marche devient pénible, le sol est jonché de débris de roches striées, émiettées par les avalanches, qui roulent souvent jusqu'au milieu de juin sur ces pentes lisses.

Les gens heureux qui pénètrent en Espagne par les deux larges portes ouvertes aux deux seuils de la chaine sur la Bidassoa à l'ouest, à l'est sur la Méditerranée, croient que l'accès est toujours facile. Commodément assis dans de bonnes voitures de chemin de fer, ils ne songent guère à ce pauvre monde de muletiers, d'ouvriers et de colporteurs, qui suivent le rude chemin des monts; ceux-ci la balle au dos, gravissant nos versants français, dont l'escalade est déjà si laborieuse, trouvant à la descente les versants espagnols plus hérissés. Le péril, pendant de longs mois, est de toutes les minutes en certains passages, le but du voyage est incertain; si l'on ne rencontre point les avalanches qui glissent, on se heurte aux masses de neige qui barrent le chemin; souvent il faut revenir en arrière. Il y a de ces pauvres diables qui ne reviennent pas. Le point où nous arrivons est le plus menaçant: un énorme éboulement de roches, des morceaux de cônes fendus, des fragments de parois tranchantes, voilà le rail du Culet.

Rail, comme Raillère, veut dire champ de destruction, couloir de neiges qui roulent. Rien de plus sinistre que ce Culet, situé à huit cents mètres environ au-dessus de l'hospice (plus de 2,000 mètres d'altitude). Un ressouvenir de la méchanceté humaine vient s'y ajouter au tableau des horreurs et des malfaisances de la nature. On a dressé parmi les débris un singulier monument: une pierre posée en pyramide et soutenue par d'autres blocs doit perpétuer le souvenir d'un crime. Ici, un douanier français fut tué par un contrebandier espagnol; mais celui-ci ne défendait point son ballot: c'étaient deux rivaux d'amour. Je recommande ce décor des monts à nos dramaturges qui voudraient mettre en scène une vengeance amoureuse : ces escarpements formidables, ces débris gigantesques, ce lieu mort, quel tableau ! — La pierre dressée a un nom ; on l'appelle *l'Homme*.

Nous montons encore. Un peu de verdure reparait dans les ravinements, entre les roches. Voici même un lit de rhododendrons, dont les fleurs rouges éclatent entre ces noires parois comme une large tache de sang. Les saxifrages et les mousses s'attaquent à la pierre. Mais à l'instant, pour que la couleur sinistre ne cesse point, une ravine s'ouvre sur la gauche du chemin : c'est le Trou des chaudronniers. Là, neuf ouvriers qui se rendaient au port furent engloutis dans la neige. Le sentier continue et passe au-dessus de trois ou quatre petits étangs qui balancent en étage leur maigre flot obscur ; d'étroits barrages de rochers les retiennent, laissant un passage à l'eau qui glisse, molle et chétive, sans bondissements, sans écume, d'un étage à l'autre, et se perd ensuite dans un bassin marécageux. Du bord de l'étang supérieur qui se berce dans un épais encaissement de neige, on ne voit rien encore qu'un horizon morne, des escarpements inaccessibles, et les glaciers à l'occident du massif. Le guide nous dit : Le passage est là ! — Il faut un effort des yeux pour distinguer une fente entre ces parois formidables. Pourtant nous touchons au but, nous gravissons une sorte d'escalier creusé dans le roc, en zigzags meurtriers pour les pieds — sans parler des chaussures. Nous avons atteint le port de Vénasque.

Est-ce la main du grand ouvrier de toutes choses qui creusa cette tranchée entre les deux terribles murs — d'un côté, à gauche, le pic de la Mine, — à droite le pic de Sauvegarde ? Est-ce la volonté d'un comte de Comminges, aidée de la rude patience de ses vassaux ? Pour ces malheureux, quelle *corvée !* — On peut croire, en regardant la coupure, que la nature a fait le gros œuvre et que l'effort de l'homme a pu l'achever. D'ailleurs, qu'importe ? En présence du spectacle qui s'offre aux yeux, dès qu'on a mis le pied sur le seuil du Port, on oublie les comtes, les puissants et les esclaves de ce monde, on ne songe qu'au grand ouvrier.

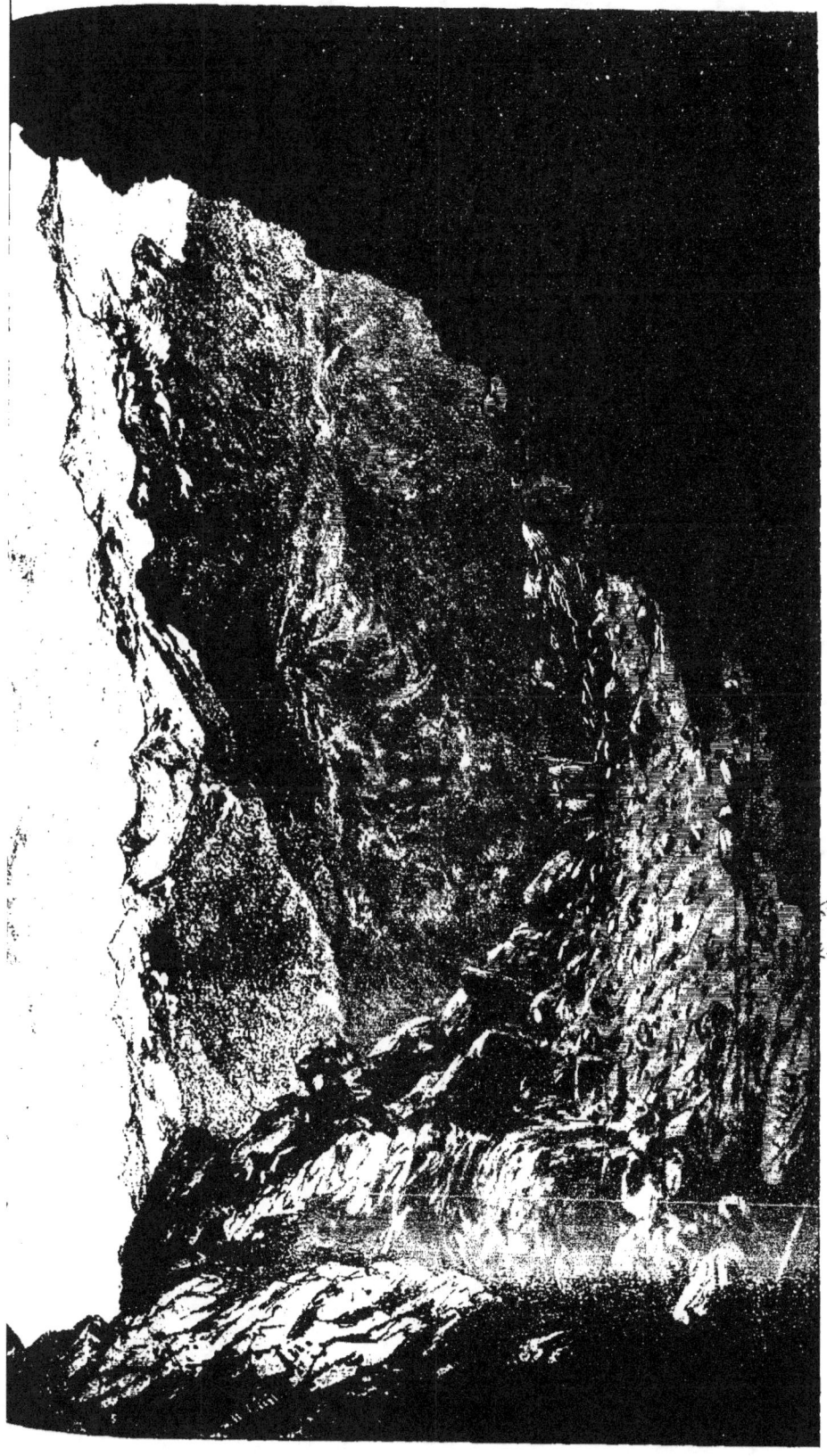

LE PORT DE VÉNASQUE.

Le groupe colossal des Monts-Maudits est là devant nous, au sud, avec ses trois promontoires avancés à l'ouest : le Paderne, le pic d'Albe, la Pique Blanche, puis la Maladetta, le Néthou, qui domine toute la masse entièrement revêtue de glaces et de neige ; en arrière, vers l'est, les trois cimes de Salenque, des Moulières et de Fourcanade. L'énorme édifice aérien est soutenu par des contreforts qui, partout ailleurs, seraient de hauts monts, mais qui ne dépassent pas ici la zone des glaciers. Il n'y a point de pareil tableau, les Alpes n'en ont pas de plus grandiose. Cônes éclatants, croupes festonnées, où des rocs noirs déchirent les plis du linceul ; trois lieues de neige, interrompues seulement par l'arête qui sépare les deux glaciers de la Maladetta et du Néthou.

La neige, presque partout, étend ses plis profonds ; ce n'est que de distance en distance qu'on aperçoit la croûte nue et bleuâtre des deux mers de glace. Ces épaisseurs du névé sont le danger principal des ascensions. Naturellement elles sont rares. C'est une chose frappante que la curiosité de ces lieux sublimes, avec le courage et la patience qu'elles commandent, soit née seulement dans notre siècle. Les drôles de gens que nous sommes ! Nous voulons voir de près les cieux que nous avons dépeuplés. Ce fut le célèbre Ramond, en 1787, qui tenta le premier l'entreprise ; mais il ne dépassa point l'arête jetée comme un rempart aigu entre les deux champs de glace. D'autres le suivirent, qui n'eurent pas un meilleur succès. Le nom du guide Pierre Barrau n'est pas oublié à Luchon ; il périt en 1824, dans une des crevasses du glacier. En 1842, seulement, MM. de Franqueville et de Tchihatcheff, attaquant le massif par un autre côté, atteignirent la cime du Néthou. Depuis, d'autres ascensions ont été faites. Dans une des plus célèbres, l'ingénieur Lezat, bien connu dans toutes les Pyrénées centrales, l'auteur du beau plan qui se voit au casino de Luchon, a laissé un thermomètre au sommet du mont géant (le plus élevé de toute la chaîne).

Quant à nous, il ne nous est point permis d'aborder le redoutable massif. Ces monts espagnols ne sont pour nous que la Terre promise ; peut-être y reviendrons-nous dans un autre voyage ; nous devons seulement gravir le pic Sauvegarde, qui s'élève sur nos têtes, à moins de 400 mètres au-dessus du port.

Cette escalade, bien facile, même à cheval, n'en est pas moins mal famée. Un Anglais y glissa et se tua. Un Anglais mort, sur le grand nombre d'insulaires automatiquement vivants qui parcourent les Pyrénées dans tous les sens, ce n'est pas de quoi effrayer deux bons Français. Nous atteignons le sommet en moins d'une heure. En eussions-nous employé trois, que nous serions récompensés. De cette cime, la vue est autrement étendue que de la tranchée de Vénasque. On n'embrasse pas seulement le relief des Monts-Maudits et leur froide parure éternelle ; on découvre les dépressions effrayantes qui se creusent entre les flancs des colosses et les lacs suspendus au-dessous des crêtes. La vue s'étend sur les vallées de l'Essera et de la Pique, au sud et au nord ; sur les groupes des monts qui enveloppent les vallées d'Oô et du Lis, sur la chaine d'Aran presque tout entière. Mais c'est toujours à la puissante et sombre majesté des Monts-Maudits que reviennent les yeux. La fascination des deux mers de glace est irrésistible. Qui sait quand nous nous y serions arrachés ? Tout à coup un voile se répand dans l'air ; ce n'est d'abord qu'une légère fumée, comme un tamis flottant entre la lumière solaire et le lit du glacier ; l'instant d'après, c'est un flot de vapeurs pesantes qui retombent sur les pics ; la cime du Néthou en est coiffée, les neiges ne présentent plus qu'une morne surface grise. Notre guide nous apprend que ces brumes subites sont fréquentes au-dessus de la superbe masse ; quelquefois elles se dissipent aussi rapidement qu'elles se sont formées ; plus souvent elles durent tout le jour. Ces longs plis humides s'avancent vers l'ouest avec des ondulations régulières, et notre pic de Sauvegarde est enveloppé. Pourtant, il faut redescendre. Ne pensons pas trop à l'Anglais.

En bas, sur le versant espagnol, est un petit refuge, baptisé du nom d'hôtel. On y trouve quelques vivres et un gîte, si le temps est soudainement devenu menaçant ou si l'on est las. L'hôtelier est Espagnol. Sa vie ne ressemble guère à cette existence endiablée de rendez-vous et de sérénades qui se mène par toute l'Espagne, si l'on doit en croire les poètes ; le bruit sourd de l'avalanche et le sifflement de l'ouragan, voilà ses guitares. Le pauvre homme, quand la bise bat sa masure, se console peut-être en songeant qu'il regagnera ses vallées dorées de Catalogne aux clairs soleils, dès que sa fortune sera faite. Hélas ! j'ai peur qu'elle ne soit lente à faire : les rares caravanes de Luchon ne montent au port de Vénasque que pendant deux mois chaque année.

Une après-dînée et une soirée sont courtes lorsqu'on a sans cesse de nombreuses notes à mettre en ordre. La nuit est remplie par un bon sommeil. Le matin, la brume est dissipée devant nous ; au pied du col, nous avons le plateau gazonné de Pena Blanca, large et brusque saillie, portée sur des escarpements blanchâtres qui lui ont donné son nom, et servant elle-même de piédestal au Port de Vénasque. La vallée de l'Essera se creuse entre la « Roche Blanche » et la base de la Maladetta. Au sud, d'énormes rampes plongent sur un val profond, qui jadis fut un lac. A l'est nous voyons distinctement une nouvelle tranchée, faisant face à celle de Vénasque : c'est le port de la Picade, que nous devons franchir pour retourner à Luchon.

Nous n'apercevons plus de neiges que sur les pentes ; les glaciers s'étendent au-dessus de nos têtes ; mais nous en voyons le reflet sur la pelouse qui couronne la Pena Blanca. Le voisinage de ces blancheurs éclatantes décolore ce gazon court, qui n'offre plus qu'une teinte jaunâtre. Tout le pied du groupe colossal est affreusement morne. Eh bien, il vaut mieux que ce tableau n'ait plus rien des sublimes beautés dont nous avons rempli nos yeux pendant la précédente journée; nous le quitterons avec moins de regret, puisque aussi bien nous le devons, puisque toute envie d'ascension nous est interdite par la règle que nous nous sommes imposée : ne point dépasser les *Pyrénées françaises*.

Nous marchons vers le port de la Picade, suivant le val de l'Essera. Au-dessus du ravin descendent de longues croupes, qui sont les assises portant ce gouffre merveilleux de Toro, — rue infernale ouverte dans les flancs de la Maladetta, — où les eaux sorties du glacier se précipitent pour rouler ensuite jusqu'au versant opposé de la chaîne, sous la longue suite des monts.

Notre chemin n'est point pénible : de courtes pentes bosselant le sol, à gauche une sorte d'étang marécageux, à droite la haute muraille et les lits de neige que nous commençons à revoir.

Une demi-heure de marche ; nous touchons au col. A gauche, les escarpements se redressent. Ce port de la Picade a une importance géographique chez nos voisins d'Espagne ; il sépare l'Aragon de la Catalogne.

La vue en est pour le moins aussi belle que du port de Vénasque, son voisin. Moins étendue sur la Maladetta proprement dite, qui ne montre plus qu'une haute frange brillante dépassant l'arête de son glacier, elle l'est bien davantage sur le versant septentrional du Néthou, et sur les trois pyramides orientales du massif, la Salenque, les Moulières et la Fourcanade, qu'elle embrasse sans obstacle. Ce dernier pic laisse voir ses quatre fourches ; plus loin le Barrau montre sa tête neigeuse ; plus loin encore, au sud-est, mais bien plus près de nous, le Pomero ferme le défilé des géants.

Nous saluons une dernière fois le roi des glaciers pyrénéens ; on ne doit pas moins à ces froides et sublimes majestés, et nous nous engageons dans un passage difficile, qui nous ramène aux versants français. C'est le pas de l'Echelle ou de l'Escalette, à un kilomètre et demi environ au-dessous de la Picade. Le chemin bifurque bientôt après à travers des forêts et des pâturages. Nous regagnons l'hospice, puis, Luchon.

MAULÉON DE BAROUSSE.

LA BAROUSSE

I

MAULÉON. — BRAMEVAQUE.

Au nord de Luchon, le chemin de fer nous porte à Saléchan; de là une route ombreuse qui se détourne légèrement vers l'ouest nous conduit au val de Siradan. Le village de ce nom est assis au pied de grandes roches calcinées d'une belle teinte rousse. Siradan possède un établissement de bains, avec des sources sulfatées, d'autres ferrugineuses; on y vient des départements de la Haute-

Garonne et des Hautes-Pyrénées; on y vit pour rien. Voilà, je crois, une bonne note.

Le chemin, au delà de la petite station thermale, monte en suivant le bord d'un ruisselet torrentueux qui va bondissant sur des roches. La vallée, assez étroite, s'élargit brusquement : Cazaril apparait avec ses toits rouges, ses maisons étalées en éventail au fond d'une combe très fraîche que surplombent d'autres rochers; ceux-ci sont gris. Point de curiosité : une église à ne pas voir. Après Cazaril, la montée devient plus raide, on atteint un petit col, on passe dans la vallée de Barousse.

Du col, une charmante vue à l'est, sur les sommets qui dominent la vallée de la Garonne; la silhouette du Gar s'enlève avec une netteté vigoureuse sur un ciel léger, presque sans tache. A l'ouest, les chainons qui enveloppent les trois vallées de Barousse, de Sost et de Ferrère, le Mont-Sacou au nord; à l'est, le Pic d'Ouly, l'Antenac, le Montné, le pic Montaspé (1,849 mèt.); à l'est encore, la roche de Troubat, en travers dans la vallée. A la jonction des trois vallons, on aperçoit Mauléon, chef-lieu de la Barousse.

Barousse est une des Quatre Vallées (avec Aure, la Neste, Magnoac) qui se donnèrent au roi Louis XI pour échapper aux maux que leur causait la méchanceté de leurs nouveaux seigneurs. Longtemps elles avaient appartenu à la maison d'Aure, puis de la Barthe, branche cadette de la première. A la fin du XIIIe siècle Bernard, vicomte de la Barthe, renouvela leurs privilèges en son château de Valcabrère; mais un la Barthe, en 1358, ayant fait présent des vallées, par testament, au comte d'Armagnac, la domination de cette race diabolique leur fit sentir que le meilleur maître était encore celui qui est placé le plus haut et le plus loin — c'est-à-dire le Roi.

Mauléon, d'ailleurs, eut ses maitres particuliers : ce fut le siège d'une baronie. En 1222, Savaric de Mauléon est appelé à Paris dans une assemblée que le roi Louis VIII a convoquée : il s'agit de délibérer sur la grande affaire des Albigeois. On retrouve de

Mauléon bien plus tard. Pierre Arnaud est chargé de faire la remise du Comminges à la couronne de France sous le roi Charles VII, après la mort de Mathieu de Foix, en 1453. En 1637, un autre Mauléon, « baron du Languedoc », conduit cent gentilshommes qui serviront avec lui contre les Espagnols, si les généraux de Philippe IV osent mordre la frontière ; mais il semble que cette vieille maison avait alors passé dans l'Astarac. Mauléon-Barousse n'avait plus de seigneurs et entretenait seulement un « juge royal ». Les Mauléon, au commencement du XVIII° siècle, avaient vendu leurs terres de Barousse.

Mauléon est une villette follement pittoresque, un assemblage informe de maisons et de vieux murs, montant à l'assaut d'une grande roche, au pied de laquelle viennent se réunir deux torrents, les deux Ourses. La roche n'est qu'un promontoire jeté en avant de la chaine. Au sommet, l'église ; tout à côté, un vaste donjon disloqué. Les deux torrents coulent dans des ravins profonds ; ils viennent, l'un du val de Sost, descendant du pic d'Antenac, l'autre du val de Ferrère, sortant des flancs du Montné, qui se dresse entre ce quartier de Ferrère et celui d'Oueil. Mauléon est dominé par le Montlas, dont la crête séparant les deux vallées va se rattacher aux deux monts.

Les rivières se joignent en avant d'un vieux pont ; leur flot clair ne remplit point leur lit semé de larges bancs de cailloux blancs roulés par les crues. Au confluent, un moulin. Sur les hautes rives, des groupes de moissonneurs coupant les blés mûrs ; sur le chemin, au-devant de ces maisons rustiques qui n'ont point de cour, les batteurs, armés de fléaux, frappant le lit d'épis dorés. Tout ce tableau, ce vieux pont, ces masures noires, un clocher qui parait entrer dans le mur du donjon, achevant de l'éventrer, de l'autre côté la grande muraille grise du Mont-Sacou, tout cela violemment éclairé par un chaud midi d'août, cause une impression qui ne s'efface point. Ma note que je retrouve sur mon carnet est vivante ; je revois près du pont une petite place bordée de maisons, à galeries de bois ; à gauche, sur la *piazzetta*, une croix de marbre. Je me revois moi-même, m'essuyant le front, car il fait terriblement chaud, et trouvant là, dans une hôtellerie très propre, un refuge et un peu de fraîcheur.

Sur la montagne, au-dessus du village, on montre un lieu consacré ; là vécut un « saint » : c'est « la grotte de l'abbé ». Messire Marie-Joseph d'Agos, cellerier du Chapitre de Saint-Bertrand-de-Comminges, s'y cacha en 1793. Le Chapitre s'était dispersé, l'évêque avait pu passer en Espagne ; on savait que l'abbé d'Agos était demeuré dans le pays, et l'on attachait une grande importance à cette capture, soit parce que l'on croyait que l'abbé était revenu quelquefois de nuit à Saint-Bertrand pour y exercer secrètement les fonctions de son ministère, soit parce qu'on se proposait de le placer, une fois pris, entre une sentence de mort et le serment à la Constitution civile du clergé, et qu'on espérait beaucoup de l'exemple donné par un prêtre si vénéré, au cas où il préférerait jurer que de périr. En janvier 1794, comme l'abbé, pressé par la faim et le froid, était sorti de sa grotte, il rencontra un pâtre qui prit pitié de lui et s'en alla chercher pour le malheureux proscrit des aliments et une couverture. On l'épiait, on suivit ses traces sur la neige : l'abbé était perdu. On eut quelque peine à le conduire jusqu'à Tarbes, bien qu'il fût escorté d'une vingtaine de soldats ; les foules grossissaient autour du cortège, il fallut croiser la baïonnette contre les gens de Montréjeau. Cependant on arriva, et l'exécution se fit au bout de quelques jours. On peut remarquer que le représentant en mission à Tarbes était *Féraud*, député du département, le même qui fut saisi le 1ᵉʳ prairial an III (1795) par la populace envahissant la Convention, et dont la tête fut coupée et mise au bout d'une pique.

J'ai écouté ce récit de la bouche d'un brave homme qui portait un fléau sur l'épaule, et qui, dans son indignation, me paraissait tout prêt à le saisir pour frapper les ennemis de la religion et de

LE PUITS DE PADIRAC

à liberté ; je n'en suis point. Le conteur le reconnait sans doute, car il s'offre à me conduire au puits de Saoule. On grimpe par une ruelle, vers l'église, et suivant un instant la route qui monte la vallée de Ferrère, on trouve un petit sentier à gauche. Ce puits ou grotte de Saoule où l'Ourse disparait, est bien noir, et mon guide m'assure qu'il rend une partie seulement de l'eau qu'il a engouffrée ; le reste s'en irait sous les roches en rivière souterraine.

Mauléon est un centre d'excursions. Si l'on continue la route près Ourde, on remonte le cours de l'Ourse de Ferrère, et l'on atteint Caubous. Par une journée chaude, c'est plus que rude ; pas un ombrage, il faut côtoyer une série de précipices ; le fond de l'entonnoir est tapissé de prairies. On arrive à un large col entre deux cimes vertes, c'est celui de Paloumère (1,750 mètres). La vue est la même que celle qu'on embrasse du Montné ; j'ai déjà dit que toute cette crête est celle qui relie le pic au Montlas. En marchant vers l'orient dans les pâturages, on rencontre le petit lac de Paloumère, et son eau brune. Le sentier se poursuit à travers ces grandes pelouses, entre dans un bois de hêtres, et contourne la montagne ; le torrent court, ici, à une profondeur de deux cents mètres au moins, forme de nombreuses cascades, et reçoit le ruisseau de la Salabe. Alors on a devant soi une montagne boisée, puis on glisse dans un nouveau cirque de prairies. Là est le hameau de Ferrère, à 800 mètres seulement d'altitude. Ferrère a un établissement de bains et des eaux salines. Je crois qu'elles sont froides, et qu'il faut les faire chauffer pour les administrer aux malades. C'est encore ici une station qui n'est connue et fréquentée que des gens du pays.

De retour à Mauléon, si l'on veut remonter l'Ourse de Sost, on se rend d'abord à Esbareich, puis on gagne Sost, qui est un joli village de montagne (750 mètres), dominé par le Montlas élevant sa pyramide nue au-dessus des forêts qui tapissent ses flancs. Près de Sost, il faut visiter la carrière de marbre ouverte par les Romains ; l'exploitation en a été reprise, au commencement de ce siècle. C'est dans du marbre de Sost que David d'Angers a taillé la statue de Marc Botzaris, le héros de l'indépendance hellénique; le grain en est d'une extrême finesse et très serré; la matière très dure est d'une blancheur et d'une transparence si rares qu'on la compare aux plus beaux marbres grecs. Nos petits grands hommes, qui rêvent du Paros, daigneront-ils se contenter du Sost, quand on les *statufiera*, morts ou vivants?

Au delà de Sost, on suit la rive gauche du torrent, puis on passe sur la rive droite; le chemin est aisé jusqu'au confluent de deux torrentelets, l'Ardous et la Palle, qui forment l'Ourse. On traverse de grands bois, puis des pâturages, et l'on gagne le col de la Palle après deux heures de marche. Il ne s'agit plus que de descendre vers Mayrègue, d'où l'on arrivera à Saint-Paul d'Oueil.

A Mayrègue, nous nous arrêtons et passerons la nuit. Il y a une auberge. Autrefois il y avait une seigneurie. Les Bossost de Campels étaient de ces petits seigneurs qui avaient pu s'asseoir tant bien que mal dans le voisinage des puissants vicomtes de Larboust, issus, comme les La Barthe, d'une branche de l'ancienne maison d'Aure. Les Larboust durèrent jusqu'au dix-septième siècle. Le vieux vicomte Corbeyran, plus qu'octogénaire, faisait brûler les récoltes de ses vassaux et fouetter les filles. Un commissaire royal arriva et le saisit au nom du Roi ; son procès fut instruit devant le Parlement de Toulouse : il eut la tête tranchée. Les Campels vendirent leur château de Mayrègue aux Sacaze.

Le lendemain, nous redescendons à Mauléon. Cette route est si fraîche qu'on la parcourt volontiers deux fois, cheminant doucement sous ces grands bois qui s'étendent entre le col de la Palle et les sources de la rivière de Sost. Un peu de repos à Mauléon ne sera pas superflu. Le jour suivant, au lieu de prendre le chemin qui conduit à Saint-Bertrand-de-Comminges sur la rive droite de l'Ourse, on choisira un rude petit sentier qui s'en va tout droit comme à l'escalade du Mont-Sacou (1,528 mètres) et contourne le flanc de la montagne. On domine sans cesse la vallée

MAULÉON DE BAROUSSE. — LE CONFLUENT DES DEUX OURSES.

En face, la grande roche grise de Troubat (1,100 mètres), toute percée de grottes ; à droite, le pic de Montlas et sa robe de verdure sombre aux grands plis.

Le ruban de l'Ourse coule à nos pieds ; tout à coup, par une large échancrure entre des roches, nous découvrons la fière silhouette du Gar, avec ses sept pointes de marbre blanc. Le sentier devient plus âpre, puis affreusement désolé. Nous marchons sur des débris ; les roches décomposées, profondément rongées, semblent vaciller au-dessus de nos têtes. Ce flanc méridional du Mont-Sacou est en pleine ruine. Pourtant le sentier s'engage entre deux hautes murailles, les parois du mont se raffermissent, mais pour un moment, car nous débouchons sur un champ d'éboulis énormes. C'est le *Chaos*. Au milieu de ces écroulements sinistres, sur une roche solide, à pic, à trois cents mètres au-dessus de la vallée, et défendue par un ravin qui est un gouffre, se dresse la tour de Bramevaque. On y tint pendant vingt-trois ans une prisonnière qui ne mourut point de fureur ou de tristesse : voilà le miracle.

C'était la comtesse Marguerite, dernière souveraine de Comminges, qui passait, il est vrai, pour avoir fait assassiner son deuxième mari, et qui embarrassait fort le troisième ; — en sorte que celui-ci vengeait ses prédécesseurs... dans son propre intérêt.

Marguerite était la fille unique de Raymond II de Comminges. La comtesse Jeanne, sa mère, était enceinte, lorsque le comte mourut, ayant réglé que, s'il venait un fils posthume, Marguerite serait nonne. Ce fils naquit et ne vécut point. Marguerite demeura donc sous la tutelle de sa mère, qui eut à souffrir les entreprises du comte de Foix, l'ambitieux et puissant Phœbus. La comtesse Jeanne, se trouvant bien de la régence des seigneuries, ne se souciait point de marier sa fille, et voulait, d'ailleurs, se remarier elle-même au roi de Navarre, Charles le Mauvais. Jean, fils aîné d'Armagnac, se présenta, et la mère l'ayant repoussé, enleva la jeune comtesse dans le château de Muret, avec l'aide de la noblesse

16

du Comminges et du peuple de la ville, qui n'aimaient pas la comtesse Jeanne et craignaient le roi de Navarre. Malheureusement, Jean d'Armagnac se fit tuer en Italie, où il était allé guerroyer contre Galéas Visconti, duc de Milan (1391).

Devenue veuve, la comtesse de Comminges s'éprend d'un autre Armagnac, d'un autre Jean, fils de Géraud, comte de Pardiac et vicomte de Fezenzaguet. Ce nouvel époux, plus jeune que l'épouse, est un mignon petit sire ; Marguerite prend sa jeunesse et sa faiblesse en mépris. Jean de Pardiac s'éloigne, et le mignon furieux déclare tout net la guerre à sa femme, avec le secours du comte Bernard VI d'Armagnac, son cousin. La comtesse déploie ses séductions, ramène à sa cause Bernard, qui tourne ses forces contre le Pardiac, le bat, le prend, le conduit dans un château du Rouergue, et là, cruel à plaisir comme tous ces Armagnac fils du diable, fait placer sous les yeux du pauvre petit captif un bassin de cuivre rougi au feu. Jean de Pardiac, ayant perdu la vue, meurt au fond d'un cachot. Marguerite, certainement, est complice du crime, mais elle n'en est pas l'auteur ; ce n'est pas elle qui a fait rougir le bassin et choisi le cachot. Au reste, elle est brouillée à nouveau avec Bernard, qui envahit le Comminges, se fait livrer la comtesse par trahison et l'enferme au château de Lectoure. Mathieu de Foix la délivre et devient son troisième mari.

Ce Mathieu pouvait être un grand prince ; ce n'était pas un chevalier. Ayant eu le profit des crimes de Marguerite, il pensa qu'elle pourrait bien les continuer contre lui et qu'il serait un seigneur plus tranquille et libre, s'il gouvernait le Comminges tout seul. Alors il l'enferma dans cette horrible prison de Bramevaque. Elle y demeura de 1420 à 1443. Vers ce temps-là, le roi Charles VII, vainqueur des Anglais dans le nord de son royaume, vint les combattre dans le Midi. Le glorieux sire, qui avait été si longtemps un roitelet fainéant, se mit aussi en tête de réprimer au passage les prétentions à l'indépendance de ses grands vassaux d'Aquitaine. Le Dauphin, qui depuis fut Louis XI, marche contre

BRAMEVAQUE

Jean IV d'Armagnac, qui s'intitule vicomte « par la grâce de Dieu », prend ses villes et le fait prisonnier lui-même. Charles VII en voulait aussi au comte Mathieu de Comminges ; on ne sait comment une plainte sortie de la tour sinistre de Bramevaque était arrivée jusqu'à lui. La captive faisait supplier le roi de lui rendre justice. Poton de Xaintrailles, bailli de Berry, marcha contre le Comminges ; Mathieu enleva sa femme et, grâce à la connivence du comte son frère, la mit dans une des tours du château de Foix. Cependant le Comminges était occupé : les Etats du comté furent convoqués à Toulouse, et de concert avec l'autorité royale, il fut réglé que la querelle entre les deux époux serait éteinte ; que le Comminges demeurerait au dernier survivant des deux, et, après la mort de celui-ci, ferait retour à la couronne ; qu'en attendant, Mathieu règnerait sous la condition de confier à « de bons Français » le gouvernement des places, et que la comtesse Marguerite serait transférée à Poitiers, où elle vivrait librement. Au fond, il y avait accord entre Charles VII et le comte usurpateur qui « baillait sa femme au Roy », mais qui gardait ses Etats durant sa vie. Marguerite mourut à Poitiers en 1453 ; puis ce fut le tour de Mathieu. Le Comminges devint province royale, rattachée au gouvernement de Gascogne.

Bramevaque, autrefois, s'écrivait *Bramabaque*. La forteresse, plus tard remaniée, fut l'ouvrage de Sanche d'Aragon, seigneur des Quatre Vallées, et tige de la maison d'Aure. La ruine actuelle a dû être très vaste ; il en reste le donjon et une chapelle. — Le donjon a deux étages, qu'un escalier reliait à la plate-forme ; les voûtes en berceau paraissent encore solides. La chapelle exiguë est de style roman. De sa prison de la tour, Marguerite de Comminges avait pour fermer son âpre horizon la montagne de Troubat ; ses yeux pouvaient encore, dans le fond de la combe, se reposer sur les toits rouges du village resserré entre la base du rocher et quelques monticules autour desquels serpente la rivière d'Ourse. Tout en bas, est assis à présent un moulin.

Le chemin escarpé qui contourne la roche féodale traverse le village ; on embrasse la vallée, en forme de conque, dont le bord s'ouvre seulement à l'ouest, et que recouvre une épaisse végétation. Des roches grises et rouges, ruinées comme les montagnes, déchirent la verdure ondoyante ; au deuxième plan court une ligne de monts bleuâtres. Ce paysage est de grand style.

En sortant de Bramevaque, on retrouve la route qui suit constamment l'Ourse, on traverse Créchets, Sarp. Au moment de glisser au fond de la vallée de la Garonne, on découvre à gauche d'abord le clocher de l'église de Valcabrère, puis la masse de Saint-Bertrand, la montagne et l'église, que nous cachait auparavant un mamelon boisé. Le chemin descend vers Loures, dont le clocher pointe entre les arbres.

La situation de Loures est charmante : l'auberge au bout du village, entre la route et de belles prairies, regardant le chainon au pied duquel Barbazan se blottit ; sur l'autre rive, de petits monts très escarpés, d'une couleur grise qui prend des teintes violettes au soleil couchant, et que domine au sud le Pales de Burat. L'hôtellerie est remplie des baigneurs de Barbazan qui préfèrent ce lieu ouvert à la station thermale resserrée et close. Nous dinons sous la treille ; tous les dineurs sont des gens du pays. Le service est bien un peu rustique ; deux grosses servantes ont des façons si rudes de poser devant vous l'assiette blanche que toute la vaisselle en est écornée ; elles apportent un plat gigantesque de bœuf aux oignons qui ne serait point de mise à Luchon, sur la table de l'Hôtel d'Angleterre ; mais le ragoût est bien lié, le vin est frais, et c'est un amusement que d'entendre les vivacités du patois dans la bouche des convives. Il y a deux gros fermiers avec leurs femmes qui étalent des chaines d'or ; une vieille personne de grande mine, toute vêtue de noir, qu'on appelle la baronne, est assise entre un colporteur coiffé du large béret sombre et un douanier malade. C'est un singulier mélange. On demande les lumières, car l'obscurité descend vite sous l'épaisseur des pampres qui forment toit au-dessus de nos têtes ; les papillons de nuit accourent, et les fermières jettent de petits cris de frayeur, pour montrer sans doute à la douairière, qui ne bronche point, qu'elles sont plus délicates que des « dames ». Cependant, après une journée brûlante, la fraicheur monte des prairies. On entend au loin les bruits de la route sonore, et, plus près, dans le village, des enfants qui jouent, le mugissement des vaches qu'on ramène à l'étable, les aboiements des chiens. Puis tout se tait, le silence n'est plus traversé que par le murmure de l'eau et des feuilles. C'est une charmante trêve aux fatigues du voyage qu'une soirée passée dans cette hôtellerie de Loures, roulant des cigarettes et rêvant sous la vigne.

BRAMEVAQUE

SAINT-BERTRAND-DE-COMMINGES

II

SAINT-BERTRAND-DE-COMMINGES.

VALCABRÈRE.

Le matin, une calèche nous emporte vers Saint-Bertrand-de-Comminges, à travers une plaine légèrement vallonnée. Un cercle de monts la ferme à l'est et au sud; de ce dernier côté, un haut mamelon très sombre porte une masse de bâtiments à son faîte : c'est la basilique et sa puissante tour carrée, que couronne un vieil ouvrage de défense. Là était l'*oppidum* de la cité des Convènes, *Lugdunum Convenarum*. Aux *Convenæ*, peuple celtibérien, seraient venus s'adjoindre, suivant une tradition, les soldats de Sertorius vaincu, sur l'ordre du vainqueur Pompée. Nous traversons des villages dont les masures sont assises sur un lit de ruines. L'importante cité était reliée par trois grandes voies à Dax, Agen et Toulouse; la ville proprement dite couvrait toute la plaine de ses amphithéâtres, de ses maisons de plaisance, de ses palais, de ses sépultures et de ses temples ; elle s'étendait jusqu'à la Garonne et comptait plus de 50 mille habitants. Puis, un jour, le flot des barbares s'abattit sur toutes ces richesses; ils vinrent, égorgèrent et brûlèrent, et en se retirant « ne laissèrent plus que le sol nu » (585 ap. J.-C.).

Les maisons du bourg de Valcabrère bordent notre route. Ici, tout est souvenirs et débris. De vieux murs ont des assises romaines ; dans une de ces maisons, la dalle du foyer est une pierre tumulaire antique, l'évier en est une autre. Un cimetière était là : on a trouvé des urnes funéraires contenant des ossements d'enfants ; les restes des enfants n'étaient pas incinérés. Sur l'emplacement d'une villa, on a découvert des meules portatives, percées au centre pour laisser passer le grain; un morceau de bois fiché dans un trou servait à les mettre en mouvement. M. le baron d'Agos, auteur d'une savante notice sur Valcabrère, fait observer que cette manière de moudre était systématiquement pénible, puisque les Romains en avaient fait un châtiment pour les esclaves. Le baron d'Agos a sans cesse étudié depuis quarante ans le sol de Lugdunum, et il estime que les « fouilles sérieuses » sont encore à entreprendre. Quant à lui, il a recueilli nombre de pièces rares qui ont, du moins, payé ses efforts, entre autres un ravissant petit Mercure en bronze, haut de 8 centimètres 1|2, portant une couronne de laurier attachée derrière la tête avec des bandelettes qui retombent sur les épaules. Sur l'épaule droite, un léger manteau. De la main droite aussi il tient une bourse à deux flocons ; de sa main gauche, le caducée.

Valcabrère eut une existence au moyen âge. Ce fut la capitale de la Barousse. Les la Barthe, seigneurs des Quatre Vallées, y avaient leur château. De rudes seigneurs, dont l'un, au commencement des temps nouveaux, se fit une place dans l'histoire générale de France ; celui-ci était Paul de la Barthe, dit le maréchal de Thermes, qui commandait une aile de l'armée française à Cerisola, en 1544, et reprit Dunkerque aux Anglais en 1558. Un de ses parents, qui faisait peut-être aussi la guerre, sut mettre à bon profit pour son pays les loisirs de la paix, car, en 1550, il présenta au roi Henri II vingt-quatre fils qu'il avait eus de la même femme, laquelle était

PORTE DE L'ÉGLISE DE VALCABRÈRE

encore vivante! C'est en son château de Valcabrère, le Castel-Bert, que Bernard de la Barthe renouvela les privilèges des Quatre Vallées, l'an 1300. Le *Castel-Bert* regardait la Garonne; il n'en reste que le donjon, avec une salle voûtée et une partie de la porte.

Les Templiers eurent aussi à Valcabrère une maison et une léproserie. Il paraît même que cette maison, élevée sur un emplacement où ne se voit plus qu'une ruine informe, était une commanderie. Tous les sept ans, le jour anniversaire de la prise de Jérusalem par Saladin, après la bataille de Tibériade et le massacre des chevaliers du Temple, ordonné par le vainqueur, le commandeur de Valcabrère apparaissait sur la plate-forme de son château, et par sept fois appelait les chevaliers. Une voix lui répondait : L'Ordre est mort ; le saint Tombeau n'a plus de champions ! — Il poussait alors sept cris de douleur et rentrait dans sa tombe.

La merveille de Valcabrère, c'est son église — le plus ancien monument religieux des Pyrénées, tout simplement. Et ce n'est pas seulement l'antiquité, c'est le caractère aussi qui en est unique. Visiblement *la cathédrale* de Saint-Just fut bâtie à la hâte avec les débris de la malheureuse cité des Convènes ; car ce fut une cathédrale, où le successeur de l'évêque Rufin, qui gouvernait l'Église de Lugdunum au moment du sac, — et peut-être ce Rufin lui-même, — transporta le siège épiscopal. « Voulant se construire un temple, les habitants durent le faire avec les matériaux qu'ils avaient sous la main, les plaçant pêle-mêle et même quelquefois à contre-sens. » La basilique serait de la fin du VIe siècle ou du commencement du VIIe ; elle fut dédiée à saint Just et saint Pasteur, deux enfants martyrisés en Espagne sous Dioclétien.

Un cimetière la précède ; on y entre par une porte cintrée qui paraît être du XIIe siècle L'arc repose de chaque côté sur un double chapiteau. Deux pierres antiques ont été encastrées dans le massif ; l'une présente un buste inachevé et au-dessus en lettres grecques, le monogramme du Christ ; l'autre est une pierre tumulaire avec une inscription latine : « Julius Celticus affranchi d'Eros, à la mémoire de Julia Salvinia, affranchie du même personnage et de son propre fils, Julius Victor. » Le cimetière est vaste, admirablement romantique ; de vieux débris de tout âge sont enfouis sous la grasse végétation, déjà méridionale, de cette plaine abritée par des monts boisés, loin des neiges.

Le portail de la basilique est bien plus moderne que l'église même : quatre statues en cariatides, sous quatre chapiteaux, portent l'arcature encadrant le tympan qui présente Jésus assis sur un trône dans une gloire, le nimbe crucifère au front, la main droite bénissant, entouré des quatre évangélistes. Deux anges encensent le Seigneur. Ces statues ont environ deux mètres de hauteur et représentent deux personnages en robe longue, un prêtre et une femme. Cette dernière a fort tourmenté les archéologues ; les uns ont voulu y voir une comtesse de Comminges, d'autres la reine Clotilde, femme de Clovis. M. d'Agos reconnaîtrait plutôt une certaine grande dame du pays, dont l'histoire est racontée par Vital, qui, en 1190, sur l'ordre du pape Alexandre III, écrivit longuement la vie de saint Bertrand. Cette personne illustre, que l'historien ne nomme point, était affreusement tourmentée par le démon : « elle parlait de choses qu'elle aurait dû taire » ; ces possédées tiennent toujours des discours abominables. Bertrand vint et força le mauvais esprit à sortir de la « puissante dame ». Les trois autres personnages, suivant le même auteur, seraient saint Bertrand lui-même, un prêtre et un diacre assistant.

Deux des chapiteaux racontent le martyre de saint Just et de saint Pasteur; le troisième, celui de saint Etienne ; le quatrième se rapporte encore à la légende de la possédée. La porte est munie d'une ferrure des plus anciennes ; on y voit un fer à cheval, tel que les pèlerins du xiie siècle en clouaient souvent à la porte des églises, en l'honneur du cavalier saint Martin, patron des voyageurs. A droite, encastrés dans le mur, deux superbes fragments sculptés, d'une antiquité certaine.

On descend dans la basilique par six marches ; le sol s'est exhaussé autour du monument, la poussière des siècles a monté. Trois nefs; dix piliers cruciformes soutenant les voûtes ; trois absides, dont la principale renferme le sanctuaire. La table de l'autel est une pierre antique.

Antiques aussi ces piliers. Le second porte une frise sculptée : un bouclier, un casque, des armes, le tout malheureusement recouvert de badigeon ; le troisième est chargé d'inscriptions et flanqué à son pied d'un chapiteau qui sert de bénitier ; au cinquième est appuyé un autre chapiteau à feuilles d'acanthe, autre bénitier ; au septième, un bloc qui semble avoir été la base d'un grand autel votif. Puis ce sont à tous des colonnes et des frises accolées ; la plus belle frise est au neuvième pilier, elle a été placée à l'envers. Tout ici est merveilleux, tout est incomplet, mutilé, entassé sans ordre, au hasard : de superbes enroulements de feuillages brisés, des armes, un trident, un étendard avec l'aigle romaine. M. d'Agos, que je cite toujours parce qu'il a sans cesse étudié la basilique depuis vingt ans, pense que la plupart de ces pièces ont dû faire partie d'un arc triomphal. Pourtant, il faut convenir qu'une belle obscurité plane sur tous ces grands débris. Le pavé est formé de larges dalles de marbre, évidemment tumulaires ; elles n'ont point recouvert des tombes, elles étaient préparées seulement et attendaient les morts de distinction ; une seule porte une inscription, et par une ironie bien amusante, cette inscription est de... 1811, dédiée au restaurateur du culte, à Napoléon.

Du VIIe au XIVe siècle, on n'a cessé d'ajouter à cet entassement bizarre et magnifique de Saint-Just. Derrière le maître-autel s'élance un léger édicule ogival à deux étages, très richement orné, qui porte une châsse de pierre où furent placés les restes d'une comtesse de Comminges. C'est la pièce la plus moderne de l'église, qui dès ce moment avait cessé d'être cathédrale, le grand sanctuaire de Saint-Bertrand ayant été réédifié et Saint-Just n'étant plus qu'une collégiale. C'est l'église paroissiale de Valcabrère, à présent, et depuis plusieurs siècles la victime d'un véritable pillage. Ce débris extraordinaire n'a pas été défendu, d'abord du mauvais vouloir des chanoines, qui n'aimèrent pas ce temple chrétien construit tout entier avec des restes païens, puis de l'avidité des collectionneurs. Chacun en arracha un lambeau ; le Musée de Toulouse est rempli de fragments provenant de l'insigne basilique ; mais combien se sont égarés, ont été enfouis dans des collections privées, ou même ont entièrement disparu ! Saint-Just n'est plus qu'une ruine ; mais de quelle lumière vivante cette accumulation de choses mortes éclaire le drame de 585, cette aventure sanglante de Gondowald, qui dévora la belle cité des Convènes, le dernier foyer de la civilisation gallo-romaine au cœur des Pyrénées !

En ce temps-là, Clotaire, le quatrième fils de Clovis, qui, ayant égorgé les fils de son frère Clodomir, dépouillé la fille de son frère Childebert et reçu l'héritage de son neveu Théodebald, régnait seul sur les nations franques, mourut à son tour, en demandant comment il se faisait que le roi du ciel osât tuer de si grands rois. Il laissait cinq fils : Caribert, Gontran, Chilpéric, Sigebert et Gondowald, né d'une femme de basse condition qui avait été infidèle. C'est pourquoi le roi Clotaire ne voulait point reconnaître ce Gondowald pour un enfant de sa race. Le jeune homme s'était réfugié près de son oncle Childebert ; Clotaire le fit reprendre : on lui rasa la tête. Son frère Caribert, roi de Paris, eut pitié de lui et lui offrit un asile ; mais Sigebert, roi des Austrasiens, le ressaisit, et de nouveau Gondowald vit tomber ses cheveux. Il se tint caché pendant plusieurs années, puis s'enfuit et passa en Italie, de là à Constantinople. Sa chevelure avait repoussé, il portait le signe de son rang ; il put se présenter à l'empereur Justin II, successeur de Justinien, en lui disant : Je suis le fils du roi Clotaire.

Cependant la guerre s'était allumée dans les Gaules entre Sigebert et Chilpéric, époux de Frédégonde. Deux serviteurs que cette reine avait ensorcelés frappèrent Sigebert de leur couteau empoisonné, et il rendit l'âme. Sa veuve, Brunehaut la Visigothe, demeurait au pouvoir de ses ennemis. Peu après, Chilpéric mourut assassiné comme son frère, et Frédégonde fut soupçonnée. Craignant d'être dépouillée par ses sujets, elle se réfugia dans la cathédrale de Paris avec ses trésors, et manda Gontran, roi de Bourgogne : « Que mon seigneur vienne et prenne le royaume de son frère ; j'ai un petit enfant que je mettrai dans ses bras. » Gontran accepta et vint ; les grands d'Austrasie prirent peur de cette alliance, et envoyèrent à Constantinople des députés à Gondowald : — « Viens, tu es appelé par les plus puissants ! » — Gondowald se laissa persuader, suivit les députés et débarqua à Marseille. Il se vit entouré de Mummole, patrice des Bourguignon ; de Didier, duc de Toulouse, et des ducs Boson, Bladdast et Waddon. Il avait aussi avec lui des évêques, et traversant Toulouse, Bordeaux, Poitiers, menaçant la Loire, il envoya Zotan et Zadulf, portant les baguettes sacrées, vers Gontran, qui les fit fouetter et mettre à la torture. Une armée de Bourguignons marcha vers l'Aquitaine et Gondowald, repoussé bientôt de place en place, se retira dans la ville fortifiée du Comminges, sur le mont. L'autre ville, celle d'en bas, avait été déjà ruinée par les Vandales.

Gondowald, qui avait fait entrer ses mulets chargés d'argent et d'or, rassembla les habitants et leur demanda s'ils voulaient se défendre ; mais les ducs aimèrent mieux les chasser. Ainsi, les révoltés se trouvèrent avoir des vivres en abondance, du vin et du blé pour cinq ans. Mais plusieurs avaient déjà fait leur paix avec le roi Gontran, et d'abord Didier, duc de Toulouse. Waddon, Bladdast et Mummole demeuraient auprès de Gondowald, et aussi l'évêque Sagittaire. Les Bourguignons arrivaient, pillant les églises sur leur passage ; Leudésegilde les conduisait. Ils campèrent dans la plaine, s'amusant à détruire tout ce que les Vandales et les Goths avaient laissé debout ; mais si quelques-uns de leurs soldats s'écartaient du camp, ils rencontraient les habitants réfugiés dans les bois et dans les gorges, et ils étaient tués, en sorte que la fureur de ces barbares était grande. Ils tentèrent des assauts contre la forteresse, et, d'abord, ils furent accablés de traits et de pierres ; l'évêque Sagittaire, tout armé, se tenait sur le mur, excitant les défenseurs. Mais le zèle de ceux-ci vint promptement à se refroidir. Les Bourguignons commencèrent à jeter des faisceaux de broussailles dans les fossés ; de là ils insultaient Gondowald, criant qu'il n'était point le fils de Clotaire, et l'appelant *tondu*. En même temps Leudésegilde envoyait secrètement des députés à Mummole. Peu après, réunis dans l'église, Mummole, Waddon, l'évêque et un homme puissant de Comminges, qui s'appelait Charulf, délibérèrent de nuit et se jurèrent de livrer leur roi. Ils allèrent le trouver et lui dirent: Tu ne peux espérer de merci qu'en t'humiliant. Eloigne-toi de cette ville. Va trouver ton frère et demande ton pardon. — Longtemps encore ils parlèrent, essayant de lui faire croire que s'il se rendait dans le camp, près de Leudésegilde, il aurait la vie sauve. Lui, les écoutait : — Vous m'avez donc trompé, dit-il ; vous en répondrez devant Dieu !

Il ôta son baudrier d'or et s'achemina vers la porte de l'ouest, où l'attendait Ollon, comte de Bourges, chargé de le conduire à Leudésegilde. Aussitôt, Mummole fit refermer cette porte. Gondowald vit bien à la mine sombre des Bourguignons qu'il était perdu sans ressource. — « Juge éternel, dit-il, veux-tu te venger des innocents ? Je te confie ma cause ! » Et comme on suivait le chemin qui descendait vers la vallée, Ollon le poussa du pied; il tomba près d'un rocher qui surplombait une profonde ravine où coule l'Ourse ; les soldats le saisirent et le précipitèrent. La roche en a gardé le nom de Matacan (tue chien), car, d'en haut, ils criaient: chien ! chien ! —D'autres soldats coururent, et comme il vivait encore, le frappèrent de leurs lances, le lièrent par les pieds, et le traînèrent autour du camp. On le laissa sans sépulture. Et puis on se demanda ce qu'on ferait des traîtres qui l'avaient livré. Waddon et Charulf achetèrent leur salut lâchement, donnant leurs fils en otage. Mummole fut tué d'un coup de lance. L'évêque Sagittaire, se voyant entouré de glaives, avait ramené son capuchon sur sa tête ; il reçut un si terrible coup de framée, que la tête vola avec le capuchon. Alors les Bourguignons passèrent les soldats et ce qu'il restait des habitants au fil de l'épée; ils mirent

le feu à la ville haute et s'acharnèrent à renverser et raser les monuments de la ville basse ; en quelques endroits, ils firent passer la charrue.

Lorsque, maintenant, on arrive au pied du promontoire qui porte la ville de Saint-Bertrand, on voit adossés à la roche des restes informes qui disparaissent à demi sous les lierres ; en y regardant avec attention, on s'aperçoit que la maçonnerie décrit un demi-cercle, parfois interrompu, mais dont le dessin général se reconstitue aisément.

En avant est placé un bâtiment d'exploitation rustique ; on y entre avec la permission du maître, et sous la verdure parasite, on retrouve des traces de gradins. Là fut un amphithéâtre. Or Leudésegilde s'assit sur des degrés pour recevoir les ducs, le patrice et l'évêque, traîtres envers le roi Gontran et son neveu Childebert, le fils de Frédégonde, et traîtres aussi envers Gondowald. C'est peut-être ici que la tête de l'évêque vola sous la hache franque.

On gravit une rampe abrupte ; l'église se profile au faîte du coteau, avec sa tour et les énormes contreforts qui soutiennent cette masse pesante. On contourne la ville en passant au pied des fortifications, et l'on reconnaît que ces larges murailles ont d'antiques assises. Quelques parties sont presque entièrement romaines, formées alternativement de pierres taillées et de rangées de briques. En d'autres parties, on a fait usage de tout, faute de choix ou faute de temps ; des fûts de colonnes, des fragments d'autel ont été encastrés dans la maçonnerie et font corps avec elle. On entre dans la ville par la porte Cabiroles, qui regarde l'est ; on a devant soi toute la plaine : à gauche le confluent de l'Ourse et de la Garonne, à droite les monts des Hautes-Pyrénées ; au fond du tableau, la tour de Barbazan. La porte est surmontée d'une inscription tronquée :

TMP.XXVI. CÔS.

V.P.P.

CIVITAS CONVEN.

A... 26 fois empereur, consul 5 fois, père de la patrie, la cité des Convènes. A côté, une tête de loup. Plus bas, une deuxième inscription singulièrement différente, car elle donne tout simplement la taxe du poisson fixée par le Chapitre, à la date de 1661 : les truites à 5 deniers la livre, les « sièges » à 3 deniers, les « loches » également, les « cabilax » à 2 deniers.

Faisons le tour de l'enceinte. Au midi, la porte Lyrissen, aujourd'hui démolie; dans le mur d'une maison bâtie sur le rempart, une autre plaque romaine, avec une inscription moins frappante; au couchant, la porte Majou, cintrée comme la porte Cabiroles, mais plus curieuse. D'abord elle est surmontée de la prison, en étage; à l'extérieur, ont été sculptées les armes du cardinal de Foix, un des évêques de Comminges; dans le mur est scellée une pierre tumulaire creusée d'une niche où se voient un buste et deux chars attelés chacun de deux chevaux, avec cette inscription : « Aux dieux mânes d'Andossus, fils de Primulus, consacré par Sabine, fille de Fronto, en exécution du testament de Mincius ». Au-devant de la porte, on reconnaît les traces d'un ouvrage de défense. Tout près est le roc de Matacan; on peut mesurer la chute de Gondowald, que les lances attendaient au fond de l'abime. De ce côté, et surtout au nord, les murs anciens ont disparu; ce n'est plus qu'une maçonnerie grossière. C'est peut-être ici que porta l'attaque de l'évêque Urbain de Saint-Gelais, qui fut contraint de reprendre d'assaut la ville épiscopale occupée par les huguenots en 1586, après cinquante jours de siège.

Ce n'était pas la première fois que ces huguenots tenaient la ville. En 1570, Mongommery avait passé, avec ses terribles bandes, au pied du mont, brûlant les villages, à l'entour, suivant sa coutume; mais, sachant la place bien gardée, il ne l'attaqua point. En 1577, la cité épiscopale fut plus maltraitée. Un parti de huguenots se présenta au point du jour; une femme nommée Palerette, qui avait été gagnée, leur donna entrée par sa maison, située sur le rempart. Pendant ce temps, les chanoines chantaient matines. L'ennemi se rua contre la basilique, enleva les lampes d'argent, la croix, les calices, mit le feu à divers endroits de l'église; les rétables de plusieurs chapelles furent brûlés. Puis, gorgés de butin, les bandits se retirèrent, oubliant la Palerette, qui fut pendue.

Revenons à la porte Cabiroles. A droite, en pénétrant dans la cité, est un hôtel du xvi⁰ siècle attenant à un logis du xv⁰ : ce fut

MAISON DE BRIDAUT

le palais épiscopal depuis 1617. De ce même côté, quelques autres maisons présentent des portes cintrées en marbre, surmontées d'écussons soit aux fleurs de lys de France, soit à la croix pattée de Comminges, les demeures apparemment des chanoines; à gauche est un autre logis du xv⁰ siècle; ce fut celui du riche marchand Bridaut, flanqué d'une jolie tour d'escalier. Au-dessus de la porte est le portrait en pied du richard, avec son nom et ses armes parlantes: une bride. Cette maison a été récemment achetée par le sénateur Hébrard.

Tout ici a un aspect particulier. Entre ces hauts logis, les rues ont dû toujours être muettes ; c'est bien une cité cléricale, recouvrant une ruine. Nous avançons vers l'église, et retrouvons à un mur de soutènement, des bases romaines.

Sauf la période des guerres religieuses, la ville si fortement murée ne connut qu'une paix profonde. Pourtant l'autorité du Chapitre ne s'était pas établie sans orage. En 1305, les gens de Valcabrère se lèvent en armes, une belle nuit, marchent à l'assaut de la colline, surprennent et brûlent les faubourgs. Je laisse à penser

LA MAISON DE SAINT BERTRAND

s'ils furent excommuniés ! Valcabrère se voyait à regret destitué du rang qu'il avait occupé pendant plusieurs siècles, depuis le sac de Lugdunum. Le gouvernement de la cité restaurée des Convènes devait pourtant être assez doux ; c'était vraiment le gouvernement parlementaire que saint Bertrand avait établi : au sommet, l'évêque, le Chapitre formant son grand conseil ; au-dessous, les archiprêtres chargés de l'administration spirituelle des paroisses ; il y en avait un par vallée.

Le Saint, institué évêque de Comminges en 1073, avait eu tout de suite la passion de réédifier l'ancienne basilique de la métropole des Convènes ; il en puisa la force et les moyens d'abord dans sa grande réputation de sainteté et la vénération docile du peuple, ensuite dans la puissance de sa maison, car il venait des comtes de l'Ile-Jourdain, et sa mère était la fille de Guillaume Taillefer, comte de Toulouse. Cependant l'église actuelle n'est pas entièrement celle de Saint-Bertrand ; elle est en partie l'ouvrage de Bertrand de Goth, évêque de Comminges, puis archevêque de Bordeaux, enfin pape à la fin du XIIIe et au commencement du XIVe siècle, le même Clément V qui transporta la résidence des souverains pontifes de Rome à Avignon, le même dont la mémoire reste chargée d'une terrible complicité avec le roi Philippe le Bel, dans l'obscure et sanglante affaire des Templiers.

Au bout de la longue rue morne, voici les restes de la maison épiscopale bâtie par le Saint, avec ses fenêtres géminées ; on franchit une porte d'enceinte surmontée du lion de l'évêque Jean de Mauléon, qui vivait au seizième siècle. La place qui s'étend devant la basilique était le cimetière. La façade du monument s'enlève flanquée de sa tour, dont la partie supérieure est garnie de hourds en bois. C'est ici, assurément, un ouvrage militaire. On est en devoir, nous dit-on, de le faire disparaître dans une de ces restaurations téméraires si fort aimées des architectes — et pour cause. — Il paraît que ces *hourds*, d'un si curieux caractère, seront remplacés sous peu par une flèche banale — mais coûteuse.

En somme, ce qui reste de l'œuvre de saint Bertrand, c'est cette tour, le portail, et les deux murs latéraux, avec leurs petites fenêtres cintrées.

Le portail, surmonté d'une niche, où se voyait autrefois une statue de la Vierge, est accompagné de quatre colonnes et divisé en deux baies par un pilier de marbre blanc, le chapiteau présentant des têtes de lions. Dans une large arcature ont été

sculptés les douze apôtres; au tympan, l'adoration des Rois Mages et des Anges encensant la Mère de Dieu. En 93, on a brisé les couronnes des Mages : on ne voulait plus d'insignes royaux.
— On monte à ce portail par quatorze degrés faits de dalles antiques.

L'église a une seule nef, et point de piliers, sauf les deux qui supportent la tour et qui appartiennent à la construction primitive. Elle offre donc deux parties très distinctes, dont la première, toute romane, paraît avoir été affectée jadis au service paroissial; la seconde, toute gothique, contient une enceinte fermée; le chœur était réservé au Chapitre. On compte dans ce chœur soixante-six stalles, outre le siège épiscopal, et il occupe la largeur presque entière de la nef, puisqu'il ne laisse autour de lui qu'un couloir de trois mètres et l'espace ménagé aux chapelles. Ce curieux et opulent édifice inséré dans la basilique, et construit tout entier en bois sculpté, est dû à l'évêque Jean de Mauléon, qui le consacra dans la nuit de Noël de l'an 1535.

La voûte de la nef à grandes nervures est d'un aspect large et superbe; les clefs, qui en ont été peintes, portent des figures et les écussons des évêques, parmi lesquels celui de Mgr de Mauléon, *de gueules au lion d'or armé de sable*, reparaît sur toutes les parties de l'édifice. Six chapelles seulement sont disposées autour de l'église, cinq autres rayonnent dans le demi-cercle de l'abside; toutes sont d'époques différentes, mais presque toutes ont été remaniées par ce Jean de Mauléon, passionnément amoureux de sa Cathédrale. Ce travail est surtout frappant dans la chapelle Notre-Dame, qui est du temps de Clément V, et s'ouvre sur la nef par deux arcs ogivaux retombant sur des colonnes. Là, est placé le tombeau de Mgr Hugues de Castellione, construit en 1547. Le prélat, en habits pontificaux, est couché sous un dais sculpté. Les faces latérales sont couvertes de bas-reliefs représentant les funérailles du prélat. L'ensemble du mausolée est de marbre blanc, d'une pureté de style et d'une finesse d'exécution qui en font une œuvre admirable. Il paraît que naguère une grande intrigue a été nouée : — il s'agissait de transporter ce monument au musée de Toulouse. Ce musée est un ogre.

Il faut mettre un peu d'ordre dans l'étude des différentes curiosités de cette église extraordinaire, peut-être unique ; et d'abord examiner le buffet d'orgue. C'est assurément le plus riche qu'il y ait en France ; adossé à une fenêtre de l'édifice primitif qu'on a murée, il est porté par cinq colonnes cannelées à chapiteaux corinthiens : encore une œuvre de Mgr de Mauléon et du XVI° siècle. Aussi l'opulente et fine décoration de la boiserie est-elle entièrement païenne. Dans ce sanctuaire, tout rempli de la mémoire d'un grand Saint et achevé par un pape français, voici les travaux d'Hercule exécutés en bas-relief ; plus loin, des hommes nus, des gladiateurs, une frise charmante, composée d'armes et d'instruments de musique. Mgr de Mauléon n'y mit point de malice ; il était tout plein du goût de son temps et y obéissait. Nous autres, qui n'avons ni cette naïve fureur païenne, ni cette sincérité de foi chrétienne peut-être au fond du cœur, — nous ne pouvons nous empêcher de penser à la parole de l'Écriture : La contradiction est le sel de la terre !

Le merveilleux buffet enveloppe la chaire, portée sur l'une des colonnes ; le dôme qui la surmonte représente le feuillage d'un palmier ; ses panneaux font voir trois évangélistes, avec leurs attributs, puis les armes de l'évêque Mauléon, son nom *Jehan* et sa devise : *Omnis amor tecum*.

Les grandes boiseries du centre de l'église se divisent en trois parties : le jubé, le chœur et le sanctuaire. La porte principale est sous le jubé, pièce vaste et magnifique, supportée par quatre colonnes, et décorée, au-dessus de la ligne de la porte, d'une frise chargée de vingt figures de saints, avec les attributs que leur a donnés la légende. La partie supérieure forme une tribune surmontée d'un arc triomphal et de la croix ; là se plaçaient les chanoines pour entendre les sermons.

Dans les soixante-six stalles du chœur, je crois revoir le Chapitre en surplis : treize chanoines, huit vicaires généraux, cinq archidiacres et les *officiers* et les *prébendiers*. Quand l'évêque siégeait,

SAINT-BERTRAND. — LA PORTE DE L'ÉGLISE

les cérémonies étaient solennelles. Je vois les Révérends gravement assis. Trente-huit des stalles sont surmontées d'arceaux portant sur des colonnes corinthiennes et formant le dais. Au-dessus, une frise d'arabesques, où figurent les écussons des évêques et l'écu de France, et qui supporte en couronnement des cartouches triangulaires séparés par de fines colonnettes, accompagnées d'ornements et de figurines. Au dossier des stalles, des figures en demi-relief, les prophètes, les sibylles, les vertus théologales, des évangélistes, des apôtres, des saints. Le siège épiscopal est placé, regardant l'autel, du côté de l'épitre ; il est couronné d'un dôme que surmonte la statue de saint Michel. Entre la dix-huitième et la dix-neuvième stalles, décorées des deux figures de saint Jean l'Evangéliste et de saint Bertrand, est le passage qui donne entrée au chœur sous le jubé. Là, on a placé un prodige de sculpture, l'arbre de Jessé, — ou l'arbre généalogique de Jésus-Christ, — dont les rameaux portent quarante figurines hautes de huit centimètres. On songe avec mélancolie à la singulière destinée de l'humble artiste qui exécuta ce travail d'un achèvement si extraordinaire. Il y dut dépenser une bonne partie de sa vie. Vingt ans après sa mort, on ne savait plus son nom.

Les vingt-huit stalles qui n'ont pas les honneurs du dais sont rangées au-dessous des premières. Elles ne sont pas moins richement ornées, sauf les figures des dossiers. Outre leur mérite artistique, on peut observer qu'elles en ont un autre qu'on appelait alors la commodité, qu'on appelle à présent le *Confortable*. Par exemple, les appuis-main sont surchargés de sculptures ; les accoudoirs présentent une surface unie. Les prébendiers, — car c'étaient leurs sièges, — pouvaient assujettir leurs coudes et tenir les mains jointes sans fatigue. Ils étaient jeunes ; à cet âge, la prière est parfois un refuge contre les rêves. Cette longue vie recluse dans la cité conventuelle déconcerte les habitudes de notre vie moderne, dont l'agitation sans trêve est stérile si souvent.

Cependant il paraît que la petite ville portée sur des débris romains, blottie sous sa haute cathédrale, fut jadis un foyer de savoir et de bonne compagnie, et comme l'abrégé d'un monde. Il y eut à Saint-Bertrand une *Société* — avant tout ecclésiastique, où les chanoines, presque tous de maisons très nobles, quelques-uns fort riches, tenaient le premier rang. On y comptait aussi des laïques. Quelques familles considérables s'étaient établies à Saint-Bertrand. Les chanoines recevaient leurs amis et leurs parents de la province. M. d'Agos nous a fourni, dans un de ses ouvrages, la liste complète du personnel du Chapitre au moment de sa dispersion en 1790. L'évêque, Mgr d'Osmond, avait donné sa démission quelques années auparavant, et son successeur n'était pas nommé. Dans le chœur, le trône épiscopal était vide. L'un des vicaires généraux présidait les offices solennels. L'autel en marbre rouge de Sarrancolin, qui a la forme d'un tombeau, surmonté d'un couronnement semblable à celui du chœur, était alors d'une grande richesse; il portait six chandeliers d'argent massif. Le rétable peint et doré retraçait la vie du Christ et de la Vierge. Au-dessus, dans cinq niches, les statues de Notre-Dame, de saint Jean-Baptiste, de saint Sébastien et de deux évêques.

Au pied de l'autel, des tombes.

Maintenant rentrons dans la nef. Quinze fenêtres éclairent le grand vaisseau de l'abside; toutes ont eu leurs riches vitraux; une seule a conservé le sien : elle est au chevet. Nous allons de chapelle en chapelle, suivant les parois extérieures de la boiserie du chœur. La décoration païenne a reparu : des guerriers romains et des seigneurs nous regardent du haut de la frise; puis ce sont de pimpantes châtelaines. Et toujours des sujets antiques : Lucrèce se perçant le sein. — Ce chemin profane nous conduit au lieu le plus sévèrement chrétien de toute l'église, lieu trois fois saint, où se pressait jadis le concours des pèlerins, dont les pieds ont usé les dalles. Ici, est le tombeau de saint Bertrand.

Jean de Mauléon a enlevé toute majesté à l'édicule sacré

lù au cardinal de Foix (1432) ; sa face principale était adossée au maître-autel ; depuis la construction du chœur, le monument est caché dans l'ombre du couloir qui sépare de l'abside l'œuvre magnifique de l'évêque profane. La châsse d'ébène et d'argent repose au fond d'une niche à cintre surbaissé, surmonté d'une arcature ogivale. Deux niches plus petites renferment des reliques d'autres saints. Il faut remarquer que le petit édifice est en pierre. Les autres faces sont couvertes de peintures qui redisent la vie et les miracles de Bertrand. Des miracles innombrables, une pieuse vie dépensée au service de Dieu, des pauvres et des humbles. Dans les voyages que saint Bertrand entreprenait sans cesse pour les soins de son apostolat, il portait avec lui un petit coffret antique, sculpté, à figures, cerclé de lames de cuivre, où se lit cette devise en lettres du XIIIe siècle: *Per l'amor de ma. dona. combat ab. aquesta. Libra.* « Pour l'amour de Dieu et de Ma Dame, je combats sous cette livrée. » La dame, c'était la Vierge. On conserve le coffret.

J'ai presque épuisé le catalogue très sommaire des curiosités de cette église. Cependant je n'ai point parlé du... crocodile. Le monstre est suspendu à la voûte, près de l'un des autels. N'ayez peur, il est bien retenu par deux bons cercles de fer. Or donc, c'était en un temps qu'on ne dit point. Il y avait alors des crocodiles dans les ravines où coule le torrent d'Ourse. Le plus féroce imitait les vagissements des enfants pour attirer la chair fraîche, et l'hypocrite fut bien étonné quand, un jour, ce fut l'évêque qui se présenta. D'ailleurs, ce gros morceau ne lui fit pas peur ; il s'élançait ; mais saint Bertrand étendit son bâton pastoral. Et le crocodile, transformé en agneau, le suivit jusqu'à l'église ; on le saisit, et depuis huit cents ans le voilà pendu à cette voûte. Et c'est bien fait.

A droite de la nef, si l'on regarde le jubé, une porte délabrée s'ouvre au-dessus de deux marches disjointes. Là est le cloître, au sud de l'église ; le seuil est usé ; la porte poussée, nous voyons une ruine : ce beau cloître, de l'époque primitive des constructions, œuvre de saint Bertrand, est découronné. Des branchages et de grandes herbes courent au-dessus des cintres romans, que soutiennent des colonnes géminées, posées elles-mêmes sur des socles antiques. Sur trois des quatre côtés, sept arcades. A l'un des piliers sont adossées quatre statues représentant les Evangélistes; un deuxième est fait de deux parties d'une colonne antique; le chapiteau de celui-ci est du vieux roman à entrelacs. Les autres chapiteaux présentent des figures d'animaux, quelques-uns des cavaliers. Le quatrième côté, portant une voûte à arêtes, est adossé au mur de l'église. Ce cloître, autrefois, était pavé de tombes.

SAINT-BERTRAND — LE CLOITRE

Les inscriptions subsistent; on les trouve aux murs du fond, sur les arcs-boutants, sur les piliers, sur les dalles. Chanoines, Archidiacres, Prébendiers, tous prêtres; et c'est miracle qu'on n'ait point violé ces pierres et dispersé ce sol rempli de poussière cléricale. La mémoire des prélats plane sur cette foule de mémoires obscures. Les arêtes des voûtes se croisent sur cinq clefs décorées des armes de l'Ile-Jourdain, de Mauléon et de têtes mitrées d'évêques. Presque toutes ces inscriptions sont des XIIIe et XIVe siècles, quelques-unes plus anciennes. Quant aux grandes tombes qui s'élevaient autrefois sous ces arceaux, elles ont disparu, sauf du côté nord, appuyé à la basilique. Ici, on en compte encore sept. L'une, qui offre l'écu plusieurs fois répété de Hugues

LA PORTE MAJOU

de Castellione, est demeurée vide depuis que les restes de son illustre habitant ont eu les honneurs, dans l'église, d'une magnifique couche neuve ; quatre autres ont été construites en 1283, 1300, 1305, 1334 : ce sont des sépultures d'archidiacres et de chanoines couchés sous la chasuble et l'étole, les mains croisées. Deux autres ont reçu la dépouille de deux chevaliers, et la première, la plus ancienne de toutes, qui présente une figure, cuirassée, éperonnée, n'a pas d'inscription. Un écu seulement, celui de la maison de la Barthe.

Le cloître portait autrefois la bibliothèque du couvent. Les livres accumulés en nombre immense, ont disparu ; puis la salle s'est écroulée. Que de savoir effacé, que de grandeurs, et que de paix évanouies! Personne, dans la petite ville, ne se soucierait beaucoup d'entrer sous cette ruine à la nuit noire; qui sait si les ombres de cette armée de prêtres endormis ne se réveillent point au son des heures? Peut-être les trouverait-on se pressant à la large baie ouverte dans le mur, sur le côté sud du cloître, à cent mètres au-dessus du cours de l'Ourse, qui longe le pied d'un mont boisé, — et de là regardant la terre des vivants,

STATUE ANTIQUE DE MERCURE, EN BRONZE
(trouvée à Lugdunum (Saint-Bertrand-de-Comminges). Collection de M. le baron d'Agos).

LE DÉFILÉ DE MARIGNAC

LA VALLÉE DE LA GARONNE

SAINT-BÉAT. — LE VAL D'ARAN.

Une route nationale conduit de Luchon à Marignac, partant de l'allée de Barcugnas et se dirigeant vers Montréjeau. On peut également s'y rendre par le chemin de fer. Ce petit village est situé à la droite du bassin formé par la rencontre des deux vallées de Luchon et de la Garonne, un peu avant le point où elles se joignent. Marignac regarde le nord. Là naît aussi un petit val très court, qui remonte vers le gros bourg de Saint-Béat, entre le grand pic du Gar et le pic d'Arie. En face, de l'autre côté de la vallée, le joli village de Cierp s'échelonne sur une roche d'une belle couleur grise, calcinée et comme roussie, qui se dresse en promontoire au-devant de l'Antenac. Ce singulier piédestal est fendillé, crevassé de toutes parts ; des bouquets de verdure sortent de

CIERP

quelques-unes des crevasses. Tout cela est très pittoresque, mais a l'air si vieux que le village paraît être né en même temps que la montagne. Le toit le plus élevé est celui de l'église. Au-dessus des habitations, la roche présente un grand trou, une gueule

SAINT-BÉAT

béante : c'est l'entrée d'une carrière célèbre qui fournit un marbre rouge, rival du marbre de Sarrancolin. Entre les maisons assises au premier plan, accourt le torrent de la Pique, qui descend de Luchon.

Si l'on entre dans Cierp, on rencontre partout le même caractère de vétusté tranquille : les logis sont lézardés, les arbres ridés ; on monte à l'église par de vieilles marches en marbre, usées et branlantes. La vallée, au-dessous du village, est pourtant opulente et grasse. La voie ferrée court au milieu de superbes prairies, plantées de peupliers ; seulement on ne voit plus ces belles vignes croissant en arbres, qui prennent des formes si gracieuses et si gaies. Cierp est précisément le point où le raisin cesse de mûrir ; l'haleine des monts est désormais trop prochaine.

La station du chemin de fer est à Marignac. On trouve à la gare des voitures publiques faisant le service de Saint-Béat et de Fos, et correspondant avec des diligences qui de Fos vont à Bosost et Viella, c'est-à-dire au cœur du pays d'Aran, berceau de la Garonne.

Marignac a son antique église bien modeste. Au pied de la montagne perdue dans la verdure, se voient les restes de son château. Sur un mamelon, une autre vieille tour fait encore sentinelle.

Notre route traverse le village, et glisse sur une pente qu'enveloppent peu à peu des rochers qui vont se resserrant, et, bientôt, se présentent en grandes masses houleuses ; puis, elle infléchit à gauche et nous découvre tout le bassin de la Garonne, que domine le pic blanc du Gar. J'ai déjà dit qu'il n'y avait presque point de montagne de si fière tournure. Un instant après, nous cheminons au bord d'un étang qu'on appelle pompeusement un lac. Ce petit bassin n'a rien de montagnard, ni la mine, ni la couleur. Ses eaux grises sont resserrées entre les grands contreforts de la chaîne et un monticule qui le sépare de la vallée. Tout ce paysage est sans grandeur désormais, point sans charme sous la fraicheur du matin. D'ailleurs, nous arrivons à l'extrémité de l'étang, et le Gar reparait. Ses sept pointes dominent toute la masse des monts du premier plan ; directement au-devant de nous, de grands dévalements de pierre blanche étincellent au soleil. Il faut accoutumer ses yeux à ces blancheurs crues qui les aveuglent.

Si l'on ne savait point que là sont placées les fameuses carrières de Saint-Béat, on le devinerait. Une large ouverture carrée perce le cap det Mount, qui fait face au Mont Arie. C'est ici « la carrière des Romains ». Une petite halte : le temps de saluer nos maîtres. Ils l'ont été en tout ; mais nous ne suivons guère leurs exemples; ils ont connu tour à tour les bienfaits de la liberté et du despotisme, et nous ne connaissons que les pires inconvénients de l'une et de l'autre. A présent, l'hommage est rendu. Passons.

Les Romains ont certainement exploité cette carrière, où ils avaient reconnu le marbre statuaire, si rare dans les Pyrénées. Un monument est là qui le constate : c'est un autel votif découvert dans la maçonnerie de l'église de Marignac, où il était noyé, et portant cette inscription : « Au dieu Silvain et aux Montagnes sacrées, Quintus Julianus et Publicius Crescentinus, qui, les premiers, ont ici taillé et expédié des colonnes de vingt pieds, juste accomplissement de leur vœu spontané. »

L'inscription très ruinée a été restituée par MM. Barry et Henzen. On voit qu'elle était précisément destinée à rappeler les premiers travaux de grande exploitation dans la carrière, et c'est évidemment dans le voisinage de Saint-Béat que l'autel votif a été trouvé ; puis on l'employa dans cette maçonnerie de l'église de Marignac, d'abord parce que tous les matériaux paraissaient bons aux architectes de la montagne, fussent-ils sculptés ou gravés; ensuite parce que c'était toujours œuvre pieuse que de faire disparaître un reste païen.

Quelques auteurs ont prétendu que des marbres de Saint-Béat ont été transportés à Rome, et qu'ils ont servi à la construction de la colonne Trajane ; c'est possible. Depuis Quintus Julianus et Publicius Crescentinus, on a taillé bien des colonnes de vingt pieds dans la carrière, *columnas vicenarias*. C'est de Saint-Béat que proviennent les piliers monolithes qui soutiennent le péristyle de l'établissement thermal de Luchon. L'exploitation est assez active. Les blocs descendent d'eux-mêmes, glissant sur un lit de débris, et sont travaillés au pied de la montagne, au bord de la route.

Il paraît aussi que les Romains appelaient la gorge de Saint-Béat, *Passus Lupi*; nous n'avons rencontré aucun de ces féroces voyageurs. Le « dieu Silvain et les Montagnes sacrées » savent combien nous avons désiré sans cesse, dans nos longues excursions au cœur des monts et des bois, de voir du moins passer près de nous, — pas trop près, — quelque fauve. A Gabas, l'an passé, au pied du pic du Midi d'Ossau, des filles en désordre descendaient d'une sapinière où elles étaient allées cueillir des fraises ; elles criaient : « C'est l'ours ! nous avons vu l'ours ! » — Ces jouvencelles rustiques qui, dans leur frayeur, se laissaient glisser sur le dos et sur les mains, quelques-unes la tête en bas, nous ont donné de l'amusement. Quant à l'ours, il n'a point paru ; il est vrai qu'il fit aussi bien, puisque douze ou quinze hommes, une demi-douzaine de faux, autant de pioches, et trois ou quatre fusils l'attendaient au coin de la forêt. Dans les hautes solitudes, nous n'avons jamais aperçu que quelques compagnies de chevreuils courant dans la hêtrée, ou encore dans le voisinage des glaciers des bandes d'isards.

Saint-Béat — où il n'y a plus de loups que ceux à deux pieds, qui ont quelquefois les dents aussi longues — nous apparaît au détour de la route. La Garonne s'est creusé un passage entre le *Cap det Mount* et le *Cap d'Arie*. Les monts, le fleuve, le village, présentent un décor saisissant. Au-devant de la Garonne, un grand premier plan d'arbres ; sur les deux rives reliées par un beau pont, de vieilles maisons à galeries, baignant leurs pieds dans l'eau ; d'autres grimpent à l'escalade du Cap det Mount, d'autres encore se resserrent contre la paroi du mont. Le clocher de l'église (très vieille) pointe à travers les feuillages; une roche perpendiculaire porte, fichés à son flanc de la plus bizarre façon du monde, une chapelle et un donjon. Le fond du

LA CARRIÈRE DES ROMAINS

décor est naturellement formé des pentes de la montagne, chargées, jusqu'à moitié leur hauteur, d'un épais couvert de bois.

De l'autre côté de la Garonne, le mont Arie surplombe le flot; le

Gar, au nord, dépasse toute la chaîne. Cette vallée de la Garonne n'est véritablement ici qu'un défilé commandant l'accès du pays d'Aran. Saint-Béat fut donc une ville fortifiée.

D'abord un poste romain, cela n'est pas douteux; mais rien autre chose peut-être qu'un lieu de vigie. Il semble qu'une ville ne se soit fondée là qu'au xe siècle, à l'ombre d'un prieuré dont elle

SAINT-BÉAT — L'ÉGLISE ET LE CHATEAU

prit son nom. Béat, prêtre et docteur, combattit par la parole et la plume les hérésiarques d'Espagne; on canonisa son orthodoxie: c'était justice. Les comtes de Comminges s'avisèrent, un jour, de penser qu'ils feraient bien de mettre leur frontière à l'abri des coups de main qui pouvaient tenter les Aragonais. Or cette frontière, c'était désormais le nouveau bourg, puisque ces mêmes

Aragonais leur avaient pris le pays d'Aran, superbe morceau de leur seigneurie. Alors ils construisirent une forteresse qui était toute une place de guerre, avec une enceinte assez vaste pour contenir la population en cas d'alerte, et une chapelle où les réfugiés pouvaient aller prier, afin que Dieu, dans sa bonté, fît tomber sa foudre ou sa grêle sur les assaillants. Il ne faut pas confondre ce premier château du XIe siècle avec la tour Saint-Louis, construite au XVe siècle par la ville elle-même, devenue libre, sauf l'obéissance au roi, qui avait alors tout fraîchement remplacé le comte. — Mais je songe que, dans la courte description du fouillis pittoresque que présente la ville, j'ai maladroitement oublié cette tour.

Vers ce même temps (1139), le prieuré de Saint-Béat n'était qu'une des nombreuses dépendances de la grande abbaye de Lézat, qui s'élevait aussi sur la Garonne, assez loin de là, sur la route actuelle de Foix à Muret. L'abbé de Lézat, qui disposait de plusieurs centaines de moines, une véritable armée, aurait été forcé de mettre par-dessus tous ces frocs le harnais et l'épée, si les comtes de Foix et de Comminges, ses deux seigneurs, ne lui avaient fait justice dans une grande assemblée qu'il provoqua. Le puissant abbé s'y présenta la mitre en tête, la crosse en main, précédé de la croix, et exposa que tous les petits seigneurs des deux comtés semblaient se donner rendez-vous sur les terres de l'abbaye pour y échanger des estocades et vider leurs différends; après quoi, les deux partis, vainqueurs et vaincus, faisaient les diables à quatre sur les biens d'église, et pillaient tant qu'ils pouvaient. En conséquence, il demandait d'abord qu'il fût permis à l'abbaye de s'entourer de murs et se ceindre de bonnes tours; ensuite qu'il fût interdit aux seigneurs de se faire la guerre sur son territoire et ses annexes. Les deux comtes trouvèrent la demande équitable, et les seigneurs durent signer l'engagement de respecter désormais tout ce qui appartenait à Lézat; ceux qui ne savaient signer firent une croix, et cela fut dit.

Saint-Béat était une de ces annexes. On conservait dans l'église du prieuré les reliques de saint Patra et celles de saint Privat. Cette église est du XIᵉ siècle ; elle a trois nefs, un beau portail, et sur son mur occidental une large rose que surmontent deux rangées d'arcades à colonnes formant le clocher. Ce sont ces baies élégantes qu'on voit se dessiner dans les découpures du feuillage, quand on regarde le bourg, de l'autre rive de la Garonne. On ne rencontre guère de plus pur roman. La porte du sanctuaire est des plus curieuses : le tympan porte des sculptures représentant les animaux donnés en atttributs aux Evangélistes. Je n'ai pas visité l'intérieur du clocher ; on me dit qu'il contient des cloches du XVIᵉ siècle. Je les ai entendues ; elles ne sont pas trop fêlées, pour avoir depuis trois cents ans sonné tant de glas et de volées.

Le château a été remanié ; de l'édifice primitif, il ne subsiste que le donjon. On monte par un escalier taillé dans le roc en zigzag, et dans une première enceinte gazonnée s'élève une statue de la Vierge sur un piédestal de marbre, provenant de la carrière des Romains, au-devant d'une chapelle de style roman, mais moderne. Le donjon qui la domine donne à l'ensemble des constructions une allure ancienne. Pourtant il s'en faut bien que ce château raccommodé, avec sa chapelle en vieux neuf, procure aux yeux et à l'esprit les mêmes satisfactions que l'église. On n'y demeurerait guère si l'on n'y était retenu par le panorama de la chaîne et les riches couleurs de ces monts verts et de ces croupes nus entre-croisés.

Nous redescendons dans la ville ; mais, à Saint-Béat, on ne descend que pour regrimper. Quelques maisons du XVIᵉ siècle nous arrêtent au passage. Nous retrouvons quelques débris de l'enceinte du XVᵉ. La tour Saint-Louis est assise au-dessus de la rive droite de la Garonne, à l'extrémité du bourg. Nous la laissons à droite, et, sur l'indication d'un bourgeois en béret qui flâne au bord de l'eau, nous nous dirigeons vers la carrière, au flanc du

Cap det Mount. Là, s'ouvre un terrible petit chemin qui monte vers Lez, village niché en plein mont, où nous pouvons bientôt considérer les restes d'un donjon carré, plus vieux peut-être que celui de Saint-Béat. Encore un poste de défense construit par les comtes de Comminges, des seigneurs tout neufs au xe siècle, et qui, alors, n'avaient point perdu leur terre d'Aran.

A Saint-Béat, que nous rejoignons au bout d'une heure, en quête d'un déjeuner, on trouve une hôtellerie excellente, située délicieusement au bord de la Garonne et communiquant par une passerelle à une île plantée de bosquets. Le dommage — il y a même deux dommages — c'est, d'abord, que ces nids de verdure sont occupés; ensuite, que la catégorie représentée par les occupants fait considérablement monter les prix. L'île est le rendez-vous de la jeunesse masculine élégante, et de la colonie galante, toutes deux en traitement à Luchon, avec des façons très particulières de conduire la cure. Aux prises avec ce monde qui s'amuse, l'hôtelier sale les ragoûts comme il faut et la note comme il ne faudrait pas. D'ailleurs, on est bien traité, et l'on se console en pensant que si l'on fait dans l'hôtellerie de Saint-Béat, au bord de la rivière, la même dépense qu'on ferait chez Nosseigneurs Grands Gargotiers des boulevards de Paris, ceux-ci n'ont point à offrir la vue de la Garonne.

Un couple joyeux a heureusement achevé son repas, et nous prenons sa place sous l'un des bosquets. Déjeuner rapide. On nous a trouvé un cheval et un mulet. Don Quichotte et Sancho s'en vont en « emprise » ; la ressemblance est assez exacte, car, en vérité, ce mulet est presque un âne. La route de Bosost suit la rue du village qui va s'allongeant au bord de la Garonne. On sort bientôt de la gorge, la vallée s'étale verdoyante et molle. Un riche paysage de plaine dans un cadre superbe de monts.

Ce rideau de fond est d'une beauté large et sévère. Au-devant se dressent des mamelons qui portent des villages. Nous revoyons le donjon de Lez, qui commande un petit val sinueux ; plus

LE PIC D'ARIE. — LA VALLÉE DE LA GARONNE

loin Argut-Dessus, suspendu aux rochers du Tuc de l'Estang, sous un berceau d'ombrages ; au pied du mont, Argut-Dessous, sur la rivière ; à droite, à l'orée d'une forêt de sapins aux silhouettes rigides, et ensevelis sous une épaisse végétation d'arbres de toute sorte, les toits et le clocher d'Arlos. Au fond, les montagnes à présent s'enchevêtrent ; la ligne est rompue. Toutes sont recouvertes de bois, si ce n'est pourtant les cimes, qui parfois émergent nues de ces vastes plis.

Au pied de la chaine est assis le grand village de Fos. On le cherche, on ne peut encore le voir. En revanche, si l'on regarde en arrière le chemin qu'on vient de parcourir — ce qui ne fut jamais interdit qu'à la famille de Loth — on embrasse des yeux toute la plaine verdoyante ; on suit le cours de la Garonne qui, sous son énorme couvert de verdure, se resserre, pour aller passer dans la gorge de Saint-Béat. A gauche, au-dessus de la petite ville, le pic d'Arie montre sa ruine déchiquetée, éventrée en son milieu d'une large faille, et ses bases branlantes d'où se détache un quartier de roches presque chaque année ; à droite, c'est le cap det Mount avec sa cime calcinée ; au fond de l'angle aigu que forment les deux montagnes, le Gar, toujours le Gar, dresse ses pointes au-dessus de grands talus herbeux, dont le vert parait terne et jaune sous le reflet des blancheurs du mont.

Notre route est presque plate ; nous montons insensiblement, avec d'autant moins de fatigue et moins de hâte que nous cheminons sous de continuels ombrages. Bientôt, traversant la Garonne sur un beau pont, nous entrons dans le village de Fos.

Les maisons s'élèvent sur les deux bords de la route. L'église, à droite, n'offre point d'intérêt. Il y eut un château à Fos ; il en reste une porte cintrée. Un bruit aigu, irritant, remplit le village ; c'est le grincement des scies : on débite ici les arbres descendus des forêts qui couvrent les vallées supérieures de la Garonne. Le commerce du bois est un commerce très propre ; il est, en général, avantageux : aussi, à Fos, tout est riant et cossu. De beaux jardins, des prairies, de la verdure, des fleurs, des ombrages. On suit, en amont du village, et toujours dans la ligne des habitations, une avenue très fraiche, qui conduit au hameau de Sérial, au pied du Panque-Serra. Plus haut, — et même très haut, — est niché, dans un bouquet d'arbres, le village de Melles ; un ruisseau descend de la montagne et va se joindre à la Garonne.

Bonne hôtellerie. Le fils de l'hôtelière s'assied à table avec nous. C'est un montagnard renégat. Beau compagnon, bien planté, qui a quitté le nid paternel pour aller faire fortune en Amérique. Il a réussi, a regagné la France, et vient de temps en temps passer quelques semaines auprès de sa mère ; c'est un sacrifice aux convenances de l'amour filial : notre émigrant préfère Toulouse et Paris à son village, et très sincèrement trouve son pays natal affreux. Nous l'étonnons infiniment en lui disant qu'il nous parait, à nous, à la fois doux et superbe. Au reste, l'entretien est bientôt interrompu par un tumulte effroyable : c'est l'arrivée des voitures publiques de Marignac et de Saint-Béat. Elles sont remplies de voyageurs. Puis, comme nous quittons la table, c'est un autre tapage : on attelle les chevaux à la diligence de Bosost. Des gens de Fos se joignent aux premiers arrivants. La voiture est encore toute pleine. Quant à nous, reprenons notre figure de chevaliers errants, et remontons sur notre bidet et notre baudet.

La Garonne, qui suit à présent la droite de la route, va contournant un haut mamelon rocheux ; au faite, une vieille tour carrée. La route aussi contourne la butte, mais en sens inverse de la rivière. Le flanc du mamelon est couvert d'arbres. Le lieu est charmant : des ombrages, partout à nos pieds, au-dessus de nos têtes ; sur la Garonne, un moulin ; à l'horizon, de belles lignes de monts ; en pleine chaleur solaire, à deux heures de l'après-midi, une fraîcheur exquise.

Le chemin monte au long du ruisseau de Sérial, tombant d'une grande faille de roches grises. Dans les crevasses de la ravine croit une végétation qui prend des formes fantastiques. La tour reparait sur sa haute assise de roches ; elle gardait bien le passage! Nous voyons mieux la montagne, le cap de la Pique, d'où se précipite le torrentelet que nous venons de traverser.

Nous redescendons, en tournant vers la droite, et recommen-

LA TOUR DE SÉRIAL

çons à suivre le bord de l'eau. La vallée tout à coup se rétrécit; puis c'est une autre montée à gravir, et l'on se trouve à l'entrée d'un étroit bassin, fermé au fond par le défilé du Pont-du-Roy. Un pont relie les deux rives de la Garonne: d'un côté, c'est la France, de l'autre, l'Espagne; mais le pont est serré entre deux escarpements sauvages. Entre les parois inaccessibles, un passage, plutôt un pertuis. Trois cents hommes renouvelleraient ici l'antique prouesse des Thermopyles.

Pour le moment, il y a bien bataille en cet endroit farouche, mais bataille un peu différente. On n'y dépense pas moins beaucoup de courage à tenir tête aux mauvaises chances de la fortune ; les héros, ici, sont des joueurs. En aval du pont, — par conséquent sur la rive française, mais dans une enclave espagnole, on a construit un Casino,—c'est-à-dire une maison de jeu. Grande attraction pour les joueurs de Luchon, qui sont amenés par les voitures publiques de Saint-Béat et de Bosost. Nous retrouvons au café-restaurant du Casino plusieurs figures que nous avons vues dans la cour de l'hôtellerie de Fos. Il paraît que la partie n'est pas ouverte ; on boit, en attendant l'heure. Je suis obligé d'avouer que ni le bâtiment des jeux, ni l'autre situé en terre française, n'ont la mine cossue : ce sont même d'assez vilaines masures. On me conte que la partie languit depuis qu'une entreprise rivale s'est installée au Portillon. Je ne me sens pas très ému par le tableau de ces langueurs. Ce qui m'affecte en ce moment, c'est l'envie d'un autre fruit défendu.

Pourquoi ne point passer le pont ? au delà, c'est terre espagnole, mais si peu ! Le bassin d'Aran, dans lequel nous entrerions, était destiné par la nature à être français. Puisque Aran tout entier est situé sur les versants nord des Pyrénées, fermé au sud par les Monts-Maudits et le mont Vallier, puisqu'il forme la tête de la vallée de la Garonne, et qu'il renferme les sources d'un grand fleuve qui est une artère française, notre droit est évident. Aussi bien Aran a été aux comtes de Comminges ; puis il vint aux mains des comtes du Bigorre, malheureusement sans titres bien établis aussi Alphonse II, roi d'Aragon, put le retenir en sa qualité de suzerain, à la fin du XIIe siècle. Six siècles après, en 1808, Napoléon le reprit à l'Espagne, et le réunit au vaste arrondissement de Saint-Gaudens ; mais les traités de 1815 nous l'arrachèrent.

Se souvient-on de ce gouffre mystérieux, ouvert au cœur de la Maladetta, ce trou de Toro qui, suivant la légende, reçoit les torrents des glaciers et ne les rend pas? La vérité, c'est que l'ogre de pierre ne boit qu'une partie de ce pur cristal roulant; une autre partie court en grondant sous les flancs de la montagne et reparait au gouffre ou Goueil de Djouéou, à l'extrémité de ces belles pelouses aériennes que nous avons vues, en montant au col de Vénasque. Le Djouéou ou Jouéou accourt par la vallée d'Artignas

LE PONT-DU-ROY

de Lin, à travers de hautes chaînes et des forêts presque impénétrables, d'ailleurs inexplorées, puis, descendu dans Aran, se grossit de tous les torrents et torrentelets de la vallée. Aux yeux de plusieurs géographes, voilà le père orageux de la Garonne, qui aurait ainsi sa source à la Maladetta, montagne véritablement espagnole. Mais les Aranais ne partagent point cette opinion de quelques savants.

Le générateur du grand fleuve, suivant ces montagnards véridiques, c'est un ruisselet d'abord, qui nait au Pla de Beret, sorte de haut plateau à l'est de la vallée, reçoit des affluents de toutes parts, s'appelle bientôt la Garonne, et, en réalité, apporte au défilé du Pont-du-Roy un volume d'eau plus considérable que le Djouéou venu de son « Goueil ». (Goueil de Djouéou, œil de Jupiter. On sait sous quels terribles sourcils s'abritaient les yeux du seigneur Jupin.) Or, il importe beaucoup de vider ce litige : si les savants ont tort, si le Djouéou n'est qu'un affluent, si c'est la plus faible partie de ces belles eaux, qui descend à l'occident des Monts-Maudits, si la plus grosse partie, coulant de l'orient, est toute Aranaise, baignant un pays qui, géographiquement, appartient à la France, la Garonne est entièrement française.

Pourquoi n'irions-nous pas voir cela de nos yeux ? Les deux Garonnes se réunissent au-dessus de Bosost, la deuxième ville du pays aranais, au-dessous d'une butte rocheuse qui porte les ruines du château de Castelléon. Poussons donc jusqu'à Bosost.

En aval, le café est désert ; la partie, en face, est donc commencée. Bonne chance aux joueurs ! Que la multiplication des louis d'or s'opère dans la main des perdants, quand ils serreront le dernier dans leur main vide ! Nous franchissons les Thermopyles ; le premier plan du tableau que nous allons chercher n'est pas flatteur. Sur les versants français, tout à l'heure, nous voyons des pâturages ; sur les versants espagnols, ce ne sont plus que ressauts arides. Un village nous apparaît à l'ouest, sur un contrefort du Bacanère, que de longues crêtes relient au Pales de Burat. Le premier village espagnol est Pontau, sur la rive droite, regardant Canejean, sur la rive gauche. Un pont relie les deux villages, que dominent les pentes croisées du défilé. Le pic de Canejean s'élève en escalier colossal. Si nous regardons en arrière, nous voyons la Garonne, avant d'arriver au passage du Pont-du-Roy, se perdre sous les énormes masses de rochers qui le ferment. Il paraît que les Aranais tiennent quelquefois un peu des Espagnols, leurs maîtres illégitimes, pour la vivacité des procédés envers leurs ennemis. Ceux de Canejean tenaient pour le roi Charles IV et son fils Ferdinand, pendant les guerres de l'Indépendance, en 1809. Un jour, ils surprirent à Pontau une compagnie de gardes nationaux de Fos, venus en reconnaissance le long de la Garonne, et les égorgèrent jusqu'au dernier.

Après Canejean, le défilé cesse. *Lès* nous apparait dans un joli bassin, très bien ombragé : c'est une station thermale. On y trouve assez bon gîte, et nous y passerons la nuit. Un brave garçon de Saint-Béat se charge, pour une rétribution modique, d'y ramener nos deux montures inégales. Il enfourche de préférence le mulet, disant que c'est le plus entêté des deux ; le cheval suivra. Ce gaillard-là connait son monde.

Lès est sur la rive droite. Son « établissement » est situé à l'extrémité d'une belle avenue de tilleuls et de sycomores. Il faut des sycomores en Espagne ; sans cela, point de couleur locale. Les baigneurs ne paraissent pas très nombreux. Le Casino s'élève dans un parc où nous rencontrons des essences d'arbres qui ne croissent que sous l'air tiède, ce qui est une bonne preuve en faveur du climat de la petite station. Ce Casino propre, presque élégant, mais modeste, n'a point les orchestres de Luchon ; du moins on y peut goûter la fraîcheur de la soirée sans que les flonflons vous poursuivent. En revanche, on entend le tumulte tour à tour grinçant et rauque des conversations en espagnol. O langue française, belle langue de la politesse harmonieuse, la seule qu'on puisse parler sans causer de bruit irritant et sans faire de grimaces !

Bosost, où nous nous rendons le lendemain, se trouve au milieu d'un beau site ouvert, entre les grands blés et des bocages. La ville n'a qu'une rue, — qui est la route — et le nom de cette rue est espagnol : *Calle de la Piedad* ; mais les logis sont d'aspect français. Seulement, on y rencontre deci delà quelques vilains compagnons, des chevaliers de la sombre mine, portant à leur ceinture rouge des coutelas qui vous éventreraient d'un coup. Ces gens-là sont, d'ailleurs, si malpropres qu'ils vous donnent envie de passer au large pour d'autres raisons. Bosost possède un monument intéressant : son église. Les touristes y vont ordinairement voir une curiosité : c'est une roue fixée à la tribune et garnie de huit clochettes, que l'on fait tourner au moment de l'élévation. Cela encore sent l'Espagne, qui met volontiers dans les choses saintes toutes sortes d'amusettes. Cette église, du XII° siècle, est fort belle, surmontée d'une tour percée de fenêtres et d'arcatures et portant une flèche aiguë. Elle a trois nefs, que relient des arcs en ogive, appuyés sur de gros piliers ronds, et terminées chacune par une abside décorée de grossières peintures. Dans l'abside centrale, on voit Siméon en chasuble rouge, tenant dans ses bras le divin Enfant. La Vierge et saint Joseph se trouvent auprès de lui, accompagnés d'une femme portant sur sa tête un panier qui renferme les deux colombes mystiques. Autour de ce tableau naïf, en légende, on lit ces mots : *Nunc dimittis servum tuum.* — Je me rappelle fort bien ce beau cantique de Siméon; mais l'Ecriture ne dit point que, pour le chanter, ce pieux vieillard ait mis une chape rouge.

Il y a ainsi, à Bosost, plusieurs choses qu'on ne comprend pas bien. Par exemple, pourquoi a-t-on gratifié la petite ville d'un Casino? Il est désert. Tout auprès s'élève une chapelle dédiée à quatre saints qui furent médecins en ce bas monde. Je n'ai point noté leurs noms, je ne les retrouve pas dans ma mémoire. Il paraît que sur le chemin de Bosost au Portillon, que nous allons suivre, nous trouverons plusieurs de ces petits sanctuaires; ils furent élevés vers 1620 pour obtenir la fin d'une grande peste. J'oublie de dire que l'on se rend de la ville au casino par une avenue ombreuse que coupe la Garonne. L'une des piles du pont, débordant le tablier d'une largeur de plusieurs pieds, a été recouverte de terre végétale et plantée d'arbres qui forment un salon de verdure au-dessus de l'eau. Cette deuxième curiosité de Bosost est infiniment supérieure à la roue aux huit clochettes de l'église. Le lieu est charmant, d'une fraîcheur bien enviable, avec la vue sur la chaine. En amont, la vallée se resserre brusquement : la rivière a su s'ouvrir le chemin à travers un rempart de roches ; elle se précipite dans l'étroit couloir, entrainant quelquefois des sapins qui battent les blocs brisés avec un bruit sourd traversé d'éclats de tonnerre.

Bosost, enfin, a une troisième curiosité : les restes du donjon de Castera, au-dessus de la ville, au nord-ouest, dans la direction du mont Poustajou. La ruine se dresse sur un rocher isolé ; au-dessous est une grotte où l'on ne va point, parce qu'il n'y a aucune raison de s'aventurer dans ces ténèbres ; l'entrée porte des traces des fortifications.

On sort de la ville, on remonte la rive gauche, très encaissée entre des crêtes rocheuses, regardant au sud les pointes de l'Entécade, au sud-ouest la masse de Couradilles, bien plus rapprochée. Nous marchons deux grandes heures pour atteindre enfin la butte de Castel-Léon. Les Français ont détruit l'ouvrage fortifié, *le château du Lion*, en 1719, dans la seule guerre anti-nationale que les Bourbons aient jamais faite, parce que le ministère des affaires étrangères en France avait été confié à un drôle vendu à l'Angleterre, et qui s'appelait Dubois. Castel-Léon, jadis, fut le siège du gouvernement de la vallée.

Les deux Garonnes mordent le pied de la butte ; un peu plus haut, un vieux pont franchit la branche occidentale ; il a été fortifié, des restes de murs subsistent encore. De ce côté, un mont pelé domine le torrent ; à son flanc un village est accroché ; un fond noir de hauts sapins ferme l'horizon au sud.

La Garonne orientale, — *notre* Garonne — descend par un couloir plus grandiose et plus sévère, à travers tout le haut massif que forme à l'est la redoutable frontière du pays d'Aran, du côté de l'Ariège. Au premier plan, un chaînon boisé, puis les Armeros et le massif de Beret, dont nous voyons les premier contreforts. Au nord, sur le versant dominant la rive droite, le village de Bénos.

Mais que sommes-nous venus constater à Castel-Léon? que *notre* Garonne, celle d'Aran, avait plus d'eau que la Garonne des Monts-Maudits, celle des Espagnols! Vérification faite — nous reprenons le chemin de Bosost.

Ici finit notre école buissonnière. Nous ne verrons point le pays aranais et ses trente-deux villages, et Vielia, son chef-lieu actuel, et le magnifique escalier des monts jusqu'au Montarto, au sud, du sommet duquel nous regarderions les sierras espagnoles descendre vers l'Ebre. Il ne s'agit plus pour nous que de regagner la terre française. De Bosost nous nous acheminons vers le col du Portillon.

Par une matinée sans vapeurs, montés sur de bons chevaux, nous nous dirigeons vers la chapelle de Saint-Antoine. On dit ici *San Antonio*. Ce grand saint, qui passa toute sa vie à combattre le péché de luxure, méritait bien qu'on lui élevât un sanctuaire dans le voisinage des sapins du Portillon. Comment la tentation vient sous ces sapins maudits, je le ferai savoir tout à l'heure. — La route est raide et pierreuse; nous ne montons que lentement. En nous retournant sur nos selles, nous pouvons donner en arrière, à loisir, un coup d'œil de regret à l'heureux paysage que nous venons de quitter : Bosost fait reluire au soleil ses toits d'ardoises; le large ruban de la Garonne se déroule dans la petite plaine dorée, qui va se perdre sous les escarpements du Pont-du-Roy; à l'est nous plongeons dans le val d'Aran, encadré de versants boisés; au sud, nos yeux se heurtent à la montagne d'Arrouy, bizarrement coupée de bandes verticales formées de longs filons rocheux. En bas des sapins ; plus haut, des neiges.

Le col apparaît, il n'est guère élevé que de 1,300 mètres (1,308). Voici quatre sapins (ils sont quatre). Ici on renouvelle le sacrement sommaire de Gretna Green; seulement il n'y a point de forgeron. Les amoureux qui n'ont pas la patience d'attendre que M. le maire ait scellé et que M. le curé ait béni, prennent à témoins ces quatre troncs rugueux qui ne disent jamais non. C'est ce qu'on appelait, en d'autres temps, épouser devant la nature. Après quoi, s'ils sont Aranais et qu'ils redoutent de se retrouver en face des vieux parents, la cérémonie faite, ils passent en France; s'ils sont Français et que la même crainte les incommode, ils descendent dans l'Aran. Ce col est abordable à souhait, bien que très sauvage; ce n'est, à vrai dire, qu'une petite clairière resserrée entre des parois boisées; tout près, est un Casino, je le mentionne, et ce sera tout.

Que peut-on dire d'une maison de jeu ? Je sais bien que le mot seul éveille la curiosité des Français, et en particulier des Parisiens, parce qu'ils sont privés par de bonnes lois, franchement dépourvues de logique, du plaisir d'avoir des *Casinos* chez eux. Point de maisons de jeu à Paris; seulement on y compte plus de cinquante cercles autorisés où l'on joue furieusement, et plus de cent tripots tolérés où l'on joue malhonnêtement; c'est plus dangereux cent cinquante fois; mais le principe est sauf; la forme et la lettre ne sont point violées.

En Espagne aussi, le jeu est défendu par les lois, on les tourne comme chez nous. Des industriels adroits, fournissant aux gouverneurs des provinces des arguments irrésistibles, obtiennent du bon plaisir de ces potentats une concession temporaire. Un jour, le potentat se ravise; il a ses raisons, en vertu desquelles il envoie ses petits gendarmes. Le gendarme espagnol est de petite taille et coiffé d'un petit chapeau. Ces minuscules mais rapides exécuteurs renversent les roulettes et culbutent les tapis verts, ferment la maison et se campent en faction devant la porte. L'industriel court au chef-lieu de la province, embrasse les genoux du Satrape, et s'il sait faire sonner l'éloquence, obtient une autorisation nouvelle. Il revient toujours courant, les petits gendarmes saluent l'ordre écrit du supérieur. On rouvre la maison, on redresse la roulette. A Luchon, les joueurs désorientés erraient dans les allées d'Etigny, on les regardait passer, et l'on disait en riant :

« Le Portillon est fermé! » — Un jour, on ne les voit plus, on rit

LA ROUTE DU PORTILLON

encore, et l'on dit : « Le Portillon est rouvert ! » Mais c'est une gaîté sans réflexion ; le lendemain on la paie cher. On veut aller à la cascade du Lys. Ah! bien oui! les voitures subitement sont devenues rares et les loueurs narquois :— « Monsieur, il n'y a plus rien. On a conduit ce matin vingt « Sociétés » au Portillon. —

C'est ainsi que l'autorité espagnole règle la fièvre du jeu ; elle ne la veut qu'intermittente. Cette médication vaut la nôtre : elle est moins tyrannique mais plus capricieuse, cela fait compensation. Celui qui parle ainsi n'est pas un joueur ; seulement, il aime assez la logique et beaucoup la liberté.

Du col, la vue est bornée. On devine ces grands sites qu'on ne découvre point : au sud, derrière les Couradilles et les crêtes qui courent vers l'Enticade, les hauts pâturages de Campsaur montant vers l'Hospice de France ; à l'ouest, la vallée de la Pique. On descend à travers des hêtres et des sapins. Le chemin n'est qu'une sorte d'escalier en zigzag, les chevaux glissent sur des degrés naturels formés par les racines des arbres. On a promptement franchi la limite internationale placée à 500 mètres environ du passage. La vallée tout à coup s'élargit, formant des pâturages boisés, qui rappellent de fort près ceux que l'on rencontre dans le Jura et que l'on y appelle d'un nom qui fait image : des prés-bois. Un torrent forme une gracieuse chute, la cascade de Sidonie ou le Pich de Vergès (Pich ou Pick veut dire chute d'eau). Nous rentrons ici dans la zone familière qu'on nomme « les promenades ». La cascade de Sidonie, pourtant, ne fait pas partie du « tour de Luchon ».

Nous sommes dans le délicieux val de Burbe. Le chemin va, sinueux et frais, sous des sapins, sous des hêtres, sous des bouquets d'énormes noisetiers. Au nord, un haut chaînon vert ; au-devant, de petits promontoires vêtus et couronnés d'arbres. Le Burbe arrose le fond des prairies. Bientôt on passe dans la vallée de la Pique, regardant en face Castel-Vieil, et l'on arrive à Luchon par Saint-Mamet.

LE PAYS DE FOIX

PILE ROMAINE D'AUBERT

LE PAYS DE FOIX

I

LA VALLÉE DU LEZ. — LE MONT VALLIER

Nous sommes revenus à Saint-Béat; une route doit nous conduire à Castillon, dans l'Ariège. Contournant le pied du Gar, traversant Eup et Chaum qui touche la Garonne, nous descendons la rive droite du fleuve et arrivons à Fronsac.

N'ai-je pas déjà parlé de la belle tour carrée qui domine ce dernier village? Elle est du XIIe siècle, et il n'est pas certain que

Simon de Montfort essaya de la prendre; mais la légende disait qu'il n'avait pu y réussir. De là une grande réputation attachée à la tour de Fronsac. Elle était aux comtes de Comminges; Mathieu, le dernier, le même qui vendit sa femme au roi Charles VII avec une partie de ses Etats, en lui faisant promesse du reste, inscrivit ce donjon en tête de la liste des places qu'il entendait garder. On la lui laissa.

Nous allons rapidement, poussant nos chevaux par Frontignan et Antichamp. Ce dernier village possède une église romane; mais plus de halte, il s'agit de gagner au plus tôt la vallée du Lez. La route monte à un col; au sud, la silhouette d'une ruine féodale se détache sur le fond des bois. Le col d'Arès n'est élevé que de sept cents mètres et sépare les bases du pic du Gar des escarpements du chaînon d'Encausse qui se déploient au nord; il est semé de bouquets d'arbres disposés pour recevoir les filets où viennent se prendre les palombes. Ce carnage de chaque automne est une mode pyrénéenne. Du pays Basque au Roussillon vous trouverez la même fureur contre ces victimes innocentes, dont la chair n'est pas savoureuse, — ce qui rend ces férocités sans excuse. Nous franchissons le col du Hô après celui d'Arès. Désormais nous courons vers l'est et passons à Moncaup. Le village est couché sous des flots d'ombre qu'y versent les grandes pentes boisées du Gar. Au sud, à droite, Aiguenos, que domine le pic de Cagire. Ce chemin s'élève vers un troisième col, après avoir traversé Cazaunous; la descente, très rapide, nous porte à Juzet d'Isaut.

Quelle situation que celle de Juzet! un large tapis de prairi sépare le bourg de la forêt de Cagire, vaste et profonde, formé de hêtres et de sapins, comme tous les quartiers boisés de ce monts. Le feuillage des hêtres, plus léger, d'un vert plu clair, frissonne et se soulève entre les lignes immobiles et r gides des sapins. Au-dessus de cette immense houle de verdu ondulant sous le plein soleil, le Cagire dresse sa pyramide à qu tre crêtes. Les anciens peuples l'ont adoré comme le Gar et ils ont eu raison. Ce n'est pas l'altitude des monts qui fait leur beauté, c'est leur forme et leur allure. Celui ci est fier et superbe ; des pelouses muettes, des bois, autrefois impénétrables, entouraient de mystère les abords du beau pic ; les montagnards sont encore persuadés aujourd'hui que les fées se réunissent sous ces grandes ramures, pour danser sur le tapis vert par les nuits de lune ; quand elles sont lasses de la farandole magique, elles s'endorment dans une grotte creusée au pied du mont.

Le Cagire n'a pas deux mille mètres. Partis de Saint-Béat à six heures du matin, ayant dépensé une heure à Fronsac, nous arrivons à Juzet quelques minutes avant midi. Le déjeuner se fait à la hâte, sept heures nous restent encore jusqu'au crépuscule : nous monterons au Cagire.

D'abord, on traverse des prairies, puis on pénètre dans la forêt, et l'on chemine sous la colonnade des hêtres, en inclinant vers l'ouest, montant sans peine sur l'un des contreforts du massif. Une gorge verte s'ouvre, le fond en est rempli par un ruisseau torrentueux qui porte un nom biblique : c'est le Job. Les troupeaux que nous venons de rencontrer dans les prairies sont un peu moins nombreux que ceux du riche Chaldéen, qui possédait, comme chacun sait, cinq cents couples de bœufs et sept mille brebis, sans parler des chameaux. Et comme, un jour, il perdit tout cela, il dit : l'Eternel me l'avait donné, l'Eternel me l'a ôté. Que le nom de l'Eternel soit béni ! — Je marie ma bénédiction à celle de ce pasteur pour les ombrages qui couvrent notre chemin ; tout à l'heure, dans la salle de l'auberge, à Juzet, close et fraiche, un thermomètre marquait ving-huit degrés.

Nous sortons de la gorge, la forêt est semée désormais de clairières ; nous y rencontrons un botaniste, muni de son honnête appareil ; courbé sur le sol, il ne nous voit point passer.

La tranquille et bonne passion que celle des fleurs et des herbes !

Mais voici que les sapins descendent en files noires; la sapinière est le couronnement du bois; nous entrons dans les pâturages. Ces longues pentes d'un vert brillant, — un vert d'émeraude, — glissant avec une régularité mathématique, sont comme les talus d'une fortification colossale; on les gravit, non sans perdre quelquefois haleine, mais ce lit d'herbes est si tendre! ce n'est pas rien dans une expédition de ce genre, de ne point se blesser les pieds. L'effort, ici, vient pourtant après le plaisir; il faut escalader une crête assez rude, qui tout à coup élève son relief déchiré au faîte du tapis vert, puis la muraille se creuse: un gouffre est là, béant, et c'est une surprise qui chatouille. Au milieu des grâces de la nature d'entre ciel et terre, qui sont assez rares, on en retrouve les horreurs. Il paraît que la profondeur de ce trou si brusquement ouvert n'est pas connue. On fera bien de ne point s'essayer à la mesurer en y jetant une pierre. D'abord, c'est là que disparaissent les fées quand un mortel audacieux s'avise de les poursuivre: n'irritons pas ces fugitives malicieuses! Ensuite on verra le guide plisser le front. Tout le pays est persuadé que, lorsqu'on jette une pierre dans le gouffre, on déchaîne l'orage.

Le sentier grimpe, dessinant de brusques lacets, contournant des saillies de roches, puis arrive à une légère échancrure en forme de courbe, qui peut passer pour un col séparant les deux hautes pointes du massif : le Pique-Poque et le Cagire. La différence de hauteur entre les deux monts n'est que de treize mètres. Ce Pique-Poque, décoré d'un nom qui fait sourire (1,899 mètres), est maussade et hérissé; le Cagire, toujours gracieux, porte une petite plate-forme à sa cime (1,912). Une nouvelle crête, dont l'escalade exige quelques précautions, les relie tous les deux.

De cette plate-forme complaisante, la vue n'est pas seulement très étendue, elle est étonnamment variée, ce qui est plus rare. A l'ouest, le Gar, ses pointes blanches et son manteau vert, plus loin les montagnes de Barousse, que nous avons parcourues dans tous

SENTEIN

les sens, durant notre séjour à Mauléon; au-dessus de cette chaîne secondaire, en inclinant au midi, voici la ligne des grands glaciers: le Lis, Oô, les Monts-Maudits; au plein sud, le chaînon tourmenté qui relie le Cagire au pic de Crabère et les hauts sommets de l'Aran; au nord, le cirque de verdure au milieu duquel est assis Juzet, les forêts, le massif d'arbres; au sud-est, la vallée du Ger et la Ballongue. De ce côté, le rideau croisé des forêts et des pics masque le Mont-Vallier.

Il est sept heures; le soleil se couche quand nous regagnons les prairies de Juzet, après une descente plus difficile que la montée; on glisse aisément sur les grands talus du Cagire. Fort las, nous n'avons osé prendre un peu de repos dans la forêt, de peur d'y être envahis par l'obscurité; arrivés au cirque verdoyant, nous n'avons plus les mêmes craintes et nous jouissons du spectacle d'un beau soir. Les pointes de marbre du Gar étincellent sous le poudroiement de lumière dorée qu'y répand le couchant; au nord et à l'est, les profils des monts deviennent moins distincts; derrière nous, la forêt de Cagire n'est plus qu'une masse d'ombres. La fraîcheur un peu perfide, et la senteur pénétrante des pâturages nous enveloppent; nous marchons, désormais lentement, au milieu des grands troupeaux.

Le matin, nous remontons en voiture, de si bonne heure qu'à Sengouagnet, après avoir dévoré déjà quatre kilomètres, nous avons presque la vue contraire à celle que nous admirions la veille, au soir tombant, des prairies de Juzet; le soleil se montre à peine au-dessus des sommets du chaînon oriental, dont nous allons longer le pied; ces premiers rayons frappent la cime plus élevée du Cagire; une longue traînée de lumière rose glisse sur les pentes vertes et court sur le dôme de la forêt. A nos pieds s'ouvre la vallée du Ger, encadrée dans des versants dénudés. Nous avons quitté la route de Saint-Gaudens pour suivre celle de Castillon, qui descend dans la vallée du Lez. Une âpre montée contourne une haute roche nue, et traverse le torrent. Le chemin n'est plus qu'un défilé creusé entre des escarpements broussailleux; quelque chose comme le goulot d'un entonnoir renversé : tout à coup l'instrument s'évase, et nous nous trouvons dans un nouveau cirque de prairies, parsemé de cabanes. Au col du Portet, que nous allons atteindre, il y a un oratoire; sur la pointe du petit clocher, une forme sombre et mobile qui s'enfuit à notre approche : c'était un épervier.

Le col, ouvert à onze cents mètres environ, entre le pic de Paloumère au nord (1,610 mètres) et le pic de Piéjean au sud (1,664), domine une large vallée. Des blés et des pâturages remplissent le fond du bassin enveloppé de roches nues, comme le val du Ger; les moissons paraissent très riches, les prairies très grasses. La Ballongue (longue vallée) est une corbeille d'abondance entre des bords arides. Il paraît que tout ce quartier de montagnes était couvert jadis de belles forêts. Le malheur précisément, c'est qu'elles étaient trop belles et qu'elles tentèrent M. de Colbert, et après lui, M. de Seignelay, son fils, ministre de la marine sous Louis XIV. L'intendant de la province avait signalé d'admirables sapins qui méritaient d'être employés à nos constructions navales; les ouvriers royaux arrivèrent, et la sapinière tomba. Ces géants des monts pyrénéens furent peut-être brûlés dans la rade de la Hogue, après la fameuse défaite de notre amiral Tourville, en 1692, par les Anglais.

Au levant et au midi, le rideau des monts, vu du col de Portet, offre plusieurs déchirures; la plus grande apparaît au sud-est. Les yeux courent jusqu'à une haute masse sombre coupée de larges taches d'un blanc lumineux, qui sont des bancs de neige; notre voiturier nous assure que c'est le Mont-Vallier. Plus près de nous, les pics déchirés sortent de tous côtés de l'épaisseur des forêts; celles-ci, du moins, n'ont pas été mutilées par les ministres du grand roi. La forêt de Cagire, à l'ouest, paraît la plus profonde.

Nous descendons vers le sud et franchissons, près de Portet d'Aspet, la limite du département de la Haute-Garonne. Saint-Lary, où nous entrons, le village principal de la Ballongue, est dans l'Ariège. Ce vestibule du pays de Couserans est fort noir. Saint-Lary est blotti dans une gorge traversée par la Bouigane, qui descend d'un haut quartier forestier, auquel se ramifient plusieurs vallées courant à l'ouest et au sud. La route, franchissant trois ou quatre fois le torrent, passe à Augirein, à Orgibet, à Ilartein; la fertilité reparaît : une montagne de sept ou huit cents mètres de hauteur est couverte de bandes de prairies et de cultures jusqu'à son faite ; les blés mûrs lui font une chevelure toute dorée. Nous traversons Aucassin, puis Andressein. La Bouigane rencontre un torrent plus considérable qui l'absorbe, et qui descend des montagnes frontières de l'Aran; nous entrons dans la vallée du Lez. Au-dessus du confluent, une grande roche se dresse; la roche porte une vieille église romane. Le chemin glisse vers un bassin bien plus large, que domine, au midi, une superbe ligne de grands monts, les pics d'Orle (2,631), de Garié (2,381), de Girette (2,702), de Sernailles (2,626), tous formant encore la frontière du côté de l'Aran. — Nous remontons le Lez, nous sommes à Castillon.

Le village est assis, un peu au-dessus de la vallée, sur la base du monticule que dominait le château. Du donjon, plus de traces ; il commandait le passage des trois vallées qui se joignent ici à celle du Lez : Ballongue, Biros et Bethmale. On peut croire qu'il a été rasé et qu'on a épargné la chapelle, pourvue elle-même de créneaux. Les seigneurs transformaient volontiers en bastions les monuments religieux inscrits dans l'enceinte de leurs châteaux, et cela leur fut sévèrement interdit par Simon de Montfort, maître un moment de tout le midi pyrénéen. Le terrible envahisseur, obligé d'assiéger une à une presque toutes les maisons fortes sur son passage, trouvait naturellement avoir toujours assez de remparts à emporter ; il tâchait d'épargner sa peine.

Je ne sais pourquoi j'ai traité Castillon de village, quand il a un millier peut-être d'habitants ; c'est presque une petite ville : nos architectes bourgeois la trouveraient bien mal construite, et, pourtant, je ne sais quel air d'aisance est répandu sur ces vieilles maisons de pierre ou de bois. Tout semble dire que les Castillonais ont la poule au pot. La rue va grimpant aux roches du coteau, le chemin en zigzags conduit à la chapelle. De superbes bosquets l'environnent ; elle est presque entièrement couverte par l'ombre du plus gigantesque ormeau que j'aie jamais vu. Par ses grandes proportions ; c'est vraiment une église ; elle est du XIe siècle, et tout y est intéressant : le monument d'abord, puis

LA CHAPELLE DE CASTILLON.

ce revêtement de créneaux, évidemment postérieur à la construction, et peut-être imaginé contre Simon de Montfort, lui-même
Le campanile à double étage d'arcades, deux à la base, une a

sommet, frappe d'abord par son élégance antique ; l'abside est à pans coupés, d'un beau dessin, gâté sans doute dans sa pureté, mais non point dans son allure pittoresque, par la ceinture de créneaux et l'appentis supérieur qui la surmonte, percé d'étroites fenêtres en meurtrières, bâti d'ailleurs en moellons assez grossiers. Tout cela forme le plus joli décor sous l'énorme feuillage de l'ormeau. Si l'on contourne le monument, on rencontre deux portes bien différentes, l'une à l'ouest qui fut adaptée, après le remaniement de la chapelle ; l'autre au sud, antérieure à la fortification, de beau style roman, à trois rangées d'architraves, avec colonnettes à chapiteaux sculptés. Saint Pierre, coiffé d'une mitre carrée, porte la clef et la crosse ; ailleurs se voient le sacrifice d'Abraham, et de délicieux enroulements de feuillage. Les comtes avaient soigné et caressé la construction de leur chapelle.

Ce n'étaient pas toujours de mauvais seigneurs. Un érudit de l'Ariège, M. de Lahondès, a retrouvé une charte du XIVe siècle, qui témoigne, dans les comtes de Comminges, châtelains de Castillon, d'un vif désir de protéger les intérêts de leurs vassaux : « Si quelque homme étranger vient dans la ville, qu'il soit sauf et assuré pour sa personne et ses biens, et quand il voudra partir, sa personne et ses biens seront conduits et protégés pendant cinq lieues, jusqu'à la ville où il y aura des *coutumes*, partout où il voudra aller ». Ce langage prouve d'abord que Castillon avait des « coutumes », ensuite que les chemins dans la montagne n'étaient pas bien sûrs. Il avait toujours été bon de redouter les entreprises des petits seigneurs embusqués dans leurs fortins, à l'entrée des vallées ; en ce quatorzième siècle, il fallait craindre surtout les bandes de routiers.

Castillon est donc, depuis bien des siècles, un gros bourg cossu et tranquille. Cependant, après s'être fortifié de toutes pièces contre les croisés de Simon de Montfort, il eut encore à se défendre contre les soldats huguenots de Jeanne d'Albret. Ses plus anciennes maisons, qui sont du XVe siècle, ont échappé à ces brûleurs féroces.

Après avoir joui de la vue des montagnes, sur le coteau, au pied de l'église, nous redescendons la rue pittoresque; une ruelle s'en détache, qui a bien plus de vieille couleur encore, mais elle est inclinée sur une pente qui demande des jambes d'acier. Cette amusante glissoire se précipite tout droit à la rencontre de la route; l'auberge en forme l'un des angles. Entre tant d'hôtelleries de montagne, où nous avons fait de longues ou de courtes haltes, et qui, toutes, sont bien supérieures à celles des villes

BORDES

pour la bonne chère et la vraie propreté, je recommande celle-c aux touristes égarés dans les Pyrénées inconnues.

Castillon sera pour nous un centre d'excursions. Le jour sui vant, nous descendons à Bordes. Le village est assis sur le Lez Un vieux pont, une vieille église romane baignant son absid dans le torrent, c'est un tableau.

Nous trouvons deux chevaux et un guide, dont nous n'aurion

nul besoin, et qui nous paraît bien plutôt préposé à la garde des bêtes qu'au service des gens. Le sentier, à gauche, escalade une montagne ronde. Toutes ces montagnes sont arrondies; ces sentinelles au gros dos montent la garde au seuil de Bethmale ; nous allons vers le col de la Core, qui défend l'autre porte de la grande vallée. La vue est très belle, sur des bassins verdoyants à nos pieds ; au midi, sur les masses sombres où s'appuie le pied du Mont-Vallier. Arrieu est le premier village. Le torrent de Bethmale coule dans un ravin, entre deux bords tout droits, comme au fond d'un vase. Sur l'autre rive, les débris du château de Bramevaque. Dans la Barousse, nous avons rencontré un château de même nom, mais qui a une histoire; celui-ci n'en a pas. Le chemin est facile, la pente assez douce; nous traversons des villages. Bientôt après, voici un gros bourg. Aussi, c'est un chef-lieu, celui de la vallée de Bethmale. Pays étrange, mais béni : Ayet est situé à près de huit cents mètres; on y voit des vignes en arbres. Pays de riche couleur; aussi l'on paraît y aimer le rouge. Les hommes portent un bonnet écarlate, les femmes une petite calotte écarlate aussi, qu'elles posent au sommet d'une vaste coiffe blanche, dont les bavolets retombent en ailes flottantes. Leur corsage est rouge, leur jupe rayée de rouge et de noir, ou de rouge et de blanc. Une superbe fille, au teint d'un brun doré comme les rejets de la vigne, nous sert un bon déjeuner ; et la fille est si bien plantée, de si vivante allure, qu'en dépit de ce costume bizarre, elle ne sent point l'opéra comique.

Le sentier que nous reprenons nous paraît de moins en moins rude. Pourtant, il monte à travers un labyrinthe de blocs granitiques, au-dessus d'un bassin de beaux pâturages; nos yeux se fixent sur une ligne de pitons neigeux, une haute muraille déchiquetée : c'est le Bélame. Encore un ouvrage du grand ingénieur militaire de là-haut, au-devant de la forteresse du Mont-Valier. Entre ces écharpes de neige qui le coiffent, on aperçoit comme des ombres béantes : ce sont les entrées des grottes dont ce mont, unique en son genre, est percé jusqu'à son faîte. On ne monte pas au Bélame; ses flancs s'élèvent verticalement, avec une rigueur géométrique ; c'est un inviolé. Les pasteurs regardent avec une crainte superstitieuse le pic farouche, à la cime trouée.

Le col de la Core, où nous arrivons (1,400 mèt.), continue ce grand lit herbeux; au nord-est, la croupe de Bourrech le domine ; mais, au nord et à l'ouest, la vue s'étend sur la vallée de Bethmale, court au mont Ner ; à l'est, sur les monts qui environnent Aulus; au sud, sur un horizon de mornes couverts de forêts, et sur les masses empilées des contreforts du Mont-Vallier.

La descente est rapide, vers le val d'Esbinthe. A gauche, un rameau boisé monte à la base du pic d'Eychelle. La vallée s'enfonce au pied du pic de la Mède, et, bien que très profonde, est tapissée de cultures; des bois couronnent les sommets. Nous voyons à peine le torrent qui coule à deux cents mètres au-dessus du sentier ; en revanche, à tous les coudes de ce chemin d'une rudesse capricieuse, nous apercevons une ruine superbe, d'une allure extraordinaire. C'est le château de Mirabal (*Mire abat*, regarde en bas). A l'est, nous découvrons une haute cime; le guide nous dit que c'est le Montbéas. Puis nous revoyons encore Mirabal et sa ruine blanche : le donjon est de marbre. Nous glissons vers le bord du torrent, dont le bassin s'élargit, et se moutonne de coteaux qui portent des vignes. A gauche s'ouvre une grande combe remplie de pâturages; en la suivant, nous irions aux bains de Sentenac. Nous prenons à droite, et nous sommes à Seix, au bord du Salat.

Ce fier Salat, partout bordé de petites cités autrefois libres et de forteresses seigneuriales, l'artère principale de cette vicomté de Couserans qui eut et qui secoua tant de maîtres, naît là-bas de plusieurs sources au flanc de l'un des monts qui servent de contreforts au pic de l'Estagnech (2,361 mèt.), une montagne presque frontière. Il accourt à Seix, passant par la gorge de Couflens, embrassant le pied de la montagne de Mirabal, laissant au nord-est, sur un autre mamelon, le château de la Garde. Or donc, sachez un peu que ce grand logis de défense, dont trois tours et le donjon se tiennent encore debout, fut bâti tout bonnement par Charlemagne. L'Empereur revenait d'Espagne, où il avait guerroyé contre les Sarrasins. Il édifia ces fortes tours et s'avisa de penser qu'il ne trouverait pas pour les défendre de plus braves gens que les montagnards eux-mêmes. Il leur confia donc son château neuf, et sous la condition qu'ils y tiendraient garnison, les dispensa d'impôt. Les peuples n'oublient jamais cette dispense-là, se perdit-elle dans la nuit des temps. Au XVIIe siècle, quand les collecteurs venaient à Seix et dans la haute vallée du Salat pour y lever la taille et les autres taxes, on les renvoyait à Charlemagne.

Ces gens du Salat eurent une mauvaise réputation, à Versailles; on disait que ces montagnards gentilshommes et vilains étaient difficiles à gouverner, qu'ils ne voulaient reconnaître aucune *justice*, ni des parlements, ni des intendants, ni des gouverneurs. Ils assommèrent plusieurs receveurs des tailles, qui l'avaient peut-être mérité. Et puis, ils étaient embarrassants avec leur Charlemagne, qu'ils flanquaient de Philippe-Auguste, pour se renforcer. Ce dernier seigneur leur avait, en effet, octroyé une charte de coutumes, avec une nouvelle exemption d'impôts, et la permission de se fortifier autant qu'ils pourraient contre les bandes de routiers qui arrivaient sans cesse, tombant comme grêle du haut des montagnes espagnoles. Et ceux de Seix, tout d'abord, hérissèrent leur église, y adaptant une muraille crénelée, flanquée de deux tourelles. Vaillamment ils supportèrent les assauts d'Espagne; ils en avaient vu d'autres! Romains et Visigoths d'abord, Sarrasins après. Ils avaient été petite cité gallo-romaine, *Aquæ siccæ*, et l'on peut même croire à l'existence d'anciens thermes, car l'un des quartiers de la *ville* (plus de 3,000 habitants) s'appelle Bagnères. Au fond, ils n'avaient jamais été trop malheureux; les seigneurs de Couserans et de Foix les ménageaient, considérant qu'ils commandaient à leurs risques la route d'Espagne par le port de Salat, ainsi qu'en témoignent leurs armes: deux poissons surmontés d'une clef. Riverains du Salat, voilà pour les poissons. La clef est parlante.

Il y a encore des bains à Seix: deux sources, l'une froide, l'autre chaude. Les habitants sont aisés et croient être riches : la légende assure qu'on trouve beaucoup d'or dans les sables du Salat. Leur église crénelée est debout. Seix garde la figure de la cité libre, affranchie des comtes, ne dépendant que du roi, pourvu que le roi ne leur demandât rien. Avec le progrès du temps, les choses vinrent à changer: le roi demanda. La vallée de Seix est encore un de ces pays lointains qui ne gagnèrent rien à cette fameuse unité administrative dont on vante si fort les résultats, sans dire ce qu'ils coûtèrent; on ne compte pas les ruines et les morts.

Seix a des mines abandonnées et des carrières de marbre. En remontant vers le sud, dans une promenade de l'après-midi, nous atteignons le seuil du val d'Estours. Nous ne voulions que voir le torrent d'Estours, qui reçoit l'Artigue, le Ribet, toutes les eaux descendues du Mont-Vallier ou du massif qui l'entoure, et voilà que sur la rive gauche du torrent, après le premier pont, nous rencontrons des trous de mine. Plus haut, une autre exploitation, plus récemment délaissée, s'appelle le trou du Demi-Mort; c'est bien un mort tout entier. L'endroit est fort beau, bien que la vue soit masquée par le pic de Fonta, entièrement vêtu de hêtres et de sapins, et par un chaînon boisé qui s'en détache, et court au nord. A peine quelques crêtes neigeuses se détachent-elles à l'est, par-dessus les plis du manteau.

Le matin, nous partons avant quatre heures. Deux guides. C'est le 18 août. Le soleil ne se lèvera que dans une heure. Sous la lueur grandissante du matin, nous marchons vers Estours, longeant bientôt la lisière de cette forêt de Fonta que nous avons reconnue de loin, la veille. Le village est assis sur un mamelon à 750 mètres, regardant le sud; rien encore de distinct de ce côté des entassements de monts et de bois, une haute dentelure blan che qui se colore de feux changeants. Si, au contraire, on regarde vers le nord, on remarque une dépression profonde, dont le fond est tapissé de pâturages et les bords de forêts. C'est la « combe » d'Arros. Il faut escalader une crête; alors un premier tableau se déroule. A l'est, presque au-dessus de nos têtes, une muraille couronnée de tours, drapée de sapins: le pic de Courmeillo (2,194 mètres), le pic de Lampaou (2,579), les masses septentrionales auxquelles s'appuie le Mont-Vallier; au sud, le grand mont lui-même, avec sa double cime blanche, et la longue écharpe neigeuse qu'il porte au flanc.

Nous entrons dans un couloir, au fond duquel gronde le torrent. Le défilé s'ouvre, un premier cirque de pâturages s'arrondit, une première cascade roule. Les pelouses s'étalent assez maigres, en dépit du nom qu'elles portent, l'Artigue, qui généralement désigne des pâturages plus riches; ceux-ci sont partout semés de cabanes. Une gorge se détache de ce haut bassin et monte, sous une sapinière formidable, vers le col de Pauze (1,820 mètres). De ce sillon étroit enseveli sous ces grands flots d'ombre, une cascade s'échappe : c'est le dernier saut du Bizet qui vient se mêler à l'Estours. Directement au sud, un sommet dépasse le moutonnement de la chaîne : c'est le pic d'Areou (2,182 mètres). Nous marchons vers l'est, gravissant une nouvelle crête, le Puech d'Aula, ayant sous les yeux le spectacle d'une troisième chute, formée par l'Estours. Le sentier est raide, terriblement capricieux, et mérite le nom d'échelle qu'on lui a donné; mais enfin c'est encore un sentier. Au faite, on peut reprendre haleine, assis sur un de ces admirables tapis verts, dont le silence n'est un moment troublé que par quelques vols de palombes ou par les lourds battements d'ailes d'un escadron de vautours.

Au-dessus de ce beau cirque gazonné d'Aula, plus de chemin ; il faut grimper, en s'aidant des mains quelquefois, des pentes, herbeuses toujours, —jusqu'à une étroite coupure dans le rempart verdoyant. On contourne le haut bord d'une combe, encore tapissée de pâturages, et où l'on s'étonne de ne point trouver un lac. Le cône le plus élevé du mont semble vaciller au-dessus de la tête des grimpeurs, et l'on s'aperçoit bien vite que c'est de cette grande pyramide qu'on devra tout à l'heure attaquer la rude paroi. Une brèche s'ouvre; on commence de monter sur des bancs de neige, malheureusement mêlée de graviers qui se déplacent sous le pied; la crainte de glisser s'aiguise, quand on pénètre dans une sorte de haut défilé entre des roches, qui conduit à un nouveau col hérissé d'éboulis. Ces débris sont d'une belle couleur laiteuse; aussi le col s'appelle-t-il la Peyre Blanque. La vue ne peut guère s'étendre qu'à l'occident, sur les monts frontières, le pic de Girette, le pic du Port d'Orle, et sur la chaîne qui remonte du sud au nord, enserrant le val d'Orle et les divers rameaux de la grande vallée de Biros. C'est à l'ouest aussi que l'on reprend l'ascension, après une nouvelle halte. Il est onze heures et demie; c'est un effort de plus de huit heures, mais nous touchons au but. Pourtant le dernier passage est le plus pénible; c'est aussi le seul dangereux.

Une combe est là, creusée à nos pieds, et nous ne voyons pas bien comment nous allons y descendre. Devant nous, une roche énorme, soudée aux deux murailles qui nous enveloppent, nous dit clairement: On ne passe pas! Eh bien! il paraît que ce vilain bloc est un fanfaron. Le guide nous assure qu'on passe et nous montre le chemin. Cela, un chemin?... Dites un tunnel, brave homme! dites une fissure dans cette méchante voûte! En fait, c'est sous la roche qu'il faut se glisser. Ce n'est pas sans se couvrir de poussière humide. Heureusement, on ne vient pas en frac au Mont-Vallier. J'ai dit que le passage était dangereux. Troublant, plutôt. Mais il est court.

La première ascension du mont n'est pas d'hier. La foi transporte les montagnes, elle peut donc bien les aplanir sous le pied d'un saint. Ce premier ascensionniste fut saint Vallier, apôtre de Couserans, évêque de Saint-Lizier; sur une sorte de petit plateau qui couronne la cime, le pieux personnage de sa main sacrée planta une croix de schiste. Un autre évêque de Saint-Lizier, au xviie siècle, en fit ériger une seconde toute neuve, à la place de la première qui était tombée ; mais il n'alla point présider la cérémonie en personne, et se contenta de la diriger d'en bas : le zèle s'amollit avec les temps. Saint Vallier, sur la cime neigeuse, embrassait jadis des yeux tout son diocèse. Ce beau mont, qui prit son nom, dépasse toutes les hauteurs environnantes, et l'on voit bien, à cette situation maîtresse, et aux énormes contreforts qui l'appuient, que le Vallier est le pivot de cette partie de la chaine. De cette étroite plate-forme qui le couronne, la vue s'étend pardessus les sommets voisins ; et quelques-uns pourtant l'égalent, à trois ou quatre cents mètres de différence. Nous plongeons dans les vallées ; nous suivons le grand rameau de Biros, qui se détache du pied de Maubermé, au sud-est, et remonte vers le nord. Le cadre de montagnes est sublime. La partie orientale est celle que nous connaissons encore le moins, et cependant une force invincible fait d'abord courir nos yeux à l'ouest, vers le groupe des Monts-Maudits et les grands glaciers. La haute chaine d'Aran les retient aussi un moment ; puis, c'est vers le sud, le pic du Port d'Orle, les Trois Seigneurs et deux lacs, le pic de Girette et le Sernaille, le pic d'*Areou* et le *Garie* ; entre ces deux derniers, une autre région d'étangs supérieurs. A l'est, le panorama est fermé par le Montcalm, que domine la pointe d'Estats ; au nord enfin, s'en vont par étapes les contreforts du Vallier, le Vaillerat (2,652 met.), le Lampaou (2,599), l'Estiouère (2,445), le Maledo (2,395), le Tuc d'Eychelle (2,307.)

Nous avons achevé de détailler le superbe tableau ; nos regards retournent encore vers l'ouest, et vers les éblouissements du Nethou et de la Maladetta, puis, inclinant au nord, s'égarent dans les brumes qui noient la plaine de la Garonne.

De Seix, où nous avons pris quelque repos, nos montures nous ramènent à Bordes. Un pont très élevé traverse le Lez, qui mugit au fond d'une crevasse. La route monte terriblement. Devant nous, le pic du midi des Bordes, la pointe du massif qui sépare la vallée de Berthmale de celle du Rivarot de Bordes ; cette dernière s'ouvre à gauche du chemin. Très courte et très riante, c'est une des avenues du Mont-Vallier. Nous avons préféré tenter l'ascension par Seix.

Il faut bien que nous négligions ces rameaux secondaires, sans

SENTEIN

quoi notre voyage se prolongerait jusqu'à la saison des neiges. A gauche toujours, nous voyons fuir le val d'Orle. Chemin de contrebandiers. Un poste de douaniers en garde le seuil. Entre les deux vallées, une muraille se dresse, un long massif très étroit portant une série de pics qui s'en vont montant en gradins : le pic de la Lair (1,239), d'Alexis (1,436), de Bentaillou (1,596), de Lagarde (1,710), de Haspe, de Pourtillon, jusqu'aux pics de Barlongnères et de Cornave, montagnes frontières, le dernier mesurant près de 3,000 mètres.

La route incline à l'ouest, passe à Bounac, un assez chétif village, et conduit à Sentein.

Voilà bien le bourg le plus étrange que nous ayons rencontré sur les confins des Pyrénées centrales. Situé à près de huit cents mètres, profondément encaissé entre des montagnes cultivées à leurs flancs et couronnées de sapins et de hêtres, ce fond d'entonnoir est anciennement prospère. Il commande la vallée de Biros, et l'un des plus savants explorateurs des monts, M. de Chaudesenque, a vu dans le nom du pic voisin, *Biren*, l'origine du mot *Pyrénées*. Le docteur Garrigou, de Toulouse, qui a poursuivi, depuis trente ans, de grands et beaux travaux sur les populations primitives de la chaîne, donne pour fondateurs à la petite ville, des *Santons* chassés du bord de l'Océan. Ainsi *Saintes* et *Seintein* auraient la même origine. Un peu de fable devait entourer un lieu si extraordinaire. Deux choses paraissent certaines : c'est que les Romains ont exploité aux environs des mines de plomb argentifère, et que Seintein a été au moyen âge un centre assez puissant de *self governement*, une manière de petite république et sûrement une de ces *Communautés* dont parlait le comte de Comminges dans la charte qu'il donna aux Castillonais en 1367.

Le témoignage de l'ancienne indépendance des habitants est debout, conservé presque tout entier : une église qui ne fut pas seulement pourvue, comme d'autres, d'un appareil de défense, mais qui a été toute une place de guerre. Plus haut, sur une roche, on voit aussi les ruines d'un donjon. Contre qui les gens de Seintein s'étaient-ils fortifiés? contre les routiers ou contre les seigneurs.

Une excellente étude de M. de Lahondès m'a été communiquée à Foix; j'y ai lu que ces montagnards étaient demeurés longtemps fort riches, et qu'ils devaient cette grasse aisance à l'élevage du cheval. Si *Biren* est l'étymologie des Pyrénées, il est sûr que *Biros*, dans la langue du pays, veut dire pâturage. A Seintein viennent aboutir d'autres petits vals, tous remplis d'herbages et de troupeaux. Ces montagnards industrieux, ayant amassé beaucoup, avaient beaucoup à garder. On peut croire qu'au XIVe siècle comme à présent, le bourg s'étalait sur la rive gauche du Lez, à l'ombre, glacée pendant huit mois de l'année, des grandes sapinières qui couvrent les escarpements; mais, à la moindre alerte, tout le monde se réfugiait dans l'enceinte de murailles tracée autour de l'église, avec les troupeaux et les récoltes. Il est difficile de déterminer l'époque à laquelle les gens de Seintein prirent le vigoureux parti de se défendre eux-mêmes, et, serrés autour du sanctuaire, de ne compter que sur leur courage et sur Dieu. Il y eut une église antérieure à celle que l'on voit aujourd'hui, enfermée dans ces ruines curieuses. Il n'en subsiste que le clocher; il est du XIIe siècle, et, depuis, a dû servir de poste de vigie.

L'enceinte, formant presque le carré (120 pieds environ de longueur sur une largeur de 110), était surmontée de cinq tours. Celle du midi n'est plus qu'une ruine. Les tours sont quadrangulaires; on peut se les figurer telles que les trouvèrent les routiers des XIVe et XVe siècles et les huguenots du XVIe, revêtues de leurs crénelages; depuis, elles ont été dépouillées, coiffées de flèches en ardoises; les fossés qui entouraient la place ont été comblés. La tour qui contient encore aujourd'hui le clocher donne entrée dans l'église par une salle carrée, point voûtée, où l'on a placé les fonts baptismaux. L'escalier monte au dehors, très étroit, aisé à défendre; on pouvait même le couper, si bien que le clocher devenait un dernier refuge contre les assaillants déjà maîtres de l'église. Aucune tradition ne dit que ce singulier ouvrage, militaire et religieux à la fois, ait été jamais emporté.

Les gens de Seintein n'ont plus à se défendre; leurs richesses, qui pouvaient jadis exciter l'envie des bandits catalans, sont bien réduites à cette heure. Cependant, quelques mines sont encore exploitées dans ces vallées et les cultures y sont opulentes. Par une matinée chaude et brumeuse, nous sortons de Seintein, remontant le cours du Lez. Un torrent bien plus orageux que le temps vient s'y joindre. Là est un pont. Nous montons, regardant au sud les grands plis de la forêt de la Coste, qui descendent au versant du mont, et en deux heures, par un bon sentier de montagne, nous gagnons la chapelle de Notre-Dame des Isards, appelée aussi Notre-Dame des Neiges. Seulement, notre pèlerinage est tardif; les montagnards ont fait le leur quelques jours auparavant, le 15 août. La Vierge est fêtée par de grandes danses; on ne lui a pas demandé si ce genre de délassement pour ses dévots et d'hommage pour elle-même, avait ou n'avait point son agrément.

Deux autres heures de marche nous portent au col d'Aouardo, entre la *Pala d'Aouardo* au nord, et le *Mail de Plumières* au sud (2,140 et 2,120 mèt.). Du col (1,997), qui n'est qu'une brèche dans une crête, on reconnaît bien le caractère de ce pays de Biros: des blés sur les versants, à l'altitude invraisemblable de 1,200, même de 1,500 mètres; des cimes en forme de plateau, qui sont de magnifiques pâturages. Lorsque les croupes s'arrondissent, les pelouses se revêtent d'une herbe plus grasse sur les pentes; ces blés aériens ont des épis drus qui doivent ébrécher les faucilles; les grains énormes sont vendus pour semence.

Du pas d'Aouardo, on descend dans le val de Maudan. Nous rentrons dans la Haute-Garonne; nous sommes à quelques lieues du Pont-du-Roy. Nous suivons le pied de ces versants noirs qui sont tous de vastes pâturages. Au sud, une forêt de hêtres, que domine le Tuc de la Sequède (1,600 mèt.); à l'horizon, les cimes blanches du Port d'Orle.

Melles est un village d'un millier d'habitants, dépendant du canton de Saint-Béat. On y trouve une auberge suffisante; nous y dormons en honnêtes gens qui ont rempli leur journée, et marché six heures et demie sans prendre un temps pour souffler. Le lendemain, départ à midi seulement; grasse matinée. Il s'agit de remonter la vallée de Maudan jusqu'à sa jonction avec la vallée d'Araing, puis jusqu'au col d'Aoueran, et au lac de Seintein. On traverse, au sud de Melles, le bois de l'Ambré, le même qui tapise le pied et les flancs de la Sequède, et l'on suit, au bord du torrent de Maudan, le sentier du pic de Crabère. Devant nous, deux gorges, l'une montant au sud, l'autre à l'est. Nous n'avons pas de guide, et nos cartes sont notre seul recours. C'est toujours un moment d'émotion sérieuse, dans ces voyages à l'aventure, que celui où l'on déplie les cartes, et les étendant sur une tablette naturelle fournie par une roche, on demeure penché sur le grimoire. Quel chemin est le bon? Nous nous engageons dans celui qui se dirige à l'orient. Il est déjà plus de trois heures.

Enfin, voici le col. La lassitude est grande; nos pieds sont pesants, nos yeux saturés de ces grandes vagues vertes qui nous enveloppent. La vue qu'on embrasse de cette échancrure ouverte entre le Crabère au sud (2,630 mèt.) et le Tuc det Bonc au nord (2,282), nous dédommage d'un si long effort. A l'est, nous pouvons suivre la dépression et les reliefs du long massif qui relie le Crabère au Mont-Vallier. Par-dessus cette mer mouvante de feuillages, parfois coupée de pointes ou de croupes nues, s'élève un horizon de neige. Au nord, le pic de Biren (2,042) dépasse le pic de Mède; à droite, une muraille, le chainon des Cots; à nos pieds, si nous nous tournons vers le sud, le lac solitaire de Seintein ou d'Areing, aux eaux brunes. Je ne crois pas avoir vu de plus magnifiques pâturages que sur les pentes du Biren.

Du col d'Aoueran à celui d'Aouardo, la route est incertaine et passablement inquiète. Nous marchons au petit bonheur, redoutant, avec quelque raison, d'être surpris par la nuit. Ce chemin, je me garderai bien de le tracer ici pour d'autres voyageurs qui s'y engageraient sur la foi de notre aventure. L'ombre nous menace quand nous repassons au pied de la chapelle des

Isards. Ai-je dit que le petit sanctuaire n'avait rien de remarquable que sa situation, et que la dévotion dont elle est l'objet? Il fait nuit noire, quand nous franchissons le pont jeté sur le Lez, à son confluent avec le petit torrent descendant du chainon de l'ouest, à un quart d'heure de Sentein.

Malgré l'heure avancée, le « char » que nous avons laissé dans

ÉGLISE DE LUZENAC.

le village nous ramène à Castillon, où nous passons une dernière nuit. Demain, nous descendrons le cours du Lez vers Saint-Girons.

Le premier village est Engomer, à cheval sur le torrent. La route le traverse. Engomer est bien posé au milieu d'une vallée fraiche. A droite, on aperçoit les pentes gracieuses de monts boisés, le hameau d'Arrout, une chapelle ruinée. A Luzenac, un clocher nous arrête. Charmant petit ouvrage de la pleine époque romane, il est de trois côtés percé de fenêtres à colonnettes et surmonté d'un toit singulier en forme de ruche. Aimons à croire que la dévotion sait se contenir dans l'église et qu'on n'y entend point de bourdonnement, comme sous le toit des abeilles. Luzenac et Puech, le hameau voisin, sont de délicieux petits coins perdus dans les arbres. Moulis est plus important.

C'est un bourg campé sur la rive droite du Lez. Vieille église, vieux pont qui relie la route au village; vieilles murailles ruinées sur la hauteur orientale; de l'autre côté, des ruines importantes, celles du château de Las Tronques.

Aubert, sur la rive gauche du torrent, mérite une station plus longue. On peut regarder comme certain qu'il y eut là un petit centre d'occupation romaine; on y a trouvé beaucoup de médailles et de fragments de sculpture. Suivant une tradition généralement acceptée, une ancienne carrière de marbre, que les gens du pays appellent le Trou de l'Oubli, aurait été exploitée par les Romains. Mais, surtout, il y a près du village une pile romaine — nous en donnons le dessin. — Dans une gorge qui monte vers l'est, on rencontre la grotte d'Aubert. Les savants de Toulouse y ont reconnu un gisement considérable d'ossements provenant d'animaux disparus, surtout de l'ours des cavernes. La grotte a trois salles assez profondes et de belles stalactites.

Le cadre d'Aubert est très pittoresque : à gauche, sur le coteau, le château de Montégut; à droite, de grandes roches déchiquetées. La route, après le village, devient fort belle, courant en vue de hautes murailles grises qui se dressent au midi; par-dessus ces premières crêtes, une ligne de monts bleus, puis des neiges : c'est le massif formé des pics de Pujatech, de Craberous, de Séran, de Maidans, du Nedé. Nous longeons la rive droite du Lez, sous un léger couvert d'acacias, et nous rencontrons Ledar, village qui s'annonce, d'ailleurs, de loin par les grincements d'une scierie.

Le Lez tombe dans le Salat, à l'entrée de Saint-Girons.

LE SALAT. — SAINT-GIRONS.

LA VALLÉE DU SALAT

SAINT-GIRONS — SAINT-LIZIER — AULUS

L'histoire a calomnié les Vandales. Ces barbares ont tué, pillé, brûlé, rasé tant qu'ils ont pu, mais ils ont fini par s'amender, puisqu'ils ont produit des saints. L'évêque Giron était un Vandale. Il fit du bien à ce pays, qui ne l'en récompensa que sur le tard; c'est seulement vers la fin du moyen âge que la ville où nous arrivons abjura son nom de Bourg-sous-Vic et prit celui de son premier évêque. Ce patronage lui attira le mauvais vouloir des huguenots. En 1575, le capitaine d'Audou, conduisant ses « casaques noires », vint assiéger Saint-Girons. Les relations du temps nous apprennent que la ville était défendue par « un château des plus forts ». Ce diable huguenot avait de l'artillerie; il fait tirer quatre-vingt-sept coups de canon contre le mur et ouvre une brèche, puis il donne l'assaut. Mais quelle surprise! La vieille cité est déserte; les habitants ont déguerpi. Le capitaine ne trouve plus que quelques impotents qui n'ont pu suivre les fuyards. On ne dit pas comment et par quel point de la ville s'accomplit cette singulière hégire. Le sire d'Audou pilla les maisons vides et s'en alla tenter une nouvelle entreprise sur Pamiers.

Saint-Girons est maintenant la cité la plus importante de l'ancien Couserans; mais on voit qu'il n'en était pas de même au temps où les seigneurs de cette contrée pittoresque s'intitulaient: vicomtes par la grâce de Dieu. — Plus tard, leurs voisins, les puissants comtes de Foix, s'adjugèrent la petite vicomté, et ils la tinrent bien, une fois qu'ils en furent les maitres, en vertu de leur devise en patois : *Toco-y se gaouzos*. Touches-y, si tu l'oses!

La ville est située à une altitude de 400 mètres environ, au confluent du Salat, du Baup et du Lez. Le Baup descend au sud-est, de l'un des sommets les plus élevés du chainon qui va se relier à la grande arête du Plantaurel. Nous le retrouverons en faisant la route de Foix. Le Lez, nous le connaissons. Du pont situé à l'entrée de Saint-Girons, on le voit arriver entre deux bords escarpés, glissant vers le Salat qui baigne, en face, le pied d'un mamelon hérissé de clochers et de tours : c'est l'antique cité épiscopale de Saint-Lizier. A droite du pont, s'ouvre une large rue ; c'est le quartier neuf de Saint-Girons; à gauche, c'est la gare, bien ombragée, d'où toute une horde se rue contre nous : — Messieurs, des voitures pour Aulus! L'omnibus d'Aulus, Messieurs!

Holà! un peu de patience! on sait bien qu'Aulus a besoin de visiteurs. Nous en serons. Mais chaque chose à son heure.

Il est assez gai, ce faubourg, d'ailleurs poudreux en diable. On ne sait d'où peut bien sortir cette fine poussière qui sent le plâtre; les toits en sont blancs. Par-dessus, on peut suivre une ligne de jolies croupes vertes. La rue monte vers la vieille ville; parmi les maisons neuves et banales, quelques-unes sont plus anciennes, décorées de galeries à l'étage supérieur qui, dans nos pays du Nord, serait celui des mansardes. Le soir on y prend le frais, le jour on y va jouir de la vue de la rivière et de la chaine. Le massif de hautes murailles qui enveloppe Saint-Lizier sur l'autre bord est un admirable deuxième plan au tableau. Tous les habitants du pied des monts sont friands de belles vues.

ÉGLISE DE SAINT-GIRONS.

On franchit un deuxième pont, que commande la tour carrée d'une église dont le pied massif se trouve placé presque immédiatement au-dessus d'une chute d'eau. L'une des masures qui encadrent l'edifice était jadis un moulin. La tour porte un deuxième étage octogonal surmonté d'une longue flèche en aiguille;

elle est percée d'un large porche, qui conduit certainement quelque part, mais point dans le sanctuaire, car des femmes en sortent portant sur leur tête des paniers remplis de linge qu'elles viennent laver à la rivière. On veut s'éclairer, on s'engage sous cette voûte noire, et on se trouve au centre de vieilles halles; l'église se déploie à droite.

On est alors au cœur de la ville ancienne, l'on suit un dédale très sombre, mais heureusement assez court, qui débouche sur une petite place bordée sur un côté par les bâtiments de la principale hôtellerie, sur l'autre côté par de pesantes arcades massives en ogive, sous lesquelles le café à la mode s'est installé. Cette place rectangulaire n'est que le vestibule d'une autre bien plus vaste, au fond de laquelle s'élève l'ancien château, ragréé, remaçonné, déshonoré. On y a logé le tribunal et la prison : les imprudents qui ont affronté la loi au lieu de la tourner, ce qui est aujourd'hui l'élément de l'art, sont amenés en un moment de leur cellule devant les juges, pour y être réintégrés un moment après, dès que la sentence est rendue. Ce n'est qu'un petit dérangement.

Nous avons vu désormais presque tout Saint-Girons. Peu de particularités dans la ville; c'est l'ensemble, surtout dans ses plus anciennes parties, qui a de la couleur. Ces arcades en ogive qui abritent le café en ont une très frappante; elles se continuent au delà de la place, dans une rue qui monte vers l'ouest, et de curieuses boutiques sont nichées dans l'épaisseur de leur ombre. On examine de plus près le plan de ce vieux quartier, et l'on a envie de penser que *Bourg-sous-Vic* a été une bastide. Un côté seulement du carré subsiste; l'église formait une des défenses de la face opposée, avec son énorme tour, si lourdement plantée au-dessus de l'eau.

Le Salat, ses bords dentelés et touffus, la ceinture des monts verdoyants, Saint-Lizier, la ville morte, regardant la cité neuve qui se dégage des masures du vieux temps, voilà ce qui fait le caractère et le charme de Saint-Girons. Au matin, nous descendons vers la rivière en suivant un faubourg, bien différent de celui qui donne entrée dans la ville. Ici, tout est agreste : des maisons couvertes de tuiles, avec un grand rebord du toit, en forme d'auvent, le fournil rond, très élevé, comme un rudiment de tour. De grands figuiers étendent leur feuillage noir sur ces tuiles rouges. L'aspect de ce coin perdu est très méridional; le soleil est cuisant, des enfants à demi nus jouent dans la poussière. On traverse un pont en dos d'âne, et l'on chemine sur une route ombragée de platanes ; l'autre rive est occupée par des moulins et des scieries; l'eau s'épanouit en gerbes brillantes retombant sous les roues qui la déchirent ; les cascades artificielles se succèdent ; dans le lit du Salat, hérissé de bancs rocheux, se forment des ressauts, et le flot s'en va couronné d'écume. Il n'est point semblable à celui des autres torrents de montagne; sa couleur est à lui : c'est celle de l'étain quand il passe sous des feuillages, et quand il rit au soleil, un gris d'argent.

Bientôt on rencontre le pied du coteau qui porte Saint-Lizier. Une rue étroite le contourne, bordée de masures, hérissée de pavés pointus. Ces logis sont clos. En aucun lieu habité je n'ai trouvé ce profond silence. Ville romaine, puis cléricale, ville de débris et d'ombres.

L'ascension sur ces cailloux tranchants est vraiment pénible ; devant nous marche un jeune garçon qui conduit un chien savant et un singe habillé, coiffé d'une belle toque rouge, à plume. Des cinq grimpeurs, mon compagnon et moi, le garçonnet et ses deux bêtes, le singe est le plus heureux, il est assis sur le dos du chien. Le « raidillon » monte, épaulé sur une masse énorme de ruines : un quartier de muraille écroulée, toute une partie de l'enceinte romaine ; — car c'est ici, comme à Saint-Bertrand-de-Comminges, une cité romaine, le *Lugdunum Consoranorum*, — et comme à Saint-Bertrand, je l'ai déjà dit, une cité épiscopale s'éleva sur ces antiques assises.

L'entassement des siècles, les travaux de tant de maîtres différents, les renversements causés par tant d'assauts et d'envahisseurs, le fer, le feu promenés par les Vandales, par les Sarrasins, par les comtes de Comminges, par les croisés de Montfort, par les huguenots, l'industrie du pauvre monde refaisant comme il pouvait ses logis dans les décombres, toutes ces grandeurs tombées, toutes ces richesses pillées, toute cette patience vivace des peuples ont produit l'un des lieux les plus disparates, les plus merveilleusement pittoresques de ce grand pays pyrénéen, si fécond en aspects de ce genre. Nous nous heurtons à des coins extraordinaires, qui, tous, mériteraient le crayon. C'est un pan conservé d'une demeure jadis enveloppée de hautes arcades sombres; plus loin, des pâtés de masures, aux toits de tuiles en longs auvents recouvrant des galeries de bois vermoulu. Une tour rabistoquée s'en échappe; des barres de bois passées dans les ouvertures des mâchicoulis branlants servent de séchoir; ces loques sont les étendards de ce misérable reste de cité religieuse et guerrière.

Des feuillages couronnent les crêtes déchiquetées des murs; ce sont des lauriers, des figuiers et des myrtes : ces plantes méridionales croissent à l'abri des pierres calcinées; leurs têtes souffrent bien quelquefois de la froidure des hivers, mais leur pied est planté comme en serre chaude. Nous rencontrons une tour carrée; celle-ci ne remonte pas au delà du XIIe siècle. Le bruit régulier d'un outil battant le cuir nous apprend que le gardien est un cordonnier — car il y a un gardien. Contre qui doit-il défendre ce lambeau encore assez solide de la ruine universelle? De la plate-forme qui couronne l'ouvrage gothique, la vue est admirable sur la vallée du Salat, sur les forêts et le double étage des monts. A notre droite et à notre gauche, nous apercevons les débris de l'enceinte antique, flanquée jadis de douze tours; mais de ce dernier côté, l'écroulement s'est fait d'un bloc, brisé seulement sur deux ou trois points. Les jardins d'une maison importante, qui paraît avoir été bâtie au XVIIe siècle, alors que la ville épiscopale

ÉGLISE DE SAINT-LIZIER.

était encore florissante, descendent dans une de ces brèches. Ce serait un beau logis de philosophe, au faîte de cette cité morte, en regard du déploiement silencieux des monts.

A Saint-Lizier, la rue grimpante et noire, bordée de débris, conduit à une large place ouverte du côté de l'est. Au sud, la cathédrale, en forme de croix latine. En face, des maisons du xviie siècle à arcades, et une route qui monte en longs replis, conduisant au palais épiscopal, converti en hospice d'aliénés. Au fond, d'autres maisons de tous les âges, une à porche voûté, plusieurs à galeries ; la plus curieuse construite en bois, avec de fines sculptures aux encadrements des croisées. Cette place est la seule partie vivante de l'étrange petite ville ; et cependant, sur la cathédrale aussi, les siècles se sont accumulés. Au premier coup d'œil que l'on jette sur l'abside qui regarde l'orient, on reconnaît encore l'éternelle substruction romaine. Cette abside a même été édifiée sur la base d'une des tours d'enceinte ; l'appareil romain se retrouve jusqu'à moitié de la hauteur.

Le clocher, en briques, s'élève au-dessus du transept ; c'est un beau modèle de l'architecture dite toulousaine : il est octogonal, à deux étages percés de fenêtres triangulaires, couronné d'une plate-forme qu'entoure une ceinture de créneaux. L'extérieur de la nef se développe vers l'occident, surmonté d'un toit de tuiles. Nos yeux ont besoin de s'accoutumer à ces constructions particulières et n'y démêlent pas très bien d'abord la pureté des formes sous un certain air de rusticité que leur donnent la tuile et la brique. Toute cette partie de la cathédrale Saint-Lizier paraît être du xiie siècle ; le portail est postérieur de plus de cent ans. Le monument tout entier dut être réédifié après l'incendie de la ville par le comte Bernard Ier de Comminges, en 1130. Le goût d'un évêque pour le gothique ajouta, vers la fin du xiiie siècle, le portail qui regarde le nord. Saint-Lizier, dans l'intervalle, avait encore cruellement souffert pendant la guerre des Albigeois.

Relevée de tant de ruines, cette belle église n'a qu'une nef; au sud, un cloître y est accolé, magnifique débris encore solidement planté, formé d'arcades alternativement soutenues sur un seul pilier et sur deux colonnettes géminées, dont toutes les bases sont antiques. Les sculptures des chapiteaux, tous différents, demanderaient une longue étude. Le premier étage, au-dessus de ces belles arcades, est de bois, grossièrement construit,

CLOÎTRE DE L'ÉGLISE.

au XV° siècle sans doute ; le mur du fond a été maladroitement récrépi. Au centre du cloître s'élève une statue moderne de la Vierge ; dans un angle, on a rencogné le tombeau d'Auger de Châtillon, l'un des grands évêques de la cité, mort le 4 juin 1303, ainsi que nous l'apprend une inscription gothique. Ce tombeau a été ouvert, il y a quelques années, en présence d'un immense concours de fidèles et de curieux venus de Toulouse, de Pamiers et de Foix ; le corps du prélat, embaumé avec soin, apparut miraculeusement conservé ; les peuples s'en allèrent frappés surtout de la fraîcheur des souliers blancs du mort et de la transparence des ongles de ses pieds. Les petits côtés des choses frappent les foules : si nous vivions en un autre temps plus favorable aux légendes, il y en aurait une construite à cette heure et destinée à se répéter d'âge en âge, sur les ongles de saint Auger.

Dans la sacristie de la cathédrale, on conserve quelques portraits d'évêques et la crosse du fondateur de la cité épiscopale. C'est avec cette arme sainte que Lizier dispersa une nuée féroce de Visigoths qui accouraient, la torche et la hache en mains, pour tout détruire. La crosse, d'un curieux travail antique, mériterait d'être examinée de près, mais on la conserve dans une armoire vitrée, et M. le curé en a la clef. Or M. le curé est descendu à Saint-Girons.

Comme nous sortons de l'église, il y a spectacle sur la place : une calèche vient d'amener des visiteurs. Il sont arrivés par la route qui se dirige à l'est, et point, comme nous, par le côté opposé, à travers les ruelles perpendiculaires et noires, en gravissant le rude pied du coteau. Ils ont eu moins de peine, mais ils n'auront pas vu la face curieuse de la ville. La calèche et cette troupe assez élégante qui la remplit attirent les femmes aux croisées et sur le seuil des logis. On dirait des ombres sortant de l'épaisseur des murs. Pourtant, à l'une des fenêtres sculptées de la maison de bois, se détache, dans un rayon qui lui fait un nimbe doré, une ravissante figure de jeune femme tenant un enfant dans ses bras. Elle se penche, et montre les voyageurs au baby, qui les regarde de tous ses yeux et qui rit parce que les chevaux piaffent et agitent leurs grelots. Mais ce rire ne fait point de bruit ; à Saint-Lizier, les enfants même sont silencieux.

Vous montez vers le palais, que fit élever, au XVIIe siècle, l'évêque Bernard de Marmiesse, qui était sans doute un riche prélat, désireux d'être noblement logé. Au bord du chemin qui serpente entre des champs de maïs, dont les clôtures sont faites de pierres taillées, une tour carrée, en briques, d'allure relativement assez moderne ; plus loin l'enceinte antique, à peine ébréchée. La courtine en demi-cercle se prolonge jusqu'au palais, qui s'ap-

UNE PORTE DE L'ENCEINTE INTÉRIEURE.

puie, sur une longueur considérable, à ces restes massifs, — car il était singulièrement vaste ce logis d'évêque. Un haut bâtiment, assez banal d'ailleurs, renflé de trois tours presque entièrement romaines, coiffées de poivrières en ardoises. Quant à

SAINT-LIZIER

l'intérieur, il faudrait une autorisation en règle pour y pénétrer ; mais un surveillant de l'hospice, qui m'a fort poliment accueilli, m'assure que la maison ne renferme plus rien qui mérite d'être vu. Je le crois sans peine ; tout a dû disparaitre sous les travaux exécutés pour approprier le palais.

Un pauvre diable en veste et en pantalon de toile grise s'approche et me demande si je viens de Toulouse ? Sur ma réponse affirmative, il me saisit le bras : — Avez-vous vu la petite Elise ?.... Le surveillant l'écarte ; et moi j'entrevois un roman : — Sait-on ce qu'est cette Elise ? Peut-être celle qui a dévoré le bien de cet homme, et qui lui a pris jusqu'à sa raison. — Non, dit le gardien, c'est sa fille. — Le malheureux a une fille et se souvient d'elle !... Cela est bien plus navrant qu'une histoire d'amour.

L'heure de la promenade est venue pour les pensionnaires de la maison ; ils sont une centaine peut-être, que suivent dix ou douze gardiens. Je m'arracherais bien vite à ce spectacle lugubre, si je n'étais retenu un moment encore par la beauté de la longue terrasse qui court au pied du palais. La vue s'étend, au midi, sur la double rangée des monts ; la deuxième ligne est formée de crêtes neigeuses ; la plus haute cime est sûrement le Mont-Vallier.

Au sortir de Saint-Lizier, trois quarts d'heure de marche vers le sud, en suivant la route des bains d'Audinac, suffisent à nous conduire au hameau de Montjoie. Dans notre volume précédent des *Pyrénées françaises*, nous avons raconté le voyage que fit Louis XIII en Béarn vers 1620. Il allait à Navarrenx, la ville forte élevée de toutes pièces par son aïeul Henri d'Albret, le foyer désormais des résistances huguenotes, et c'est là qu'il proclama la réunion à la couronne du Béarn et de Foix, qui cessèrent de former un petit Etat contre l'Etat français. L'histoire générale ne dit pas combien cette vigueur était nécessaire. Les huguenots, toujours en armes, vivaient de butin, comme en pays ennemi, attaquant et brûlant les châteaux et les villages, pillant les églises, surprenant les villes fermées qu'ils mettaient à sac. Une de ces bandes de routiers se porte en 1618 contre Saint-Lizier, et, de là, descend vers Montjoie. L'église est fortifiée, mais les habitants n'ont plus de confiance dans ces vieilles murailles et se réfugient dans le château de Seignan, une vraie maison forte, assise sur une roche, à quelque distance vers l'est. Il faut bien dire que le curé de Montjoie n'a pas été le moins empressé des fuyards : l'homme de Dieu a perdu la tête, et tout simplement oublié les hosties dans le tabernacle de son église. Le châtelain de Seignan n'écoute que son zèle pieux et son courage. Peut-être aura-t-il le temps de courir à l'église avant que les huguenots n'aient mis le pied dans Montjoie. Il part seul, pressant furieusement son cheval ; le village est encore désert, mais déjà on entend la chevauchée huguenote sur le chemin. Il a pénétré dans le sanctuaire, il a saisi le ciboire. En ce moment, l'ennemi envahit l'église, et le sire héroïque est arquebusé sur les marches de l'autel.

Peut-être les habitants de Montjoie avaient-ils été bien timides. Une enceinte continue entourait leur église ; peut-être aussi était-elle déjà ruinée. Montjoie fut une *bastide* religieuse. L'enceinte avait la forme que l'on connaît, celle de toutes les bastides : aux quatre angles, une tour ronde ; deux portes, dont une subsiste, elle est ogivale ; au centre, l'église fortifiée, autour de laquelle se pressaient les maisons du village, et qui devait servir de dernier refuge. La façade du monument est à peu près intacte ; elle est du XIVe siècle et présente un mur crénelé, flanqué de deux hautes tourelles octogonales. Deux galeries, l'inférieure élevée sur des arcatures ; celle-ci porte les créneaux. La supérieure est couronnée d'un élégant édicule en forme de logette où se tenait la vigie, aux jours d'alerte. Quant à la nef, les mêmes huguenots qui massacrèrent le sire de Seignan, l'ont détruite.

Il est sans doute inutile de dire que les étymologistes — *genus implacabile* — font dériver le nom de Montjoie d'une source païenne, *Mons Jovis*. Un temple de Jupiter se serait élevé au même lieu où l'on dédia plus tard un sanctuaire chrétien à Notre-Dame. Je le veux bien. Mais plutôt que de m'attarder à la solution si peu nécessaire d'une question si obscure, je rentre en hâte à Saint-Girons, d'où nous devons partir le lendemain pour explorer la vallée du Salat jusqu'au confluent de la belle rivière sombre et de la Garonne.

Le Salat a reçu le Lez à l'entrée de la ville; la route se déploie en aval du confluent, mais bientôt entre dans une gorge. Le Salat, profondément encaissé, roule sur un lit de roches, puis le défilé cesse, et l'on voit s'ouvrir une plaine opulente, semée de villages. Quant à nous, notre première halte est à Caumont. Le village est dominé par un mont entièrement chauve, qui lui donna son nom: *Calvus mons*. Au flanc de la montagne, la ruine d'un donjon. Il paraît que Caumont a renfermé beaucoup de restes antiques; on y a trouvé des pierres tumulaires qui sont allées enrichir les collections du musée de Toulouse. La mort y a l'aspect riant. Je m'arrête devant le cimetière. Il est exquis, tout en fleur; chaque tombe est un lit de roses.

Prat, environné d'immenses prairies, montre encore une église fortifiée; le haut pignon crénelé est flanqué de deux tourelles. On monte au sanctuaire par un perron dont la dalle est faite de la pierre tumulaire d'un centurion. Peut-être fût-ce le « primipile », qui avait la garde de l'aigle et commandait quatre cents soldats. Maintenant, les montagnards entrent dans l'église, foulant cette pierre qui couvrait ses restes, et ne savent pas même ce que fut ce merveilleux produit de l'art et de la discipline, qu'on appela le Légionnaire romain. Le prêtre, en chaire, a souvent l'occasion de dire: *Sic transit gloria mundi*. Prat, si riant dans sa ceinture verte, est situé précisément au point où le Salat devient navigable. C'est un village antique; son campanile à créneaux porte une cloche du XIVe siècle. Ce serait un problème intéressant à résoudre que celui-ci : — ce vieil airain, depuis cinq cents ans, — et même davantage, — a-t-il sonné plus de bonheurs que de maux, plus de joies que de tristesses, plus de naissances que de morts, plus de mariages bien assortis que d'accouplements furieux, plus de branles de fêtes que de glas et de tocsins? Il n'est point de cadre si petit qu'on n'y puisse faire tenir tout le tableau des destinées humaines.

SALIES SUR SALAT.

De Prat, on s'engage dans le val de Gouarez, dont les parois sont partout creusées de belles grottes. La plus proche est celle de la Mouline. L'entrée fait reculer les intrépides : on croit descendre dans un puits. Ce n'est qu'un mauvais passage à franchir pour arriver à des salles assez vastes, décorées de stalactites qui ont la blancheur de la neige cristallisée. Cette excursion ne demande guère qu'une heure et demie; on peut, au milieu de l'après-midi, reprendre le chemin de fer. On laisse derrière soi, sur les deux bords de la rivière, le château de Noailhan, les villages de Mauvezinde-Prat, de Castagnède, de His-Manc-Touille; on rentre dans le département de la Haute-Garonne, et l'on arrive à Salies.

Un gros village — même une villette — groupée au pied d'un coteau jadis fortifié, adossant une bonne partie de ses maisons à la roche et se développant en un triangle dont le grand'côté forme un quai interminable et très pittoresque, au long d'un canal qui va plus loin se déverser dans le Salat. Quelques-unes de ces maisons sont de bois, agrémentées de vieilles galeries. Le quai va se souder à la route qui vient de la gare. La ville ancienne le domine, formant la pointe du triangle et grimpant sur la base du coteau. Là, sont l'église et les halles, reconstruites sur l'emplacement d'un édifice antérieur, dont il reste une porte ogivale. Les ruines du château couronnent la colline. Ce fut une place importante, édifiée par les comtes de Comminges; ils y fabriquaient leur monnaie, et il arriva qu'elle était fausse. Leur atelier monétaire était, d'ailleurs, bien défendu; de toutes parts, en montant, on se heurte à des pans de fortes murailles et l'on glisse au bord d'ouvertures profondes qui ont été des fossés. Tous ces débris sont informes, sauf ceux d'une chapelle placée au-dessus de la ville, et ceux du donjon qui pointe au faîte du coteau. Une porte de la chapelle (XIVe siècle) est bien conservée; un pan de mur est encore solide; un débris de la charpente du toit est gracieusement couronné de lierre. Le donjon est debout, éventré d'un côté; seulement, le faîte en est curieusement ébréché : c'est une tour carrée, fièrement plantée sur une plate-forme, entourée de fossés, qui sont ici formidables. J'ai envie de croire que les seigneurs y déposaient leurs lingots qui étaient de l'or pur et de fin argent; peut-être étaient-ils moins amoureux de leur monnaie où l'on avait mis l'alliage. Cette plate-forme, d'ailleurs, peut être considérée comme une politesse des souverains de Comminges envers les touristes de l'avenir. Ce lieu est commode pour jouir du superbe décor que présentent la chaîne des monts, le cours du Salat, le confluent de cette rivière et du Lens. Les ruines altières qui couronnent tous les mamelons, forment le premier plan : à l'est la tour d'Ausseing, plus loin Roquefort, que nous connaissons; plus loin encore, dans la même direction du levant, la plaine de la Garonne.

Les visiteurs du donjon sont très nombreux. Cette promenade verticale est une de celles que font le plus ordinairement les baigneurs de Salies, généralement bien plus friands des curiosités à

DONJON DE SALIES.

ciel ouvert que de celles qu'on va chercher, dans la nuit, sous terre, dans les ténèbres. C'est très humain, cela : on préfère le relief au trou, les montagnes et les ruines aux grottes et aux stalactites. Une des sources de Salies est salée; l'autre est sulfureuse. C'est la première qui donna son nom à la ville; en revanche, c'est la seconde que viennent chercher les malades. La source salée est estimée surtout des ménagères.

Les baigneurs vont aussi en excursion à la tour d'Ausseing et à Mazères. Il ne faut point confondre la bourgade de ce nom avec l'autre Mazères, situé sur les bords de l'Ariège, où s'élevait l'un des châteaux favoris de Gaston Phœbus, qui, en 1389, y donna l'hospitalité au roi Charles VI.

Le lendemain nous sommes de retour à Saint-Girons et nous y passons une soirée de far niente.

La soirée, point la nuit. C'est jour de marché dans la ville ; le marché se tient sur la place rectangulaire, dont un côté est

CHAPELLE DU CHATEAU DE SALIES.

occupé par des arcades. Dès minuit, au pied de l'hôtellerie, le bruit des chariots, les querelles des marchands nous éveillent. A six heures, nous descendons : le tableau demande un peintre. Les chars, couverts de leurs bâches rouges, sont rangés au-devant du café; la *cavalerie* piaffe dans la rue qui s'enfonce vers le nord, l'un des côtés de l'ancienne bastide. Au milieu de la place, sur de longues tables supportées par des tréteaux, voici les paniers et les corbeilles alignés: des monceaux de pêches dorées, de figues brunes, de melons verts, de tomates couleur de sang. Les ménagères arrivent, méfiantes; les vendeuses, à cette heure où la marchandise est fraîche, ont un caquet du diable. Les disputes s'élèvent dans le patois mordant et grinçant du pays. C'est un entrain, une furie, qui assourdissent.

Le voiturier nous attend, et nous partons. Au sortir de la ville, la route suit le cours du Salat, entre des collines boisées. Nous rencontrons une grande papeterie à cheval sur la rivière et passons près du village d'Eychel. Plus loin, Encourtiech, à l'issue d'une gorge qui glisse entre de petits monts : passage très sombre, qu'animent des eaux claires et vivantes ; le torrent du Nert vient se joindre au Salat. Au-dessus du confluent, un donjon, l'une des résidences, autrefois, des vicomtes de Couserans... par la grâce de Dieu.

La vallée du Nert, dont Rivenert est le chef-lieu, est en partie remplie par la grande forêt du même nom ; le torrent qui la traverse s'échappe du flanc du Pech d'Arbeil (1,440 mèt.). Encourtiech est environné de sommets qui ne dépassent pas 900 mètres. Toute cette partie de la vallée supérieure du Salat, assez ouverte, courant vers le sud, bien abritée par ses coteaux et ses bois, prend un caractère méridional ; la vigne y croît, et même le mûrier. Les cultures, aux approches de Lacourt, ont fait reculer les bois, et tapissent des escarpements. Lacourt a son donjon, une petite tour cylindrique de beaucoup d'allure. On y voit aussi les restes d'une autre demeure féodale d'une époque postérieure ; enfin, le village avait autrefois un des plus vieux ponts du pays. L'inondation de 1875 l'emporta.

Les versants se dénudent. Nous entrons dans un nouveau défilé, à peine assez large pour laisser place au torrent et à la route : c'est le pas du Ribaoulo. Ce mauvais pas a son saint, à qui l'on a édifié un oratoire. Le bienheureux préside à la rencontre du Salat et de l'Arac, qui se joignent au sortir de la gorge. L'Arac traverse la vallée du même nom, dont le chef-lieu est Massat ; il descend du versant nord des monts ; le versant opposé porte Auzat et Vicdessos.

Une belle route, se détachant de celle d'Aulus, que nous ne cesserons plus de suivre, se dirige vers Tarascon, en passant par Massat. Le pont qui traverse le Salat en aval du confluent s'appelle d'un nom visiblement celtique : Kercabanac. Notre chemin à nous, se continuant sur la rive gauche du Salat, rencontre un accident singulier ; elle passe au travers d'une roche qui descend

LA ROCHE PERCÉE

au fond du torrent: ce petit tunnel, très effrayant, n'a pas heureusement une longueur de plus de trente mètres. On revoit la lumière avec plaisir.

La vallée, désormais, est plus large et plus riante ; la vue, plus libre, découvre les étages des monts ; on distingue, entre les hauts sommets, une crête supérieure : c'est le Mont-Vallier. Saint-Sernin, que nous traversons, possède une charmante église romane ; on n'en peut rien dire de particulier, elle est complète, dans son extrême simplicité, elle a du caractère, et voilà tout. Un kilomètre encore, deux peut-être, et nous entrons à Soueix. Au delà de ce gros bourg, nouvelle bifurcation du chemin ; l'une des branches conduit à Couflens par Seix, que nous connaissons, l'autre, par Vic et par Oust, se dirige vers Aulus, sur la rive droite du torrent. La cime nue du pic d'Ercé se dresse au-dessus des monts verts; au sud-ouest, se dessine désormais, tout entière, toute blanche de neige, la masse du Mont-Vallier.

Vic est un long village interminable; les maisons courent sur les deux bords de la route. L'église présente une abside romane flanquée de deux absidioles. De l'autre côté, s'élève un vieux

A VIC

logis, qui fut bien un peu seigneurial, et qui garde encore une tourelle octogonale intéressante. Vic eut de l'importance autrefois et prima Saint-Girons, qui ne s'appelait alors que Bourg-sous-Vic; maintenant, il n'a plus que son heureuse situation en face du confluent du Salat et du Garbet, autour duquel s'arrondit un petit bassin fertile. A la pointe que forme le Garbet, à son embouchure, est gracieusement assis le village d'Oust, jadis Aoust. En latin, lisez *Augusta*. Les enfants même du village savent qu'il y eut là une villa gallo-romaine. L'endroit était bon; la villa fut remplacée par un château, dont on voit la ruine : quelques pans de murs, un reste de tour.

Oust a des scieries de marbre. Je note ce marbre, parce qu'il donne la physionomie de ce quartier des monts. On s'arrête à l'hôtellerie du bourg pour y déjeuner. Après le repas, on oublie le plan du voyage, on s'en va lentement au bord du Garbet. Aucun torrent n'a cette limpidité extraordinaire. C'est une couleur brillante et légère de cristal bleu, que ce beau Garbet doit à la richesse de son lit. Le Garbet roule sur du marbre blanc. On

L'ÉGLISE DE VIC

s'assied à quelque distance du village, et l'on a devant les yeux un grand tableau : au sud, un coteau feuillu s'élevant au-dessus d'Oust, un clocher se perdant dans les branches ; au sud-ouest, le Salat fuyant derrière une ligne de peupliers ; le fond du bassin et les premières pentes, couverts de moissons ; un deuxième plan de montagnes rondes, boisées ; par-dessus ces croupes, une haute ceinture blanche ; par deux larges échancrures, un double panorama de neiges et de glaciers.

Entre Oust et Aulus, il n'y a guère moins de vingt kilomètres, jusqu'à Ercé ; la route se fait assez rapidement, et tout l'intérêt en est dans la vue lointaine du pic d'Eret ou de Montbéas, qui n'atteint pas 2,000 mètres et n'en est pas moins strié de neige. Les femmes d'Ercé portent des jupes collantes, et par-dessus le corsage, un tablier montant jusqu'à la gorge ; pour coiffure, un morceau de toile blanche coupé en triangle : deux bouts se réunissent et sont noués sous la nuque ; le troisième retombe sur les épaules, quelquefois même jusqu'au milieu du dos. Par la froidure ou la pluie, elles se couvrent tout entières d'une mante noire, à gros plis raides, en tuyaux d'orgue. Les hommes ont de longues houppelandes de couleur fauve, par-dessous les culottes courtes et les guêtres, la ceinture rouge à la taille, la veste espagnole ; le bonnet phrygien rouge ou bleu recouvert d'un large chapeau. Tout cela s'arrange bien pour peu qu'on ait une bonne mine ; ceux qui l'ont mauvaise ressemblent à des bandits d'opéra.

La route, après Ercé, n'est pas située à une altitude considérable ; mais les aspects sont bien ceux du cœur de la montagne. Nous traversons un val entièrement tapissé de pâturages, parsemé de cabanes ; nous nous rapprochons du pic d'Eret. Le torrent a perdu sa belle couleur bleuâtre et se couvre d'écume ; de vieux sapins descendent sur les berges ravinées ; quelques-uns ont été frappés par la foudre et ne présentent plus qu'un bouquet de feuillage au faite d'une longue tige dénudée ; on dirait un mai au bout d'un mât ; seulement, le mât est calciné, noirci par le feu du ciel. Nous gravissons une rude montée : c'est le pic de Las Escalas ; les crêtes neigeuses reparaissent au bord du chemin ; une paroi de roche, forée de toutes parts, lance des jets d'eau brillante qui se réunissent et forment un ruisselet. Le voiturier nous raconte que ces sources grossissent quelquefois, en toute saison, et qu'elles traversent alors la montagne avec des bruits de tonnerre, descendant souterrainement de l'étang de Lhers, situé à l'est, de l'autre côté du pic. Nous continuons de courir à travers les sapinières au bord du Garbet toujours plus tumultueux. Le triple rideau de monts présente d'abord une longue masse triangulaire, couronné de quelques sapins ; par derrière, une série d'aiguilles nues ; a faite, les crêtes blanches, qui n'ont cessé depuis Ercé de former l couronnement du tableau. Ce sont les monts dont le versant glisse en Espagne, c'est la chaine frontière. Nous touchons à Aulus.

LE GARBET ET LES MONTS D'AULUS

Je ne crois pas que vous rencontriez dans toutes les Pyrénées une seule station thermale — je dis une seule ! — qui consente à n'avoir pas été connue des Romains. Quelques-unes veulent bien accorder qu'elles ont été plus fréquentées au moyen âge qu'aux temps antiques; ce sont les plus modestes, puisqu'elles se contentent de cinq ou six siècles de gloire; la plupart ne vous passent rien à moins de vingt siècles. J'ai lu dans un Guide très bien fait que celle-ci n'était fréquentée que depuis 1825. Ces vérités-là s'écrivent de loin; sur les lieux, on n'oserait les dire. Le fait est que, me trouvant pour le moment assez loin moi-même, je peux sans risque user d'une sincérité crue : Aulus est tout neuf.

Sa situation, d'un côté, est affreuse; de l'autre elle est charmante. Au nord, une grande muraille nue, aveugle, écrasante, l'horrible Bertrône, qui a toutes les singularités comme toutes les laideurs. Par exemple, ce grand vilain rocher pourrait avoir ses quatorze cents mètres tout rond; il en a 1,401. Cette unité en plus était-elle nécessaire?

Ce Bertrône, que je renonce à qualifier, car tous les adjectifs exprimant les nuances du laid et du pire y passeraient, n'est que le premier étage du pic d'Eret ou de Montbéas. On l'excuse d'être rugueux, rocailleux, et surtout disgracieux, en disant qu'il offre un belvédère commode pour embrasser d'un coup d'œil les trois vallées d'Aulus, d'Arse et du Garbet, et le défilé des cimes jusqu'aux montagnes de la frontière. Je suis allé au Casino d'Aulus, qui est tout neuf, comme les hôtelleries et comme le reste. J'y ai vu beaucoup de gens rassemblés autour des tables de baccarat; pas un seul ne songeait à faire l'ascension du Bertrône; je l'ai faite avec mon compagnon de voyage : nous étions deux au belvédère. Pour embrasser les trois vallées et la ligne brisée des crêtes, nous étions deux! Ce n'est pas que l'ascension soit difficile ! Vu de près, ce maussade Bertrône est même un peu moins aride; on y trouve quelques morceaux de gazon jaune et quelques paquets de broussailles que le directeur de l'établissement thermal et la municipalité du lieu appellent des pâturages et des bois. Quant à la vue qu'on promet aux rares grimpeurs, point de supercherie, pas de gasconnade; elle est entièrement belle. Du belvédère j'ai reconnu le Mont-Vallier et les masses qui l'environnent et semblent être sorties de ses flancs. Je l'ai revu tout diapré de longs plis blancs, et je n'ai pas pensé sans quelque orgueil que j'avais foulé ce grand manteau de neige.

En dépit de ce rempart morne, l'entrée à Aulus, je l'ai déjà dit, a bien du charme. Le Montrouch, couvert d'une végétation magnifique, rachète l'affreuse nudité du Bertrône. Auprès du mont, la fraîche vallée se creuse et ressemble un à fond d'un immense navire; les prairies montent au bordage. Ces grands plis verts se succèdent jusqu'au sommet du pic; des pointes de roches en émergent, revêtues de sapins ; la file de ces silhouettes noires est le spectacle d'en haut.

Le spectacle d'en bas, c'est la route et le village : la route qui traverse la vallée ronde, le village qui sort des gazons. On dirait que les maisons poussent de ce sol herbeux comme des champignons; les prairies glissent jusqu'au bord du torrent. En avant de ces maisons, le Casino s'élève à droite de la route, ses jardins descendent vers le Garbet, une allée ombreuse en suit le bord. Du même côté, les Thermes. De l'autre, les hôtelleries. Inutile de répéter qu'elles sont nouvellement construites; encore une fois, tout est neuf à Aulus, où, avant 1825, quelques baigneurs envoyés là par une ordonnance bien désintéressée du médecin — (on n'avait pas encore imaginé de *syndiquer* les eaux minérales) trouvaient dans des cabanes de pâtres le gîte et le vivre moyennant un franc cinquante par personne et par journée. Il y a lieu de croire que les prix des hôtels reluisants d'Aulus sont un peu supérieurs en 1884. Les bains, alors, étaient gratuits. L'*établissement*, à présent, a quelques apparences agrestes, mais elles sont trompeuses : cette rusticité est de la coquetterie.

Au reste, il paraît que les sources d'Aulus possèdent à un degré rare la puissance de refaire des tempéraments.

Les excursions sont nombreuses aux environs de la station thermale, qui affiche l'espérance et la prétention d'effacer bientôt les deux Bagnères. La plus ordinaire et la plus facile est celle de l'étang de Lhers. On ne saurait la faire en voiture que sur l'infiniment petite partie du trajet, en suivant la route de Vicdessos, qu'il est nécessaire de quitter au-dessous du premier escarpement qui s'élève au nord. Un sentier court, grimpant à travers des cultures d'abord, puis de longs pâturages, et l'on atteint le col de la Laou (1,670 mètres). Nous avons alors à nos pieds une forêt au sud; nous découvrons à droite Massat et la vallée de l'Arac; à gauche, la gorge d'Ercé, le val d'Ustou. Ercé est surtout frappant avec son fond vert, coupé de blocs épars, fuyant, entre des monts boisés, vers la grande vallée du Salat.

L'étang est situé à une altitude de 1,390 mètres, entre de hautes roches verdâtres. Le ton de l'eau est le même : un vert de marais et de croupissure. Le vent, en formant des plis sur cette surface lugubre, dégage des effluves de fièvre et de peste; un grouillement immonde de bêtes gluantes et de reptiles agite la fange du lit. — On dit que le fond est plein de sangsues. Il y a de belles et de vilaines horreurs; l'étang de Lhers n'est point de la première catégorie. On veut oublier la mauvaise impression qu'il laisse, et l'on a hâte le lendemain de prendre le chemin de la cascade d'Arse.

Les premiers pas y sont rudes. Le val monte resserré, plutôt étranglé, entre la montagne de Pouech et le contrefort septentrional du Montrouch. On gravit des roches broussailleuses, on franchit le Garbet furieux. On a devant soi la cime du Pontussan au midi (2,710); à droite les étages supérieurs de ce beau Montrouch, couverts de pelouses et de bois, et l'on se heurte à une crête de roches qui n'est que le seuil d'un deuxième défilé. La route devient plus douce; on traverse une bande de pâturages pour rencontrer, un moment après, un nouvel escarpement. L'escalade se fait sans qu'on y pense, étourdi qu'on est déjà par la formidable clameur de la cascade.

De plus de cent mètres de hauteur, s'épanchant du bord d'une crête festonnée de sapins, elle roule d'abord en un vaste bras arrondi, une colonne rigide de cristal. Un premier ressaut la

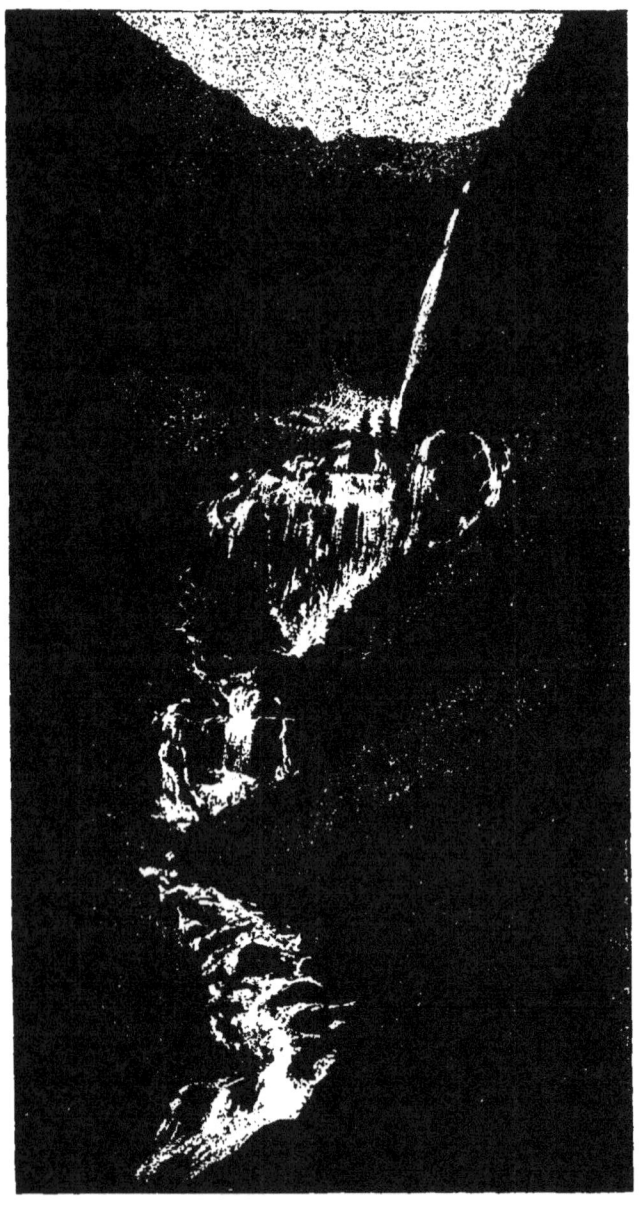

LA CASCADE D'ARSE.

brise, avec un fracas de tonnerre; elle rebondit en un énorme tourbillon, projetant à plus de vingt pieds de haut la fumée de son écume, puis retombe en sept ou huit nappes superbes, se perd un moment dans un gouffre, reparait, ne formant plus que deux larges branches, pour se perdre de nouveau et pour reparaître encore, glissant sous un bosquet de sapins. Cette succession de chutes a tant de force, que le sol vacille au bord du torrent, où nous nous sommes placés; on croit voir en haut les roches se disloquer sous le choc et les arbres arrachés descendre avec le flot.

Emerveillé du spectacle qu'on vient de considérer d'en bas, on cède au désir de contempler la belle cascade d'en haut. Nous nous élevons par un sentier qui suit, à gauche, le bord du gouffre. Le plateau, où nous arrivons sans trop de peine, est coupé de laquets et d'étangs. Un chaos de débris granitiques borde les deux rives du torrent, et deux murailles nues et déchiquetées nous enveloppent. Nous franchissons un couloir qui se glisse entre les deux effroyables escarpements, et devant nous s'ouvrent ces bassins mornes, silencieux; pas un pli qui les ride. Au bord du laquet de Cabanas, encadré d'éboulis, voici des cabanes de bergers; même ce sont elles qui lui ont donné son nom; plus loin, il y a des pâturages. Le Hille de l'Etang, ouvert à près de 1,800 mètres, est le plus vaste de ces lacs. La physionomie en est la même. Des ruines l'encadrent; les glaciers ont glissé entre ces deux croûtes de granit; dans le val d'Ercé, nous avons ainsi rencontré sans cesse les blocs arrachés que poussa devant elle la masse aveugle, creusant ces rainures profondes qui sont devenues des vallées.

La dernière des nappes d'eau du bassin d'Arse est le Hille de la Laouzo. Deux nouvelles cimes se dressent au sud : c'est la Bentefarine et le Turgulla; entre les deux, un double port: Sounou et Guillou, presque aussi élevés que le port de Vénasque. Les deux échancrures (2,300 mètres environ) sont séparées par un cap de roches (2,600 mètres). Par l'une et par l'autre, nous embrasserions les versants espagnols — la Terre promise.

Mais nous redescendons au-dessous de la cascade, et glissons à l'ouest vers un cirque de pâturages et de forêts, où s'étale un bassin inférieur, le petit lac de Guzet. Ce sera la dernière étape du jour. Le chemin du retour est aisé et bientôt contourne le pied verdoyant du Montrouch. Un ruisseau sort du laquet, gracieusement encadré de pelouses et de bocages. Le site est charmant, très alpestre en sa fraîcheur ; nous ne sommes plus qu'à 1,460 mètres d'altitude, à deux heures seulement d'Aulus, où nous rentrerons pour y dîner.

La route carrossable d'Aulus à Vicdessos conduit aux cabanes de Castel-Minier ; elle monte par une gorge, le torrent gronde au fond ; on domine bientôt les pâturages où s'éleva jadis le « Château des Mines ». — C'est même un très vieux *jadis*. Des ruines entassées, une tour carrée encore presque tout entière, voilà ce qui subsiste de ces fortifications, qui auraient été élevées pour protéger les travaux des mines. Par qui ? par les Romains, n'en doutez pas ! La tradition fait honneur de ces constructions mystérieuses aux maîtres du monde, et reproche aux ravageurs du monde, c'est-à-dire aux Sarrasins, de les avoir renversées. Il y a quelques années, comme des ingénieurs s'occupaient de je ne sais quelle opération de captage des eaux du Garbet, ils auraient trouvé des médailles romaines et des marteaux romains.

Il paraît certain que Castel-Minier fut l'emplacement de ce qu'on appelle à présent « une usine métallurgique », et de ce qu'on appelait autrefois tout simplement des forges. Quant aux ouvrages fortifiés, ils semblent remonter aux premiers temps du moyen âge. Ces débris forment un décor à l'entrée de la vallée supérieure du Garbet, que nous allons suivre désormais. La cascade de la Grue, que nous rencontrons peu après, est plus gracieuse que son nom. A nos pieds, s'étend un bassin rempli de pâturages assez pierreux, qui doivent occuper le fond d'un ancien lac ; l'étang de Garbetou, que dominent à gauche les escarpements maigrement boisés du Pouech, déverse une autre chute d'eau. Tout ce trajet est facile et ne demande vraiment un effort que lorsqu'il s'agit d'escalader un rude barrage de roches du haut desquelles le Garbet roule à grand bruit. Nous ne marchons que depuis deux heures et demie; cette excursion peut donc se faire entre les deux repas du matin et du soir.

Les bords du lac de Garbet, au milieu de pâturages absolument nus, passent pour être le promenoir favori des ours et des isards. Je ne vais pas à l'encontre d'une des prétentions les plus chères du pays d'Aulus, qui tient fort à être le quartier général des ours; seulement, j'avais toujours pensé que maître Martin aimait les lieux couverts. Le lac n'est entouré que de pelouses.

C'est une grande nappe, de triste mine; elle a la forme d'un ovale irrégulier, légèrement étranglé au centre, s'évasant en pointe vers le nord. L'eau en a la couleur de la mine de plomb, et l'on soupçonne tout de suite qu'elle est stérile. Les truites, en effet, n'y vivent pas; le lac, pourtant, n'est situé qu'à une altitude de 1,650 mètres environ; mais les sources qui l'alimentent descendent de cimes glacées qui se dressent au sud en étages: le Caoumale d'abord, une énorme croupe (à peine 2,000 mètres), le pic rouge de Bassiès (2,677), le Pontussan (2,716); à l'est, la Lesse (2,463).

Le retour à Aulus se fait sans plus de peine, en suivant, à partir de l'étang de Garbetou, la base du Pouech. Cependant ce chemin a d'abord de méchants airs, courant, comme il fait, entre de sinistres moutonnements de roches. La marche des glaciers a déchiré les crêtes voisines. Bientôt les aspects changent; on entre dans un quartier de pâturages, semés de bosquets. Ces couverts sont agréables, tout remplis de framboisiers et de fraisiers sauvages; ce qui expliquerait la préférence des ours pour les bords du Garbet. Maître Martin est gourmand de fruits comme un enfant. Il paraît que s'il recherchait la proie vivante, d'autres larrons la lui disputeraient: il vient des loups dans les broussailles du Pouech; ils se cachent dans des galeries, reste d'anciennes mines de plomb argentifère creusées dans la croûte du mont.

Par un sentier qui monte à Aulus, derrière les Thermes, on aborde le seuil d'une longue gorge sauvage, véritable couloir de glaciers, qui se termine au pic de Mède, le mont inaccessible, la

LE MONTROUCH. — AU-DESSUS DE LA CASCADE DE L'ARSE

montagne vierge, *Yung Frau*. Si l'on me demandait quelle est la plus saisissante des excursions aux environs d'Aulus, je répondrais: La voilà, c'est cette gorge du Fouillet. L'accès en est très riant, par un bassin de prairies coupé de beaux massifs de hêtres, et les premiers rochers de la gorge sont encore gazonnés; mais au fond le tableau est farouche. On se heurte à d'énormes blocs granitiques, dont le pied est enfoui profondément, on chemine entre deux moraines déchirées. Le défilé s'ouvre, et par un escalier de hautes roches qu'il faut gravir et redescendre, on entre dans un cirque de pâturages, encadré de murailles verticales de granit. Je ne parle point des chutes d'eau qu'on a rencontrées sur le chemin ; le Fouillet n'en est pas avare. Des cascatelles s'épanchent de toutes les parois de la gorge ; mais il est évident qu'en cette fin d'août, on ne peut les voir qu'assez maigres, réduites souvent à des filets de cristal ; je doute que le défilé soit accessible au printemps, quand elles roulent en large flot. Du cirque vert, on doit s'élever sur un deuxième ressaut de roches ; point de sentier, l'escalade est longue. Le lac se balance, sur le plateau, à plus de 2,000 mètres, entre de formidables escarpements. L'eau en est noire, presque d'un noir d'encre ; le bassin a la forme d'un cratère et rend parfois des bruits sourds qui épouvantent les montagnards. Suivant M. de Chaudesenque, ces grondements ne seraient dus qu'à de nombreuses sources arrivant par des cavernes. Il n'y a point de site plus âpre, plus profondément solitaire. Enfermé entre le Mède au sud (2,498), le pic d'Aubé à l'est (2,320), le pic de Gérac à l'ouest (2,361), le lac noir est bordé de pelouses maigres où les isards abondent, car, au milieu cette herbe courte, s'élèvent des touffes de réglisse dont ils sont friands. L'hiver, la nappe est glacée et si près de la fin d'août, nous arrivons trop tard seulement de quelques semaines pour voir les blocs flottant sur l'eau sombre.

La gorge de ce beau torrent de Fouillet est l'un des chemins qui peuvent conduire au Mont-Colat, dont l'ascension est grandement à la mode parmi les baigneurs. C'est un plaisir (?) qui, d'ailleurs, ne convient pas à ceux qui sont venus à Aulus pour se refaire ; ils s'y déferaient à nouveau. Cette montagne s'appelle aussi le Coullac : c'est une cime frontière ; mais ce nom n'est point d'usage à Aulus ; on n'y connaît que le Colat. Nous avons suivi pour y arriver — sans plaisir — le triste chemin du port de Guilou, embelli seulement par la cascade d'Arse. On revoit, en effet, l'admirable chute, au-dessous de l'étang de la Hille de la Laouzo. Au nord-ouest, le pic d'Aubé nous écrase ; au sud-ouest, nous regardons le cône abrupt de Mède. L'ascension se fait sur les contreforts du mont inaccessible à travers d'horribles chaos formés de la ruine de tout ce grand quartier granitique. On contourne des flaques de neige très profondes. Il faut ainsi monter près de six heures, et c'est une entreprise laborieuse. Enfin, nous atteignons le sommet du Coullac, qui n'est lui-même qu'un dernier étage de débris; nous sommes à près de 2,600 mètres. Du côté de l'ouest, une masse voisine, le Cerdescous, ferme toute vue; mais au sud les regards s'étendent sur les versants espagnols et s'arrêtent sur des lacs. A l'est, se dressent, heureusement, pour nous payer de nos peines, la crête neigeuse du Montcalm, dominé par sa haute tour, la Pique d'Estats (3,140 mètres).

Par le val de Fouillet, nous regagnons Aulus et suivons le gave farouche jusqu'à son confluent avec le Garbet; nous comptons bien, le lendemain, faire connaissance avec un nouveau torrent descendu des monts frontières, l'Alet, qui arrose la vallée d'Ustou. Partant de l'allée des Thermes, le sentier monte insensiblement à travers des prairies et de petits bois; c'est un jeu d'atteindre le col de la Trappe, où l'on arrive en franchissant des gradins creusés dans les roches par le glissement des neiges et des pluies. Les monts d'Aulus et d'Ustou se tiennent étroitement; le caractère des deux vallées est également pastoral. Du col, ouvert à onze cents mètres seulement, entre le pic de Las Greppios au sud (1,600 mèt.) et la Tuc de la Lane au nord (1,337), on plonge sur des flots de verdure. De grands troupeaux partout sur la pelouse; les clochettes suspendues au cou des vaches résonnent sous les bois; de jeunes pasteurs vous regardent passer du même œil fixe que leurs bêtes. Cependant un escarpement reste à franchir pour descendre à Serac, qui domine la vallée; le plateau qui le couronne est couvert de buis gigantesques. Désormais il n'y a plus qu'à se laisser glisser; de Sérac à Ustou, mille ou douze cents pas. Dans ce grand village d'Ustou — ou de Saint-Lizier d'Ustou, — beaucoup de maisons sont closes. C'est d'Ustou que partent ces montreurs d'ours qui parcourent toute la France. Ne doutez plus que dans les monts d'Aulus et d'Ustou, il n'y ait des ours; on en fait l'élève, c'est l'industrie locale. Il y a bien des mines, mais elles sont abandonnées; des cultures, mais elles sont étroitement bornées par les roches et par les bois. Un de ces logis fermés n'est point désert; des cris aigus en sortent articulés comme sur une cadence : ici, il y a un mort; ce sont les lamentations de la veuve.

On peut suivre le cours de l'Alet jusqu'au pont de la Taule, sous lequel il se réunit au Salat. C'est une région de petits monts verts ou boisés que séparent des ravines souriantes. La chapelle Font-Sainte s'élève à peu de distance du pont. Par un temps de sécheresse, saint Lizier la fit jaillir en lançant son bâton du haut du pic.

En retournant d'Aulus à Saint-Girons, on trouve l'occasion d'une petite excursion complémentaire dans la vallée de l'Arac. Le plus simple est de pousser en arrière jusqu'à Saint-Girons même; de là, en voiture, au pont de Kercabanac, sur le Salat, à son confluent avec l'Arac. C'est la vallée de l'Arac que l'on remonte alors rapidement. A Biert, une nouvelle tentation vient de déranger encore sa route; là s'ouvre, entre des monts qui n'atteignent pas 1,500 mètres, le val de Bagers, couvert de forêts, qui nous ramènerait au pic de Montbéas, au-dessus d'Aulus.

Il y a soixante ans environ, le tocsin sonnait aux clochers des églises, toutes les maréchaussées bleues et vertes, gendarmes et douaniers, étaient en armes, des détachements d'infanterie arrivaient de Foix et de Pamiers. Il s'agissait de soumettre les *Demoiselles*. Or, c'étaient des demoiselles à barbes. Ceci se passait exactement en 1828; l'année précédente, un nouveau code forestier avait été promulgué, et les contraintes qu'il édictait n'avaient point su plaire aux montagnards, qui entraient en insurrection tout net, ni plus ni moins que des citoyens du faubourg Saint-Antoine. Point de bonnet rouge, ni de cocarde, un simple bonnet de coton blanc, le visage noirci; par-dessus les habits une chemise blanche, un fusil au dos — ou au poing, — voilà la livrée de l'insurrection. Deux ans entiers, les *demoiselles* tinrent la campagne — ou plutôt la montagne; — après quoi, la révolte s'éteignit d'elle-même : on accepta les lois nouvelles; « l'unité administrative » compta en France un triomphe de plus.

LE PORCHE DE L'ÉGLISE DE SAINT-GIRONS

Nous remontons le cours de l'Arac; sur la rive droite, un monticule porte les ruines du Castel-d'Amour. On attend ici une légende poétique; je l'ai cherchée, point trouvée. Peut-être cette tour abrita-t-elle les amours de l'un des vicomtes de Couserans, dont Massat était la capitale. Ces remuants petits sires l'avaient bien choisie. Massat est une petite ville qui fait ce qu'elle peut pour être industrielle. Elle a des moulins qui tournent, mais surtout elle possède sa promenade du Pouch, d'où l'on aperçoit plusieurs vallons, convergeant tous vers le bourg, comme les folioles vers l'axe de la feuille. J'aime à croire que les vicomtes eurent un logis en ce lieu du Pouch : sinon, je leur retire toute estime. Massat a aussi une église qui paraît être de la fin du XIIIe siècle; les vicomtes de ce temps-là étaient de la maison d'Espagne. Le clocher est construit en grès ; sa tour d'un gris argenté, très élégante, se détache bien sur le ciel bleu. Massat, enfin, a ses grottes. Le petit mont de Queire (moins de 800 mètres), qui la domine, en est tout percé. Il paraît qu'on y a trouvé des ossements de ruminants et de fauves appartenant aux espèces disparues. Nous ne sommes point venus ici pour voir des grottes, mais pour examiner — en courant — l'aspect de la vallée, au point surtout où se partagent ses eaux roulant, les unes à l'ouest vers le Salat, les autres à l'est vers l'Ariège. La ligne qui sépare les deux bassins est au Port, à 18 kilomètres au sud de Massat. Le cadre du Port est fort beau : à l'est, le pic d'Estabou, au nord-est le pic de l'Homme-Mort, puis au nord le pic de Fonfrède. Au sud, le Montbéas, le Caumale, le Bassiès, les neiges ; le Montcalm ferme le panorama.

LES RUINES DE CASTELNAU-DURBAN.

LA VALLÉE DE L'ARIÈGE

I

FOIX ET PAMIERS

Pour la dernière fois revenus à Saint-Girons, nous prenons, le lendemain, la route des vallées de l'Ariège et, d'abord, de Foix. La voiture publique nous conduit à Lescure, au pied d'un mamelon qui porte les ruines d'un château.

La campagne est fraiche; des bandes de prés, de petits bocages, des ruisseaux lents et sans couleur, des torrents morts.

Nous pourrions nous croire à vingt lieues des Pyrénées, sans la brusque déclivité des ravines et la forme abrupte de ces petits coteaux. Mais, en y regardant de près, on reconnait encore ici le pied bossué de la montagne. D'ailleurs une longue pente à gravir nous avertit bientôt que nous allons sortir du bas pays. Au faîte, le gros bourg de Rimont se déploie très noblement. Cette villette a bel air. Toute une ligne de bâtisses monumentales court au-dessus d'un joli bassin de prairies. C'est d'abord la mairie, puis un grand logis flanqué d'une tourelle, puis un beau quinconce de vieux arbres, et tout cela, c'est le reste d'une riche abbaye de Prémontrés.

A Castelnau-Durban, une grande ruine. La forte enceinte du château est debout, presque tout entière enveloppée d'un manteau de feuillages. Au-devant, un donjon carré, que domine intérieurement un immense peuplier, partant du sol de la tour; l'arbre s'est développé entre les murs à l'abri des vents. Le chemin traverse le ruisseau d'Artillac, qui, enfin, a de l'allure et de la vie; un large vallon s'ouvre devant nous et va s'embrancher à la vallée de l'Arize. Nous allons bientôt longer ce haut torrent qui, descendu des montagnes du Cap-Long, vient de traverser l'une des plus vastes régions forestières des Pyrénées, la forêt d'Esplats, et court au nord-ouest, vers la Garonne. Les deux bords de la vallée s'élèvent. La tour de Bugnas est perchée sur un mont qui n'a pas moins de quatre cents mètres. Le hameau de Vic est au pied de ce débris. Cette campagne agréable dut être de tout temps assez riche, bonne également à rançonner et à défendre. La Bastide de Sérou est située au-dessus de l'Arize. Catherine de Foix, comtesse de Foix et de Béarn, reine de Navarre, qui, par son mariage avec Jean d'Albret, fit passer dans la maison d'Albret tant de seigneuries dont la dernière était nominale, aimait à tenir ses Etats de Foix à la Bastide. C'était un grand honneur, mais point gratuit; pour l'entretien de leur souveraine et de sa maison, il en coûtait cher aux habitants.

Par un chemin qui remonte de la Bastide à Clermont, s'embranchant à la route de poste de Saint-Girons à Pamiers, nous allons à la recherche de la grotte fameuse du Mas-d'Asil. Ce chemin, qui d'abord s'écarte de l'Arize à l'ouest, rejoint le torrent avant qu'on n'arrive au village de Clermont. L'Arize, un peu plus loin, reçoit la Lizère, qui descend au nord d'une petite vallée dont le nom est engageant, le val de Camarade. — On a devant soi une haute muraille percée de grottes; il faut la contourner et s'engager dans un défilé qu'une tour commande. Si l'on croit à l'influence des milieux naturels, il paraîtra tout simple que ce pays ait produit des calvinistes : il est sévère. Tout près, cependant, au bourg du Mas-d'Asil, il y eut des moines. Encore une abbaye fondée par Charlemagne ou par Louis le Débonnaire, son fils ; elle existait au XIe siècle. Le bassin du Mas-d'Asil est entouré de hautes montagnes aux belles pentes rectilignes, quelques-unes couvertes de pâturages et de bois. Au temps des moines, l'Arize contournait le massif dans lequel se rencontre la célèbre grotte. C'est à une époque relativement moderne que le torrent s'avisa de préférer la voie des ténèbres sous ces voûtes caverneuses. Au moment où nous y entrons, une nuée épaisse de chauves-souris nous enveloppe. Le souffle de ces ailes froides et gluantes cause une impression bien désagréable.

L'Ariège est le pays des grottes ; il y en a d'infiniment curieuses, aucune n'a ce caractère monumental et puissant ; aucune n'offre cette beauté vivante d'un grand torrent qui la traverse. L'eau se brise sur les débris des roches qui obstruent son lit, et les blancheurs de l'écume éclairent cette vaste obscurité. Je ne parlerai point des longues galeries que l'on parcourt à la lueur des torches. Une idée me poursuit. Si j'étais le maître des choses, j'enverrais les architectes considérer la porte de la grotte du Mas, haute de trente mètres, d'un style si grandiose, et surtout le prodigieux pilier qui vers le centre soutient la voûte. Peut-être confesseraient-ils que la mère nature en sait plus long qu'eux.

L'autre entrée de la grotte est bien moins imposante, haute seulement d'une cinquantaine de pieds ; mais l'Arize qui en débouche forme ici un tableau achevé. Retenue par un barrage, elle retombe ensuite en cascade et fait tourner les roues d'une forge.

A la nuit, nous regagnons la Bastide de Sérou.

De la terrasse qui domine la ville en regardant vers le nord, on voit un bâtiment rustique. C'est une ferme, ce fut un donjon. Gaston Ier, comte de Foix, ayant résisté aux entreprises du roi Philippe le Bel, qui voulait convertir en bons effets positifs et sonnants sa suzeraineté sur le comté et y faire lever des impôts par son sénéchal de Carcassonne — mourut au milieu de la querelle ; il avait par testament reconnu un fils qu'il avait eu d'une maîtresse et qu'il avait appelé Loup. Jeanne d'Artois, mère du fils légitime qui fut Gaston II, poursuivit cruellement l'enfant de l'amour, qui se réfugia dans ce château, la *Tour du Loup*.

J'aime bien mieux l'autre version de cette légende ; Loup serait né de Raymond Roger, le batailleur, que Simon de Montfort vainquit et n'abattit point. Raymond Roger aurait été aimé de la dame ou de la *Loube* de Pennautier, qui lui aurait donné ce fils. Loup de Foix, dans sa tour, aurait combattu les hommes du Nord, comme son père, et serait devenu la tige des puissants comtes de Rabat, les premiers parmi les seigneurs du comté. Il y avait de grandes destinées en ce temps-là pour les bâtards de maison souveraine ; l'humanité de nos lois modernes refuse un état civil et jusqu'à leur place au soleil aux bâtards de nos bourgeois.

De la Bastide de Sérou on reconnaît clairement le direction de la vallée de l'Arize montant en brusques replis vers la forêt de l'Esplat. Au sud-ouest, les monts grandissent, la chapelle de Sainte-Croix est curieusement juchée sur un petit pic de 760 mètres au-dessus de Monteils, vers le nord. Au sud se dresse le pic d'Alzen, à près de mille mètres. La route grimpe à l'escalade d'une crête : c'est la côte de Bouch. Arrivés au sommet, nous avons sous les yeux un panorama qui mériterait d'être mieux connu.

On remarque, en effet, que des cinq départements enfermés dans la haute ceinture pyrénéenne, le moins visité c'est l'Ariège.

Pour nous, qui avons déjà minutieusement exploré la chaîne, ce panorama de Foix est un tableau neuf. Aspects et couleurs, tout y est particulier. A gauche de la hauteur où nous nous trouvons est un escarpement de roches grises, un long mur sans brèche, à la cime festonnée; à droite, des coteaux boisés formant le couronnement occidental de la vallée de l'Arget, affluent de l'Ariège; en face, au midi, un fantastique entre-croisement des monts. Coupes abruptes, vallonnements rapides, superbe gamme de tons; des moissons reluisantes au flanc des montagnes moins escarpées; au-dessus, les bois, de grands plis de verdure grasse et légère; des hêtres, presque pas de sapins; puis les croupes, d'abord rondes, recouvertes d'une herbe rase et dorée. Plus loin, en demi-cercle, d'autres monts rocheux, en aiguilles, se pressent au-devant de Foix assis au confluent des deux rivières, au fond du vallon. Il faut employer la lorgnette pour découvrir dans ce dédale hérissé de sommets et de pointes, le « rocher de Foix » portant ses trois tours. Au-dessus de la ville, une autre grande muraille se dresse; c'est la première assise d'un gigantesque escalier qui va montant au sud-est, jusqu'au Saint-Barthélemy (2,350 mèt.).

La route descend à travers des bocages. A gauche, de nombreuses maisons de plaisance; à droite, la ville. Le rocher de Foix tout à coup émerge du fond du bassin : escarpement farouche, couronné des trois tours, que relient de lamentables constructions modernes. La tour dite de Gaston est ronde. Les deux autres sont carrées, beaucoup plus anciennes, celle du nord bizarrement formée d'assises alternatives, grès et briques. La tour cylindrique est également construite en pierres de grès, que l'action du temps et des pluies ne noircit point. L'ensemble de l'édifice, en dépit des bâtisses aveugles qui en déshonorent le pied, frappe par la hardiesse de son allure et la pureté de ses lignes; les gens de Foix ont raison de dire qu'ils possèdent un des plus beaux monuments du Midi.

Les trois tours détachent leur blancheur altière sur la montagne sombre qui ferme la petite cité comme une muraille. Nous longeons une avenue formée de quatre rangées de beaux arbres et pénétrons dans un dédale de rues étroites et obscures, bordées de vieilles maisons et coupées de ruelles. Nous avons cessé de voir le château, nous en sentons encore l'ombre au-dessus de nos têtes. La rue antique débouche sur un pont qui traverse l'Ariège, le rocher féodal reparait. Sur l'autre rive s'étend un quai inondé de soleil. Là, sont les hôtelleries. Tandis que nous dinons, affamés par une longue route, la nuit descend. Après le repas, nous sortons, les trois fières silhouettes se dessinent dans la pénombre flottante. Au-dessous du quai, un grand bruit, une grande lueur arrivent : c'est le train du soir ; la voie ferrée court sur la berge. La gare est un peu plus loin, en face précisément du château. Le monde moderne, remuant et tumultueux, environné de feu et de fumée, regarde l'ancien monde rigide, immobile, enveloppé de silence.

Combien y a-t-il en France de plus petits chefs-lieux que celui-ci ? Sept mille habitants à peine. Foix a pourtant une histoire que les plus grandes villes n'ont point. Les archéologues du pays sont très préoccupés de déterminer la marche des légions romaines dans la vallée de l'Ariège ; ils ont peut-être raison d'être si curieux. Quant à nous, ce n'est pas notre affaire. Je prends cette histoire des « Fuchséens » au commencement du XIIe siècle : Simon de Montfort vient assiéger leur château, et le terrible conquérant ne peut le prendre ; mais, en bon brûleur et en exterminateur consciencieux, il détruit la ville.

En 1212, le comte Raymond-Roger se fait battre à Muret avec ses alliés le comte de Toulouse et le roi d'Aragon. Simon tua même ce dernier de sa main : dans les combats d'alors, les choses se passaient comme dans les opéras d'à présent. La musique, c'était la clameur des peuples mutilés. *De profundis*

FOIX

clamavi. Il fallut que Raymond-Roger se jetât aux bras du pape Innocent III et remît son château de Foix au légat, Pierre de Bénévent. Montfort, à l'instant, y planta un fort détachement de ses rudes croisés. Or, regardez là-bas, en remontant l'Ariège, dans l'axe même de la belle rivière qui accourt en ligne droite, vous verrez sur un *Pech* un amas de ruines. Là était le château de Montgaillard, faisant face aux tours de Foix (celle de Gaston, la seule qui se voie tout entière, qui enfonce dans la roche son pied, que ne masquent point les bâtiments modernes, est postérieure de deux siècles). Montfort avait Foix, mais Roger-Bernard, fils de Raymond-Roger, avait Montgaillard, et c'était aussi un fier guerroyeur. Plus tard, devenu comte, il dut faire sa soumission au roi de France, décidément maître de la terre des Albigeois, mais du sol tout nu jonché d'ossements et de décombres. Le Nord avait fait la pleine moisson dans le Midi.

L'an 1229, Roger-Bernard le batailleur, sans soldats désormais et même sans terre, comparait devant l'assemblée des seigneurs orthodoxes et des évêques, présidée par le cardinal-légat. On lui fait connaître les conditions auxquelles il sera pardonné et rentrera dans ses domaines, sauf les places et châteaux où les lieutenants du roi Louis VIII tiendront garnison. De ce nombre est la forteresse de Foix. L'Inquisition vient y planter son tribunal; le comte est obligé d'assister à cette nouvelle mutilation de son peuple par la justice expéditive, après l'extermination par la guerre. Mais le peuple se cabre, les hérétiques se cantonnent dans les bois et dans les gorges. Les grottes dont les monts sont percés dans toute cette partie de la chaîne ariégeoise reçoivent les fugitifs. Cent ans après, il y a encore des *Cathares*, dont il faut débusquer les bandes, une à une, des hautes vallées de l'Ariège et de l'Aude. Les comtes ne se prêtent pas volontiers à cette besogne. Roger-Bernard, cité devant le tribunal des Inquisiteurs, en son propre château, refuse de comparaître; on l'excommunie; c'était la troisième excommunication. Il se soumet encore, mais le dégoût l'a brisé. Il se retire dans l'abbaye de Boulbonne, et meurt sous la robe de moine. Son fils Roger-Rotfer prend un autre parti : il vit confiné dans les châteaux qui lui restent, puis s'engage dans la croisade contre le sultan d'Egypte ; peut-être n'était-il pas absolument persuadé que la prise de Damiette serait d'un grand profit pour la chrétienté ; mais il préférait se tenir éloigné de ses Etats que de faire le bourreau chez lui pour le compte de l'orthodoxie.

Roger-Bernard III, après Rotfert, court une bien autre aventure. Il s'attaque au roi de France Philippe le Hardi, décidément maître de tout le Midi par la mort sans héritier d'Alphonse, comte de Toulouse, son oncle ; Philippe III prend sa marche à travers le comté et vient mettre le siège devant le château de Foix, enfin rendu à son seigneur légitime. Le siège n'avance point ; la place est bien défendue par Roger-Bernard lui-même. Alors le roi du Nord, vindicatif et têtu, imagine de faire saper le rocher qui porte le château. Il fait mander des carriers dans toutes les montagnes voisines, et cette multitude de corvéables, réduite à l'obéissance par la peur, commence de tailler le mont. Le roi Philippe avait peu d'hommes de pied, toute la force de son armée était en chevaliers, qui ne servaient guère dans un siège. Le comte n'en prit pas moins beaucoup de peur et se rendit. Il croyait avoir sa liberté sauve ; mais on le lia, on le garrotta, on le conduisit au château de Carcassonne. Le roi, au contraire, rendit de grands honneurs à la comtesse, sa femme, Marguerite de Moncade, fille du vicomte de Béarn, et l'emmena à Paris, en son Louvre.

Mais voici que par ce mariage même de Roger-Bernard et de la dame de Moncade tout a changé : les comtes de Foix sont désormais les plus grands seigneurs du Midi. Gaston VI, vicomte de Béarn, est mort sans laisser d'héritiers mâles. Les Etats du Béarn s'assemblent à Pau. Laquelle des deux filles du sire vont-ils se donner pour dame et maitresse ? Ils préfèrent à l'ainée, mariée au comte d'Armagnac, la comtesse de Foix, femme de

Roger-Bernard. Ainsi s'accomplit l'union de Foix et de Béarn.

Roger-Bernard est poète, et cela se voit bien un peu aux écarts de sa politique ; il tient des cours d'amour dans son château de Foix : c'est le Béarn qui paie la dépense. Plus tard, Gaston Phœbus, le grand comte, petit-fils de Roger-Bernard, se plut à résider dans son château de Foix autant que dans ceux d'Orthez ou de Mazères. Mais il vit surtout, dans Foix, une forteresse, la voulut encore mieux armée, et y planta la tour ronde. Du moins, c'est lui qui en a l'honneur. Ainsi le veut la tradition.

Gaston Phœbus, après sa grande victoire de Launac sur le comte d'Armagnac, en 1362, mit dans sa tour neuve une partie des neuf cents prisonniers nobles qu'il avait faits. Parmi ceux-ci se trouvaient le comte de Comminges, les vicomtes de la Barthe et d'Aspet : il dispersa les autres en ses divers châteaux, et à tous fit payer rançon. Ce brillant chevalier était un seigneur très positif. Froissart, qui longtemps après cette fameuse journée, le visita en son château d'Orthez, a raconté comme il était « bon mesnagier ».

En partant du quai de Foix, que dominent la montagne du Pech et celle de Saint-Sauveur, on franchit le pont. A droite, on aperçoit de hautes murailles, sur lesquelles s'épaulent un jardin et des ombrages, au-dessus du confluent de l'Ariège et de l'Arget : c'est l'ancienne abbaye de Saint-Volusien, la préfecture aujourd'hui. Des quatre-vingt-six préfets de France, celui-ci est peut-être le plus pittoresquement logé. Si l'on veut me tenir quitte des fonctions et du panache, je prends le logis ; mais on ne voudra point.

Du pont, la montagne offre tout un tableau curieux, avec ses jardins et ses cultures entourés de petits murs en escaliers, sur lesquels les torrents d'eau de pluie viennent se briser, quand le flot de l'orage dévale du faîte. Sur l'autre mont, directement placé au-dessus du confluent, je vois une chapelle. J'aborde sur la rive gauche, à droite, un pâté de masures entre lesquelles courent des ruelles étroites; je crois bien que c'est ici le cœur de la vieille ville, blottie, serrée, au pied du rocher feodal, et, sans doute, défendue par une première enceinte.

Sorti de ce mauvais pas, me voici sur la place du marché, où est l'église. Elle est dédiée à saint Volusien; ce fut un évêque de Tours: les Visigoths, en guerre contre les Francs, prirent la ville et voulurent emmener l'évêque en Espagne. Comme le prisonnier leur devenait incommode, ces Ariens déterminés le décapitèrent, sur la route de Varilhes, auprès de Foix, où l'on rapporta son corps, et dont l'église, auparavant dédiée à saint Nazaire, prit en 1110 pour vocable le nom du martyr.

La façade de cette église est bien du XIIe siècle; mais on la voit en un désordre rare. Rien ici n'est arrivé à l'achèvement, ou plutôt à un état de restauration suffisante, car le sanctuaire de Saint-Volusien fut mutilé par les huguenots. Le clocher, placé au couchant, n'est construit qu'à moitié et ne dépasse pas la hauteur de la voûte; tout ce côté n'est qu'un mur de forteresse, une partie de l'ancien rempart auquel il était adossé.

L'intérieur n'offre que peu d'intérêt : une seule nef, assez récemment réparée, de style ogival, postérieure à la façade. L'abbaye de Saint-Volusien touchait l'église; on en voit encore un grand reste, un haut bâtiment sans style, mais point sans allure, qui loge actuellement les employés et scribes de M. le préfet. Elle fut rebâtie au commencement du XVIIe siècle, après une grande bataille entre catholiques et huguenots. Ceux-ci, s'étant trouvés les plus forts, incendièrent le logis des moines et l'église. Peu de temps après, ils se trouvèrent bien déconfits, Henri IV « ayant sauté le pas », comme il le disait dans une lettre à la belle Gabrielle, — c'est-à-dire abjuré. Le maître adorait désormais ce que ses partisans avaient brûlé.

De cette place de l'église, une rampe, courant d'abord entre des murs, monte à une sorte de petite esplanade plantée de vieux arbres. Au-dessous, les eaux, filtrant du rocher de Foix, tombent dans un bassin ; au-dessus, la pente raide se poursuit, contournant la base du rocher, passant au pied du *château des gouverneurs*, devenu le palais de justice dans les temps modernes. C'est pourquoi le gouvernement de Louis-Philippe, voulant rapprocher les divers éléments des causes criminelles, les juges et les jugés, eut la malencontreuse idée de planter, là-haut, entre les tours, ces bâtisses stupides qui servirent de prison. Ce coin d'ombrages est extraordinaire. Deux ou trois vieux logis branlants regardent le « château des gouverneurs », qui fut réellement celui des comtes. Dix remaniements successifs ont effacé toute trace de la fière et tranquille demeure où ces puissants seigneurs, environnés d'une double ou triple enceinte de murailles, sous l'ombre de leurs tours, vivaient en paix et en liesse. Ils pouvaient tenir là des cours d'amour, ils étaient bien défendus ! De leur château terrestre, ils montaient par des escaliers taillés dans le roc à leur forteresse aérienne. Ce mode d'ascension, relativement aimable, a disparu ; le visiteur n'a plus à gravir que des raidillons pavés de pierres pointues et glissantes ; et d'abord il arrive à une porte moderne, cruellement moderne, au-dessus de laquelle se lit une inscription qui fait connaître les usages divers auxquels servit la prison. (Elle ne sert plus, elle est vide.) On y mettait les condamnés subissant des peines correctionnelles et aussi les prisonniers pour dettes. — Enfermer les débiteurs malheureux dans ce nid d'aigle, et cela en un pays qui fait dater ce qu'il appelle sa régénération de la prise de la Bastille !

Le terrible raidillon monte, on arrive au faîte; on y chercherait en vain les traces de la courtine qui, certainement, le couronnait; elles ont disparu sous les bâtiments qui masquent le pied des tours. Foix tout entier vous dira que la plus vieille de ces trois sœurs menaçantes n'est pas âgée de moins de treize cents ans; les savants du pays y ont reconnu l'appareil visigoth. Mettons, si vous voulez, qu'elle soit du XIe siècle (même du XIIe); ce fut le donjon. Là sont les « oubliettes ». On y pourrait voir « une prodigieuse quantité d'ossements ». Je dis : on le pourrait — car on ne les voit plus. L'accès de la tour du milieu, qui est carrée comme la première et beaucoup plus grande, est interdit, les planchers croulent; on y peut monter cependant, pour admirer

CHATEAU DE FOIX. — SALLE DE LA TOUR DU MILIEU

une magnifique salle du XIVe siècle, la plus belle et la plus vaste de tout le château. Au demeurant, la gardienne accorte qui vous guide ne vous fait plus visiter que la tour de Gaston.

On y arrive en passant dans la tour centrale, qui, de l'autre côté, donne sur le préau. La gardienne se tient sous cette voûte hautaine, et tout d'abord vous offre des sirops. C'est la petite industrie de cette personne obligeante; un rafraîchissement n'est pas inutile après l'ascension de la roche. Par la porte on aperçoit le degré extérieur qui conduit à l'entrée de la tour de Gaston. Cette entrée s'ouvre sur l'escalier qui, d'un côté, monte au sommet, et de l'autre, plonge aux fondements de l'édifice; en bas, c'est la nuit d'un cachot. Les historiens ont toujours aimé à maltraiter les princes ; mais de ce superbe Phœbus on ne médira jamais assez ; d'autant que les légendes le rehaussent. Il viola l'admiration des peuples, parce qu'il fut beau, de grande mine et toujours victorieux. Au fond, point d'âme si déloyale et si implacable. Il n'eut jamais assez de cachots noirs, ce radieux Phœbus, pour y faire disparaitre ceux dont la vie lui faisait obstacle ou dont les biens lui faisaient envie. Ces exécutions cachées avaient l'avantage de sauvegarder sa popularité, qu'auraient entamée des violences publiques. Ce cachot au pied de la tour a sans doute des annales sombres ; seulement, elles n'ont pas été écrites.

L'escalier de pierre n'offrait plus que des marches vermoulues ; on les a revêtues de planches ; il va s'appuyant au côté nord de la muraille, tournant en vis jusqu'au comble. A chaque étage, un palier ; au premier, suivant *ma* cicerone, était « la chambre de la dame en temps de guerre ». L'accorte personne sait fort bien sa leçon ; mais habite-t-elle donc toute seule ce vieux repaire ? Je n'ose le lui demander ; elle ne me croirait pas d'honnêtes desseins. Au deuxième étage, elle me montre la chambre du comte, munie d'une porte de fer. Au troisième et dernier étage, troisième chambre. Au demeurant, ce sont trois belles salles voûtées. Les voûtes à nervures reposent sur d'élégants arceaux. Phœbus, seigneur d'aussi bon goût que de mauvaise conscience, était un fin bâtisseur...

A moins que ce ne soit pas lui qui l'ait bâtie, cette tour... Quelques archéologues plus attentifs ont émis cette opinion qui contrarie la légende, et qui a été vivement agitée, cette année même — au congrès de la Société française d'archéologie réunie à Foix. Les « détracteurs » de Phœbus, gens savants, honnêtes et sincères, ont cru reconnaitre dans la tour fameuse les caractères d'une construction du xvie siècle, dont il faudrait fixer la date de 1510 à 1525. Qui donc aurait alors ajouté cette défense à la forteresse de Foix ? — La comtesse Catherine (la reine plutôt, elle était aussi reine de Navarre) et son mari Jean d'Albret avaient soutenu contre le vicomte de Narbonne, Jean de Foix, une longue guerre; mais la paix était intervenue en 1487. En 1512, le roi

LA TOUR DE GASTON

d'Aragon, Ferdinand le Catholique, enleva aux deux époux la partie de la Navarre située au nord des Pyrénées, c'est-à-dire le vrai royaume de ce nom; il aurait volontiers pris du même coup la partie française. Serait-ce contre Ferdinand que fut édifiée la tour neuve de Foix; ou faudrait-il y voir un ouvrage du fils de Jean et de Catherine, de Henri d'Albret, lui aussi grand bâtisseur et bon ingénieur militaire? Je ne trancherai point le problème — je reviens à ma visite de la tour. Je remarque que les trois chambres en sont fermées au verrou du côté de l'escalier. Des verrous énormes, adaptés au moment où le château fut converti en prison.

On voit bien que ces trois superbes cellules ont logé des hôtes dangereux — des prisonniers pour dettes ! — O conquêtes de 89 !

Enfin nous arrivons à la plate-forme de la tour. Jadis, elle portait une poivrière en ardoises, on l'a débarrassée de ce ridicule appendice; elle n'a plus que sa double ceinture de créneaux et de mâchicoulis. Par ces ouvertures, le regard plonge en bas, et l'on recule; la profondeur de l'abime donnerait le vertige. De cette haute terrasse, la vue est grandement belle: d'abord la ville, enserrée dans ses trois monts; au pied même du château, des toits, des cours, des jardins, des rues étroites et sinueuses, un labyrinthe; puis le cours des deux rivières, la vallée de l'Ariège, s'élargissant, s'épanouissant à l'ouest, et vers la plaine. Là est la route de Toulouse. — A l'orient, au contraire, les hauteurs se resserrent, vers Tarascon. Le *Pech*, qui porte les ruines de Montgaillard, semble barrer le cours de la rivière; le Saint-Barthélemy ferme l'horizon. Au sud, point de neiges, pas de hautes cimes, mais l'enchevêtrement à l'infini des monts boisés; entre ces murailles sombres, une brèche lumineuse, le cours de la haute vallée de l'Arget.

Lentement je redescends, glissant plus souvent encore qu'à la montée sur l'horrible petit pavage du chemin qui rase des tronçons de vieux murs. Dans la verdure brûlée qui tapisse la pierre, des vipères montrent leur tête plate. La chaleur est cuisante; on a soif de feuillage et de l'haleine de l'eau. Il y aurait à Foix un endroit délicieux pour respirer un peu de fraicheur : ce serait le confluent des deux rivières; mais les moines de Saint-Volusien, et après eux le préfet qui s'est mis dans leur logis, ont pris la rive gauche de l'Ariège ; le chemin de fer et la gare ont envahi la rive droite. C'est déjà la fin de l'après-midi; le quai lui-même est inondé de soleil. Le seul abri, qu'on ne peut gagner qu'en traversant le labyrinthe des vieilles rues, c'est la promenade de la Villotte. On y a érigé un horrible bronze représentant un faux grand homme qui s'appela Lakanal. Mais qu'importe cet airain politique ? Les arbres sont beaux.

Foix est une ville trop peu connue. Elle est pittoresque et attachante. Le climat y est doux; presque pas de neige ; seulement des gelées nocturnes assez tardives, qui empêchent la culture de la vigne. Partout des feuillages, de belles eaux, une vie encore à demi rustique, un peuple gai, un peu bruyant, qui aime le plaisir et le prend comme on le lui donne. Ce soir, — c'est un dimanche, — il m'est arrivé de passer devant un café-concert. Trois artistes, deux chanteuses : l'une d'une longueur et d'une maigreur invraisemblables; elle est habillée de blanc; l'autre toute ronde, enveloppée d'une draperie rouge; un monsieur les accompagne sur son violon ; point d'autre orchestre. L'estrade qui porte les exécutants est faite de quatre planches reposant aux deux bouts sur deux tonneaux.

Je crois avoir déjà dit que la vallée supérieure de l'Arget avait reçu le nom de la Barguillière; c'est le but favori de la promenade aux environs de Foix. Les Fuchséens se plaisent aussi à conduire les étrangers à la grotte de Lherm, dans la vallée de l'Alse, l'un des petits affluents de l'Ariège. On se rend aux grottes par Pradière.

La Barguillière est tout simplement l'un des coins les plus délicieux des Pyrénées agrestes. Une route de voitures conduit d'abord à Ganac, au sud-ouest de Foix. Je constate d'un mot que les voituriers ici ne sont point gâtés, comme dans les stations thermales, que leurs prix sont modérés et qu'ils sont complaisants. Cette route va montant à travers une riche contrée, contournant ces montagnes au pied verdoyant, à la cime couverte d'une herbe dorée, que l'on a devant soi, lorsqu'arrivant de Saint-Girons, on s'arrête au sommet de la côte du Bouch. On s'étonne d'abord de trouver, en s'élevant, des aspects plus méridionaux que n'en offre le bassin de Foix. Des figuiers ombragent les degrés extérieurs qui conduisent aux portes des maisons, presque toutes haut plantées sur la roche. Ces escaliers sont faits de pierres mal ajustées ; les maisons légères, à peine bâties, sont recouvertes de toits de tuiles assemblées à la diable ; on voit bien qu'elles n'ont pas à redouter le poids des neiges. Au demeurant, ce sont des masures, mais avec un je ne sais quoi d'harmonieux et de bien tourné dans leur misère.

Une jeune fille, seule à peu près dans un hameau, tricote, assise sur le perron du logis. Elle a de grands yeux veloutés, des traits réguliers, un visage pur de madone. Le voiturier m'assure que dans la Barguillière toutes les filles sont belles et sages. Nous allons joindre Gannac, dominé par une de ces belles montagnes, aux couleurs chaudes. Gannac a une église romane toute raccommodée, ce qui ne l'empêche point d'être encore branlante. On a fraîchement recrépi les murs ; l'abside est couverte de tuiles, comme les chaumières du village. Ce pauvre petit vieux sanctuaire est couronné d'un drôle de clocher, dont les arêtes saillantes sont toutes rongées par le temps. La route continue. Désormais j'ai devant moi le roc du Caudrebous, détaché, en poste d'avant-garde, du Saint-Sauveur, l'un des remparts naturels de Foix.

Je traverse la Cassane, un village de pasteurs, enseveli sous les feuilles, en regard de prairies où paissent des vaches rousses et blanches ; plus loin, Saint-Pierre, joliment campé au-dessus de l'Arget. Du pont qui franchit le torrent, on le voit bondir gaiement dans une longue ravine, entre des prés d'un vert velouté, sous des bosquets de frêne. L'église est neuve, coiffée d'un vieux clocher en campanile ; les maisons sont rondes, les toits ronds, bizarrement décorées d'un triple rebord de tuiles en escalier. En face du village, s'élève la chaîne des monts de Gannat, aux flancs herbeux très vallonnés ; des centaines de points blancs apparaissent dans ces plis verts : ce sont des brebis. L'un de ces monts, le Prade de Jean de Gaillard, est le grand chemin aérien, solitaire, des pâtres qui, de sommets en sommets, toujours suivant la haute ligne des pâturages, s'en vont, pendant les étés, jusqu'aux vallées supérieures de la grande chaine, au pied des crêtes espagnoles.

Je redescends vers Foix. Le chemin, longeant une grande muraille boisée à gauche, court à droite, au-dessus d'un bassin de prairies que traverse l'Arget; on y fait la récolte des foins, — c'est la deuxième. — Un peuple de faneurs et de faneuses dresse les meules innombrables. Le bord du bassin est planté d'arbres énormes. La vallée se resserre, et la rive droite du torrent se redresse. En bas, sous des couverts inextricables, adossées au mont, voici des forges mortes. Cependant une de ces usines est encore en travail. Les feux rouges s'élèvent, jetant leurs reflets sur la longue trainée de terre noire, mêlée des scories du fer, au fond de la combe fraiche et verte.

Tout ce coin si riant est appelé, à Foix, « la contrée de Saint-Pierre ». Une chose y est frappante, c'est l'absence de tout débris féodal. Ce peuple de pasteurs se gouverna-t-il lui-même, et n'eut-il point de seigneurs?

La basse vallée de l'Ariège, que nous traversons rapidement le lendemain pour nous rendre à Pamiers, offre le spectacle précisément différent. Partout des châteaux. Nous suivons la route que prit en 1584 le sénéchal et gouverneur du comté de Foix pour le roi de Navarre, chassant devant lui les seigneurs catholiques de leurs châteaux et le peuple de ses villages, qu'il brûlait. Henri de Bourbon aurait préféré la tolérance; mais il était désormais prisonnier des huguenots dans ses propres Etats, comme il l'avait été à Paris, après la Saint-Barthélemy, de Charles IX et de Catherine : il fallait obéir. Le terrible d'Audou saccage d'abord le Sabarte — autrefois Savartès — sorte de division territoriale et ecclésiastique, qui s'étendait au sud du Pas de la Barre, où nous allons arriver, jusqu'aux grands monts; puis il remonte vers le pays de Pamiers et incendie Varilhes. Ce sire d'Audou était de grande maison, un cadet de Lévis. Cette exécution des catholiques, nobles et vilains, moines et laïques, moines de préférence, était une réplique à la demande insolente qu'ils avaient bien osé faire au roi de Navarre de leur rendre l'exercice de leur religion.

Varilhes est un coin de vignoble, et un lieu antique. Là, il y eut une ville romaine, puis une forteresse au moyen âge ; là, Guy de Montfort, frère de Simon le sanguinaire, trouva la mort d'un coup de flèche, en 1212. La petite ville était jadis entourée de grands noyers ; par un féroce retour des choses d'ici-bas, on y « brancha » quantité de huguenots, pris les armes à la main, dans le soulèvement qui suivit la marche de Louis XIII, en 1620, a travers le Midi, et le rétablissement du culte romain en Foix et Béarn. — D'Audou, en 1584, brûla Bénagues comme Varilhes, et toujours suivant le bord de l'Ariège, il arriva jusqu'à Pamiers.

Comme nous entrons dans Pamiers, nous-mêmes — d'une allure bien plus pacifique, — et que le soleil est encore très haut, nous montons d'abord au *Castellat*, c'est-à-dire à la butte célèbre qui porta le château rasé sur l'ordre de Richelieu, en 1629. Le chemin est aisé, par une longue avenue de marronniers que fit planter un des évêques de la ville. Suivant l'auteur savant des *Annales de Pamiers*, M. de Lahondès, l'image de l'ancienne forteresse se retrouverait sur le sceau des consuls, en 1257. Elle avait un donjon et quatre tours.

La place aurait été augmentée, hérissée de nouvelles défenses par Simon de Montfort, qui la prit en 1210, ou, plutôt, la reçut des mains de l'abbé de Saint-Antonin, co-seigneur de la ville avec le comte Raymond-Roger de Foix. La sœur du comte, Esclarmonde, veuve du sire de l'Ile-Jourdain, en avait fait auparavant un nid d'hérétiques ; c'était la grande protectrice des Cathares. Elle aimait ce lieu superbe, s'y complaisait, à la vue qui nous retient, au Castellat plus d'une heure : au nord, toute la vaste et riche plaine qui s'étend vers Toulouse et que baigne l'Ariège ; au midi, la chaîne lointaine, des cimes neigeuses; en avant du rideau des grands monts, le massif du Saint-Barthélemy; à nos pieds, la rivière se

PAMIERS. — LA CATHÉDRALE

divisant en plusieurs bras, enserrant la ville, encore pourvue d'une partie de son ancienne ceinture fortifiée ; un dédale de ruelles noires, un chaos de vieux logis d'où sortent des pointes de clochers et de tours, — et malheureusement aussi, des cheminées d'usines, car Pamiers devient industriel. De la hauteur où nous sommes, nous voyons même planer au-dessus de la cité pittoresque un nuage de fumée grasse. C'est l'haleine de l'industrie.

UNE RUE DE PAMIERS

Le vieux Pamiers est une île, entourée par un petit bras de l'Ariège; à l'ouest, entre ce rameau de la rivière et le grand bras, puis, sur l'autre rive, se sont étendus les quartiers neufs. Au sud, au lieu dit le Mas Saint-Antonin, il y eut jadis un monastère, l'un des plus puissants du Midi. Les abbés étaient co-seigneurs de la ville avec les comtes; seulement, étant plus fins politiques, ils ménageaient le peuple, le tinrent étroitement uni avec eux et, pour le gagner tout à fait, lui permirent de se donner une constitution démocratique. Les comtes devaient s'incliner devant la mitre de leurs rivaux et devant le bonnet des consuls. Le dépit de n'être point le maître dans la plus grosse cité de ses Etats fut la cause principale qui jeta Raymond-Roger dans le parti de l'hérésie.

Il lui en coûta cher. Tandis qu'on le dépouillait de ses châteaux de Foix, de Montolieu, de Miglos, de Miramont, de Montréal et de Lordat, Simon de Montfort tenait un « parlement » à Pamiers. Amaury, fils de Simon, prit possession du château et prêta serment de fidélité à l'abbé. Dès lors, les moines de Saint-Antonin se crurent et s'arrogèrent le droit de conférer à qui il leur plairait le « paréage » de la seigneurie, — au roi Louis IX d'abord, puis au roi Philippe le Hardi; mais celui-ci, qui avait enfermé le comte Roger-Bernard II à Carcassonne, le reçut en grâce, le délivra et lui rendit son bien, c'est-à-dire son château de Pamiers et le fameux « paréage ». A partir de ce moment, les prélats devinrent ennemis des rois, et la célèbre querelle de Bernard de Saisset, abbé de Saint-Antonin, d'abord, puis évêque de Pamiers, avec Philippe le Bel, n'a pas d'autre origine. La lutte, bien plus célèbre encore, de ce roi de la violence et de la rapine avec le pape Boniface VIII, qui défendait l'évêque, son serviteur, n'a point d'autre commencement.

Saisset, pourvu du titre d'évêque, qui lui donne plus de force, vient, au nom de Boniface, trouver Philippe à Paris, en son Louvre, et lui commande de délivrer le comte de Flandre, que le roi y tient prisonnier. L'orgueil de Philippe s'irrite, et voici que le comte de Foix, Roger-Bernard III, arrive pour attiser cette colère souveraine. Il accuse l'évêque de travailler en secret à unir tous les princes du Midi contre la maison de France. L'un d'eux, élu par ses pairs, prendrait le titre de roi du Languedoc, et le comte ajoute que c'est à lui que Saisset a offert cette grande couronne. A l'instant, Philippe dépêche à Pamiers ses députés, flanqués de sergents d'armes; l'évêque est saisi et emprisonné; son camérier et son trésorier sont mis à la torture, son trésor épiscopal et ses meubles sont pillés, ses biens confisqués. Le prélat, pour s'arracher à ses persécuteurs, fuit sous un costume d'emprunt, et celui de ses moines qui, par dévouement, avait revêtu les habits pontificaux pour tromper les gardiens, est égorgé. Bernard de Saisset peut gagner Rome, et Boniface lance les premières excommunications contre le roi de France. Le reste de cette tragique histoire est connu : le Pape est traité chez lui, dans son château d'Anagni, comme l'évêque l'avait été dans son monastère de Saint-Antonin. Ceci n'est point de notre sujet. Mais, à Pamiers, j'ai rencontré cette haute et rude figure de Bernard de Saisset ; je devais dire pourquoi la mémoire du premier évêque de la vieille cité est demeurée populaire : Saisset voulut réagir contre l'œuvre farouche accomplie par Simon de Montfort, et dont les profits avaient été recueillis par le roi de France. L'hérésie était effacée, il essaya de rendre la liberté au Midi.

Il ne subsiste de l'ancienne abbaye de Saint-Antonin que des débris informes ; les casaques noires du sire d'Audou la brûlèrent en 1586. L'église cathédrale fut alors transportée au centre de la ville. Ce qu'elle offre de plus remarquable, c'est la hardiesse de son clocher gothique, une tour octogonale, à fenêtres triangulaires, assise sur un vaste bâtiment massif, muni de créneaux et de mâchicoulis. Ces églises fortifiées n'étaient pas utiles, à Pamiers, seulement contre l'ennemi extérieur ; elles servaient aussi dans les guerres des rues, qui furent très fréquentes au XVIe siècle surtout, pendant les troubles religieux. En 1566, les catholiques ayant fait une procession, les huguenots l'assaillent ; les catholiques se défendent ; les chanoines sont à leur tête, cuirassés, armés jusqu'aux dents. — L'abbé étant devenu évêque, les moines avaient cédé la place à un Chapitre. — Au cœur de la ville, aussi, l'église Notre-Dame-du-Camp est une place de guerre autrement forte que la cathédrale. Qu'on se figure une formidable construction, toute en briques, une haute muraille crénelée, maintenue par deux tours. Notre-Dame-du-Camp est du XIVe siècle. L'intérieur des deux sanctuaires n'a rien de très frappant ; la cathédrale a été remaniée, presque reconstruite au XVIIe siècle. Notre-Dame-du-Camp a été restaurée — ou restituée — il y a moins de vingt ans. Le portail en est curieux — mais d'un gothique entièrement neuf, pas une des anciennes sculptures n'ayant été conservée.

PAMIERS. — NOTRE-DAME-DU-CAMP

A Pamiers, il ne faut pas non plus négliger de voir le clocher de l'église de Sainte-Marie. Toute la ville, d'ailleurs, est des plus intéressantes, avec ses rues étroites, sordides, mais si pittoresques. Les vieux logis y abondent; nous donnons le dessin d'une maison de l'époque de la Renaissance. Une autre, plus connue — et c'est pourquoi nous avons choisi la première — appartenait aux abbés de Boulbonne, qui s'élevait au milieu d'une forêt, entre Pamiers et Mazères. C'est à Boulbonne que Simon de Montfort vint pour faire bénir son épée, avant la bataille de

Muret. En 1587, le sire d'Audou renversa l'abbaye et n'en laissa pas une pierre. Les abbés de Boulbonne avaient une maison à Pamiers. On en retrouve le debris bien dénaturé dans les bâtiments du Lycée, qui méritent une visite et une étude.

Mazères, l'ancienne résidence des comtes de Foix, fut plus tôt

CLOCHER DE L'ÉGLISE SAINTE-MARIE

détruite. Le comte François Phœbus étant mort sans laisser d'autre héritier que sa sœur Catherine, leur oncle à tous deux, Jean de Foix, vicomte de Narbonne, frère de Gaston IV, prétendit appliquer à son profit aux comtés de Foix et de Béarn la loi salique qui gouvernait le royaume de France. Il fit une guerre terrible à sa nièce et brûla ce beau château de Mazères, où Gaston Phœbus, cent ans auparavant, avait reçu le roi Charles VI. — « Comme le roi s'avançait vers Mazères, cent chevaliers, sous des habits de bouviers, vinrent au-devant de lui, menant un vaste troupeau ; les vaches portaient au cou des cloches d'argent ; puis ce furent des écuyers qui présentèrent de beaux chevaux, et le roi, le soir, au bal que lui donna son hôte, fut bien étonné de reconnaitre, dans les chevaliers et dans les seigneurs qui l'entouraient, les bouviers qu'il avait rencontrés sur sa route. »

On peut aimer tout ce pays de Pamiers, au fond de son bassin vert, encadré de vastes forêts autrefois et toujours d'eaux transparentes, assis en regard des monts, « séant en beaux vignobles, dit Froissart, et environné d'une belle rivière claire et assez large qu'on appelle le Liège ».

Liège pour Ariège. Ce bon Froissart estropiait vivement les mots.

PAMIERS. — MAISON DE LA RENAISSANCE.

TARASCON ET L'ARIÈGE

II

TARASCON. — VICDESSOS. — LE PAYS DU FER

Nous regagnons Foix et prenons, sans faire halte, le chemin de Tarascon, en remontant le cours de l'Ariège. Le *pech* de Montgaillard nous montre de plus près les ruines de la dernière place de guerre de Roger-Bernard serré de tous côtés par Simon de Montfort. A droite, le reste d'un autre fortin; à cheval sur l'Ariège, un moulin croulant. Le cadre qui enveloppe tous ces débris du vieux temps frappe surtout par sa nouveauté.

Ce sont d'autres Pyrénées, aux arêtes plus tourmentées, aux tons plus chauds. Par-dessus le triple étage des *pechs*, à la base verte, à la pointe blanchâtre et nue, on entrevoit à droite, par moments, une cime neigeuse. Point de doute que ce ne soit le Montcalm, avec sa haute flèche, la Pique d'Estats.

Le village de Saint-Antoine borde la route; plus loin, Saint-Paul; à droite, Montoulieu. Ici fut un château des comtes de Foix; à Saint-

Antoine est une aciérie, qui, si elle eût existé jadis, aurait trempé de bonnes épées pour ces batailleurs de l'hérésie. L'Ariège roule dans une gorge et passe sous un pont fortifié. On sort du défilé : de grands plis boisés montent sur l'autre rive ; celle-ci est hérissée de montagnes en loques. En avant, une pyramide isolée.

LE PONT DE SAINT-ANTOINE

Toutes ces hauteurs ont une couleur rousse et brûlée, l'aspect méridional. Mercus est ombragé par des noyers, également roussis. Le village possède une église romane, plantée sur une roche ; la porte latérale, regardant le sud, est charmante. N'était la crainte de paraître trop curieux, je demanderais pourquoi on a flanqué tout récemment le côté oriental d'une tour, portant un clocher, sans communication aucune avec l'église ? De plus, en ce pays où tous les clochers sont en forme d'auvents revêtus d'ardoises, celui-ci est habillé de pierre. L'architecte a cru, d'ailleurs, imiter le style roman. On croit ce qu'on désire.

Au sortir de Mercus, les yeux commencent à s'attacher, sur la rive gauche, à une pyramide étrange, nue, rocailleuse, tronquée à son faîte; involontairement, on cherche dans la vallée les morceaux de la pointe écroulée : ce mont s'appelle le Soudours. Sur

ÉGLISE DE MERCUS

la rive droite, des escarpements dont la ligne verticale est interrompue à moitié de la hauteur par un soulèvement de roches déchirées; au-dessus, le moutonnement de la chaîne; au faîte, la ligne des neiges. Le regard, fatigué d'aridité, se repose au bord du torrent, sur quelques bocages et sur l'ondoiement d'un rideau de grands peupliers.

Le cadre de la petite ville de Tarascon a la même rudesse: de tous côtés, ces « pains de sucre » dénudés, effrités. Le faubourg, pourtant, est assis dans un petit bassin, au milieu des ruines de la montagne; l'aspect en est gai et vivant. Point de villette mieux éclairée; toutes ces roches calcinées ont des réverbérations cuisantes, et le lit de l'Ariège, semé de bancs de cailloux blancs qui luisent sous la transparence de l'eau, forme comme un grand chemin de lumière.

Le faubourg est resserré entre deux mamelons; l'un porte la vieille ville et les ruines de son château, l'autre une tour à signaux; au-devant, un calvaire. Si l'on s'avance au delà du pont, on aperçoit le clocher de l'église, pointant sur le fond brun d'une gorge, entre trois monts. Malgré soi, on revient à ce pont: on s'oublierait à regarder les clartés de l'Ariège, qui reçoit le torrent de Vicdessos. Il faut bien, pourtant, monter au vieux Tarascon, encore à demi enveloppé de ses anciens murs.

Deux portes sont bien conservées, surtout la porte de Lacoussade. La voûte en est intacte. La rue qu'elle commande, grimpe regardant la hauteur que couronne la tour à signaux; une autre rue va tortueusement entre deux rangées de hautes masures, aux toits en larges auvents; le soleil n'en frappe que le côté droit; l'autre côté se profile avec des reliefs extraordinaires dans l'ombre rousse. Toute la cité ancienne tient ainsi groupée sur la butte rocheuse et isolée que domine le *Castella*. L'enceinte de la forteresse est en partie debout : des pans de muraille partout, une grosse tour cylindrique effondrée. Louis XIII fit raser le château on chercherait dans toute l'histoire, sans y trouver un roi si résolûment démolisseur: c'était Richelieu qui dirigeait les pioches. Le Castella avait été plusieurs fois pris et repris pendant les guerres de religion. Il parait que le jeu favori du parti victorieux consistait à précipiter les vaincus du haut des murs. En 1569, d'Audou s'empare de la petite place par surprise ; dans l'église (Notre-Dame de la Daurade) il trouve un prêtre catholique en prière; on le tue Quelques jours après, le capitaine Montgascon, chef des catholiques, reprend Tarascon. La garnison huguenote est égorgée ; on réserve les bourgeois religionnaires pour l'amusement que je viens de dire. Soixante-six furent jetés dans le gouffre.

C'est grand dommage que la tour farouche n'offre plus de plateforme d'où l'on puisse embrasser le panorama des monts. Du ro

MERCUS — LA VALLÉE DE L'ARIÈGE

cher lui-même, la vue est assez belle sur la vallée de l'Ariège et sur celle de l'Oriège (c'est le nom le plus ordinaire qu'on donne au torrent de Vicdessos), qui ne paraît être qu'un défilé entre des monts calcaires amoncelés ; — puis sur les cimes blanches d'Aulus, le massif de Bassiès, et toujours sur le Montcalm, dépassant toute cette partie de la chaîne, et fermant l'horizon.

Redescendus dans la ville basse, nous déjeunons dans une auberge médiocre ; une grosse maritorne nous sert fort mal : c'est que dans la salle voisine, il y a une noce ; le devoir de la fille est auprès de nous, sa curiosité est à côté. Mais, après un mauvais repas, nous fumons des cigarettes dans une galerie de bois, au-dessus de l'eau, en face du Soudours. Le mont biscornu est percé de grottes ; toutes les montagnes de cette région sont trouées ; ce sont des cribles. Parfois, une des couches calcaires qui servent de voûtes à ces mystérieuses cavernes s'effondre ; un matin, on s'aperçoit que la montagne a changé de forme.

Il faut bien que nous visitions quelques-unes de ces grottes ; celle de Bédeillac s'impose. Elle s'ouvre à une faible distance de Tarascon.

Longeant le pied du Soudours, et remontant au nord, c'est la route d'Aulus que nous suivons ; nous l'avons faite en partie dans le sens opposé, en allant d'Aulus à Massat. Ici, elle s'engage dans le petit val de la Courbière, traverse un ruisseau et s'élève à droite pour joindre les pentes du gros Soudours. La montée est rapide ; on arrive au hameau de Surba, et l'on embrasse d'abord une vue panoramique de Tarascon et de la vallée de l'Ariège. En montant encore un peu, on découvre tout le tableau de la chaîne. Au loin, le pic des Trois Seigneurs, des villages semés sur les escarpements, Banat, Rabat ; plus haut encore, Gourbet. La vallée de Rabat, qui va s'élevant jusqu'aux bases des grands monts, fut le bien des descendants de Loup de Foix, né des amours du comte Raymond-Roger et de la Louve de Pennautier ; c'était la première baronnie du comté.

Les pentes deviennent encore plus raides, et se couvrent d'une herbe courte. Des flancs perpendiculaires du Soudours, des blocs se sont détachés, des roches toutes blanches, maintenant éparses, — comme d'énormes moutons sur ces bandes gazonnées; le

UNE RUE DE TARASCON

mont tout entier vacille; il semble que la moindre poussée ferait rouler ces quartiers branlants. En face se dresse le roc de Calamès (1,000 mètres). Presque au sommet, deux tours. Le chemin monte encore, et joint le petit village de Bédeillac, au pied du Calamès. Le plateau de Bédaillac est d'ailleurs une sorte de col, ouvert entre le Calamès et le Soudours. La des cente vers l'est ne serait pas moins rapide que ne l'a été la montée; d'en haut nous découvrons, au milieu de frais pâturages, le joli village de Saurat.

Du village de Bédeillac, on voit aussi les deux énormes orifices des deux grottes superposées qui s'ouvrent aux flancs du Soudours ; mais, avant de s'y acheminer, il faut aller en chercher le gardien. Le bonhomme ne se fait point prier pour accompagner les visiteurs ; c'est son industrie, elle en vaut une autre. Il s'est muni d'une demi-douzaine de bottes de paille; il montre le chemin, allant devant, courbé sous le faix. Le trajet n'est pénible que pour lui, par un petit sentier montueux; l'arcade de la grotte basse, la seule que l'on visite ordinairement, s'agrandit naturellement à mesure qu'on approche; à cent pas elle paraît immense. Elle s'ouvre dans une belle roche grise et jaune, que le soleil de trois heures fait étinceler. On passe le seuil, et sous la voûte, d'abord, on ne voit rien que des ténèbres qui s'enfoncent dans le vide. L'œil peu à peu s'aguerrit; on commence à distinguer les dépressions et les reliefs, et dans la grande cavité sombre, d'autres trous noirs qui sont les galeries. On marche parmi de hautes herbes, qui paraissent être d'un vert intense et luisant. La voûte s'élève, formant un arc colossal. On allume des branches de paille, et c'est d'abord un lourd frôlement d'ailes, puis une formidable volée qui tourbillonne, — tout un monde de chauves-souris et d'oiseaux nocturnes qu'on vient d'arracher à la paix de cette ombre éternelle.

On avance parmi les pierres détachées de la voûte, qui devient moins régulière ; on sent une forte impression de moiteur, puis d'humidité chaude et gluante. Les oiseaux continuent de fuir devant nous. Le sol se hérisse de débris, les parois se fendent, la croûte de l'antre est en travail. Ces vieilles murailles suintent; on entend les gouttes d'eau qui tombent et les stalactites brillent. C'est le moment où le cicerone, le bonhomme aux bottes de paille, va dérouler son savoir. A ces cristallisations la légende a donné des noms : voici le Bénitier, plus loin la Chaire, le Géant, les Cloches, la Procession des Capucins, l'Ange, le Tombeau de Roland. L'imagination des gens du pays s'exerce depuis des siècles dans ces profondeurs sombres, et dans le siècle où nous sommes, qui a remplacé la légende par l'hypothèse, la Science est venue à Bédeillac faire son enquête. On y a découvert des outils et des armes de l'âge de la pierre polie. Le

LA ROUTE DE VICDESSOS

champ des suppositions est ouvert ; il est contigu à celui de la fable.

Quant à nous, au milieu de ce chaos souterrain, de ces roches et de ces cristaux qui affecteront, en effet, toutes les formes que voudra bien leur donner le caprice ou le rêve, nous brûlons quelques fils de magnésium. La flamme en est intense et vive. Toute cette décoration mystérieuse s'éclaire et s'anime : c'est un spectacle féerique.

De Tarascon, le lendemain, nous allons à Vicdessos. Cette fois, il faut remonter l'Oriège, laissant à gauche la route qui conduit aux bains d'Ussat, puis aux bains d'Ax par la haute vallée de l'Ariège. A l'embranchement de deux chemins, s'élève, sous un couvert d'arbres, l'église de Notre-Dame de Sabart. Ici, Charlemagne planta une abbaye de moines cuirassés qui devaient arrêter le flot des Sarrasins roulant du haut des monts, et voilà l'explication de ce caractère religieux et militaire que garda jusqu'en 1789 cette « viguerie » du Sabart, dont j'ai marqué l'ancienne délimitation dans le chapitre précédent. L'église, sans doute reconstruite plus d'une fois, a été saccagée par les huguenots. Je retrouve encore ici le terrible sire d'Audou.

On la releva au milieu du XVIIe siècle; la façade outragée par les « casaques noires » fut alors rebâtie dans le style du temps, qui devait passablement jurer avec l'intérieur roman, formé de voûtes en berceau. D'énormes piliers carrés les soutiennent; les trois nefs sont à peine éclairées, par des jours étroits et rares.

On a tout récemment érigé une façade nouvelle. Un portique monumental supporte une manière d'ouvrage crénelé que domine un campanile couronné de la statue de Notre-Dame. L'architecte a sans doute voulu rappeler le caractère militaire et religieux de l'édifice; les intentions étaient bonnes, l'exécution est moins heureuse. Tout cela est lourd, très recherché de style, mais sans caractère. — Dans l'église, je remarque deux restes de vitraux superbes qui auront échappé aux soldats du sire d'Audou. — Notre-Dame de Sabart est flanquée d'un seminaire et d'une maison de secours pour les prêtres infirmes : « une pépinière » et une jachère — jeunes vignes, et branches mortes.

Après la chapelle de Sabart, la vallée de l'Oriège se resserre. On chemine entre des montagnes nues ; elles ont une superbe allure sauvage. A droite, au bord du torrent, les forges du Saut d'El Teil et de Saint-Julien, puis le village de Niaux. La grotte de Niaux est célèbre. Trois calèches ont amené des visiteurs : c'est le dessus du panier des baigneurs d'Ussat, quelques femmes très parées, et des hommes très corrects. Tout ce monde-là n'a point du tout des airs de géologues. La grotte n'est pas effrayante, l'entrée n'en a rien de commun avec la porte du paradis, c'est plutôt celle de l'enfer, qui est bien plus large. Le fermier conduit tout ce beau monde et nous suivons modestement; nous aurons le profit du spectacle. On allume des feux de Bengale : nous avons été plus modestes à Bédeillac.

RUINES DE MIGLOS

Les lueurs, rouges cette fois, se répandent sur l'eau noire de deux petits lacs intérieurs, et les dames ont des exclamations de terreur, à la pensée qu'elles auraient pu pénétrer dans l'antre sans lumière, et s'aller tout droit engouffrer dans ces abimes.

Là visite est terminée : nous reprenons notre route, et

TARASCON

gravissant la rude montée de la Pujade, qui nous élève à cent mètres au-dessus du torrent, dans un frais bassin de prairies coupées de bouquet, de bois, nous commençons d'apercevoir les profils de la grande ruine de Miglos.

C'était une des seize châtellenies du comté de Foix. La masse du château apparaît tout entière, quand on a dépassé le village de Capoulet. Elevé sur une croupe boisée qui domine la vallée, ce débris a la mine altière. Un énorme donjon carré dont le faîte est ébréché, une tour un peu moins haute, qui garde ses créneaux, se détachent sur le rideau croisé des monts. La forteresse commandait et défendait tout un riche canton minier. Les roches déjà prennent ici des tons rougeâtres : c'est le royaume du fer. Sur la rive gauche du torrent, le haut village de Lapège, dominant Junac, nous montre des cultures obtenues sur les pentes presque verticales qui descendent dans les ravines ; à l'ouest, les plis rocheux, parfois recouverts de bois maigres, s'écartent un moment, et nous laissent entrevoir une ligne blanche, hérissée d'aiguilles brunes : c'est le pic de Sauvès, jeté en avant du pic Rouge de Bassiès, qui est lui-même une vedette du Montcalm. Sur la même rive, des hameaux se cachent tout près de l'eau dans des arbres ; au-dessus, Illier et la ruine d'un château s'accrochent à la montagne. Sur la rive droite, le chemin court au milieu d'un champ de débris, blocs énormes de roches écroulés ; de ce côté, encore la montagne s'effondre. Puis c'est un site bien différent : un bocage, des ruisseaux qui roulent de toutes parts vers l'Oriège, bordé de vieux peupliers.

Ce nouveau bassin est charmant dans sa verdure épaisse, que traversent les reflets rouges d'une forge et qui retentit du bruit des marteaux. La route est sillonnée de chariots portant du minerai, le sol en est tout noir. A droite un village, un château moderne dont les ombrages et les belles pelouses regardent sur l'autre bord du chemin une cascade tombant d'un escarpement boisé : c'est la montagne de Rancié, là sont les mines.

L'exploitation de la mine de Rancié, la plus riche du pays de Vicdessos, remonte fort loin; mais ce fut Gaston Phœbus qui la régularisa. La prospérité des mines s'accrut rapidement; au XVII° siècle, on comptait plus de quarante forges, alimentées par le minerai de Rancié; il y en a maintenant une soixantaine. L'extraction de ce minerai appartient à plusieurs paroisses. Un de ces villages que nous traversons n'a plus d'hommes : ils sont là-haut, dans les galeries qui creusent le mont; les femmes battent le blé. Point d'aires à battre, l'opération se fait sur la route ; nos chevaux écrasent les épis, les vieilles maugréent, les jeunes nous lancent l'injure toute crue, en patois heureusement. Dans toute cette partie de la montagne, on n'aime point le touriste, et, d'ailleurs, on ne le voit guère. Nous ne sommes plus ici aux environs des deux Bagnères, sur les grands chemins sillonnés de calèches. Ces femmes ont tort d'en vouloir aux *étrangers*; ces intrus dans leur désert ne leur rendent pas des sentiments si peu chrétiens : nous admirons leur courage. Ce sont elles qui ensemencent ces étranges morceaux de champs suspendus au versant abrupt des monts; la peine est dure, le profit maigre. Ces belles créatures, car elles sont fortement plantées, donnent la vie aux enfants et font croître le blé qui les nourrira, quand le lait ne suffira plus. Deux fois mères.

Pourtant, il paraît que la culture et les mines donnent quelque profit, car on ne trouve plus de traces, dans cette partie de l'Ariège, de l'industrie des *orpailleurs*. Ces pauvres gens cherchaient les *paillettes d'or* roulées par le torrent; à ce métier fantastique, ils gagnaient vingt sous par jour. Le fer et le blé donnent davantage.

Tout ce pays, déjà si bien défendu par la nature, était naguère hérissé de châteaux et de fortins. Sur un mamelon rocheux, l'un des derniers soulèvements au pied du Sauvès, voici encore un de ces débris. Nous traversons le torrent, nous touchons à Vic-

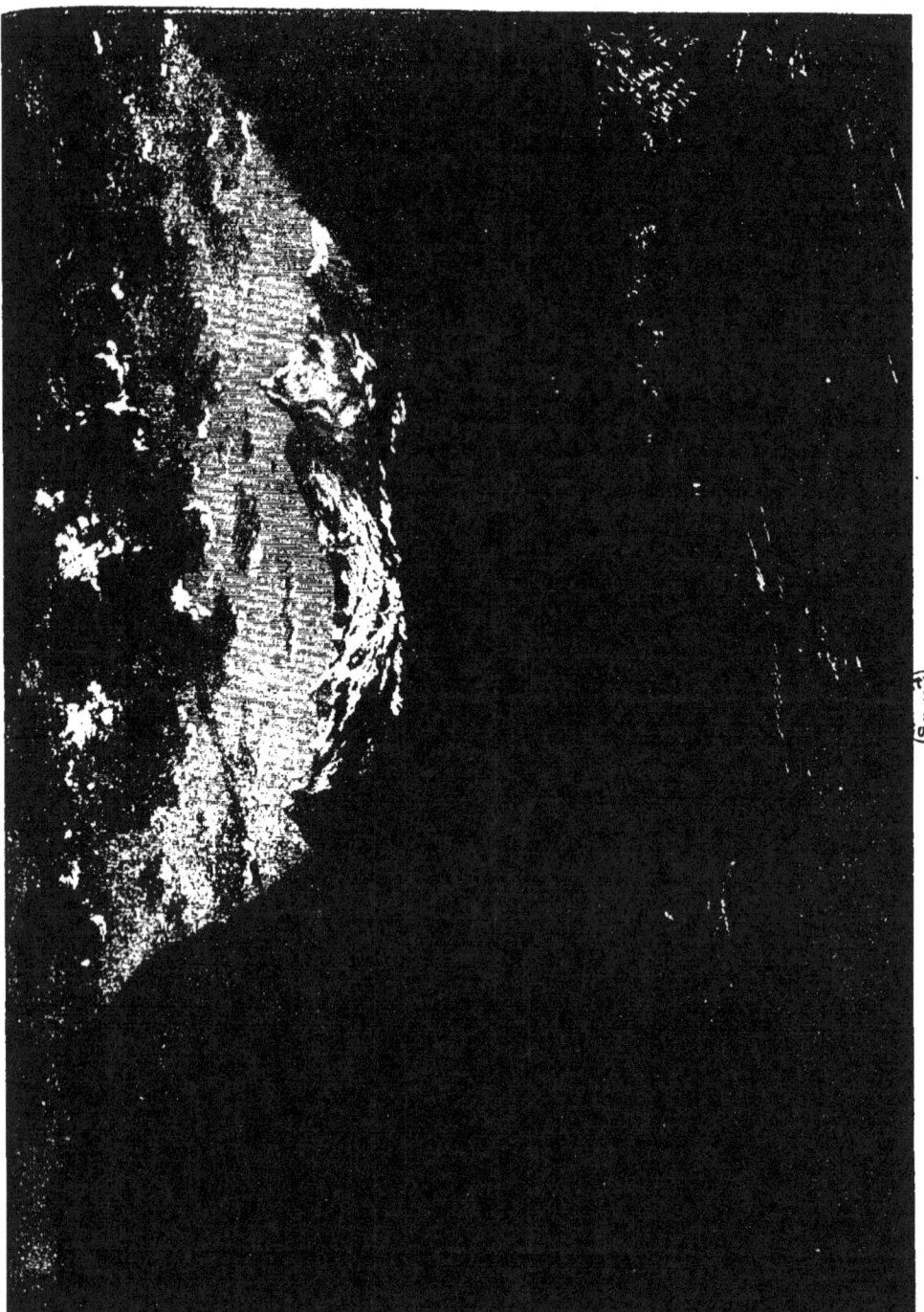

LE MONTCALM. — VALLÉE D'AUZAT

dessos. Ce grand village est enveloppé d'un rideau de frênes et de saules; le ruisseau de Suc, accourant du pied de la Pique d'Endron, vient y tomber dans l'Oriège ; le roc de Berquié et le Risoul le dominent au sud. Par-dessus tout cela, six rangées de monts. Au dernier étage le Montcalm, tout un panorama de neiges.

Le bourg lui-même a de l'attrait, une propreté assez rare dans un pays de mines, et tout enveloppé comme il est de feuillage, d'eaux limpides, de chaumes dorées, grâce aux cultures conquises sur les rochers; on l'habiterait volontiers quelques semaines, en face des éblouissements de la haute chaîne. Au bord de la rivière on a ménagé une promenade plantée de vieux arbres; Vicdessos n'est vraiment qu'une longue rue; c'est la route même bordée de maisons, dont la file est interrompue sur l'un des côtés par ce bocage. — En face, est l'auberge; la route continue de monter la vallée de l'Oriège et se dirige vers Auzat.

Aucun document connu n'établit que Charlemagne ait traversé ces montagnes; mais ce n'est pas une raison : le grand Empereur eut le don d'ubiquité, comme le Roi des Rois dont il s'était fait l'image. Il vint donc ici et y planta le château de Mont-Réal (mont royal), que les comtes de Foix gardèrent avec grand soin, car la forteresse commande un des passages de l'Andorre. Il est vrai que le chemin n'est pas souvent praticable; on en serait averti par la seule disposition des champs taillés en gradins sur les versants, pour briser l'avalanche qui glisse. Auzat est étranglé entre les monts. Une seule rue étroite, pavée de cailloux. Trois cônes tout blancs, d'une blancheur morte, pareille à celle d'une masse d'ossements, dominent le bourg ; le plus élevé porte à sa pointe un autre château.

Beaucoup de maisons sont fermées; les habitants sont à la montagne avec leurs troupeaux, et, là-haut, font des fromages. Du moins, ceux qui restent s'amusent. Nous touchons à la fin d'août, et la fête du 14 juillet va toujours. C'est très national, puisqu'on danse. Le lieu de cette réjouissance sempiternelle est resserré comme tout le village : une petite place rectangulaire au bord du torrent ; au fond, une estrade parée de feuillages et de rubans tricolores. Trois musiciens y prennent place : un violon, un cornet à piston, un hautbois. Une demi-douzaine de couples jouent des jambes, riant, bramant. Naturellement, c'est un dimanche. A l'une des extrémités de la place aboutit le pont jeté sur l'Oriège ; sur l'autre bord est une auberge, où nos chevaux sont déjà logés. Nous arrivons à notre tour ; une femme longue et jaune, en grand deuil, est assise, tricotant, le dos tourné à la croisée par laquelle nous nous amusons à regarder encore les danseurs : — Eh ! la mère, on est très gai dans votre pays. — Il y a partout du mauvais monde ! dit-elle.

Peste ! elle est sévère la matrone ! L'envie me vient de la dérider ; et comme nous demandons seulement de l'eau fraîche qu'elle nous apporte en grommelant, je lui offre une pièce de vingt sous. L'épreuve a réussi, j'entends un merci bien articulé, suivi d'un gloussement. C'est le rire de la veuve.

Sur la petite place, que semblent écraser les trois cônes blancs, les danseurs se trémoussent, le violon grince, le hautbois glapit, le cornet à piston mugit. Nous nous engageons dans la rue la plus tortueuse, la plus sombre que j'aie peut-être jamais vue ; je doute qu'à l'heure où le soleil tombe perpendiculairement sur le reste du monde, il puisse faire passer ici la pointe seulement d'une de ses flèches. Le plus curieux, c'est que sur le sol de cette horrible ruelle, on bat le blé aussi tranquillement que dans la vaste cour d'une ferme normande. On pourrait jeter bas ce boyau noir ; l'espace ne manquerait point pour écarter les maisons.

A peine sommes-nous sortis du village, qu'un large cirque bien cultivé s'arrondit devant nous. Il semble que les hautes neiges n'engendrent pas ici trop de froidure ; nous sommes à une altitude de plus de huit cents mètres, et notre surprise est grande en rencontrant un champ de maïs.

A ce joli bassin entouré d'escarpements boisés, un défilé succède. Il est sauvage, courant entre deux monts pelés. Des aspects de roches volcaniques. Un peu de végétation pourtant au-dessus de l'Oriège, qui coule profondément encaissé ; l'autre rive porte la plus haute des trois pyramides blanches, couronnée de sa

AUZAT — LE MONT-RÉAL

ruine fantastique : c'est la tour d'Olbier. La montagne est creuse, sillonnée de souterrains taillés dans le roc, qui permettaient à la garnison de descendre à couvert au bord de l'eau. On dit même qu'un puits la traverse jusqu'à sa base, et que les Sarrasins avaient trouvé le moyen de faire monter jusqu'à la forteresse le flot clair du torrent ; car c'étaient des Sarrasins, c'était le diable qui se tenait perché là-haut! On conte encore que d'autres hardis compagnons en font leur repaire. Dans la tour d'Olbier, on trouverait les ballots des contrebandiers. Aussi la douane veille, —

de loin et d'en bas. Au sortir du défilé est un poste ; au-devant un banc de pierre. C'est là qu'il faut demander de s'asseoir, quand on n'a point une mine de contrebande. Les yeux, courant tout droit à l'échancrure que la vallée forme entre deux monts, s'arrêtent à une ligne d'aiguilles blanches, flanquée d'une tour, à gauche ; une autre énorme pyramide monte sur la droite ; au milieu se creuse un large vallonnement rempli de neige : c'est la masse du Montcalm, avec la Pointe d'Argent, son plus haut contrefort, et la Pique d'Estats, sa couronne. Etrange pays : là-bas cette immensité des neiges ; ici un myrte croît au pied de la maison des douaniers.

Les blancheurs du grand mont (3,080 mètres) se détachent en vigueur sur ce fond d'orage ; le ciel, d'un noir d'encre, repousse l'immense névé ; les douaniers nous assurent que de toute l'année ils n'ont pas aussi bien vu le Montcalm. Quant à nous, il semble que notre excursion de ce côté soit arrivée à son terme ; ce n'est pas par le col d'Estats que nous voulons aller en Andorre. Pourtant, il n'est encore que trois heures ; il n'y a plus de route, mais nous avons laissé notre équipage à Auzat, et, libres de nos mouvements, il ne nous paraît pas impossible d'explorer du moins la vallée jusqu'à la rencontre de l'Oriège et du torrent de Bassiès, qui descend à l'ouest de la montagne de ce nom. Aussi bien, les *Guides* que l'on trouve dans toutes les mains, nous ont parlé, comme à tout le monde, de la cascade de Bassiès, l'une des plus belles des Pyrénées. Donc, en avant !

Tout près de la cabane des douaniers, une curiosité nous attend ; c'est un gouffre qui rappelle le trou de Bounéou, près de Bagnères-de-Luchon, à l'entrée de la vallée du Lis. Ici, la cascade n'a pas vingt pieds de haut et pas plus de largeur ; mais la nappe de cristal roule avec une grâce si puissante entre les rochers qui l'enserrent, que le spectacle vaut la peine d'être regardé longuement. Le chemin, aussitôt après, s'engage entre le torrent et des pentes vertes ; on ne découvre plus que le centre du massif neigeux du Montcalm. C'en est fini bientôt des aspects riants et sublimes ; nous cheminons sur la rive droite de l'Oriège, dans un champ d'éboulis. La moitié de la montagne s'est écroulée ; l'arrachement vacille au-dessus de nos têtes ; les blocs rougeâtres ont roulé dans le lit du torrent, qui s'y brise à grand fracas. Aucun autre bruit, pas un être vivant, si ce n'est une vipère qui de temps en temps traverse le chemin. Ce lieu est vraiment un désert. Même silence morne qu'au sommet des monts.

La vallée brusquement s'infléchit à droite, ce qui nous rend la vue du Montcalm. Une cascade maigre roule du même côté de plus de cent mètres de hauteur. Elle doit être assez belle au printemps ; mais enfin ce n'est point ce filet d'eau que l'on a pu comparer à la grande chute de Gavarnie !

Toutes les hauteurs de la rive gauche sont couronnées de rares sapins ; la seule beauté du site sauvage est décidément dans le panorama du Montcalm, dont nous nous sommes beaucoup rapprochés. Nous voyons la base nue de la pointe d'Argent, puis un premier banc de neige, au-dessus duquel la pyramide s'élance ; la tête du mont porte un diadème étincelant. A gauche, les aiguilles se succèdent, dominant l'immense vallonnement qui creuse le massif ; dans la mer de neige, nous distinguons très bien de longues fissures bleuâtres. Des sillons blancs montent au flanc de la Pique d'Estats ; la cime est en fourche, aux deux pointes neigeuses.

Le tableau nous paraît plus complet du point où nous sommes arrivés que deux heures auparavant, de la cabane des douaniers. Le même fond sombre rejette en avant les reliefs des crêtes et la lumière des neiges ; mais des nuées s'élèvent, et piquent le ciel noir de taches rougeâtres ; l'orage éclatera au-dessus du mont.

Pourtant nous nous sommes promis de chercher et de trouver la cascade. On l'appelle la chute de Bassiès ; il faut donc que ce soit le torrent de ce nom qui l'épanche. Nous poussons jusqu'au confluent du Bassiès et de l'Oriège, nous traversons une gorge profonde; au débouché de ce vilain passage, nous revoyons en face la Pointe d'Argent, le mont au pied robuste, au front éclatant.

Mais de cascade point.

TOUR D'ILLIER

MURAILLES DE LORDAT

III

LA HAUTE VALLÉE DE L'ARIÈGE. — AX

De Vicdessos à Tarascon, retour par une belle nuit, sous la lune pleine. Les feux de la forge de Cabre illuminent le bocage couché au pied du mont de Rancié. Plus loin, les créneaux des tours de Miglos se découpent sur un fond de vapeurs lumineuses. Plus loin encore, le mont de Calamès nous annonce les approches de Tarascon, que nous laissons à notre gauche. Nous allons prendre un peu de repos à Ussat. Le lendemain, je m'éveille dans un des lieux les plus singuliers et les plus attachants des Pyrénées. C'est le seuil de la haute vallée de l'Ariège. D'un côté, des montagnes déchirées, trouées, brûlées. On dirait que la flamme les a léchées pendant des siècles. Le soleil est chaud, et ces parois infernales me renvoient des réverbérations cuisantes.

Pourtant, devant moi l'Ariège glisse doucement; c'est moins un torrent qu'une rivière; l'eau en est d'un vert d'émeraude; le courant est rapide, mais le flot paisible. Sur l'autre bord je vois des ombrages délicieux entourant les Thermes. Je descends de ma chambre et trouve devant l'hôtellerie un couvert de platanes. Je m'aventure sur le pont qui relie les deux rives; et, cette fois, me voilà bien placé entre le paradis et l'enfer. A gauche ces horribles monts pelés, percés comme des cribles, à droite le parc, puis des prairies coupées de peupliers. Naturellement, je vais au paradis. On ne peut souhaiter, dans tous ces monts, de promenade plus tranquille et plus fraiche. Cette petite station thermale a du charme. Une femme célèbre, trop célèbre, l'aima... Je suis presque tenté de ne point la nommer, de peur d'effrayer les maris timides, en faisant passer une poussière d'arsenic dans leurs rêves : c'était Madame Lafarge.

J'ai vu à Ussat de meilleures épouses que la séduisante empoisonneuse; une jeune matrone, surtout, a la vertu vraiment trop simple et trop familière, car elle allaitait son enfant à table d'hôte, entre le rôti et l'entremets. Je crois inutile d'ajouter que ce n'était pas une Parisienne. L'hôtellerie est propre et même confortable; mais les convives, aux repas, parlent un patois assez bruyant : ce sont des malades des villes voisines. L'hôtel annexé à l'établissement thermal reçoit des hôtes d'une qualité plus relevée; on y voit même de gros personnages et de très élégantes personnes : le hasard nous a fait descendre dans le plus modeste.

Lamartine, jadis, vint à Ussat. Les eaux ont ici de puissantes propriétés sédatives; elles sont efficaces entre toutes contre les plus respectables de tous les maux, puisque ce sont ceux que nos mères ont contractés souvent en nous donnant le jour. Les hôteliers, qui vantent leur pays, fourniraient volontiers une liste des grandes dames qui ont recouvré la santé chez eux; il y aurait peu de discrétion à la reproduire. Mais, à Ussat, on rencontre aussi des hommes. Un écrivain très distingué, M. Albert Réville, a dû visiter la petite station, car il a donné une description fidèle de la grotte de Lombrives, qui s'ouvre au-dessus de la rive gauche de l'Ariège. Cette caverne maudite appartient à l'histoire : ce qui est assez dire qu'il s'y passa de vilaines choses.

La grotte fut, au XIVe siècle, le dernier refuge de l'hérésie ; elle était devenue l'étrange palais pontifical d'un évêque Cathare. Un demi-siècle entier, un monde de proscrits et de misérables vécut sous l'ombre de ces voûtes, qui communiquent peut-être avec la grande cavité de Niaux, de l'autre côté de la montagne. Le chaînon tout entier est percé de ces grottes, et les derniers Albigeois en ont fortifié plus d'une. Dans celle-ci, les précautions parurent inutiles ; la nature avait fait l'ouvrage. Nous sommes allés au fond de Lombrives, sillonné de galeries conduisant à de nombreuses chambres où tout un peuple pouvait s'abriter ; mais, au XIVe siècle, on ne s'y aventurait point, à moins que ce ne fût pour défendre sa vie. Lombrives avait mauvais renom. La grotte contient encore un étang ; un torrent souterrain y passa, on marche sur des cailloux roulés. On disait dans le pays qu'elle était remplie d'ossements monstrueux, et c'était vrai. Les géologues modernes y ont relevé les débris d'animaux qui ne se rencontrent plus à cette latitude, des cerfs, des ours gigantesques, des bisons et des chacals. Mais, au temps où nous parlons, la cruauté de l'homme y ajouta un ossuaire humain ; des squelettes ont été trouvés encore revêtus de leurs chairs.

Le tribunal de l'Inquisition siégeant à Foix savait que des centaines d'hérétiques se cachaient dans ces cavernes et envoya des soldats pour purger celle de Lombrives. Ils y pénétrèrent d'abord sans difficulté. Ce que l'Inquisition ne savait point, c'est que la grotte avait deux étages. On ne parvient au deuxième qu'à l'aide de longues échelles ; il est élevé de plus de vingt mètres au-dessus des galeries inférieures, et défendu par un escarpement infranchissable. Arrivés au pied de ce retranchement naturel, les soldats furent accueillis par une effroyable grêle de pierres. Ils reculèrent, emportant leurs blessés. Il y a cinq lieues de ces montagnes à Foix : le tribunal fut avisé des difficultés de la situation. Il ne paraissait pas tout simple de déloger par la force ces désespérés de Lombrives; on pouvait les bloquer, mais peut-être avaient-ils des vivres. L'Inquisition trouva mieux, et, sur son ordre, on les mura.

Du moins, voilà la légende. On peut l'examiner de près et demander comment les réfugiés, étant en si grand nombre, ne tentèrent pas une sortie, tandis qu'on élevait ce mur féroce; on peut croire que beaucoup s'échappèrent par des chemins souterrains qu'ils avaient appris à connaître. Mais il y a ces ossements. Et puis toute envie de discussion cesse devant la terrible image que ce seul mot représente : *murés!*

Du pont d'Ussat, au-dessus de la paisible rivière, on aperçoit le trou de Lombrives, et, malgré soi, on éprouve encore un petit frémissement de l'âme et de la chair. Ils sont loin ces souvenirs de carnage...... Sont-ils si loin vraiment?... La férocité humaine est comme la paix de ce torrent de l'Ariège; pour réveiller l'une et démentir l'autre, il ne faut qu'un orage. Nous revenons sur le pont pour dire adieu à Ussat. En aval, on suit des yeux les méandres si pittoresques de la vallée que domine le sempiternel Soudours; en amont, la rivière continue d'accourir entre ses deux bords différents : les prairies à gauche, la longue croûte lézardée, à droite. La surface de ces hautes roches est d'un gris de cendre; par les larges fentes, on en voit le cœur d'un rouge de sang.

Nous avons repris une voiture. La route borde la rive gauche de l'Ariège; une première fois, nous mettons pied à terre pour aller examiner de plus près l'entrée des grottes fortifiées qui se succèdent, et qui portent un nom significatif : *Las Gleizos*, les églises. Des murs épais, percés de meurtrières, ont défendu l'accès de ces cavités, où furent versées tant de larmes, et dont les voûtes entendirent tant de prières inutiles. Plus d'un siècle durant, les malheureux hérétiques occupèrent pourtant cette vallée sans y être trop vivement inquiétés; à quelques lieues du siège de l'Inquisition, ils étaient encore les maîtres. Pour les forcer, une armée eût été nécessaire; il ne venait plus des Croisés du Nord;

RUINES DE LORDAT

les comtes de Foix servaient avec répugnance les rigueurs de l'orthodoxie triomphante. On attendit; la misère éclaircissait peu à peu les rangs de cette multitude, bientôt ils ne furent plus que quelques centaines, au lieu de milliers d'hommes, de femmes et d'enfants. Alors de petites troupes de soldats suffisaient à les réduire. L'Inquisition passa et faucha tout.

Maintenant, dans la vallée, sur la rive gauche du torrent, on ne découvre que de riants villages, des maisons de plaisance assises dans la verdure. A Aulos, l'Ariège reçoit l'Aston, descendant des monts d'Andorre. Au confluent, sur un mamelon qui le commande, le château de Judane, construit au dernier siècle par un maître de forges, si riche que les montagnards l'appelaient Roi. Au-dessus de Judane, la ruine de Château-Verdun. Sur la rive droite de l'Ariège, le village du même nom, qui a son petit établissement thermal. Deuxième halte : nous allons, sous un couvert d'arbres, voir rouler une gracieuse cascade.

Sur l'autre rive, toujours, la file des monts nus, aux tons de laves. Au bas, des grottes, des ravinements, de hideuses crevasses. Nous touchons au grand village de Las Cabannas (Les Cabannes), qui a, je crois, l'honneur d'être chef-lieu de canton. Au mur des maisons, exposés au midi, et abrités par de larges toits en auvent, croissent en espaliers des lauriers-roses, dont le pied plonge en pleine terre. Il n'y a donc point d'hiver rigoureux aux Cabannes, que l'on quitte pour descendre dans une conque assez profonde, aux bords rocheux; la vallée, aussitôt après, s'élargit. Entre les monts qui l'encadrent, s'enfoncent des gorges, dont le fond et les parois mêmes sont cultivés ; les croupes apparaissent également couvertes de grands blés mûrs, encore sur pied; des clochers d'ardoises s'éparpillent rigides au-dessus de ces flots d'or ; tout ici est d'une admirable richesse de couleur. Au bord du bassin, au-devant des monts, s'élèvent des mamelons isolés, recouverts de broussailles et d'herbe brune. L'un de ces mamelons porte l'immense ruine de Lordat.

Ce fut la maîtresse forteresse de la haute vallée; les débris couvrent la crête entière de ce coteau sombre. De la route, à l'aide d'une lorgnette, on peut distinguer une double enceinte: le donjon et plusieurs tours sont debout. Nous visiterons Lordat, mais en attaquant le rocher à revers, et en partant du village de Luzenac, que nous allons atteindre en vingt minutes. De là nous apercevons déjà, vers le nord-ouest, le Saint-Barthélemy (Pic de Tabe). Derrière la pointe de Lordat, tout le massif se dessine : des murailles grises, des plateaux couverts de pâturages rocheux, deux étages de monts vêtus de sapinières; tout le tableau, désormais, est d'une âpreté noire. Cependant, au deuxième plan, quelques pentes sont encore cultivées; le premier se forme des monticules qui se dressent maintenant jusqu'au milieu de la vallée. La route doit gravir celui que couronne le joli village d'Unac, où se voit un superbe morceau d'église. Mais

ÉGLISE D'UNAC

auparavant nous devons traverser l'Ariège sur un vieux pont au hameau de Luzenac, quittant la route d'Ax pour prendre celle de Quillan qui monte au col de Marmare.

J'ai dit un morceau d'église, parce que le monument d'Unac est inachevé. Et, d'abord, il n'a point de façade. A la vérité, il n'en avait pas besoin, l'église étant autrefois entourée des bâtiments d'un couvent hospitalier; mais les premières travées des trois nefs ont seules été construites, ainsi que l'abside et deux absidioles. La tour du clocher parait être d'une époque antérieure ; elle est carrée, massive, et montre des traces de crénelage ; ce fut un ouvrage de défense. Le soleil baisse, l'ombre des monts accourt, la tour robuste semble collée à leur flanc ; à peine reste-t-il assez de jour pour nous permettre d'examiner la décoration intérieure du sanctuaire ; nous l'avons heureusement revue au retour de notre excursion au pied du Saint-Barthélemy. La gloire de ce petit édifice d'Unac est la magnificence des piliers qui le soutiennent ; nous avons reproduit

CHAPITEAU DE L'ÉGLISE D'UNAC

par le crayon un de ces chapiteaux qui rappellent le corinthien par leur forme, mais qui respirent l'imitation orientale. On peut étudier ces feuilles de palmiers d'un dessin si large. L'église d'Unac est classée parmi les monuments historiques ; il faudrait craindre pour elle si elle ne l'était pas, et, puisqu'elle l'est, il faut trembler.

Aux dernières lueurs, nous regagnons Luzenac, où il s'agit de passer la nuit. Dans les vapeurs du soir, nous revoyons le fond de la vallée avec ses villages : Lassur, Urs, Vèbre, Albiès, plus loin les Cabannes, plus près la masse noire de Lordat. Avant d'arriver à l'auberge de Luzenac, on entend le bruit de l'Ariège. Le pont est pittoresque, l'auberge excellente, ce qui est toujours un piège. Il peut arriver, quand on est sans cesse un peu las, qu'on s'oublie dans le bien-être rustique de ces maisons grasses.

Nous quittons Luzenac dans l'après-midi du lendemain.

Le sentier, contournant le village, laisse à droite la route de Quillan, et gravit la pente d'un coteau; il est absolument et cruellement découvert; le soleil, glissant déjà vers l'ouest, nous crible

PORTE D'ENTRÉE DE LORDAT

de ses flèches les plus aiguës. Dans la poussière de feu qui enveloppe toute la vallée, nous revoyons les villages que nous regardions la veille dans la pénombre flottante du soir. Le hameau de Lordat est blotti sous les ruines; nous y arrivons cuits à point, heureux de trouver près de l'église l'ombrage d'un bouquet de grands ormes. Le cimetière est un nid de fraîcheur; sur une tombe s'élève une jolie croix de fer recroisettée, terminée en fleur de lys, avec une inscription en patois gravée dans le fer. Le mort était du village d'Axiat, qu'on prononce « Adciat ».

Sur la place, on bat le blé; les fléaux et les bras s'arrêtent, le vin circule. Il est tenu au frais sous un arbre, dans un grand vase fait du tronc creusé d'un jeune hêtre. La rude besogne que font ces braves gens par cette chaleur implacable! Pour nous, le moment critique arrive, il faut monter. Un sentier partant de l'extrémité du village grimpe à travers l'éboulement des ruines; les pierres roulent sous nos pieds, le terrible soleil nous aveugle. On assure dans le pays que Lordat fut longtemps un repaire de loups: ce doit être une figure, il s'agit des loups à deux pieds qui tinrent longtemps la forteresse. Les fauves à quatre pieds ont l'instinct trop sûr, pour chercher des abris si dérisoires contre la froidure des hivers et l'embrasement des étés.

Le corps fondu en eau et la gorge sèche, nous arrivons à la première enceinte. Elle est flanquée à gauche d'une tour carrée qui défendait l'accès; c'est vraiment le seuil de la forteresse. On le passe, et l'on voit au-dessus de sa tête un amas énorme de murailles éventrées, éboulées, d'ailleurs sans caractère, sauf une porte ogivale dans un reste de tour, mais aucune trace de construction ayant comporté même un commencement de véritable architecture. Cette porte, qui paraît être du XIVe siècle, est celle de la dernière enceinte ou de la forteresse proprement dite. L'amoncellement des débris est ici encore plus considérable. Les murs ont une hauteur presque colossale, et de larges pans tiennent encore debout; mais toujours point de forme, point de style; la situation du château de ce côté, à pic, au bord de l'escarpement, est seule frappante. Ces murs continuent la roche qui descend tout droit en coupe verticale à une profondeur de plus de 400 mètres. Là, se voit une sorte d'édifice, carré, sans ouverture, et dont la voûte en berceau est encore intacte, sauf un large trou qui permet de regarder dans le vide: ce singulier bâtiment, le plus vieux peut-être de tout ce gigantesque entassement de pierres, pourrait bien avoir été une citerne. Il n'était point mauvais de conserver précieusement l'eau du ciel, car on ne pouvait espérer de s'en procurer jamais d'autre.

Au demeurant, Lordat est un ramas effrayant de constructions militaires auxquelles il serait malaisé d'assigner un âge. Du x° au xiv° siècle, il y en a de toutes les époques, toutes élevées à grand'peine, avec des matériaux de rencontre. Il ne faut point chercher ici les belles murailles appareillées qui font du château de Montségur, élevé dans une position toute semblable de l'autre côté du Saint-Barthélemy, une des plus belles ruines militaires peut-être de toutes les Pyrénées. On sait que Lordat était bâti au x° siècle. A la fin du xi°, le comte Roger de Foix fit présent de la châtellenie et des paroisses voisines d'Unac et d'Axiat aux moines de Cluny, qui ne les gardèrent pas. Trente ans plus tard, Unac et Axiat appartenaient aux chanoines de Saint-Volusien de Foix, et les comtes avaient remis garnison dans leur forteresse. Quelques archéologues du pays pensent que les religieux de Cluny eurent le temps de reconstruire et d'achever l'église d'Unac, et sans doute celle d'Axiat, car les deux édifices semblent jumeaux. Nous allons monter à Axiat, blotti dans un repli frais et vert au pied du Saint-Barthélemy; laissant le château, nous estimons qu'il était décidément mieux fait pour des soldats que pour des moines. La vue, d'ailleurs, en est superbe : c'est la seule compensation que nous ayons trouvée dans une expédition si laborieuse. Toute la vallée de l'Ariège se déroule jusqu'à Ussat au nord, et Ax au midi; au sud-ouest court la ligne des hauts monts, dominée par le Montcalm; au couchant, malgré l'énorme distance, on distingue fort bien le pic d'Orle; à l'est enfin, les yeux se heurtent au massif du Saint-Barthelémy, nu, fendu, écroulé de toutes parts. La ruine aride de l'ouvrage humain qui nous sert en ce moment d'observatoire paraît singulièrement petite, en regard de cette désolation immense. Rien n'est plus terrible à voir que ces escarpements terminés en aiguilles rongées, ces pentes verticales où, sur un lit d'herbe jaune et comme morte, roulent les blocs de granit. Les deux rocs du Saint-Barthélemy et du Soularac (2,349 et 2,343 mètres) sont comme les vedettes mutilées de la chaine; l'Ariège les en isole.

Je n'oublierai jamais l'impression d'aise que me causa, pendant la descente de Lordat, le joli clocher d'Axiat avoisiné de grands arbres. Il y a des moments où un peu d'ombre paraît le premier des biens. Après avoir descendu, il faut remonter pourtant : Axiat est assis à mille mètres, mais l'espoir de la fraîcheur est là. Ne demandez pas si le clocher est roman, les moines de Cluny

ÉGLISE D'AXIAT

ne tenaient pas pour le style grec, qu'ils n'en recherchaient pas moins quelquefois. Je revois dans l'église les mêmes piliers imités du corinthien qu'à Unac, aussi largement et vigoureusement traités. L'édifice est minuscule : une seule nef, un transept avec trois absides. Axiat était devenu, comme je l'ai dit, un prieuré dépendant de Saint-Volusien de Foix. Un cloître a contenu les sépultures des religieux.

Axiat est un joli coin que l'horreur du Saint-Barthélemy surplombe. Du village, on peut monter directement au pic par l'effrayant ravin du Sauquet, dont les pentes roulent sans cesse des débris ; mais il vaut mieux attaquer le mont, comme nous le ferons peut-être, par le col de la Peyre, en montant de Montségur par l'autre versant.

J'ai décrit la montée d'Unac à Axiat, par une belle matinée; la descente est agréable. On reprend la route d'Ax, on retrouve l'Ariège. La vallée bientôt devient si étroite que le ruban du chemin, ne trouvant plus à se dérouler au bord du torrent, monte à l'assaut d'un mamelon et se laisse glisser dans un bassin qu'un amphithéâtre de monts couronne L'Ariège décrit deux coudes. On construit ici une voie ferrée qui gâtera le paysage ; c'est le progrès qui le veut. Il n'est pas étonnant que la nature soit l'ennemie de l'homme, puisque l'effort principal de l'intelligence humaine, c'est de violer ou d'outrager la nature.

Nous courons un bon train, les chevaux tout à coup s'agitent : nous recevons un vol de moustiques en plein visage. C'est par un vallon transversal que nous arrive cette plaie d'Egypte; il faut dissiper la nuée à grands coups de fouet. De l'autre côté de la route s'ouvre un autre val; une cascade descend d'une hauteur de onze ou douze cents mètres; la chute de Nagear doit être belle aux premiers jours de l'été. Sur le plateau s'élève « le hameau des Basques », Las Escues (Escuara). Près de là sont d'anciennes mines de fer, qu'une colonie de Basques aurait exploitées. Ces émigrants ne devaient point trouver dans les chaînes ariégeoises les chaudes couleurs et la gaité de leur pays de *Labour*.

Le fond de ce bassin que nous traversons est fait d'un sol rocheux et aride. Une bande de prairies suit le cours de l'Ariège. L'encadrement est plus que sévère ; ces crêtes qui se hérissent parfois d'aiguilles ont du style, mais aussi un caractère de tristesse morne. Rien de vivant que le torrent. A travers un rideau d'arbres qui couvre ses replis fréquents et toujours brusques, se montrent d'abord un clocher, puis des toits reluisant au soleil. Nous arrivons à la vieille station thermale fréquentée des Romains, et plus tard peuplée par les Croisés, qui rapportaient la lèpre de la sainte aventure. La ville d'Ax parait avoir beaucoup fait pour se rajeunir dans les temps nouveaux. La nature l'a aidée à se rendre coquette, en semant des gazonnements et des bois sur les monts qui l'enveloppent ; elle est située au confluent de trois rivières : l'Ariège, la Lauze et l'Oriège (qu'il ne faut pas confondre avec le torrent de Vicdessos portant le même nom) ; c'est une villette bien bâtie, et tenue avec une propreté rare ; ce n'en est pas moins un lieu noir.

On y entre, on suit une rue bordée de chalets et d'hôtels, on arrive à la belle promenade de Couloubret, sur laquelle se déploie la façade, en colonnade grecque, de l'établissement des Thermes, et qui est plantée d'énormes platanes ; tout cela est joli, pittoresque, et même harmonieux ; mais tout cela est trop encore plein d'ombre.

De quelque côté qu'on avance dans la ville close de toutes parts, les yeux se heurtent soit à des murailles herbeuses ou nues, soit à des rideaux de sapins couvrant les étages successifs des monts. Du pont jeté sur la Lauze, on regarde l'étroite vallée : des monticules surgissent au fond et la resserrent encore. Sur l'un de ces ouvrages avancés, véritable bastion naturel, s'élève un affreux édicule portant la Vierge adorée par quatre anges. De ce côté, les grands plis des sapinières se croisent sur les crêtes qui séparent les deux vals d'Ascou et d'Orlu, où coulent la Lauze et l'Oriège. Tout ce dernier plan du tableau est d'une mélancolie rigide.

J'éprouve l'impression que me cause toujours l'absence de grande lumière et d'air franchement libre ; on a beau aimer les montagnes, ce n'est pas impunément qu'on est né au bord de la plus vaste de toutes les plaines, la mer. J'erre dans Ax à l'aventure. La ville a quatre promenades, et s'est plu à se couvrir de grands ombrages, comme si elle avait eu besoin de ces voûtes flottantes. Au-dessus du parc du Teich, je vois un autre mamelon qui porte des ruines : c'est le Château Maou. Les Maures l'ont bâti, les

Espagnols l'ont pris. La petite cité d'Ax avait un autre ennemi dans le seigneur de la vallée d'Ascou, descendant des bâtards de Foix. Elle eut des institutions municipales, dont la dépouilla la tyrannie de Jeanne d'Albret, l'atroce reine, si plaisamment transfigurée par l'histoire. Auparavant, quand elle était attaquée, les soldats lépreux reprenaient peut-être leurs armes pour la dé-

AX — LE PIC DE BRASSEIL

fendre. Revenu au Couloubret, je retrouve la colonnade grecque parant les vieux Thermes, où Raymond-Roger de Foix fit creuser, en 1212, pour les débris des Croisés, ce fameux « bassin des ladres ». Le profit le plus clair des expéditions en Orient fut la lèpre. Le mal honteux devint si commun dans toute la France, qu'au commencement de ce XIIIe siècle, il y avait plus de deux mille léproseries dans le royaume.

Ax fut de bonne heure ville royale; elle en mit les signes dans ses armes : *d'azur, à une tour crénelée d'argent maçonnée de sable, sommée d'une autre tour d'argent surmontée d'une fleur de lys d'or, posée à dextre sur une terrasse d'argent en pointe, et un lion d'or rampant contre la tour*, à *senestre*. Les rois, pour prix de leur protection, saisirent une part des revenus des moulins municipaux. En 1587, Ax brûla. Ses murs s'écroulèrent, il fallut les rebâtir, et la pauvre ville incendiée demanda que la couronne lui fît remise de ce lourd tribut. Cette supplique ne venait pas à son heure : Henri III ne régnait plus qu'à grand'peine, et l'on n'avait jamais vu un roi si pauvre.

L'heure passe, mes yeux s'accoutument à ce cadre austère de la belle station, — car, après tout, elle est belle, — étranglée entre ces hauts monts noirs : le Saquet ou Tute de l'Ours au sud; le groupe des monts d'Orlu et le pic de Brasseil, au sud; au levant, le Tarbezou. Je crois saisir le caractère de ce pays vraiment très particulier ; la sensation de l'ombre éternelle ne me quitte point, et je me demande comment les bains d'Ax devinrent si fort à la mode, au siècle dernier, dont le goût était loin des aspects sévères. Le beau monde d'alors y venait pourtant en foule. Je vois arriver dans des cacolets, sur des mules, par le terrible chemin de montagne, ces poupées pensantes qui furent nos aïeules. Moulues et ravies, battant des mains, elles crurent avoir découvert la nature. Un grand docteur, qui s'appelait Pilhes, voulut leur plaire et créa le premier établissement *moderne :* ce fut celui du Couloubret. Depuis le commencement de notre siècle, à nous, plusieurs autres ont été fondés : les bains du Teich, du Breilh, le Modèle, etc. De nos jours, l'affluence des baigneurs est toujours considérable; les divers établissements thermaux fournissent déjà plus de cent vingt baignoires et songent à s'agrandir. La ville jouit d'un climat assez doux ; on attribue à la chaleur souterraine produite par les sources, l'activité de la végétation : les arbres fruitiers fleurissent ici deux fois l'an.

Ax est d'ailleurs un lieu tranquille : pas encore de casino; il y a des fêtes musicales au grand parc. Sur le Couloubret, voici une estrade rustique enguirlandée de fleurs et de drapeaux. Quant à moi, j'ai toujours pensé que l'autorité prendrait une mesure

AX — LA HAUTE VALLÉE DE L'ARIÈGE

décente en interdisant l'emploi du drapeau national aux industriels qui en font l'ornement des salles de danse et de concert et des baraques de foire. Mais, enfin, je constate que la ville d'Ax n'en est pas encore au kiosque chinois. Que le bon sens de sa municipalité le lui épargne !

Le matin, par un ciel clair, je retrouve à la petite ville le charme particulier d'harmonie sévère qui me gagnait déjà la veille. Je vais me poster en observation sur le pont qui franchit l'Ariège ; quelques écharpes de brume se balancent au-dessus des longues crêtes de sapins, qui se profilent au midi ; ce ne sont que les dernières vapeurs nocturnes. Le temps est favorable pour une excursion, ce qui, à Ax, n'est pas tout simple. Il y a peu d'ascensionnistes, par l'excellente raison que la plupart des baigneurs sont de vrais malades. Pour nous qui ne demandons point un attirail de mulets, mais seulement un guide, la chose est plus aisée. L'entreprise, d'ailleurs, est modeste : il s'agit de gagner la terrasse supérieure de la Tute de l'Ours, qui projette au sud vers la ville la principale des masses d'ombre qui la couvrent. Le chemin que nous suivons monte de ce côté directement tout d'abord, mais, bientôt, se redresse vers l'ouest. Nous allons lentement, bien que sans peine, au-dessous des crêtes qui hérissent le versant oriental de la vallée de Nageår. Une pointe assez prochaine domine l'entassement des monts : c'est le pic d'Espalliat (2,264 mètres). Nous traversons des taillis fort maigres, puis des pâturages semés de bouquets de sapins, et nous déjeunons sous la grande hêtrée, à Las Planes, au bord d'une source. La surprise, plus haut, c'est de rencontrer un marécage aérien. A quinze cents mètres commence un large plateau encadré de bois, coupé de flaques boueuses, hérissé d'îlots où croissent d'énormes joncs. Le lieu est sinistre, mais la vue en est si belle et si complète que nous écouterions volontiers le conseil du guide. (Il ne l'est pas de profession.) Le brave homme nous assure que nous ne verrons rien de plus et rien de mieux au sommet du mont.

A l'ouest, l'Espalliat présente un rempart aveugle; mais, au sud, nos yeux s'enfoncent dans des gorges affreusement tourmentées qui vont, rampant entre des escarpements nus, vers les hauts sommets de Lanoux. La vallée supérieure de l'Ariège monte dans la même direction. A l'orient, les monts d'Orlu, le Brasseil, le Tarbezou, dessinent un vaste demi-cercle de neige, jusqu'à la crête de Pailhère, au nord-est. Le guide a peut-être raison. Cependant une heure et demie d'effort nous suffira désormais pour atteindre le faîte du Saquet (Tute de l'Ours), et nous savons que l'ascension est aisée. Elle l'est même à ce point qu'elle n'a pas besoin d'être décrite. Il s'agit de franchir successivement quatre ressauts, ce qui serait à peine une fatigue sans l'ardeur incommode du soleil. Partis à sept heures du matin, nous mettons le pied sur le haut plateau de la Tute avant une heure.

Eh bien, le guide avait tort. Le spectacle ici est plus varié, surtout plus étendu. Le regard embrasse la vallée entière du Nagear; il se heurte également aux neiges d'Orlu et d'Ascou; mais, au nord, il court jusqu'au Soularac et au Saint-Barthélemy, dont la silhouette isolée se détache, sinistre, sur la grande nappe argentée du ciel ruisselant de la pleine lumière de midi.

A quatre heures, nous rentrons dans Ax. Nous allons visiter les Thermes. Le bel établissement du Couloubret possède ce promenoir en marbre dont j'ai parlé et qui n'est d'aucun usage. On aimerait qu'il servît de séchoir aux baigneurs; sous cette colonnade, enveloppés du peignoir blanc, ils figureraient assez bien les philosophes du vieux temps, errant sous le Portique. L'eau qui sort des conduits et glisse dans le torrent est encore si chaude que les pauvres du pays suspendent leurs marmites au-dessous de la bouche; les légumes y cuisent à point. On voudra bien remarquer que ceci est le conte du pays; je ne l'ai pas vérifié, je n'ai pas vu les marmites.

On fait bien d'autres récits fabuleux à Ax; ce pays noir est très gascon. A table d'hôte, on m'a montré une dame à laquelle il serait arrivé une abominable histoire. La pauvre jolie personne — elle est jolie — s'en allait alertement sous les platanes du Couloubret; il paraît qu'elle était coiffée, cejour-là, d'un frais chapeau orné de toute une jonchée de fleurs. Des hautes branches, tout à coup, quelque chose se détache et tombe en plein sur ce parterre; de là l'objet frétillant, ondulant, gagne le sol : c'était une couleuvre. La malheureuse femme entre en pâmoison; il y avait bien de quoi. On assure que ces reptiles, très abondants, se tiennent dans les fissures d'une paroi rocheuse qui forme le fond de la promenade, et quittent leurs abris par les jours torrides; quand le soleil chauffe la pierre, ils viennent se rafraîchir dans ces feuillages. La promenade en aurait pris son nom : le *Couloubret*, lieu des couleuvres.

A cette même table d'hôte, une partie se noue pour le lendemain. On ira déjeuner sur le bord de la Lauze, au delà du pont d'Ascou, près duquel s'ouvrent les trois routes de la célèbre vallée de Rebenty, du mont Tarbezou et du Brasseil. Jusqu'à ce point, le chemin est carrossable; seulement les véhicules ne sont pas ici très communs; et les objets rares — roulants ou non — ne sont jamais à bas prix. On part dans deux voitures, une vieille calèche et une diligence réformée; le début de l'expédition est gai comme une mascarade. Le chemin, très élevé au-dessus du torrent, court sur la rive gauche en face de la sombre muraille de sapins qui couronne l'arête aiguë séparant les deux vallées d'Orlu et d'Ascou. Nous montons encore, et de l'impériale de la vénérable diligence où je suis juché, je revois d'abord le fond verdoyant de l'entonnoir d'Ax, la petite ville, ses bocages et son clocher, puis toute la vallée de l'Ariège vers Lordat et Ussat, et le rempart déchiqueté du Saint-Barthélemy. Nous dépassons le village d'Ascou, nous arrivons au pont. Là cesse la route carrossable, à 1,100 mètres environ. D'anciennes forges tombent en ruines. De l'autre côté du pont, sur la rive droite, serpente un val, très sinueux, avec de jolis fonds de prairies. C'est dans un de ces petits bassins, sur un tapis d'herbe grasse, que le déjeuner sera servi.

Quelques personnes s'avancent avec moi dans le chemin muletier; nous joignons le confluent d'un torrent fort tapageur et de la Lauze. Le Riou-Caou se précipite dans une ravine profonde, qui n'est que le débouché d'une gorge montant vers le col de Pradel. Sur l'autre versant, commence le Rébenty. La vallée de la Lauze, que nous ne quittons point, se resserre brusquement : une autre gorge tapissée de sapins s'enfonce à droite, une muraille apparaît entre les plis du rideau : c'est la base du Brasseil. Nous atteignons ce plateau herbeux où sont des granges. Au delà d'un nouveau pont, se creuse une conque verte sous des hêtres; une crête la domine : c'est la première escalade à tenter pour arriver au sommet du Taubezou. Nous sommes à près de 1,400 mètres.

Trois jours auparavant, nous éprouvions un sentiment de tristesse en entrant dans Ax; nous le quittons à regret le lendemain. Partant de l'hôtel placé à l'angle de la promenade du Couloubret — c'est le meilleur de la ville — nous traversons l'Oriège sur le pont jeté entre l'église et les Thermes; suivant la rue qui court à gauche, nous allons passer devant les bains du Breilh. Ainsi nous contournons le contrefort en forme d'équerre qui se dresse entre les deux vallées de l'Ariège et de l'Oriège, au bord duquel nous laissons l'établissement du Teich entouré de son parc et dominé par les ruines du Château Maou. Ce petit torrent d'Oriège que nous franchissons a une existence rapide et orageuse. Sorti de l'étang de Baxouillade, au pied des pics de la Camisette et du Roch du Camp-Ras, il roule dans une longue gorge boisée que dominent le Brasseil et les monts d'Orlu; nous le voyons accourir du bourg d'Orgeix, qu'il baigne au sud-est, toujours encaissé profondément et couvert de sa chevelure sombre de sapins. La route a été ouverte dans le roc, et de la brèche nous montons à l'étroit plateau qui couronne l'arête entre les deux vallées; à peine mesure-t-il cent mètres de largeur. Désormais nous suivons la rive droite de l'Ariège.

Le grand torrent bondit avec des grondements furieux dans une fissure; la route, en descendant, contourne des roches perpendiculaires à gauche; à droite, la vue ne trouve à se reposer que sur d'horribles dévalements, d'une couleur menaçante, d'un rouge de sang, et que les eaux ravinent un peu plus profondément chaque hiver. Deci delà, quelques hameaux assis sur les points solides et que ces masses d'eau. roulant de toutes parts quand fondent les neiges, doivent alors changer en îlots. Le fond de ce tableau sinistre est formé par le mont Savis (1,957 mètres), dont la base est couverte d'une sapinière. Les files de sapins descendent jusqu'au fond de la gorge, où la route s'est engagée; la place manque, il a fallu creuser de nouveau le passage dans la roche. Le site devient à chaque pas plus sauvage. Cette base du Savis est entièrement minée et déchirée. Un autre pont traverse l'Ariège. Comment ne serait-il pas pittoresque? L'écroulement l'environne: un chaos de blocs effrités d'où l'on sort pour franchir encore une fois le torrent. Nous touchons au grand village de Merens, assis à près de 1,100 mètres au pied de ces monts lugubres.

Merens, pourtant, est animé. Dans la haute vallée, on exploite des mines de fer. Les minerais sont amenés sur une sorte de railway, qui a l'inconvénient de rendre la route tout simplement impraticable, quelquefois dangereuse. En entrant dans le village, nous rencontrons un cortège menaçant : c'est la *justice*. Le commissaire de police d'Ax, flanqué d'un médecin, vient rechercher les causes d'un accident récent qui a causé mort d'homme. L'accident pourrait bien se renouveler à la barbe du commissaire, et se comprend tout de suite quand on voit descendre avec une rapidité furieuse ces wagons lourdement chargés, entraînés par leur poids, qui brisent sûrement tout ce qu'ils rencontrent... à moins qu'ils ne déraillent et ne culbutent. La route est livrée à un intérêt particulier, qui ne s'embarrasse guère de la sécurité publique. Les mines appartiennent à une Compagnie puissante, que préside un sénateur. Saluons, et ne plaignons point les gens broyés.

La route, couverte de poussière rouge, monte par d'interminables lacets sur des pentes cruellement nues, bordées de montagnes grises uniformes. Les crêtes du fond, qui sont celles des monts d'Andorre, forment pourtant un décor assez nouveau. Deux chemins de mulets s'élèvent à gauche, vers le sud-est, et conduisent à une région d'étangs creusés entre 1,800 et 2,400 mètres au flanc du Lanoux. Du même côté, nous laissons la route qui conduit à Bourg-Madame par le col de Puymorens et la vallée de Carols. Nous traversons le village de Saillens, puis le torrent de Bésines, dont la cascade n'est plus qu'un filet en cette saison. Nous sommes à Lhospitalet.

Pauvre village, le plus pauvre de toute la région. Des ruelles sordides, une église nue, des masures; pas un arbre; à peine quelques coins de prairies au bord de l'Ariège, qui n'est plus ici qu'un ruisseau. Rien de plus morne; la seule note vivante est donnée par une cascade descendant de la roche grise. Le cadre de toute cette misère est menaçant : des cimes déchirées, de longues parois rocheuses en décomposition; l'éboulement, la ruine.

Eh bien! dans un lieu si déshérité, l'auberge, dont l'aspect décourage, vaut mieux pourtant que sa mine. On y trouve un gite assez propre, et un fort honnête diner.

C'est de Lhospitalet que nous partirons demain pour l'Andorre.

LA VALLÉE D'ANDORRE

CARTE DE LA VALLÉE D'ANDORRE

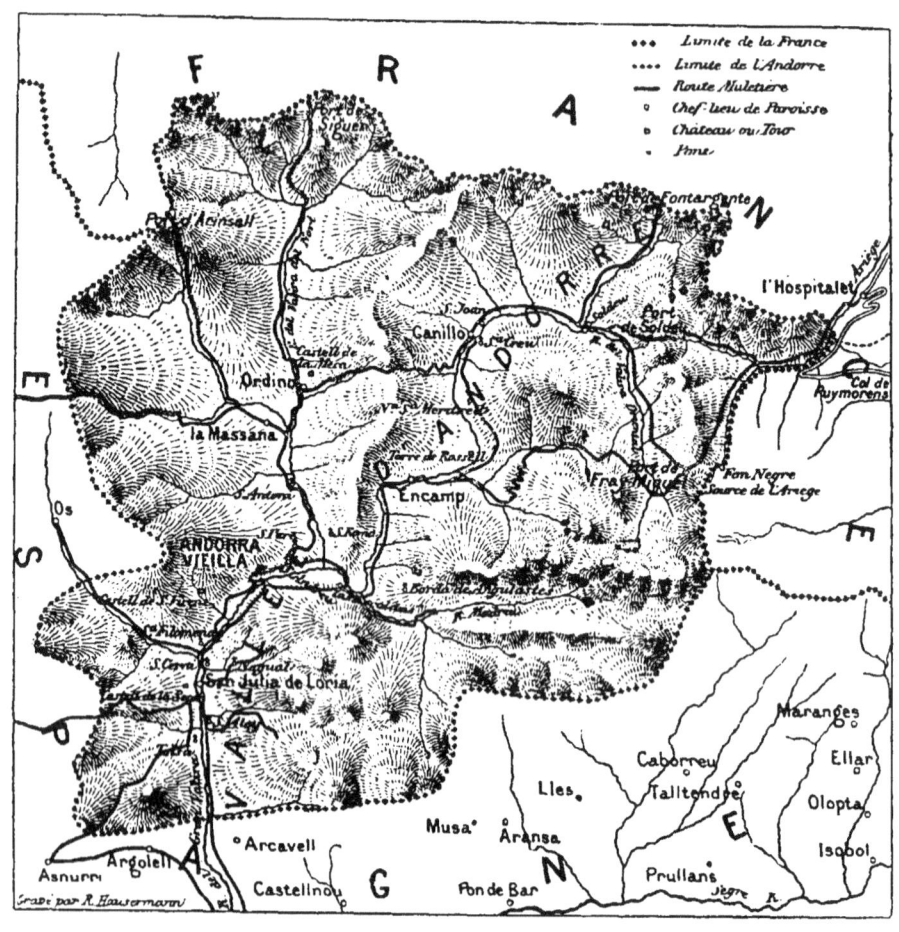

LE PORT DE FRAY-MIQUEL

LA VALLÉE D'ANDORRE

Aller en Andorre, ce n'est pas tout simple. On nous adresse un homme qui s'excuse : il ne peut pas nous accompagner... mais son fils le pourrait. Trois chevaux nous sont nécessaires, il n'en a que deux... mais on emprunterait le troisième. Nous faisons marché avec ce compagnon subtil : vingt francs par cheval et par jour ; dix francs pour le guide. Il y a un témoin : c'est le commissaire de police d'Ax, que l'information judiciaire, poursuivie le jour précédent aux mines, a conduit jusqu'à l'Hospitalet. Le départ est fixé au lendemain matin.

A huit heures sonnant, le père et le fils sont là. A la bonne heure ! voilà des montagnards fidèles à leur parole. Eh bien ! point, — nos hommes arrivent précisément pour nous déclarer qu'il n'y a rien de fait... Par bonheur, le commissaire intervient. A la voix de l'autorité, tout s'arrange... Nous allons donc nous mettre en route.

Ah ! bien oui ! Voici que le cheval qu'on devait emprunter a disparu... On nous montre l'endroit où l'on vient d'aller le chercher sur la montagne; on a été bien étonné de ne l'y point trouver. « Ce n'est qu'un petit retard ; on nous supplie de prendre patience. » Nous sommes très patients, mais ne soupçonnons guère combien nous sommes candides... Au bout d'une heure, nos hommes reviennent ; ils ont changé de ton... C'est que le commissaire est parti.

On nous conduira en Andorre, mais point pour le prix convenu. On veut le double, peut-être le triple ; ces deux fourbes ne s'expliquent pas. Et nous, alors, de nous fâcher. C'est une scène très comique : l'idée nous est venue de nous faire passer pour des gens de loi. Mon compagnon se met à citer gravement des arrêts rendus en pareil cas, contre des montagnards de mauvaise foi; moi à supputer les dommages-intérêts que nous ne pouvons pas manquer d'obtenir. Nos deux compères baissent pavillon. Ils demandent à transiger : nous y consentons, parce que nous sommes bons princes, il y aura vingt francs de pourboire. C'est dit. On ne va point chercher le cheval égaré sur la montagne ; mais on en trouve un autre dans l'écurie la plus voisine, et l'on part.

Nous traversons l'unique rue de l'Hospitalet et franchissons l'Ariège sur un pont de bois, à cent mètres environ au-dessus du bourg. Le sentier monte bientôt en lacets sur la Soulane, — la Solana, en Andorre.— De l'autre côté de la vallée, on découvre la belle route du col de Puymoreins qui conduit à Bourg-Madame ; le col, de ce côté de la chaîne, est le point de faîte des deux versants de l'Océan et de la Méditerranée. La Solana se prolonge de l'est à l'ouest, occupant ainsi le versant méridional des monts, dont le versant nord est français; elle est tout entière aux Andorrans. Mais ici la limite est plus nettement tracée par le ruisseau de la Palomère. En avant de ce torrentelet, campèrent, il y a quelques années, les troupes françaises envoyées pour réprimer une révolution en ce singulier petit pays qui est le maître chez lui quelquefois, mais qui n'a point de « souveraineté extérieure », pour parler comme les diplomates.

Les lacets continuent sur la margelle de précipices dangereux, à travers des éboulis qui souvent coupent le sentier ; les chevaux se dirigent comme ils peuvent entre ces énormes débris. L'Ariège coule toujours à nos pieds, désormais en minces filets d'eau. N'ayant point cessé de suivre sa rive gauche, depuis que nous avons franchi le ruisseau de Palomère, nous sommes donc bien en Andorre. Les versants se couvrent de pâturages assez maigres ; pas d'autre végétation, pas un arbuste. A droite, nous laissons le sentier qui monte au port de Soldeu. C'est le chemin le plus court pour pénétrer au cœur de la « république » ; mais pour peu qu'on ait du loisir, la brèche qui s'ouvre au port de Fray-Miquel est meilleure ; elle permet de voir les sources de l'Ariège.

Du port que nous venons péniblement d'atteindre (2,500 mètres), on embrasse d'abord la vallée de l'Ariège ; on en suit le mouvement jusqu'aux montagnes de Foix. Plus près, les yeux ne s'attachent d'un côté qu'à des cimes grises et nues. La muraille dans laquelle se creuse le col se relie aux roches de Porteille, qui le dominent de cent mètres seulement. Elles dessinent une sorte de petit cirque, profondément encaissé ; nous distinguons à peine, au fond de l'entonnoir, la lueur de l'étang de Fontnègre, d'où sort l'Ariège. De l'autre côté, la vue est bien différente sur la haute vallée du Valira oriental, l'une des branches de la rivière nationale Andorrane, que nous appelons, nous, l'Embalire ; les sources du torrent glissent du faite des monts sur de grandes pentes vertes ; plus haut, les cimes, toujours dénudées, se succèdent : le Puig du Valira, la Portella, le Puig de la Néras, etc. — Les pics ici sont des *Puigs*.

Le soleil, déjà caché derrière la chaîne, dore les dentelures de cette crête superbe. Nous allons descendre ; ce n'est pas une opération aimable. La descente est si rapide que, nous sentons les pieds des chevaux entraînés sur la pente. Un nouveau changement nous distrait heureusement du péril qu'offre ce vilain passage : — les sapinières paraissent, le pied des monts en est couvert ; sur des prairies en glissoire nous voyons parqués de grands troupeaux de moutons. La vallée s'infléchit à gauche, au point précisément où vient aboutir le chemin qui conduit au col de Soldeu. La nuit arrive. Encore quelques centaines de pas, et nous rencontrons un ramas de masures : c'est le village de Soldeu et sous les dernières clartés du crépuscule, le guide nous dirige vers l'hôtellerie. Qu'on imagine une cour en contre-bas ; à gauche le logis. Une salle de moyenne grandeur, qui ne prend jour que par une porte ouvrant sur une galerie de bois ; à l'autre extrémité, une cheminée enfumée ; des murs jadis blanchis à la chaux, mais qui n'ont pas été recrépis depuis vingt ans ; un plancher sordide et vermoulu. Toutes les maisons de l'Andorre ressemblent à celle-là : point d'ouverture ; mais toujours cette galerie où l'on va respirer quand le cœur manque, et d'où l'on découvre le panorama des monts.

Nous demandons à dîner ; en un moment la table est prête. sur le torchon qui sert de nappe, au lieu de verres à boire, une sorte de cruche à long bec pointu ; une pour nous deux, remplie d'un vin qui sent la peau de bouc. Il faut prendre par l'anse ce vase étrange, renverser la tête en arrière et recevoir dans la bouche le liquide qui coule en filet. La mode, en Andorre, c'est de tenir la cruche le plus loin possible, afin de recevoir le vin de plus haut.

On apporte une mixture dans une grande assiette creuse égueulée : la couleur du chocolat, l'odeur de l'huile rance. Quelques ronds de pain nagent dans ce liquide infect : c'est la soupe. Le premier plat succède : c'est une omelette ; le jambon mêlé aux œufs est plus rance que l'huile. L'hôtelier de Foix, heureusement, sachant bien ce qui nous attendait en Andorre, a eu la bonne grâce de nous envoyer un pâté. Que cet honnête homme soit béni ! C'est le salut que ce pâté ! Un homme accroupi dans le fond de la salle se lève curieusement et vient voir ce que peut bien renfermer cette boîte de fer-blanc dans laquelle il nous voit pêcher avec un plaisir si évident, du bout de la fourchette. — La force de la vérité m'oblige à dire qu'on nous a donné des fourchettes, — de fer naturellement. Quant à l'homme, il porte le costume catalan : les culottes courtes, le gilet court, agrémenté d'une ceinture violette, dans les plis de laquelle repose un coutelas qui d'un coup nous trancherait un membre. — Je lui dis : « En voulez-vous, l'ami ? » Il s'éloigne en grommelant. Le guide, assis au bout de la table, nous avertit : « Ne plaisantez jamais avec ces gens-là ! »

Après le dîner, nous allons sous la galerie. La nuit est tiède et fort noire. D'abord, nous n'entendons que le vent dans la sapinière et le bruit des chutes du Valira; puis, du village, des voix s'élevant en chœur : c'est une mélodie très lente, assez mélancolique, point sans caractère. On dirait une sorte de composition dramatique : un soliste chante un long récitatif, le chœur répond. Notre guide, interrogé, déclare ne pas comprendre les paroles de ce chant ; ce n'est pas du catalan. — La soirée s'avance : on conduit mon compagnon dans une chambre qui contient six lits : deux sont occupés, l'un par le guide, l'autre par le sombre gaillard au coutelas. Je suis plus favorisé, on me donne une chambre pour moi seul : le lit, une table boiteuse, une chaise de paille au siège crevé ; au mur souillé par les mouches, quelques images de sainteté venues d'Epinal en Andorre ; une croisée qui ne mesure pas vingt centimètres carrés ; point de plancher, de la terre battue ; au-dessous de ce semblant de fenêtre, une flaque d'eau. — Des gens si bien couchés s'éveillent avec l'aube ; le matin, nous sommes debout à cinq heures. — Nous passons devant l'église ; on y dit la messe. — Les femmes, en capulet noir, le capuchon relevé sur leur tête, se tiennent auprès du chœur ; les hommes demeurent sous le porche, leur béret plat à la main. Mêmes culottes courtes, mêmes ceintures de couleur, même coutelas que notre curieux de la veille. Ces gens-là nous trouvent une drôle de mine; nous les faisons rire aux larmes.

La vallée, que nous avions très mal vue, le soir précédent, est des plus sombres: à gauche une crête tapissée de sapins, à droite une muraille nue; au fond, le torrent. Le chemin n'est pas même tracé. La muraille s'ouvre pour livrer passage à un ruisseau furieux qui descend d'un vallon latéral formant une très belle

CANILLO

cascade. La double ceinture va toujours se resserrant. Sur une roche à pic est assise la chapelle de Canillo, édifice roman, à l'abside ronde, surmonté d'un clocher carré à trois étages. Point de façade; une grille de fer en tient lieu. Nous demandons la clef: le curé est à la chasse. Il n'y a pas de sacristain. Nous voilà donc bien forcés d'examiner à travers la grille l'intérieur de l'église, qui est entièrement peint et surchargé de dorures : c'est la mode espagnole. Nous distinguons un rétable doré avec une niche en son milieu, contenant une figure de saint, également tout reluisant d'or. Un peu au delà est le village, au pied de

SAN JULIÁ DE LORIA

grandes roches grises effritées. Du moutonnement des toits, une petite tour carrée toute blanche s'élance au-dessus des maisons noires ; c'est celle de l'église paroissiale. Le village est très pauvre, et ce qui achève de déranger l'opéra comique et la légende de la République pastorale, c'est qu'une nuée d'enfants s'abat autour de nos chevaux, tendant la main. On demande l'aumône en Andorre.

Canillo, cependant, est une des six paroisses : Canillo, Andorra-Vieilla, Encamp, la Massana, Ordino, San Julia. Le montagnard qui est allé de la Seca à la Meca, c'est-à-dire d'une vieille tour sarrasine plantée au-dessus du grand Valira, près de la frontière espagnole, à une autre tour de même origine qui domine le village d'Ordino, — celui-là passe pour un explorateur : il a parcouru le Monde Andorran, long de vingt-sept kilomètres, large de vingt-neuf, peuplé de six mille âmes. La constitution qui régit l'Andorre étonne tous les gens sans réflexion qui en entendent parler ; et, comme c'est le plus grand nombre, il y a beaucoup d'étonnements. L'Andorre continue d'obéir au droit féodal, et voilà tout. Ces paroisses qui s'administrent elles-mêmes et nomment un conseil général et un syndic, premier magistrat, ces paroisses n'ont point de maître ; mais elles ont deux suzerains : le gouvernement français représentant le comte de Foix, l'ancien seigneur du Nord, et l'évêque d'Urgel, seigneur du Midi ; rien de si simple.

Les premiers souverains de l'Andorre sont les comtes d'Urgel en Catalogne, relevant eux-mêmes des rois d'Aragon. Ils aliénèrent au profit de l'évêque de la Seu d'Urgel, une partie de leurs droits. Tous ceux qu'ils avaient conservés passent, au XIIIe siècle, par héritage aux vicomtes de Castelbò, dont l'unique héritière, Ermessande, épouse Roger-Bernard III, comte de Foix. Et voilà les procès et la guerre même allumés entre ces comtes de Foix et ces évêques. Une sentence arbitrale intervient en 1278 : c'est encore aujourd'hui, après six siècles passés, l'unique règle du droit public des vallées. Le « paréage » en fut la base : la seigneurie d'Andorre demeurait indivise entre les comtes et les évêques ; chaque seigneur nommait un viguier; ces deux délégués rendaient en commun la haute justice ; si l'un des deux était absent, l'autre agissait seul. L'Andorre devait payer tribut aux deux suzerains : elle paie aujourd'hui, tous les ans, 900 francs à la France, 460 à l'évêque de la Seu. Mais la face des choses a changé : le comté de Foix, passé aux Bourbons, a été réuni à la couronne par l'avènement de Henri IV ; les droits des comtes sur l'Andorre appartiennent au chef de l'Etat français. « La mitre d'Urgel », au contraire, exerce directement les siens. L'Espagne prétend bien encore à quelque chose, en tout cela, comme représentant l'ancienne suzeraineté des rois d'Aragon. Le gouvernement espagnol attribue au gouverneur militaire de la Seu le titre de vice-roi de l'Andorre. C'est nominal, mais flatteur.

Le viguier que nous choisissons à cette heure, nous autres suzerains français, peut être Flammand ou Bourguignon ; le viguier de l'évêque doit être Andorran : celui-ci n'est nommé que pour trois ans ; les pouvoirs du nôtre durent tant qu'il n'a pas cessé de plaire. Les fonctions de ces deux délégués sont surtout judiciaires. Comme autrefois, ils ont toujours « la haute justice » ; chacun d'eux nomme un bailli qui préside à la basse : c'est le juge dit « de première instance ». Le conseil général de l'Andorre se réserve certaines affaires ; il est composé des consul *mayor* et consul *menor* de chaque paroisse, de deux délégués de chaque paroisse aussi, désignés par les *caps de Casa*, chefs de famille, ce qui fait vingt-quatre membres, et il nomme un syndic procureur général qui est son bras exécutif. L'adulation se glisse partout : ce chef de l'exécutif d'Andorre est quelquefois dénommé comme celui de France ; on lui donne du « Monsieur le président de la République ». Peste ! Quels galons !

Et maintenant reprenons le récit de notre rapide voyage.

A Canillo, nous sommes au niveau du Valira oriental. Un pont de bois, fait d'un tronc de sapin, franchit le torrent ; voilà qui est bon pour les piétons ; les cavaliers heureusement trouvent un gué. Le Valira s'enfonce entre deux énormes murailles verticales dont il faut escalader la crête... Les chevaux du pays sont grimpeurs par grâce d'état. Le chemin est pénible et rebutant. Point de vue ; sur chacune des deux rives des entassements de roches noires,

ENCAMP. — LA TORRE DE ROSSELL

ne laissant entre elles que des fissures par lesquelles on aperçoit à droite et à gauche quelques filons de cultures maigres. Au bord du sentier, une petite chapelle. L'Andorran est dévot : tous les cent ou cent cinquante pas, nous rencontrons un édicule consacré ; quelques-uns sont très vieux : ce sont de petites piles maçonnées, portant à leur faîte une image de la Vierge ou une croix de fer fichée. Le fer est abondant en Andorre ; l'extraction du minerai est facile; le territoire ne compte pourtant en tout que quatre forges. L'Andorran n'aime point l'industrie, il n'est que pasteur et chasseur. N'écoutez pas les Espagnols! ils vous diraient méchamment qu'il est surtout contrebandier.

Dix heures. Le soleil brûle, des touffes de buis croissent au flanc des roches disloquées; des blocs entiers tremblent sur leurs bases. De leurs interstices s'élancent des agavis et de grands cactus dont les pointes viennent piquer nos chevaux au passage ; dans les buis, un fourmillement de vipères. En aucune partie des Pyrénées nous n'avons rencontré d'aridité plus sinistre. Tout à coup, le sentier dessine un coude très brusque ; un moment après, le tableau a changé : c'est maintenant toute la vallée moyenne du Valira qui fuit sous nos yeux. Au premier plan, le torrent glissant dans la croûte de pierre qui forme son lit; au-dessus des deux rives, les hauteurs se tapissant de verdure ; au fond, trois étages de monts qui se déploient en grandes lignes sévères. Voilà donc la véritable Andorre. Au milieu de la vallée, sur un monticule que le Valira contourne, une ruine militaire. C'est la *Torre de Rossell*, construite par les vicomtes de Castelbò. Au pied de la tour, qui garde encore sa ceinture de mâchicoulis, est assis le village d'Encamp, ombragé par un rideau de peupliers d'où sort le clocher carré de son église.

Encamp est pauvre comme toutes les autres paroisses Andorrannes : des ruelles tortueuses sur lesquelles le premier étage des masures s'avance, si près du sol que nous sommes obligés de nous coucher sur nos selles pour ne point nous briser la tête à ces singuliers auvents. Sur les portes, les habitants nous regardent avec une curiosité muette, pas trop rassurante. Enfin nous sortons du village et traversons le Valira. L'église est campée sur l'autre bord du torrent ; nous revoyons de plus près son long clocher roman percé de cinq étages de croisées. L'ombrage des peupliers que nous laissons derrière nous peut bien nous causer quelque regret; car voici que nous entrons dans une nouvelle

LA VALLÉE DU GRAN VALIRA, VUE DES ESCALDAS

gorge, un couloir dans un entassement d'énormes débris; seulement ces ruines n'ont plus le même aspect lugubre que celles du mont voisin; ici, c'est tout un quartier, toute une montagne de marbre blanc qui s'est effondrée. La réverbération de ce soleil ardent sur ces blancheurs crues nous aveugle.

LE CLOCHER D'ENCAMP

Mais l'Andorre méritait bien de prendre place dans l'opéra : c'est le pays des changements à vue. Une large échancrure s'ouvre soudainement dans le rempart du mont, et voici que la terre promise décidément nous apparait. Des arbres, des bocages; c'est la Basse Vallée. Par exemple, la descente est encore effrayante ; il semble que le lit de roches s'affaisse sous nos pieds; nous glissons avec lui. Les chevaux sont emportés sur cette pente folle, les cavaliers sentent venir le vertige. Je crois pourtant que nous aurions consenti à arriver la tête en bas dans ce bassin vert.

Au milieu d'une plaine ronde, opulente et très fraîche, les deux Valira se joignent : le Valira oriental que nous avons suivi depuis la frontière, et le Valira del Nort, sorti des flancs du Puig de Fangassés, voisin du pic du Port de Siguer, dans le haut comté de Foix, qui descend par Ordino et la Massana. Au delà du confluent, sur un mamelon verdoyant, voici Andorra-Vieilla, le chef-lieu des Vallées. Mais notre chemin nous porte d'abord, à travers des roches et de grandes ronces, aux Escaldas, que baigne encore le rameau oriental de la rivière Andorrane

ATTELAGES ANDORRANS

C'est ici la bourgade industrielle du territoire ; on y fabrique des draps grossiers travaillés dans des eaux chaudes et sulfureuses ; le village a ses thermes. Il est assez difficile de comprendre comment on y fait arriver les malades, à moins que ce ne soit dans des cacolets à dos de mulet ; et pourtant c'est aux Escaldas que l'on voulait placer la fameuse maison de jeux qui alluma la guerre civile, il y a quelques années. Aucun chemin n'est praticable aux voitures ni même aux charrettes. Un cheval descend devant nous, portant un singulier appareil qui, d'ailleurs, est en grand celui que nos paysans de France adaptent à la croupe des ânes : deux longues et larges ailes de bois sur lesquels on empile les fardeaux. Sur celui-ci, on a mis des sacs de blé ; la bête heurte une pointe de roche, l'appareil tourne, les sacs tombent. Le conducteur patiemment les ramasse. L'idée ne lui vient point d'aller de ce pas trouver le Conseil général qui siège tout près de là, et de lui dire : Représentants du peuple Andorran, faites-nous des routes!

ANDORRA-LA-VIEILLE — LA PLACE

Quant à nous, suivant toujours notre semblant de chemin, nous traversons le Valira oriental, un coin de la vallée, et nous joignons le Valira del Nort, qui roule dans une gorge. Un peu plus loin, est un pont, fait d'une seule arche, toute vêtue de lierre; des arbustes ont germé sur la pile, et maintenant débordent sur le tablier. — Andorra se trouve à une demi-heure de marche. — Style montagnard.

On y entre par des ruelles escarpées et des plus malpropres, qui grimpent à la place de l'église : des maisons basses, pesantes, à peine percées de croisées, la plupart construites en granit. La place est pauvre, assez étroite, bien que bordée de deux logis importants : la demeure de don Francis Duran, syndic — ou président — actuel de la République, et celle de don Guilhem Areny, le plus riche propriétaire des Vallées, chef du parti libéral, car il y a un parti libéral en Andorre, et pour le moment ce n'est point celui-ci qui règne. Don Guilhem habite souvent un château qu'il possède aux environs de Bourg-Madame, sur le territoire français. Son « palais » d'Andorra est surmonté d'un belvédère à arcades, une sorte de vérandah aérienne. Du côté de la campagne, l'édifice présente plusieurs étages de galeries de bois. Il forme le côté gauche de la place; l'église est située au côté droit. Le « palais » de don Duran en occupe le fond.

L'église, que nous visitons d'abord, n'a point de style : elle est surchargée d'ornements et de dorures, ce qui ne la rend pas moins sombre, et cette obscurité favorable n'empêche pourtant pas d'observer qu'elle est fort sale. Point de dalles; un parquet couvert d'immondices, où les pieds enfoncent comme dans la litière d'une étable. Notre visite est naturellement très courte, et nous nous rendons à la Posada. L'hôtelier est obligeant; il s'offre à nous conduire chez le « président ». Voilà donc une vraie démocratie ! Cet aubergiste y vit de pair à compagnon avec l'Exécutif.

On nous introduit au premier étage de la maison, dans une pièce très vaste; les murs sont blanchis à la chaux, les portes ont été peintes en ce bleu particulier si cher à nos perruquiers de village. Deux croisées s'ouvrent sur la place; entre les deux, un canapé rouge. Don Duran est au fond de la salle, entouré de deux ou trois solliciteurs ou clients; quelques autres dans un coin attendent leur tour. Don Duran se lève, et nous invite à prendre place sur le canapé rouge; il s'y assied auprès de nous. C'est un homme d'âge moyen, de taille moyenne; ses traits sont délicats, un peu fatigués, encadrés d'une barbe assez rare; l'œil est fin, le regard fermé. On n'entre point dans la pensée du personnage. Nous lui adressons avec beaucoup de réserves quelques questions sur l'état du pays; il nous donne la réplique, mais ne répond point, c'est très national. Le seul écrivain qui jusqu'à présent ait écrit sur l'Andorre, avec une véritable connaissance de cause, M. Bladé, a peint, dans une anecdote, le caractère de ces montagnards. Un jeune prêtre des Vallées lisait le passage de l'Evangile qui raconte l'interrogatoire subi par Jésus devant Pilate : Êtes-vous le roi des Juifs ? — *Jesus autem tacebat.* — Vous voyez bien ! s'écrie le jeune prêtre, que le Fils de Dieu était Andorran !

LE PALAIS DU GOUVERNEMENT

Je commençais à m'agiter sur le canapé rouge. Timidement je demande à « Monsieur le Président » s'il voudrait bien nous autoriser à visiter le palais du Gouvernement. Il y consent le plus gracieusement du monde et commande qu'on aille en chercher la clef. Il me semble avoir surpris un signe qui disait au messager : — Ne tardez point ! — Monsieur le Président était peut-être pressé de se débarrasser de ses hôtes. Le messager revient ; nous prenons congé. Don Duran nous serre chaleureusement les mains, en nous appelant par nos noms. La familiarité ne lui coûtait plus rien, il était bien sûr de ne point nous revoir.

Le palais du Gouvernement est planté sur une roche qui domine la vallée; on y arrive par une ruelle qui part de la place, du côté opposé au logis de don Duran. L'édifice s'élève dans une cour; il n'a qu'une porte, mais large et massive. Elle est

LA PORTE DU PALAIS

cintrée et surmontée des armoiries de l'Andorre; au-dessus, s'ouvre une croisée dont les volets sont très richement ouvragés. A l'angle gauche du bâtiment se profile une jolie tourelle ronde en encorbellement qui en marque bien l'âge : c'est du XVIe siècle. A droite se voient quelques jours grillés : ce sont les fenêtres de la prison. Les salles du palais se déploient sur l'autre façade qui regarde l'est. Mais il ne faut pas que j'oublie le principal ornement de la « Maison des Vallées »; celui-là, c'est la seule nature, la simple nature qui l'a fourni : des troupeaux de vaches ont passé, ajoutant de nouvelles couches de fiente à la litière qui recouvre le sol; les éclaboussures ont jailli sur le mur de la façade, les abeilles sont venues s'y loger. Tout un peuple d'ouvrières ailées bourdonne dans ces nids d'ordure.

On entre, et, tout d'abord, on aperçoit le râtelier d'une écurie ; c'est ici que les représentants des paroisses, venant au Conseil, laissent leurs montures. L'écurie est à peu près éclairée ; en revanche, le vestibule du logis est sombre ; un petit escalier à une montée, s'y ouvre à droite, donnant accès dans une salle qui prend jour par deux croisées : c'est la chambre du Conseil. Des murs blanchis à la chaux ; tout à l'entour, des bancs de bois ; au fond, une belle porte en pierre, ouvrage de la Renaissance ; entre les deux croisées, un diptyque portant sur la face intérieure un christ (peinture moderne) ; à l'extérieur des vantaux, les armes des Vallées ; un peu plus loin, une carte du territoire Andorran, qui, longtemps, a été unique, et qui est ainsi dénommée : « Carte de la vallée de l'Andorre, *pays neutre*, levée et dessinée par M. Lengelée, Ing. et Géog. du Roy ». Il y a maintenant une autre carte : on la doit à M. Bladé.

Une salle voisine est à peu près semblable à celle-ci, éclairée également par deux fenêtres s'ouvrant sur la vallée ; c'est la chambre des archives. L'armoire qui les renferme est munie de six serrures, et chacune des six clefs est entre les mains du consul major des six paroisses. Il faut donc, pour qu'on puisse l'ouvrir, que ces six personnages soient réunis. S'ils ne sont que cinq et que, pourtant, on ait besoin de l'un des documents qui reposent sur ces tablettes si bien défendues, on attendra ou l'on s'en passera. On voit que dans la République pastorale il y a des chinoiseries comme dans d'autres républiques ; celle-ci est d'un raffinement tout à fait rare.

Je ne parle point de la salle des banquets, longue, étroite, s'en allant en angle aigu et prenant jour par le petit bout. Cette disposition a son avantage : en Andorre, il vaut mieux ne pas voir ce que l'on mange. Tout près de là, est la cuisine, vaste et carrée. La cheminée en forme de pyramide évidée, recouverte d'une immense hotte soutenue par un pilier, occupe le centre; les landiers de fer sont curieux. Ici, on ferait rôtir un bœuf tout entier ; la cheminée pourtant ne suffit pas ; un cordon de fourneaux règne le long de la muraille. Au delà de cette cuisine est une série de chambres renfermant des lits ; les délégués des paroisses y trouvent le coucher quand ils s'attardent. Aussi bien, ils sont chez eux, puisque c'est la *Maison des Vallées*.

L'Etat n'est point libre-penseur en Andorre : le palais du Gouvernement a sa chapelle. On y accède par la salle des archives; le sanctuaire est sous le vocable de saint Armengol, évêque d'Urgel. Pour le moment, il est assez propre, étant fraîchement réparé. On y a employé beaucoup d'or et de bleu d'outremer, et dépensé quelque argent en peintures banales.

Notre visite est terminée; mais nous comptons bien en emporter quelques souvenirs. J'ai mon carnet de notes à la main; mon compagnon prépare ses crayons : l'homme qui nous guidait l'invite assez rudement à les remettre dans sa poche. Qu'est-ce que cela veut dire ?... Vous avez trop de zèle, bonhomme ! Il ne peut nous être défendu d'emporter quelques dessins de votre Maison des Vallées. Le guide secoue la tête : tout au contraire de ce que nous pensons, c'est formellement interdit. Ordre du Président ! Et ce n'est pas tout : l'homme nous avertit qu'il faut déloger. — Mais vous vous trompez encore, l'ami ! Nous avons l'autorisation de Don Francis Duran. Nous pouvons y rester tant qu'il nous plaira. Il n'a point mis de terme à la faveur sincère qu'il a bien voulu nous accorder ! L'homme sourit : c'est M. le Président lui-même qui nous fait prier de déguerpir. Voilà l'hospitalité andorrane ! Elle ne vaut point l'écossaise.

Nous cédons la place, pauvres évincés ! — Nous avons bien quelques notes, heureusement, et quelques esquisses ; ce coup de vigueur de l'autorité pastorale est discourtois, mais inutile. Nous voilà délogeant d'Andorra, puisqu'on n'y veut point de nous, quelque peu flattés au fond du cœur, nous qui nous sentons inoffensifs, d'avoir été considérés comme dangereux. Tout le monde n'éveille point les méfiances d'un gouvernement ! Nous descendons les ruelles de la « capitale », puis d'atroces chemins qui contournent la roche sur laquelle la ville s'élève ; rapidement nous arrivons au fond de la vallée.

La paroi que nous regardons sur l'autre rive du torrent est assez verte et boisée ; mais nous cheminons au pied d'une muraille grise toute déchiquetée à sa crête. Cependant, au fond de la vallée, qui, à cet endroit, est des plus riantes, les ombrages ne manquent point ; nous rencontrons une belle chênaie. Un clocher pointe au-dessus de la ramure : c'est celui de Santa Filoména, une longue tour percée de plusieurs étages de croisées, comme à toutes les églises de l'Andorre. Le sentier se rapproche du torrent, dont il s'était éloigné pour un moment ; un pont à dos d'âne nous porte sur la rive gauche.

Elle est bordée d'escarpements qui plongent leur pied dans le torrent désormais plus encaissé. Le Valira que nous suivons roule directement vers le sud ; c'est maintenant une fort belle masse d'eau de grande allure orageuse. Nous en quittons le bord à regret, au point où un torrentelet arrive de l'ouest (l'Anxiravall) par un petit vallon très sauvage. La grande vallée elle-même se resserre ; ce n'est plus qu'un ravin entre de hauts escaliers de roches ; au débouché, nous découvrons le mont d'Olivesa, dont la crête est toute dentelée, et au pied duquel s'étend en terrasses au-dessus du Valira, le bourg de San Julia de Loria, l'une des six paroisses.

Un pâté de maisons entoure l'église, bordant des ruelles qui vont glissant à pic, formant des coudes brusques et des zigzags imprévus ; ce village est un casse-cou. Tout le monde est aux portes, l'agitation est très vive : en Espagne, une insurrection militaire vient d'éclater; on a des nouvelles. Les insurgés sont les maîtres : des fuyards arrivent de la Seu d'Urgel. Aussi le bourg a-t-il fermé sa *porte*. Cet ouvrage de défense est amusant et naïf : une porte de bois, en effet, barrant le chemin à la tête d'un pont de bois aussi, qui traverse le torrent. On veut bien nous laisser passer; le tableau, sur l'autre bord du Valira, est si beau que nous avons bientôt oublié ces « choses d'Espagne ». De grandes montagnes se dressent couvertes, à leur base, d'épaisses forêts; sur un promontoire avancé, une tour sarrasine, la Seca. C'est ici le quartier vraiment pittoresque de l'Andorre.

Mais quel sentier !... Sur des roches glissantes, laissant à peine au-dessus de l'eau une étroite margelle où les chevaux peuvent porter leur pied. Le mieux est d'abandonner à ces braves bêtes le soin de leur vie et de la nôtre... Ce mauvais passage est bientôt franchi... Un ruisseau vient se jeter dans le Valira ; il marque la limite de l'Andorre et de l'Espagne. — Notre excursion est terminée.

Le Puig d'Olivesa domine à présent les monts au nord. L'horizon de forêts est sombre et magnifique. Au bord du Valira, au point même où il reçoit ce torrentelet du Run, s'élève une maison close. Par les vitres des croisées nous apercevons des lits de camp et des râteliers pour les armes. Quelques fusils y demeurent même accrochés. Au-dessus de la porte, en lettres blanches, sur une planche noire, une inscription : c'est ici le corps de garde des Carabiniers qui ont fait cause commune avec l'insurrection; la frontière n'est plus gardée.

Ce serait peut-être le moment, pour la milice andorrane, de tenter une invasion en Espagne.

TABLES

TABLE DES MATIÈRES

LE BIGORRE ET LE COMMINGES

	Pages.
La Chaîne de Toulouse à Tarbes.	3
L'Adour. — Tarbes et la Vallée.	23
Bagnères-de-Bigorre.	33
Les Baronnies.	53
La Vallée d'Aure. — Le plateau de Lannemezan. — Les Nestes.	68
Arreau. — La haute Vallée. — Les Lacs.	89
Le Pic du Midi. — Le col d'Aspin. — Gripp et Campan.	121
La Vallée de Lesponne. — Le Lac Bleu.	138
Bagnères-de-Luchon. — La ville.	154
Promenades autour de Luchon. — La Vallée du Lys.	177
La Vallée d'Oueil. — Saint-Aventin. — Les Lacs d'Oô.	195
Le Port de Vénasque. — La Maladetta.	218
La Barousse. — Mauléon. — Bramevaque.	231
La Barousse. — Valcabrère.	248
La Vallée de la Garonne. — Saint-Béat. — Le Val d'Aran.	271

LE PAYS DE FOIX

La Vallée du Lez. — Le Mont-Vallier.	299
La Vallée du Salat. — Saint-Girons. — Saint-Lizier. — Aulus.	325
La Vallée de l'Ariège. — Foix et Pamiers.	363
Tarascon. — Vicdessos. — Le Pays du Fer.	389
La haute Vallée de l'Ariège. — Ax.	411
La Vallée d'Andorre.	435

TABLE DES GRAVURES HORS TEXTE

	Pages.
Ruines de Roquefort.	7
Église de Saint-Gaudens.	15
Bagnères de Bigorre.	48
La vallée de l'Arros.	57
Le Pic du Midi, vu du coteau des Palomières.	73
Arreau.	91
La Neste à Arreau.	99
Le cirque d'Eget.	107
Le Pic du Midi — Col d'Aspin.	123
La vallée de Lesponne.	147
La vallée à Antignac.	157
Bagnères-de-Luchon, vu de Castel-Vieil.	167
Vallée du Lys.	183
Cascade d'Enfer.	187
La vallée d'Oô.	207
Lac d'Oô.	213
L'hospice de France. — Port de Vénasque.	221
Le port de Vénasque.	225
Le puits de Saoule.	235
Mauléon de Barousse. — Le confluent des deux Ourses.	239
Bramevaque.	243
St-Bertrand-de-Comminges.	257
St-Béat.	273
Le pic d'Arie. — La vallée de la Garonne.	281
Sentein.	303
Église de Saint-Lizier.	331
St-Lizier.	337
Foix.	369
Mercus. — La vallée de l'Ariège	393
Tarascon.	407
Le Montcalm. — Vallée d'Auzat.	403

	Pages.
Ax.— La haute vallée de l'Ariège.	426
Carte de la vallée d'Andorre.	434
San Julia de Loria.	441
La vallée du grand Valira, vue des Escaldas.	445

TABLE DES GRAVURES DANS LE TEXTE

Saint-Gaudens.	3
Église de Boussens.	5
Pile romaine de Labarthe.	19
Montréjeau.	21
Armoiries du Nébouzan à l'Hôtel-de-Ville de Saint-Gaudens.	22
L'Adour à Tarbes.	23
Tarbes. — La Cathédrale.	27
Tarbes. — Église des Carmes.	29
La Vallée de Bagnères-de-Bigorre.	33
Montgaillard.	35
Bagnères-de-Bigorre. — Place des Coustous.	37
Bagnères-de-Bigorre. — Place des Thermes.	39
Tour des Jacobins.	44
Bagnères-de-Bigorre. — L'église.	46
Établissement du Salut.	49
Le casque de Lhéris, route de Labassère.	51
Église d'Asque.	53
Le cirque d'Esparros.	63
Abbaye de l'Escaladieu.	65
Le plateau de Cieutat.	68
Ruines de Mauvezin.	75
La Barthe. — Le donjon de Montoussé.	82
Héches.	84
Sarrancolin.	87

	Pages.
Une porte de Sarrancolin.	88
Hôtel-de-Ville d'Arreau.	89
Porte de la Chapelle de Saint-Exupère.	95
Chapelle de Pène-Taillade.	97
Tramezaigues.	104
Aragnouet. — Le Val de la Géla.	110
La Chapelle d'Agos.	117
Route du Col d'Aspin.	121
Saint-Jean de Paillole.	126
Le Pic du Midi. — Route du Tourmalet.	129
L'observatoire du Pic du Midi.	134
L'église de Baudéan.	138
Asté et le Pic du Midi.	143
Luchon. — La buvette du Pré.	154
Tour et cascade de Moustajou.	159
Les allées d'Étigny.	161
Les allées de la Pique.	163
Autel votif trouvé dans les Thermes de Luchon, collection Sacaze.	166
La place des Thermes.	173
La chute de la Pique.	175
La rue d'Enfer.	177
Cascade de Juzet.	179
Cascade du Cœur.	192
Le Cailheou d'Arriba-Pardin.	195
L'église de Saint-Aventin.	200
L'église de Cazaux.	205
L'église d'Oô.	211
Le lac d'Espingo.	215
Castel-Vieil.	218
Mauléon de Barousse.	231
Bramevaque.	247
Saint-Bertrand de-Comminges.	248
Porte de l'église de Valcabrère.	250
Maison de Bridaut.	259
La maison de Saint-Bertrand.	260
Saint-Bertrand. — La porte de l'église.	26
Saint-Bertrand. — Le cloitre.	26

	Pages.
La porte Majou.	269
Statue antique de Mercure, en bronze, trouvée à Lugdunum (St-Bertrand-de-Comminges). Collection de M. le baron d'Agos.	270
Le défilé de Marignac.	271
Cierp.	272
La carrière des Romains.	276
Saint-Béat. — L'église et le château.	277
La tour de Sérial.	285
Le Pont-du-Roy.	287
La route du Portillon.	294
Pile romaine d'Aubert.	299
La chapelle de Castillon.	308
Bordes.	310
Sentein.	318
Église de Luzenac.	323
Le Salat. — Saint-Girons.	325
Église de Saint-Girons.	327
Cloître de l'église.	334
Une porte de l'enceinte intérieure.	336
Salies sur Salat.	340
Donjon de Salies.	342
Chapelle du château de Salies.	343
La Roche Percée.	345
A Vic.	346
L'église de Vic.	347
Le Garbet et les monts d'Aulus.	349
La cascade d'Arse.	353
Le Montrouch. — Au-dessus de la cascade de l'Arse.	357
Le porche de l'église de Saint-Girons.	361
Les ruines de Castelnau-Durban.	363
Château de Foix. — Salle de la tour du milieu.	374
La tour de Gaston.	376
Pamiers. — La cathédrale.	382
Une rue de Pamiers.	383
Pamiers. — Maison de la Renaissance.	386
Clocher de l'église Sainte-Marie.	387
Tarascon et l'Ariège.	389

	Pages.
Le pont de Saint-Antoine.	390
Église de Mercus.	391
Une rue de Tarascon.	396
La route de Vicdessos.	398
Ruines de Miglos.	400
Auzat. — Le Mont-Réal.	407
Tour d'Illier.	410
Murailles de Lordat.	411
Ruines de Lordat.	415
Église d'Unac.	417
Chapiteau de l'église d'Unac.	418
Porte d'entrée de Lordat.	419
Église d'Axiat.	422
Ax. — Le pic de Brasseil.	425
Le port de Fray-Miquel.	435
Canillo.	440
Encamp. — La Torre de Rosseil.	443
Le clocher d'Encamp.	447
Attelages Andorrans.	448
Andorra la Vieille. — La place.	449
Le palais du Gouvernement.	451
La porte du Palais.	452

POITIERS. — TYPOGRAPHIE OUDIN.

LES
PYRÉNÉES FRANÇAISES

formeront 4 volumes absolument indépendants les uns des autres dont voici la division

---

EN VENTE :

PREMIÈRE PARTIE

LOURDES — ARGELÈS — CAUTERETS — LUZ
SAINT-SAUVEUR — BARÈGES

1 beau volume in-8º . . . . . . 10 fr.

DEUXIÈME PARTIE

LE PAYS BASQUE ET LA BASSE-NAVARRE

1 beau volume in-8º . . . . 12 fr.

TROISIÈME PARTIE

L'ADOUR, LA GARONNE ET LE PAYS DE FOIX

1 beau volume in-8º . . . . 12 fr.

POUR PARAITRE EN 1885 :

QUATRIÈME PARTIE

L'AUDE ET LE ROUSSILLON

1 beau volume in-8º . . . . 12 fr.

www.ingramcontent.com/pod-product-compliance
Lightning Source LLC
Chambersburg PA
CBHW072112220426
43664CB00013B/2089